钢基系列高承载轴承

双金属复合轴承

金属塑料复合系列自润滑轴承

青铜基卷制边界润滑轴承

天和
ANHE

工程船舶

公司成功率先研发的国内重型双处理机深层搅拌船（DCM），打破国外技术垄断。该船在国际上首次采用重型双处理机配置，将作业效率提升一倍。深层搅拌船（DCM）运用于建造海上机场、海上地基处理，具有工期短、绿色环保、施工质量可靠等优点。

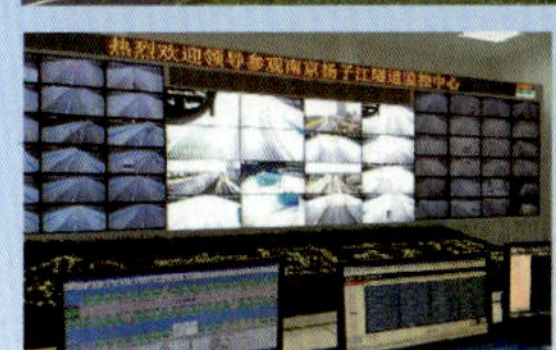

交通工程管养

中交天和南京分公司，承揽市政道路、公路、地下通道工程的管理养护业务。以南京扬子江隧道（纬三路过江通道）管理养护工程为依托，公司配备清扫车、登高作业车、侧墙清扫车等一系列管理养护所需的专业设备，拥有一支具备丰富理论和实战经验的高素质管养队伍。

基建工程施工

中交天和南京分公司承接市政道路、地铁、公路、机场等基建施工业务。公司先后完成南京纬三路过江通道工程施工，南昌、上海、珠海等地铁隧道工程施工及大型公路隧道施工。可承揽施工总承包业务，也可单独承揽单项业务。

中国•常熟高新技术产业园义虞路75号
Address: NO.75, Yiyu Rd. New & High Tech Industrial Park, Changshu, Jiangsu Province
电　话Tel ：0512-52035288　　传　真Fax：0512-52035299
邮　编Post code：215500　　网 址 Web：www.ccccth.com

中
公
涉及公
护、总
设
遍布北京
用于城市
公司
工程技术
十项。
公
现已成

主营业务
Main Business

盾构机

公司具备年产100台盾构机(最大生产直径可达18m)、大型钢结构5万t的生产能力。盾构机直径规格从3.64m至16.1m不等，形式涵盖TBM、泥水、土压、复合式、敞开式等，产品遍布北京、上海、天津、南京、福州、佛山等国内众多城市以及亚洲、欧洲等地区，广泛应用于城市市政管网建设、地铁、城际轨道、核电站等多种领域。

15米级

“天和号”——打破国际垄断

具有完全自主知识产权的国产超大直径盾构机

集成世界上各项成熟技术，具有世界领先水平，先后获得“国家重点新产品”和“中国机械工业科学技术奖一等奖”等殊荣。

8米级

Φ8780mm土压平衡盾构机

Φ8280mm核电站排水管道盾构机

6米级

Φ6480mm泥水平衡盾构机

Φ6470mm双护盾TBM

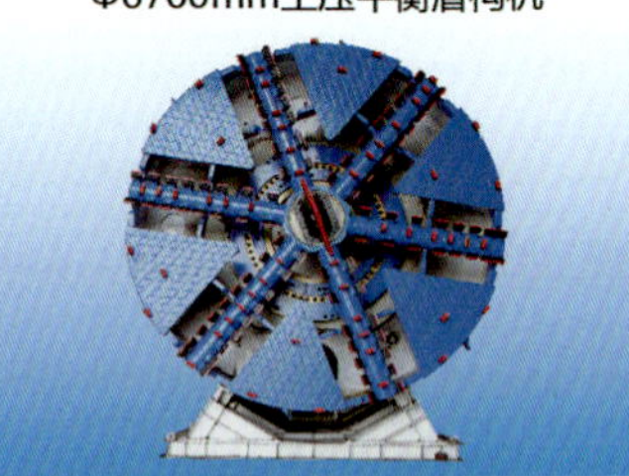
Φ6760mm土压平衡盾构机

微型

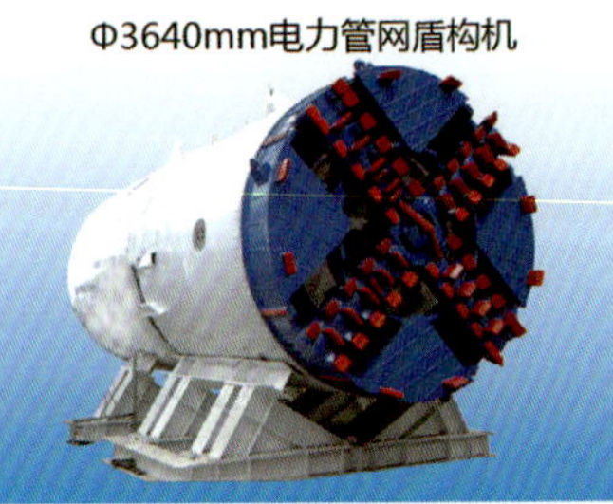
Φ3640mm电力管网盾构机

Φ4150mm 城市电力隧道盾构机

Φ3610mm城市电力隧道盾构机

中交天和机械设备制造有限公司
TIANHE MECHANICAL EQUIPMENT MANUFACTURING CO.,LTD.

中国机械工业年鉴系列

中国工程机械工业年鉴

2017

中国机械工业年鉴编辑委员会
中国工程机械工业协会
编

本书主要内容包括综述篇、行业篇、企业篇、市场篇、调研篇、统计资料、标准篇及大事记栏目，集中反映2016年工程机械行业的发展情况，详细记载了挖掘机械、铲土运输机械、工程起重机、工业车辆、路面与压实机械、凿岩机械与气动工具、桩工机械、掘进机械、市政与环卫机械、混凝土机械、工程机械配套件、工程机械维修及再制造、工程机械属具等分行业的发展情况，提供了工程机械行业的经济指标。

本书主要发行对象为政府决策机构、机械工业相关企业决策者和从事市场分析、企业规划的中高层管理人员，以及国内外投资机构、贸易公司、银行、证券、咨询服务部门和科研单位的机电项目管理人员等。

图书在版编目（CIP）数据

中国工程机械工业年鉴．2017/中国机械工业年鉴编辑委员会，中国工程机械工业协会编．—北京 ：机械工业出版社，2017.9

（中国机械工业年鉴系列）

ISBN 978-7-111-58013-3

Ⅰ．①中… Ⅱ．①中… ②中… Ⅲ．①工程机械—机械工业—中国—2017—年鉴 Ⅳ．①F426.4-54

中国版本图书馆CIP数据核字（2017）第223452号

机械工业出版社（北京市百万庄大街22号　邮政编码100037）

责任编辑：魏素芳　张珂玲

责任校对：李　伟

北京宝昌彩色印刷有限公司印制

2017年9月第1版第1次印制

210mm×285mm · 18.25印张 · 22 插页 · 738千字

定价：400.00元

凡购买此书，如有缺页、倒页、脱页，由本社发行部调换

购书热线电话（010）88379821、88379829

封面无机械工业出版社专用防伪标均为盗版

中国机械工业年鉴系列

作为『工业发展报告』

记录企业成长的每一阶段

中国机械工业年鉴

编辑委员会

中国工程机械工业年鉴

『鉴』证行业发展 挖掘企业亮点

中国工程机械工业年鉴
执行编辑委员会

中国工程机械工业年鉴

『鉴』证行业发展
挖掘企业亮点

中国工程机械工业年鉴
编辑出版工作人员

总 编 辑　石　勇

主　　编　李卫玲

副 主 编　刘世博　曹　军

编辑总监　任智惠

市场总监　赵　敏

责任编辑　魏素芳　张珂玲

编　　辑　董智丽　赵　敏

地　　址　北京市西城区百万庄大街22号（邮编100037）

编 辑 部　电话（010）68997962　　传真（010）68997966

市 场 部　电话（010）88379812　　传真（010）68320642

发 行 部　电话（010）68326643　　传真（010）88379825

E-mail:cmiy@vip.163.com

http://www.cmiy.com

中国工程机械工业年鉴

『鉴』证行业发展
挖掘企业亮点

中国工程机械工业年鉴
特约顾问单位特约顾问

特约顾问单位	特约顾问
维特根（中国）机械有限公司	韦策图
厦门厦工机械股份有限公司	王功尤
浙江高宇液压机电有限公司	池建伟
浙江长盛滑动轴承股份有限公司	孙志华
住重中骏（厦门）建机有限公司	杨泽湧
中国国机重工集团有限公司	吴培国
山推工程机械股份有限公司	张秀文
江苏八达重工机械股份有限公司	陈利明
中交天和机械设备制造有限公司	周　骏
杭州爱知工程车辆有限公司	俞　沉
江铃汽车股份有限公司	骆旭薇
方圆集团有限公司	高　秀
珠海仕高玛机械设备有限公司	黄志辉
宁波如意股份有限公司	储吉旺
广西柳工机械股份有限公司	曾光安
中联重科股份有限公司	詹纯新
廊坊德基机械科技有限公司	蔡群力
北京华德液压工业集团有限责任公司	廖显胜

中国工程机械工业年鉴

『鉴』证行业发展
挖掘企业亮点

中国工程机械工业年鉴
特约顾问单位特约编辑

特约顾问单位	特约编辑
维特根（中国）机械有限公司	肖　旭
厦门厦工机械股份有限公司	高万居
浙江高宇液压机电有限公司	项玲媛
浙江长盛滑动轴承股份有限公司	郁建忠
住重中骏（厦门）建机有限公司	陈　宁
中国国机重工集团有限公司	孙　峰
山推工程机械股份有限公司	徐　坤
江苏八达重工机械股份有限公司	李园园
中交天和机械设备制造有限公司	王　涛
杭州爱知工程车辆有限公司	梁永红
江铃汽车股份有限公司	蔡　华
方圆集团有限公司	汪新军
珠海仕高玛机械设备有限公司	吉同胜
宁波如意股份有限公司	潘志光
广西柳工机械股份有限公司	胥　颖
中联重科股份有限公司	罗雅萌
廊坊德基机械科技有限公司	张　拯
北京华德液压工业集团有限责任公司	李明艰

前　言

党的十八大以来，以习近平同志为核心的党中央适应经济发展新常态，出台了一系列精准的经济政策，推动了经济社会平稳健康发展。2016 年，我国经济延续了良好的发展势头，总的特点是缓中趋稳、稳中向好，GDP 达到 74.4 万亿元，增长 6.7%，经济运行保持在合理区间，经济发展的质量和效益明显提高；改革开放深入推进，“一带一路”建设进展加速，一批重大工程和国际产能合作项目落地；经济结构继续优化；创新对发展的支撑作用增强，基础设施支撑能力持续提升，实现了“十三五”良好开局。

2016 年，工程机械行业克服了自 2011 年以来市场需求持续下降、企业经营难度较大、行业发展面临考验等困难，坚定不移实施优化结构、转型升级、强化管理、提升效益等举措，在国家一系列调结构促转型增效益政策措施影响下，行业发展状况出现了积极的变化，我国工程机械企业扎实推进国际化，“走出去”实现新突破，高端装备不断取得新成果。

2016 年下半年，国内市场需求出现了积极变化。工程机械主要产品的生产经营形势获得了极大改善，工程机械行业重现螺旋式上升的新生机。

2016 年，全行业实现营业收入 4 795 亿元，比 2015 年增长 4.93%；产品出口在经历两年多的微增长及 2015 年下降 4.11% 后，2016 年出现两位数下降，达到 1998 年以来除 2009 年外的最高降幅，出口形势严峻；产品进口总体呈现降幅单边收窄态势，全年仅下降 1.5%，为 2011 年以后降幅最小年份。

2017 年，工程机械行业将继续坚定信心、攻坚克难、转型升级、砥砺前行，充分利用当前的有利时机，深入贯彻落实《中国制造 2025》规划目标，进一步推进工程机械行业的供给侧结构性改革，深化结构调整，推进国际化建设，加大科技创新投入，坚持绿色发展，打牢工程机械持续稳定发展的根基，推动工程机械行业在健康发展的轨道前行。

2017 年，伴随着工程机械行业的发展，《中国工程机械工业年鉴》已连续出版 17 期。作为行业的宣传窗口，《中国工程机械工业年鉴》将继续在引导企业更快、更好地发展上发挥独特的作用。我们愿通过《中国工程机械工业年鉴》，与广大企业、用户和关心我国工程机械行业的读者一起，推动中国工程机械行业实现新发展。

中国工程机械工业协会会长：

2017 年 8 月

索

引

『鉴』证行业发展
挖掘企业亮点

中国工业年鉴出版基地

广告索引

HITACHI

Reliable solutions

ABOUT US

日立建机株式会社代表执行董事
执行董事社长

平野耕太郎

日立建机是一家世界领先的建筑设备生产商，总部位于日本东京。通过遍布全球的经销网络向全世界提供日立建机的产品。

VISION 日立建机企业理念

富饶的大地，繁荣的都市，美好的未来
日立建机贡献于创造舒适的生活空间

- 我们不断推动“机械”的进化，让建设舒适生活空间的“人”与“作业”更加舒适，更加先进，更加高效。
- 我们带给客户全新的价值体验，并持续开发与提供独创的技术•商品•服务。
- 我们在稳定维持利润的同时，寻求环境和谐、贡献社会、文化活动等与社会的广泛共生关系，致力成为＂有良心的企业市民＂。

ENVIRONMENT 日立建机与环境

日立建机对地球环境的责任

作为与地球环境共生的工程机械厂商，日立建机将持续推动各种环保活动。

日立集团“环境愿景2025”的目标是，到2025年为止，通过日立集团产品的年总计抑制1亿t的CO_2排放量，其中，日立建机集团的目标为抑制产品运转过程中所产生的CO_2排放量350万t。

绿色罗盘

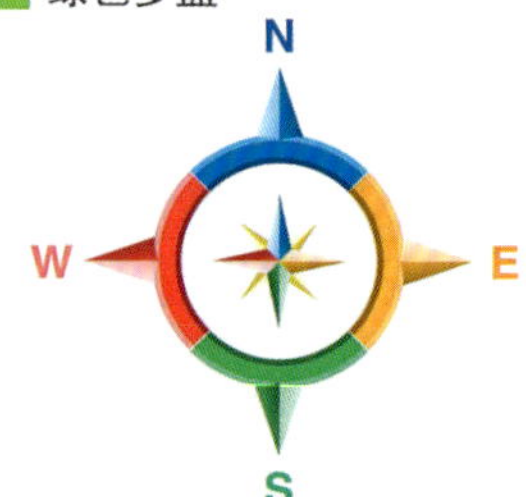

Eco-mind & Global Environmental Management
环保意识和环境经营的全球化

Next-generation Products & Services
提供下一代产品和服务

Super Eco-factories & Offices
高环保水准的工厂和办公室

Worldwide Environmental Partnerships
与利益相关者的环境配合工作

日立建机（上海）有限公司 企业社会责任活动

日立建机(上海)有限公司简介 Company Profile

1998年1月8日，日立建机(上海)有限公司在上海外高桥保税区成立，由日立建机株式会社、日立(中国)有限公司、三菱商事株式会社、香港永立建机有限公司共同出资800万美元组建。主要销售日立品牌的建筑机械产品，并且负责所售机器的相关服务和配件供应。

日立建机(上海)有限公司自成立以来，不断强化自身内部管理，为了让顾客得到最大程度的满意而不懈努力！

日立建机(中国)有限公司简介 Company Profile

优质产品的坚强后盾是位于合肥的日立建机（中国）有限公司。作为日立建机（上海）的产品生产基地，基于日立原创设计，结合中国多种施工环境，设计制造了系列齐全的液压挖掘机及特种工作装置。其产品和部件不仅满足了中国客户需求，还远销国外，享誉全球。

地址：上海浦东外高桥保税区泰谷路65号　邮编：200131　电话：(021)5866-8686　http://www.hitachicm.com.cn

日立建机(上海)有限公

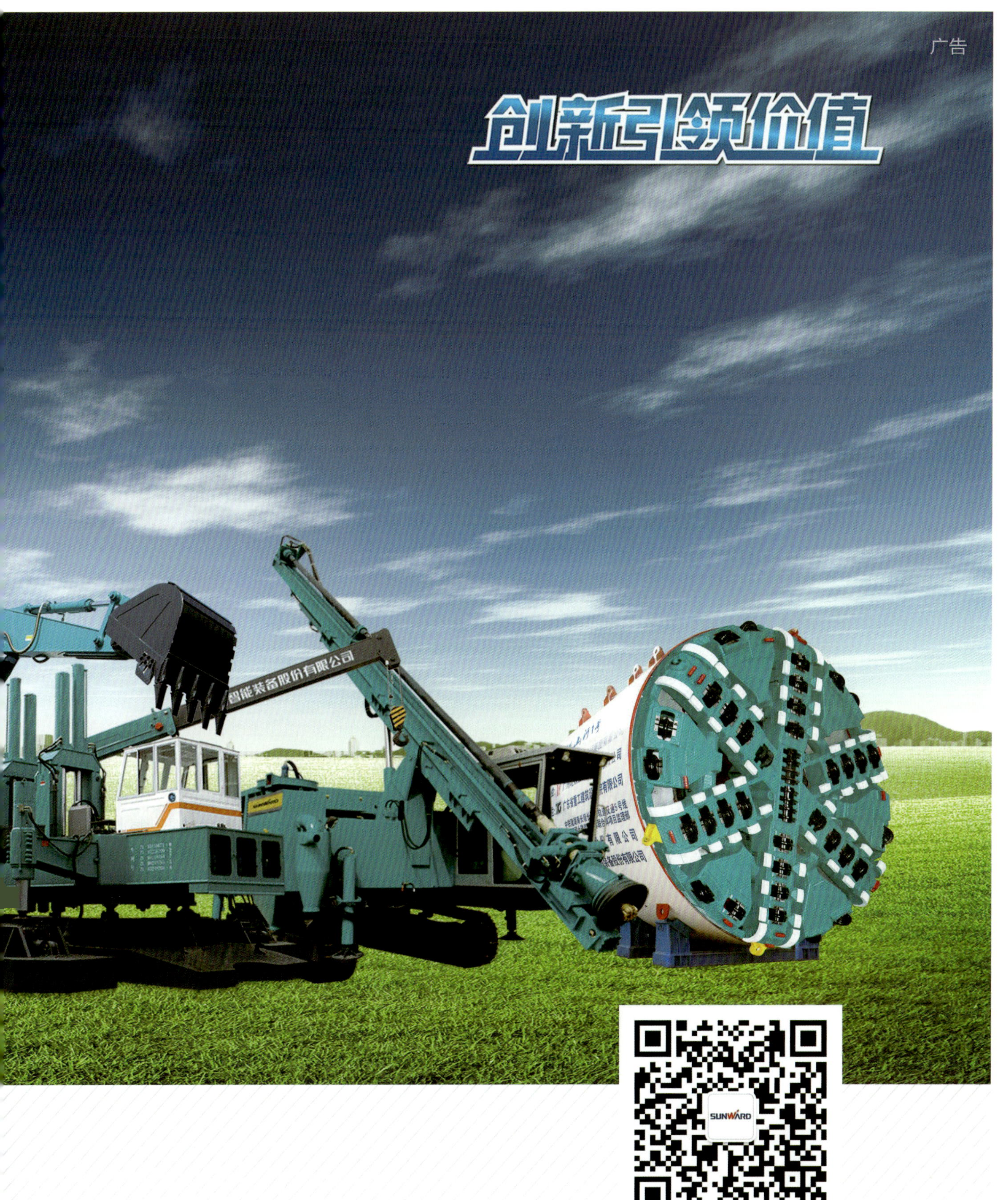

关注山河智能官方微信

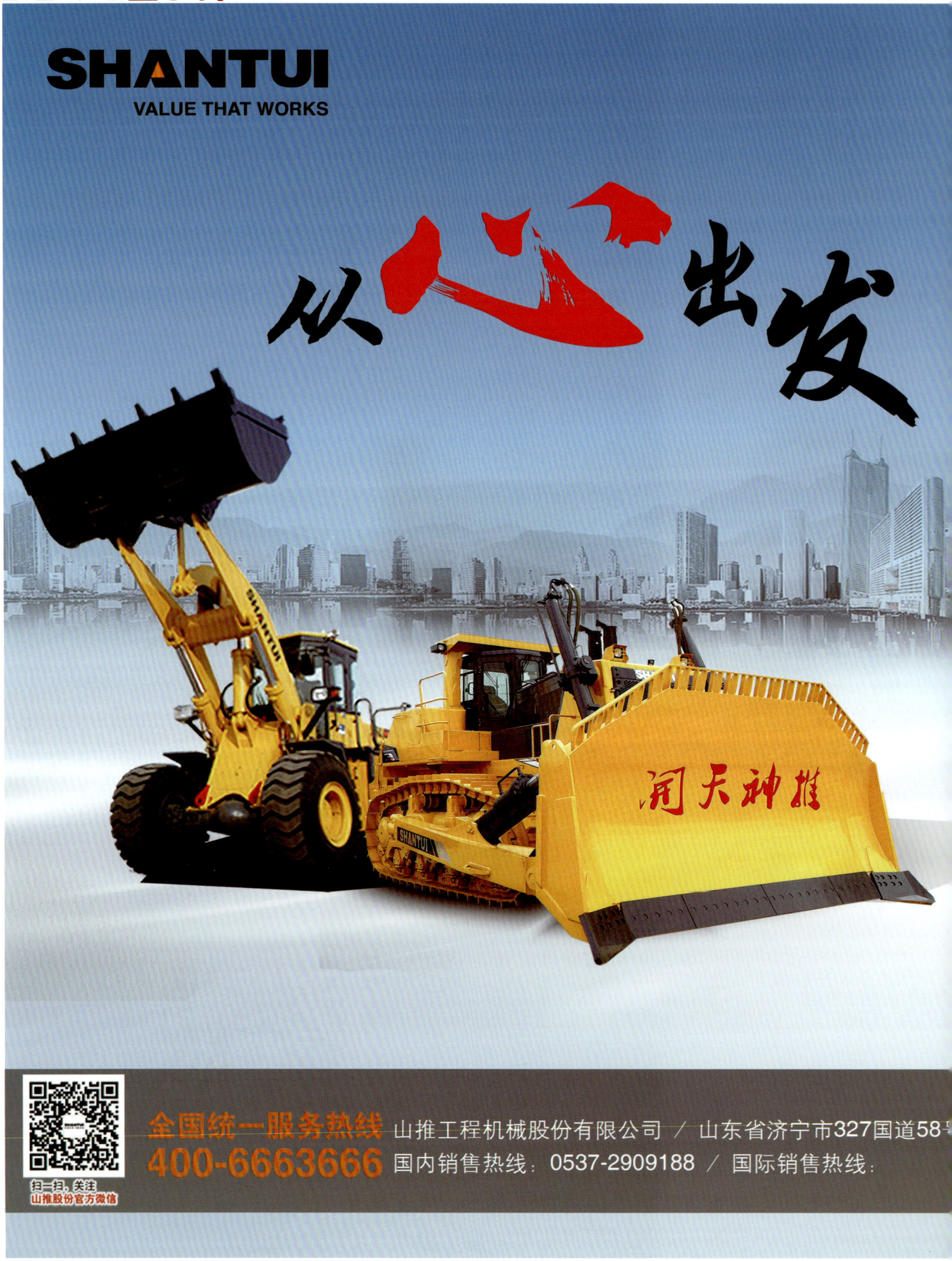
SHANTUI
VALUE THAT WORKS
从心出发
阔天神推
全国统一服务热线
400-6663666
山推工程机械股份有限公司 / 山东省济宁市327国道58号
国内销售热线：0537-2909188 / 国际销售热线：
扫一扫，关注
山推股份官方微信

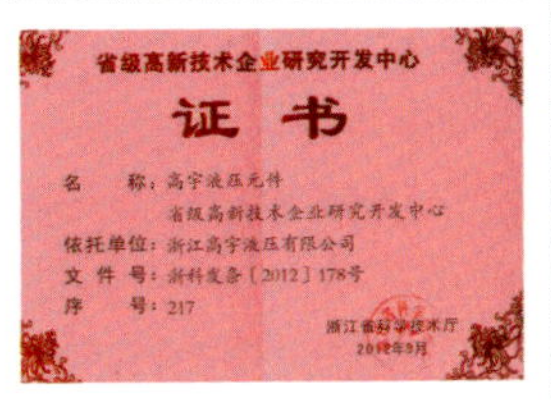

比例先导阀系列

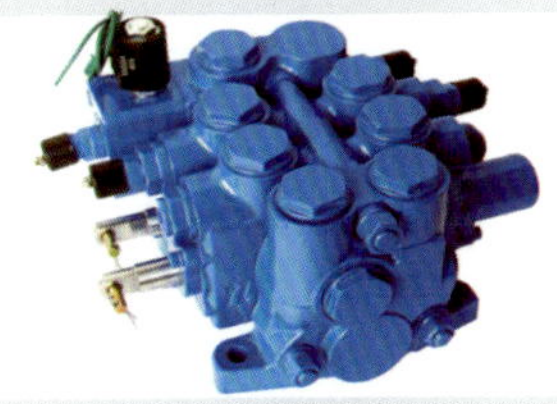

DL20CD带自动卸荷
和再生功能多路换向阀

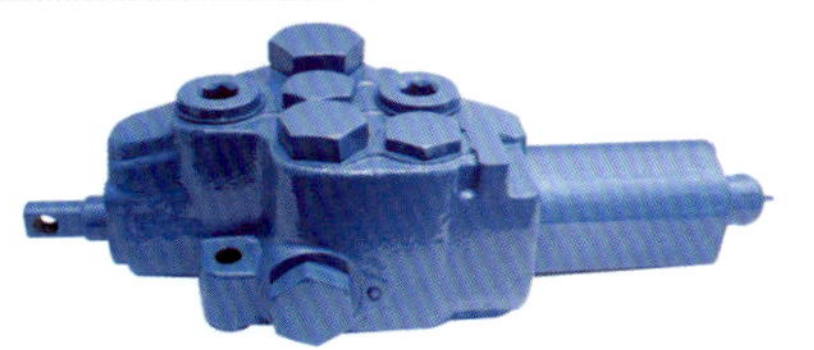

KV25多路换向阀

推土机系列

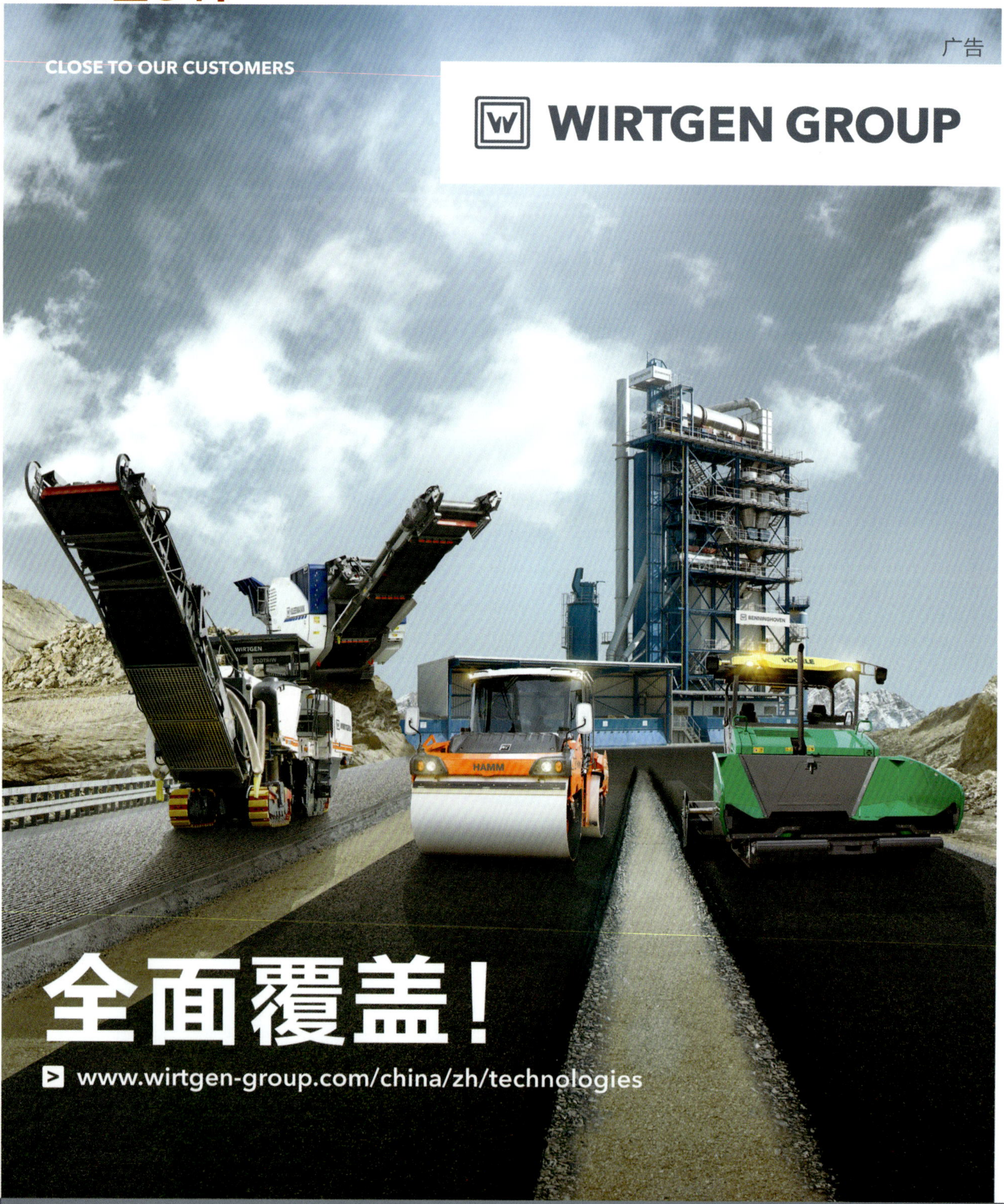
广告
CLOSE TO OUR CUSTOMERS
WIRTGEN GROUP
全面覆盖！
www.wirtgen-group.com/china/zh/technologies

广告
AICHI
杭州爱知
专业的技术力量 强大的产品阵容 高空作业杭州爱知祝您一臂
力
高空作业车行业
国有控股企业
引领业内工业技术
追求国际尖端品质
国内领先高空作业车生产流水线
586项质量检验
48款不同设计
7至37米不同高度
驰骋在不同领域
精心演绎建设者的风范
彰显在自由高空
尽情挥洒
驾驭空间
协同作业
谁与争锋
GMH18
18.3米
2.7米
12米
7.9米
无水平支腿，直接撑地
杭州爱知工程车辆有限公司 杭州市经济技术开发区5号大街17号 http://www.hzaichi.com 电话：0571-86910567

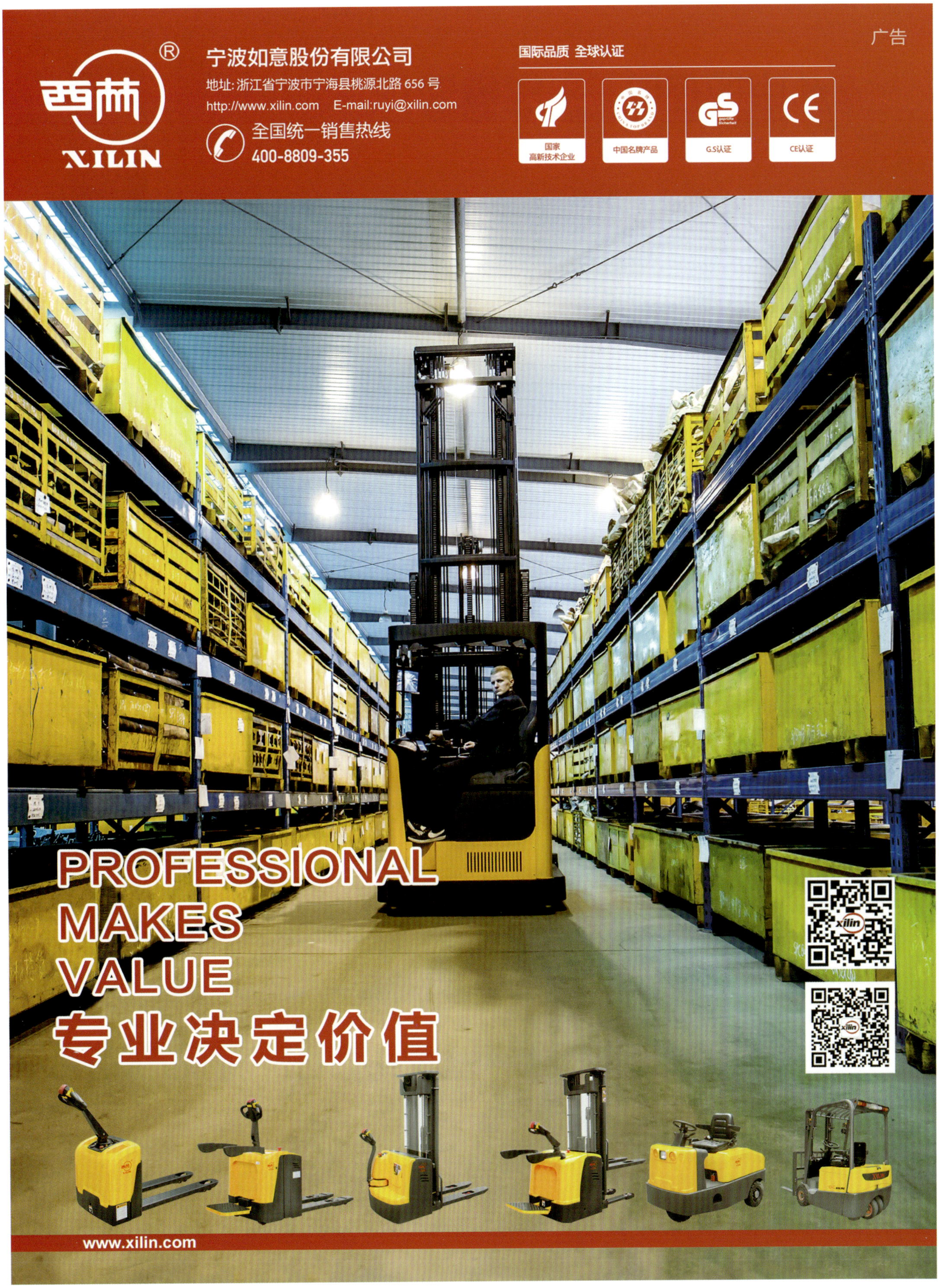
广告
西林
XILIN
宁波如意股份有限公司
地址：浙江省宁波市宁海县桃源北路 656 号
http://www.xilin.com E-mail:ruyi@xilin.com
全国统一销售热线
400-8809-355
国际品质 全球认证
国家
高新技术企业
中国名牌产品
G.S认证
CE认证
PROFESSIONAL
MAKES
VALUE
专业决定价值
www.xilin.com

广告

京城控股 JINGCHENG HOLDING 华德液压

铸世界品质 创国际品牌

北京华德液压工业集团有限责任公司成立于1979年，历经30年发展已成为技术创新引领的专业的液压基础元件及系统集成供应商，系中国液压气动密封件工业协会副理事长单位、中国液压行业骨干企业。

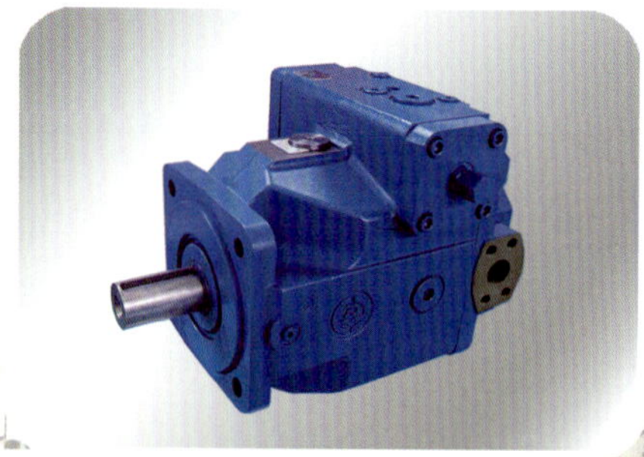

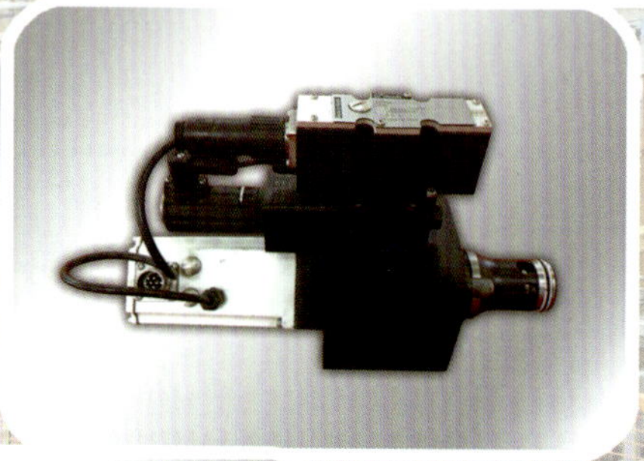

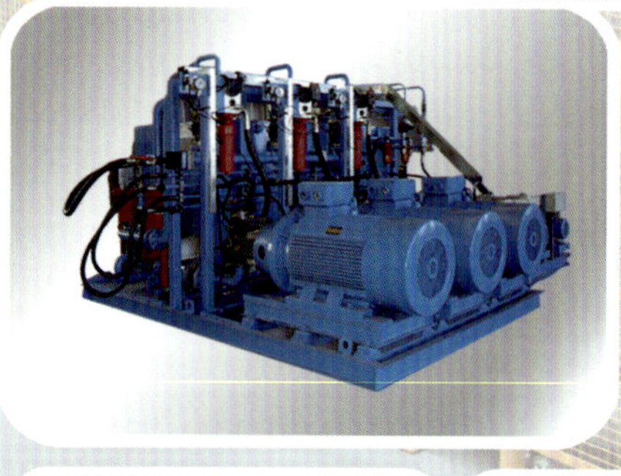

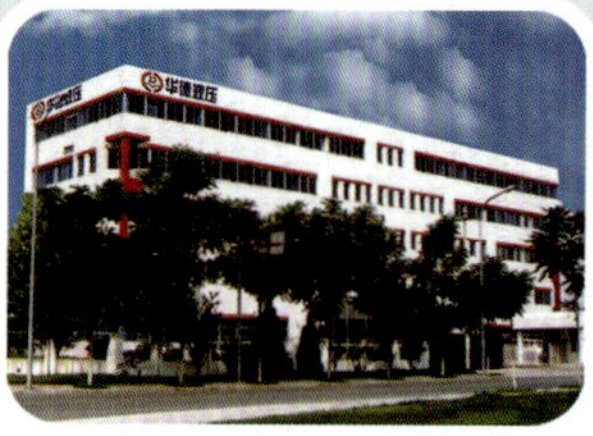

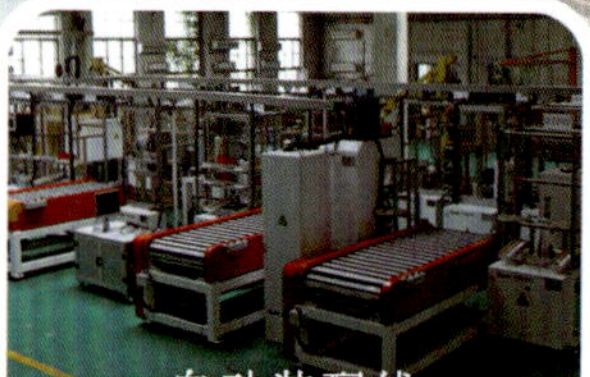

自动装配线

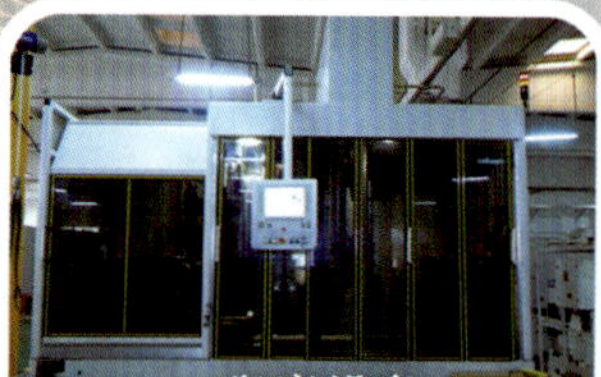

珩磨设备

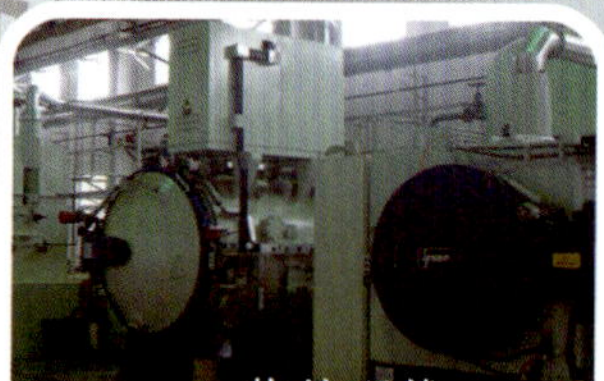

热处理线

- 经过技术引进及自主研发，华德液压已发展成为以高压液压阀、高压柱塞液压泵/马达、液压成套设备三大支柱产业为核心，辅以密封件等产品，具有自主知识产权的液压基础件专业企业。
- 华德液压所属分公司通过ISO9001质量管理体系、ISO14001环境管理体系、OHSAS18001职业健康安全管理三大体系认证，主导产品通过中机诚业产品质量认证、德国莱茵CE认证、中国船级社CCS认证、美国FM认证、节能产品认证，从根本上保证了产品质量。
- 产品广泛用于工程机械、冶金、机床、军工、环保、船舶、航天、石油石化等领域，受到广大用户的赞誉与好评。

官方微信　在线购买

400-000-6987

www.huade-hyd.com.cn

综合索引

『鉴』证行业发展
挖掘企业亮点

国工业年鉴出版基地

中国机械工业年鉴系列

《中国机械工业年鉴》

《中国电器工业年鉴》

《中国工程机械工业年鉴》

《中国机床工具工业年鉴》

《中国通用机械工业年鉴》

《中国机械通用零部件工业年鉴》

《中国模具工业年鉴》

《中国液压气动密封工业年鉴》

《中国重型机械工业年鉴》

《中国农业机械工业年鉴》

《中国石油石化设备工业年鉴》

《中国塑料机械工业年鉴》

《中国齿轮工业年鉴》

《中国磨料磨具工业年鉴》

《中国机电产品市场年鉴》

《中国热处理行业年鉴》

《中国机械工业集团年鉴》

编辑说明

一、《中国机械工业年鉴》是由中国机械工业联合会主管、机械工业信息研究院主办、机械工业出版社出版的大型资料性、工具性年刊，创刊于 1984 年。

二、根据行业需要，中国机械工业年鉴编辑委员会于 1998 年开始出版分行业年鉴，逐步形成了“中国机械工业年鉴系列”。该系列现已出版了《中国电器工业年鉴》《中国工程机械工业年鉴》《中国机床工具工业年鉴》《中国通用机械工业年鉴》《中国机械通用零部件工业年鉴》《中国模具工业年鉴》《中国液压气动密封工业年鉴》《中国重型机械工业年鉴》《中国农业机械工业年鉴》《中国石油石化设备工业年鉴》《中国塑料机械工业年鉴》《中国齿轮工业年鉴》《中国磨料磨具工业年鉴》《中国机电产品市场年鉴》《中国热处理行业年鉴》和《中国机械工业集团年鉴》。

三、《中国工程机械工业年鉴》于 2000 年创刊。2002 年起，中国机械工业年鉴编辑委员会和中国工程机械工业协会开始合作编撰，2017 年为第 17 期。该年鉴记载了工程机械行业的运行情况、产品状况、产销情况，对市场情况、行业发展趋势进行了系统分析，全面系统地提供了工程机械行业的主要经济技术指标。2017 年刊设置综述篇、行业篇、企业篇、市场篇、调研篇、统计资料、标准篇和大事记等栏目。

四、统计资料中的数据由中国工程机械工业协会提供，数据截至 2016 年 12 月 31 日。因统计口径不同，有些数据难免出现不一致的情况。

五、在年鉴编撰过程中得到了中国工程机械工业协会及各分会、行业专家和企业的大力支持和帮助，在此深表感谢。

六、未经中国机械工业年鉴编辑部的书面许可，本书内容不允许以任何形式转载。

七、由于水平有限，难免出现错误及疏漏，敬请批评指正。

中国机械工业年鉴编辑部
2017 年 8 月

目　录

综述篇

行业篇

企业篇

市场篇

调研篇

统计资料

标 准 篇

大 事 记

Contents

Overview

Trades

Enterprises

Market

Research

Statistical Data

Standards

Chronicle of Events

综述篇

分析总结2016年工程机械行业发展情况、工程机械质量检验情况，公布行业年度新闻事件

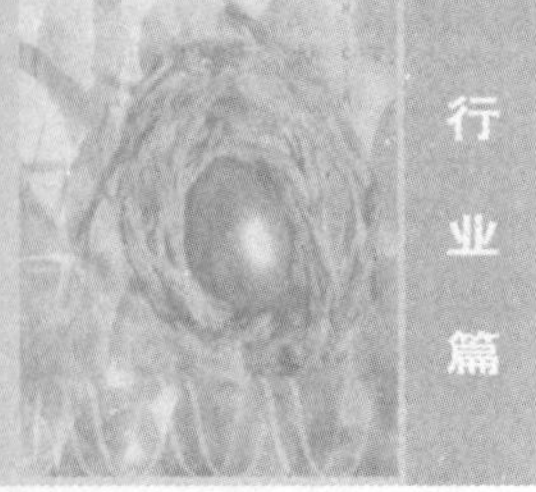

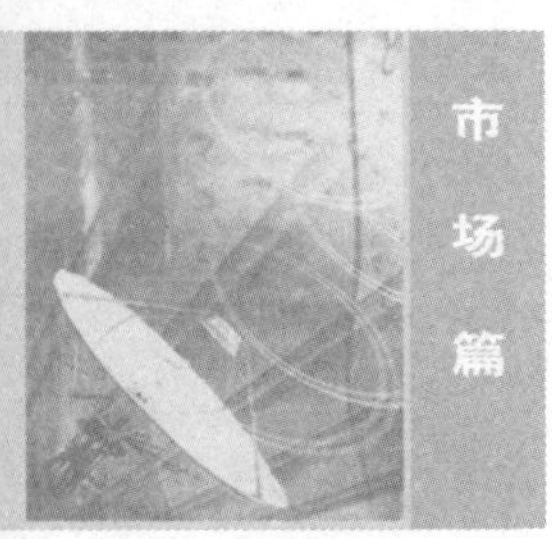

综述篇

2016年工程机械行业发展综述

2016年，工程机械行业在经历了多年市场需求持续下降、企业经营难度较大、行业发展面临考验的情况下，坚定不移地实施优化结构、转型升级、强化管理、提升效益等举措，在国家一系列调结构促转型增效益政策措施影响下，行业发展出现了积极的变化，2016年下半年工程机械主要产品的生产经营形势获得了极大改善，工程机械行业重现螺旋式上升的新生机。2016年全行业实现营业收入4 795亿元，比上年增长4.93%。2000—2016年全行业营业收入及同比增长情况见图1。

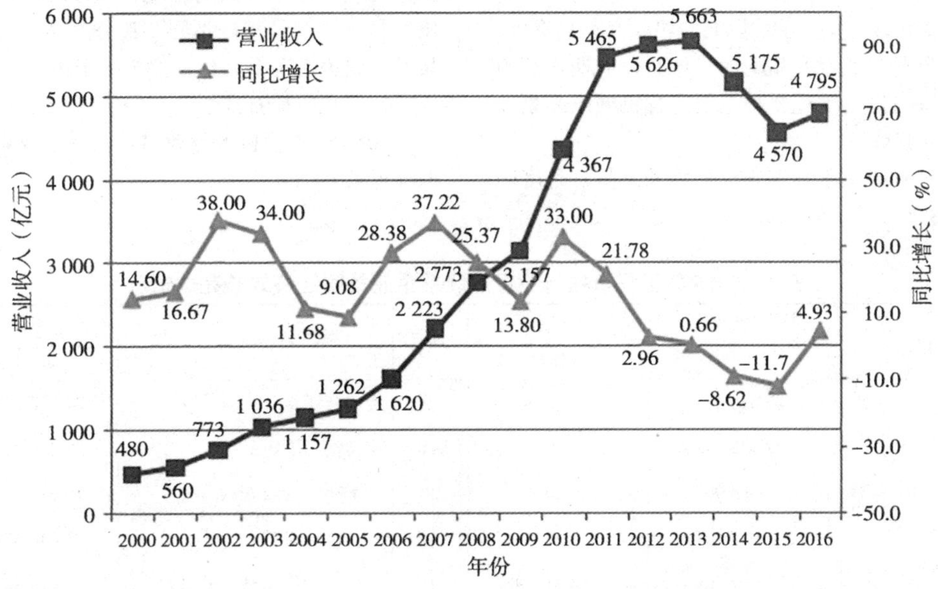

图1　2000—2016年全行业营业收入及同比增长情况

一、2016年工程机械行业实现了稳定增长

2016年，工程机械行业在历经2011年以来市场销售连续下滑之后，市场销售出现见底征兆，部分产品下滑态势得到改变。但企业经济效益仍处于较低水平，大型企业资金和效益仍面临较大困难。工程机械产品出口在经历两年多的微增长及上年下降4.11%后，2016年出现两位数下降，出口形势严峻。

1. 工程机械主要产品销售情况好转

2016年工程机械行业主要产品销售情况见表1。

表1　2016年工程机械行业主要产品销售情况

序号	产品名称	2016年1—3月		2016年1—6月		2016年1—9月		2016年1—12月	
		销量（台）	同比增长（%）	销量（台）	同比增长（%）	销量（台）	同比增长（%）	销量（台）	同比增长（%）
1	挖掘机	20 348	6.33	37 437	-2.32	50 930	6.63	70 320	19.3
2	装载机	21 490	2.43	36 989	-15.90	50 717	-14.10	67 375	-8.4
3	推土机	1 444	30.30	2 413	12.10	3 225	12.20	4 061	10.3
4	平地机	763	17.40	1 648	7.43	2 377	12.50	3 184	21.5
5	工业车辆	88 229	8.53	180 971	3.95	273 267	8.36	370 067	13.0
6	汽车起重机	1 576	-25.80	3 828	-16.30	5 589	-8.93	7 817	4.8
7	随车起重机	1 689	-25.60	3 837	-16.60	5 708	-12.30	7 832	-3.1

（续）

序号	产品名称	2016 年 1—3 月		2016 年 1—6 月		2016 年 1—9 月		2016 年 1—12 月	
		销量（台）	同比增长（%）	销量（台）	同比增长（%）	销量（台）	同比增长（%）	销量（台）	同比增长（%）
8	压路机	2 890	15.30	6 390	6.59	9 319	10.00	11 959	15.1
9	摊铺机	401	13.30	1 127	4.06	1 617	6.10	1 971	9.3
	合计	39 153	6.52	275 606	−0.66	402 749	4.17	544 586	10.2

2016 年第一季度 9 种主要工程机械产品销量合计同比增长 6.52%，其原因是非道路工程机械排放新旧标准切换造成；第二季度回补第一季度的“透支”，上半年累计下降 0.66%。

第三季度，受市场拉动影响，除装载机、汽车起重机、随车起重机仍下降外，其余产品均明显增长，前期增长的则增幅扩大。至 9 月底，上述 9 种主要工程机械产品累计同比增长扩大到 4.17%。

第四季度延续并扩大了第三季度的增长态势，月度同比增幅分别为 28.9%、33.4%、33.2%。部分企业的部分产品由于配套件，尤其是进口关键件储备不足，产品销售出现断供。

综合全年情况，2016 年由于多方面原因的共同作用，工程机械产品销售形势出现较大改观，但由于产品的功能属性和市场存量基础不同，部分产品出现热销，而有些产品尽管销售情况有起色，但仍处于徘徊阶段。

2. 工程机械行业经济效益下降局面未改

2016 年工程机械行业重点联系企业集团经济效益完成情况见表 2。

表 2　2016 年工程机械行业重点联系企业集团经济效益完成情况

序号	指标名称	完成额（万元）	同比增长（%）	序号	指标名称	完成额（万元）	同比增长（%）
1	营业收入	25 546 474	0.98	9	资产合计	37 576 739	−0.01
2	营业成本	22 639 142	1.26	10	流动资产平均余额	25 236 347	−2.70
3	营业税金及附加	94 905	0.10	11	其中：应收账款	10 916 550	−1.88
4	销售费用	969 104	4.21	12	存货	5 040 372	4.13
5	管理费用	1 091 363	−3.41	13	其中：产成品	2 614 386	4.85
6	财务费用	444 557	−31.00	14	应交增值税	360 580	−14.70
7	其中：利息支出	559 091	−20.50	15	从业人数（人）	117 137	−9.87
8	利润总额	−217 987	−340.30	16	工资总额	546 596	−14.40

主要企业营业收入下降局面在最后一个月才得以扭转，但全年增长不足 1%。利润总额降幅仍保持较高水平，从企业情况看，多数企业效益情况都在改善，但也有部分企业利润下滑较多，尤其是部分企业资产减值计提较多导致利润下降幅度过大，其他各项指标均在平稳运行状态，行业总体运行质量仍处于较低水平。2016 年工程机械行业营业收入及利润累计同比增长情况见表 3。

表 3　2016 年工程机械行业营业收入及利润累计同比增长情况

月份	1—2 月	1—3 月	1—4 月	1—5 月	1—6 月	1—7 月	1—8 月	1—9 月	1—10 月	1—11 月	1—12 月
营业收入同比增长（%）	−11.0	−6.27	−4.07	−4.31	−3.01	−2.41	−1.63	−1.19	−0.29	−0.64	0.98
利润累计同比增长（%）	−117.90	−30.80	−149.20	−161.70	−227.40	−215.20	−187.20	−276.40	−258.00	−206.50	−340.30

3. 工程机械产品进口降幅趋缓，出口降幅保持较高水平

据海关总署数据整理，2016 年我国工程机械进出口贸易额为 202.77 亿美元，同比下降 9.26%。其中，进口金额 33.17 亿美元，同比下降 1.50%；出口金额 169.6 亿美元，同比下降 10.6%；贸易顺差 136.43 亿美元，同比减少 19.68 亿美元。2013—2016 年工程机械产品各月出口额见图 2。2013—2016 年工程机械产品各月进口额见图 3。

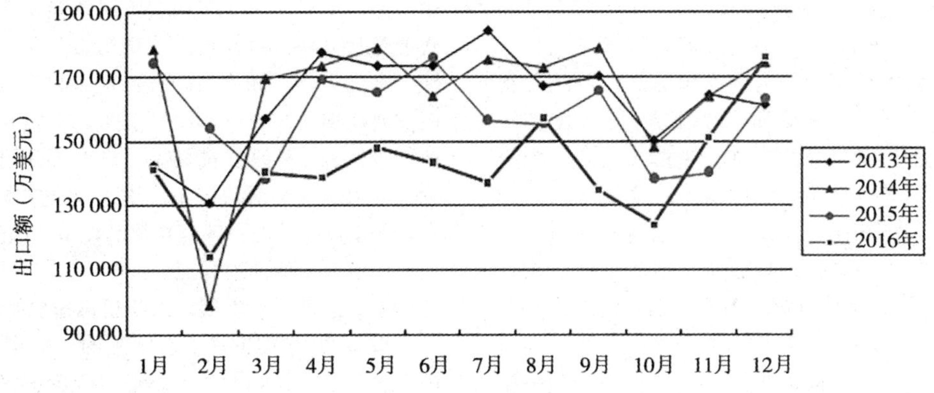

图 2　2013—2016 年工程机械产品各月出口额

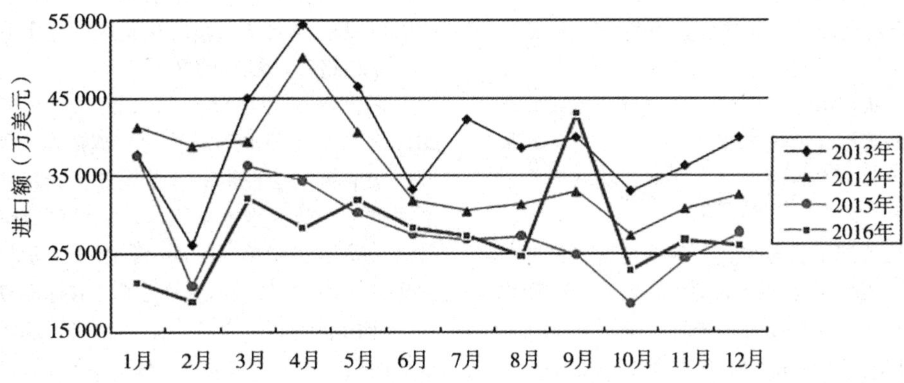

图 3　2013—2016 年工程机械产品各月进口额

2016 年工程机械产品进出口特点为：

（1）国际市场需求不旺，我国工程机械产品出口降幅呈高位。

2016 年我国工程机械产品出口降幅为 1998 年以来，除国际金融危机导致 2009 年我国工程机械产品出口额大幅度下降外的最高降幅。

从分月情况看，4 个月增长，8 个月下降，且增长月份增幅均为个位数，尤其是 3 月、8 月增幅不到 2%，下降月份均以两位数幅度下降。除 8 月、11 月、12 月三个月外各月出口额均不超过 15 亿美元，与 2015 年除 3 月、10 月、11 月三个月外均在 15 亿美元以上形成对照。

分季度看：第一季度出口 39.68 亿美元，同比下降 15.0%；第二季度出口 42.6 亿美元，同比下降 16.6%；第三季度出口 42.66 亿美元，同比下降 10.7%；第四季度出口 44.66 亿美元，同比增长 1.01%，第四季度出口额最高，且出现同比增长，与 2015 年第四季度出口额为 4 个季度中最低形成对比。同样，2015 年出口额最高出现在 6 月为 17.62 亿美元，而 2016 年出现在 12 月为 17.6 亿美元，映衬出 2016 年年末国际市场需求出现回暖苗头。

在全年出口额下降 10.6% 的情况下，对印度、泰国、澳大利亚、菲律宾、巴基斯坦、阿尔及利亚等国家和中国香港地区的出口保持增长。尤其是巴基斯坦，作为“一带一路”项目率先启动的国家，2016 年我国工程机械对其出口额增长了 180.7%，其位次由 2015 年的第 41 位上升到 2016 年的第 17 位。

（2）国内市场需求出现积极变化，进口逐步见底趋稳。

2016 年进口总体呈现降幅单边收窄态势，全年仅下降 1.5%，为 2011 年以后降幅最小年份。

从分月情况看，前 4 个月以下降为主，此后各月以增长为主，且 9 月进口额达到 4.3 亿美元，同比增长 72.9%，10 月和 11 月也出现较高的增幅，与 2015 年各月降幅均超 20% 的局面相比，明显改观。

从分季度看：第一季度进口 7.24 亿美元，同比下降 23.4%；第二季度进口 8.85 亿美元，同比下降 4.06%；第三季度进口 9.51 亿美元，同比增长 20.3%；第四季度进口 7.57 亿美元，同比增长 6.81%。下半年两个季度均为增长，与上半年两个季度相比均同比下降呈两重天现象，国内市场出现见底趋稳的征兆。

二、扎实推进国际化，“走出去”实现新突破

2016 年，我国工程机械行业在前几年海外投资快速发展的基础上，继续实施国际化发展战略，进一步深耕国际市场，整合现有对外投资，研发推广新型适用目标市场的产品，不断健全海外营销服务体系，加大力度培养国际化人才和营销队伍，拓展新型营销渠道，积极培育融资租赁市场，海外事业进一步取得实效，重点国家海外销售出现明显增长，海外工厂经济效益水平明显改善。徐工、中联、三一、柳工、山推等一批企业积极加强与“一带一路”沿线国家的国际产能合作，在重点国家深度布局，实现了海外收入占比的明显提升。

2016 年，工程机械行业作为国家国际产能及装备制造合作的重点产业，在国家发改委的指导下，中国工程机械工业协会联合 16 家工程机械企业发起成立了“中国工程机械行业国际产能合作企业联盟”。联盟的成立是推动“一带一路”建设和工程机械行业创新发展、提升产业国际竞争力的战略选择。联盟将在服务工程机械行业“走出去”中，打造互利共赢的发展平台；为企业“走出去”提供全方位的综合信息支撑和服务；推动行业内外企业抱团出海，同时规范企业海外竞争行为，防范企业对外合作各类风险；在重大工程项目、双边产能合作等方面开展合作，拓展发展新空间。

三、进一步实施转型升级，高端装备不断取得新成果

工程机械行业在近几年的徘徊中，众多企业开始了求新求变求转型之路，从苦练内功开始，努力寻求低迷市场中的机遇，全面贯彻实施《工程机械行业“十三五”发展规划》，在推进转型升级方面取得重大进展，高端新型装备创新发展出现新亮点。

徐工的 G 系列轮式起重机轻量化、智能化等性能指标达到国际领先水平；V 系列装载机经济性、高效性、可靠性、环保性、舒适性、方便性全面提升，推动产业结构向中高端发展；大型双轮铣、大吨位水平定向钻等实现批量销售。

三一通过自主创新，不断升级挖掘机产品，向高端市场全面延伸，从通用型市场向专业细分市场重点发展，并且在深刻理解海外客户需求的基础上，完成了国际全系列产品布局。

柳工研发极限工况下的工程机械应用高原自适应发动机、发动机的自我保护功能、IPC 集成功率控制系统、减振、降噪等技术，追求设备的可靠运行，使其在高温、高寒、高海拔、隧道、粉尘等极限工况下可维护和连续作业，有效提升了产品的可靠性。

中铁装备先后研发设计出应用于铁路隧道的马蹄形盾构机、国内自主研制的最大直径土压平衡盾构机以及超大直径泥水平衡盾构机，实现了在铁路隧道工程领域应用盾构设备种类的多样化和技术含量的突破。

铁建重工的国产首台最小直径敞开式硬岩隧道掘进机（TBM）实现了对坚硬岩层的快速开挖、出碴、支护等“一条龙”作业，具有安全、快速、环保等特点，是我国高端地下装备制造自主创新的重要成果，拓展了掘进机在我国工程领域的应用。

四、坚持加大投入，科技创新不断向前发展

2016 年，工程机械行业企业践行“创新、协调、绿色、开放、共享”的发展理念，继续加快创新驱动步伐，在高端产品及关键配套件的核心技术研发、应用等方面取得突破。徐工步履式液压挖掘机、中联环保高效干式道路清扫车、山推高性能全液压推土机等 20 项产品和技术荣膺 2016 年度中国机械工业科学技术奖。中铁装备、安徽合力获得中国质量奖提名奖，山东临工获全国质量奖。徐工集团、中联重科、三一集团、山河智能、铁建重工等企业的八项专利分获国家知识产权局第十八届中国专利奖的“中国专利优秀奖”和“外观设计优秀奖”。为响应《智能制造发展规划（2016—2020 年）》，一批企业在智能制造领域积极推进，实现智能转型，针对不同用户提供定制化的价值增值服务与解决方案，进一步推进向服务型制造的转型。行业企业实施了各有特色的转型升级战略举措和创新，为企业带来了新的增长点。

五、坚持绿色发展，工程机械排放标准实现升级

根据 2016 年 1 月 1 日实施的《中华人民共和国大气污染防治法》：禁止生产、进口或者销售大气污染物排放超过标准的机动车船、非道路移动机械。经排放检验合格的，方可出厂销售。检验信息应当向社会公开。城市人民政府可以根据大气环境质量状况，划定并公布禁止使用高排放非道路移动机械的区域。

根据国家环境保护部公告（2016 年第 5 号）要求，2016 年 4 月 1 日非道路移动机械必须装用符合第三阶段排放的柴油机，工程机械行业企业贯彻新政策，把握机遇，全面推进排放标准的切换，已经按照《中华人民共和国大气污染防治法》和环保部公告要求，积极推进国Ⅱ阶段柴油机转国Ⅲ阶段工作，实现了排放标准升级。同时，为进一步开拓国际高端市场，企业加快了满足欧美Ⅳ阶段排放法规的新产品开发。

根据环保部工作安排，2016 年 7 月对非道路移动机械环保达标企业实施信息公开，协会会同环保部有关部门组织宣贯、积极推进，推动环境保护工作在工程机械行业取得成果。

这项工作既是工程机械行业转型升级，缩小与先进国家水平差距的重要举措，也是当代工程机械行业的社会责任，同时通过新标准的贯彻实施，还可以推动在用超标排放设备和低端产能退出市场。

六、继续深化结构调整，不断强化管理，产业结构进一步优化，企业效益稳步提高

工程机械行业在上一轮的高速发展过程中，实现了产能快速增长，在满足国民经济建设发展需要的同时，也带来了一些低端产品、通用型产品重复建设、重复生产的弊端，导致产业结构失衡。在市场需求持续下降的情况下，暴露出生产企业数量较多、行业总量过剩等问题，行业内部结构性矛盾突出。

经过近几年的调整，工程机械行业已进入转型发展新阶段。结构优化、技术创新、产业升级、质量提升，成为我国工程机械行业发展的目标导向。很多企业主动适应新的要求，加大结构调整力度，调整企业生产布局和产业格局，关闭和停建了一批不适应市场发展的生产单元，调减了一些低端低效益产品的生产，转向具有市场前景，具有高端化、满足需求多样化和细分市场需求特点的产品，大力发展服务型制造，初步实现了产业结构调整和优化升级。

在产业优化升级的同时，工程机械企业进一步加强企业管理，改善企业运行质量和效益。2016 年，多数企业的资产质量明显提高，利润实现增长，现金流好转，成本费用实现有效控制，为行业持续向好发展打下了良好基础。

〔供稿人：中国工程机械工业协会吕莹〕

2016 年中国工程机械主要设备保有量

截至 2016 年年底，中国工程机械主要产品保有量为 672 万～ 728 万台。其中液压挖掘机 149.8 万～ 162.4 万台，73.5kW（100 马力）以上推土机 6.79 万～ 7.36 万台，装载机 158.6 万～ 171.8 万台，平地机 3.05 万～ 3.31 万台，摊铺机 2.07 万～ 2.25 万台，压路机 12.3 万～ 13.3 万台，轮式起重机 20.9 万～ 22.7 万台，塔式起重机 41.7 万～ 45.2 万台，叉车 224.1 万～ 242.8 万台，混凝土搅拌输送车 34.9 万～ 37.9 万台，混凝土泵车 6.4 万～ 6.95 万台，混凝土泵 5.62 万～ 6.09 万台，混凝土搅拌站 5.53 万～ 6.06 万台。2007—2016 年国内工程机械主要产品销量见表 1。2007—2016 年工程机械主要产品进出口量见表 2。2007—2016 年国内市场工程机械主要产品实际需求量见表 3。2007—2016 年国内产品销售额与固定资产投资额比例关系见表 4。2007—2016 年我国工程机械进出口贸易额见表 5。

表 1　2007—2016 年国内工程机械主要产品销量

年份		2007	2008	2009	2010	2011	2012	2013	2014	2015	2016
挖掘机	销量（台）	71 241	82 975	101 559	179 296	193 891	130 624	126 296	103 227	60 514	73 390
	同比增长（%）	43.5	16.5	22.4	76.5	8.1	−32.6	−3.3	−18.3	−41.4	21.3
装载机	销量（台）	161 628	162 335	149 355	228 219	258 901	181 522	188 405	156 272	73 581	75 445
	同比增长（%）	24.5	0.4	−8.0	52.8	13.4	−29.9	3.8	−17.1	−52.9	2.5
平地机	销量（台）	3 893	4 320	3 608	4 531	5 259	4 347	4 017	3 662	2 620	3 184
	同比增长（%）	73.4	11.0	−16.5	25.6	16.1	−17.3	−7.6	−8.8	−28.5	21.5
73.5kW（100 马力）以上推土机	销量（台）	7 207	8 722	8 599	13 911	13 115	10 169	9 561	7 742	3 682	4 061
	同比增长（%）	21.6	21.8	−1.4	61.8	−5.7	−22.5	−6.0	−19.0	−52.4	10.3
压路机	销量（台）	9 437	10 885	19 852	26 281	22 217	13 782	15 726	14 270	10 388	11 959
	同比增长（%）	8.0	15.3	82.4	32.4	−15.5	−38.0	14.1	−9.3	−27.2	15.1
摊铺机	销量（台）	1 347	1 436	1 678	3 019	3 386	2 179	2 066	1 737	1 804	1 971
	同比增长（%）	18.6	6.6	16.9	79.9	12.1	−35.6	−5.2	−15.9	3.9	9.3
轮式起重机	销量（台）	20 862	21 419	28 494	35 143	35 455	23 073	17 889	14 096	9 327	9 568
	同比增长（%）	44.2	2.7	33.0	23.3	0.9	−34.9	−22.5	−21.2	−33.8	2.6
塔式起重机	销量（台）	31 020	27 918	29 300	43 400	53 000	49 804	63 684	50 657	20 000	7 000
	同比增长（%）	59.7	−10.0	5.0	48.1	22.1	−0.6	27.9	−20.5	−60.5	−65.0
叉车	销量（台）	152 415	168 119	138 908	232 389	313 847	291 333	328 764	359 622	327 626	370 067
	同比增长（%）	56.3	10.3	−17.4	67.3	35.1	−7.2	12.8	9.4	−8.9	13.0
混凝土泵	销量（台）	4 238	4 492	5 186	6 959	10 762	11 246	6 992	5 040	3 628	3 817
	同比增长（%）	21.4	6.0	15.4	34.2	54.6	4.5	−37.8	−27.9	−28.0	5.2
混凝土搅拌站	销量（台）	3 000	3 180	4 949	5 977	6 897	7 075	7 740	5 170	3 715	5 873
	同比增长（%）	51.9	6.0	55.6	20.8	15.4	2.6	9.4	−33.2	−28.1	58.1

（续）

年份		2007	2008	2009	2010	2011	2012	2013	2014	2015	2016
混凝土搅拌车	销量（台）	9 856	12 352	23 539	35 386	46 370	44 646	45 799	44 329	32 067	24 442
	同比增长（%）	93.4	25.3	90.6	50.3	31.0	-3.7	2.6	-3.2	-27.7	-23.8
混凝土泵车	销量（台）	4 271	4 527	5 880	7 964	12 030	10 866	7 966	5 700	4 012	2 811
	同比增长（%）	122.6	6.0	29.9	35.4	51.1	-9.7	-26.7	-28.4	-29.6	-29.9

表 2　2007—2016 年工程机械主要产品进出口量　（单位：台）

年份	分类	挖掘机	装载机	筑路机及平地机	73.5kW（100 马力）以上推土机	压路机	摊铺机	叉车	轮式起重机	塔式起重机	混凝土泵	混凝土搅拌车	混凝土泵车
2007	进口	33 789	502	45	640	481	150	11 781	521	43	793	32	
	出口	8 709	23 307	5 078	2 995	5 231	273	48 547	4 645	3 007	1 893	2 677	
2008	进口	34 387	591	32	855	453	190	10 482	41	54	340	1	
	出口	8 653	27 303	6 015	4 492	7 031	584	60 086	6 088	4 265	2 149	3 263	
2009	进口	23 613	736	34	467	393	242	5 601	89	31	290		
	出口	3 527	15 388	2 509	2 281	5 577	824	27 397	2 540	1 586	2 677	1 667	
2010	进口	41 766	682	83	446	603	514	9 620	58	59	451		
	出口	5 166	24 996	3 125	3 081	9 800	464	46 851	2 505	1 980	2 983	1 884	
2011	进口	31 784	640	50	340	797	573	10 631	49	66	372	1	
	出口	8 474	38 489	5 424	4 150	12 816	804	83 705	3 604	2 295	2 621	2 980	
2012	进口	14 005	507	31	183	379	213	8 087	31	35	223	7	
	出口	14 939	44 942	4 655	4 544	3 560	894	97 042	5 409	2 375	2 716	4 724	
2013	进口	13 494	366	6	191	478	261	8 392	11	38	4 249	2	1
	出口	13 312	45 497	4 561	4 565	5 400	680	111 559	5 894	2 967	2 049	5 771	452
2014	进口	11 051	526	23	159	391	370	8 801	1	15	1 117	1	2
	出口	11 474	40 640	4 119	3 910	4 979	803	131 727	5 239	3 928	2 551	5 673	567
2015	进口	10 132	471	5	91	516	317	9 238	4	37	222	2	1
	出口	13 400	30 559	3 009	1 948	3 671	541	133 286	3 391	3 308	2 232	6 483	677
2016	进口	13 511	419	9	59	402	515	9 102	4	23	417		
	出口	13 902	28 468	3 117	1 627	1 760	730	166 789	2 449	2 565	1 779	6 297	644

表 3　2007—2016 年国内市场工程机械主要产品实际需求量　（单位：台）

年份	挖掘机	73.5kW（100 马力）以上推土机	装载机	摊铺机	叉车	压路机	轮式起重机	塔式起重机	混凝土搅拌车	混凝土拖泵	混凝土泵车
2007	96 321	4 852	138 823	1 124	115 649	7 082	16 738	28 056	7 211	3 138	
2008	108 709	5 085	135 623	1 042	118 515	4 307	15 372	23 707	9 090	2 683	
2009	121 645	6 785	134 703	1 096	117 112	14 668	26 043	27 745	21 872	2 799	
2010	215 896	11 276	203 905	3 069	195 158	17 084	32 696	41 479	33 502	4 427	
2011	217 201	9 305	221 052	3 155	240 773	10 198	31 900	50 771	43 391	8 513	
2012	129 690	5 808	137 087	1 498	202 378	10 601	17 695	47 464	39 929	8 753	

（续）

年份	挖掘机	73.5kW（100马力）以上推土机	装载机	摊铺机	叉车	压路机	轮式起重机	塔式起重机	混凝土搅拌车	混凝土拖泵	混凝土泵车
2013	126 478	5 187	143 274	1 647	225 597	10 804	12 006	60 755	41 082	5 459	7 515
2014	102 804	3 991	116 158	1 304	236 696	9 682	8 858	46 744	38 657	3 606	5 135
2015	57 246	1 825	43 493	1 580	203 578	7 233	5 940	16 729	28 591	2 820	2 376
2016	72 999	2 493	47 396	1 756	212 380	10 601	7 123	4 458	24 442	3 817	2 811
合计	1 248 989	56 607	1 321 514	17 271	1 867 836	102 260	174 371	347 908	287 767	46 015	54 428

表 4　2007—2016 年国内产品销售额与固定资产投资额比例关系

年份	销售收入（不含进出口）（亿元）	同比增长（%）	国内实际使用工程机械金额（亿元）	同比增长（%）	全社会固定资产投资额（亿元）	工程机械使用金额占全社会固定资产投资额比例（%）
2007	2 223	37.2	1 976	26.9	137 324	1.44
2008	2 773	24.7	2 299	16.3	172 828	1.33
2009	3 157	13.8	3 070	33.5	224 599	1.41
2010	4 367	38.2	4 355	41.9	278 122	1.57
2011	5 465	21.8	5 176	18.6	311 485	1.66
2012	5 626	3.0	4 903	-5.3	374 694	1.31
2013	5 663	0.7	4 836	-1.4	447 074	1.08
2014	5 175	-8.6	4 247	-12.2	512 761	0.82
2015	4 570	-11.7	3 759	-11.5	562 000	0.66
2016	4 795	4.9	3 849	2.4	596 501	0.64

表 5　2007—2016 年我国工程机械进出口贸易额

年份	进口		出口		进出口额比（进口 / 出口）
	金额（亿美元）	同比增长（%）	金额（亿美元）	同比增长（%）	
2007	49.41	25.7	86.97	73.5	0.57/1
2008	60.16	21.8	134.22	54.3	0.45/1
2009	51.48	-14.4	77.05	-42.6	0.66/1
2010	83.99	63.2	103.41	34.2	0.81/1
2011	90.45	7.7	159.09	53.8	0.57/1
2012	58.84	-34.9	191.62	20.1	0.31/1
2013	47.34	-19.5	195.31	1.9	0.24/1
2014	42.85	-9.5	197.91	1.3	0.22/1
2015	33.67	-21.4	189.78	-4.1	0.18/1
2016	33.17	-1.5	169.60	-10.6	0.20/1

对表 1 ～表 5 的说明：

1）统计的年份。经了解，工程机械使用期一般为 10 年。虽有些进口的先进设备，特别是大型设备使用年限超过 10 年，有的甚至使用了 20 多年，设备状况仍属正常，但考虑到大部分设备的使用状况，统计中仍以 10 年为准。

2）国内实际需求量的统计方法：境内企业当年销售量 + 同类产品当年进口量 - 同类产品当年出口量 = 当年国内市场实际需求量。

3）将 2007—2016 年的当年国内实际需求量相加后，再增加 20% 即为全国保有量。因为统计受统计数据不完整、未计入海关统计范围的进口量及使用年限有些超过 10 年等因素影响，所以应再增加 20% 为宜。

4)主要设备保有量自2005年以后，取消了电梯与扶梯，主要原因是可与世界各国统计的范围相一致，更具有可比性。取消了铲运机，因自 2000 年以来其销售量逐年减少，至 2015 年仅几十台，与工程机械总量相比可忽略，故未计入。

5）混凝土泵车在海关 2013 年才分列税号，而混凝土搅拌站至今没有单列税号，只能以国内销量进行估算。平地机与筑路机海关统计在同一税号中，故无法准确统计平地机的实际进出口量，其保有量为估算值。塔式起重机每年约有数万台小型、简易的产品未统计在内。

6）以上表格中混凝土泵数中含拖泵及车载泵。

7）工程机械保有量的调查统计和测算，凝聚了中国工程机械工业协会老领导、老专家的经验与数据积累，协会各有关分支机构和企业也积极配合，在此一并致谢。

8）以上调查统计测算因现有条件所限和数据口径变化等原因，不能保证其绝对准确，仅供参考。

〔撰稿人：中国工程机械工业协会吕莹〕

2016 年工程机械质量检验情况

一、发展概况

“十二五”期间，我国工程机械行业优势地位明显，工程机械产品自给率大大提升；国际化取得实质性进展，全球化服务质量大幅提升，11 家工程机械企业进入世界工程机械 50 强行列；技术创新能力大幅度提升，近几年工程机械行业共获国家科技进步奖一等奖 1 项、二等奖 4 项，获国家技术发明奖二等奖 2 项，并有百余项产品获中国机械工业及省部级科技奖。

节能减排、绿色制造成果丰硕；产品优势明显，中国已成为世界上工程机械产品类别、产品品种最齐全的国家之一；智能化、信息化发展取得成效；工程机械行业标准化工作取得新进展，工程机械产品“走出去”获得了中国标准的支撑；企业高度重视产品售后服务，积极为用户提供整体解决方案，用户满意度大幅提高。

目前，工程机械行业技术发展处于数字化、智能化、节能环保等技术发展阶段，将向高性能、多功能、高可靠性、人性化、环境适应性、能源多样性以及机器人等多维度创新开发时期迈进。

我国虽然是工程机械使用和制造大国，但是产品含金量同国外同类产品相比依然存在差距，提质增效是未来工程机械行业发展的关键。高质量的产品是重点，只有在优质制造基础支撑下才能托起上层高端装备的发展。

目前，我国工程机械行业存在不少问题。首先是产业结构性过剩严重，其中包括产能过剩、土地面积过剩、设备过剩等。其次，不满足新阶段排放标准的原有设备需要尽快退出市场，按规定从 2016 年 4 月 1 日起，满足第二阶段排放标准的设备（包括新机）不能在国内销售，同时排放相关监管法规亟待完善。再次，行业后市场秩序已成当务之急。最后，企业创新机制和创新能力有待加强。产品的性能有待提高，高端产品相对缺乏，大型与超大型产品不足。

现阶段，虽然我国工程机械行业在品牌影响力、国际化程度、科技和创新能力、规模和总量、品质和质量、企业管理水平、价值链的综合能力以及承担社会责任等诸多方面取得了显著成效，但若想从工程机械制造大国向制造强国转变，急需在可靠性、耐久性、技术性能、安全性能、舒适性、外观质量及智能化技术等方面取得突破，在节能、环保、排放、振动、噪声等方面的研发与创新也亟待加强。只有如此，行业才能降低结构性产能过剩的风险，企业才能从日益严重的同质化竞争中脱颖而出。

目前，我国与美国、日本和欧盟相比有一定的差距，产品技术水平特别是核心技术水平的平均差距在 15 年左右。质量方面也有明显的差距，产品的可靠性是影响产品质量的重要指标之一。据不完全统计，我国同类产品的使用寿命和平均失效间隔时间（MTBF）均约为国外产品的 1/2。

可靠性：国外产品的 MTBF 为 1 000h；中国产品的 MTBF 为 500h。使用寿命：国外产品的平均使用寿命为 12 000 ～ 20 000h（液压挖掘机）；中国产品为 6 000 ～ 8 000h（液压挖掘机）。产品可靠性一直是工程机械行业健康发展和走向国际化的瓶颈。从近五年挖掘机行业型式试验（单样本）的可靠性统计数据来看，我国自主品牌挖掘机（中挖）产品的 MTBF 约为 500h，而外资品牌的挖掘机 MTBF 约为 1 000h。工程起重机作业可靠性的 MTBF 约为 400h，而国外产品的 MTBF 为 800h。卡特、小松等外资品牌装载机的平均使用寿命为 15 000 ～ 20 000h；中型挖掘机的平均使用寿命约为 12 000 ～ 13 000h；推土机的平均使用寿命略长，为 20 000h 以上。叉车的平均使用寿命约为 10 000h。

国家工程机械质量监督检验中心在多年试验检验数据的基础上，开展了典型工程机械产品失效统计和分析工作，下面选取挖掘机、装载机、叉车、观光车、推土机、压路机、工程起重机等典型产品，针对其可靠性试验中发生的失效，按照平均失效间隔时间、失效类别、失效模式、失效所属系统等进行统计，给出分析建议，希望对行业产品的可靠性提高有所帮助。

在“十三五”期间，工程机械行业将坚持以科技创新为动力，以质量效益调整结构为重点，实现行业可持续发展，以“一带一路”、京津冀协同发展、长江经济带三大战略为契机，整合资源，设立15个研发中心，进一步加快中国工程机械产业走出去，实施制造强国战略。

二、典型工程机械产品质量状况分析

（一）挖掘机产品质量状况分析

1. 挖掘机行业质量的整体情况

挖掘机产品技术含量高、制造门槛高，核心技术一直掌握在欧美日韩企业的手中，国外挖掘机产品主要在操控性能、能效、关键配套件技术、减振技术、标准体系建设、再制造技术等方面存在技术优势。

国内挖掘机制造企业在2016年继续面对严酷市场的考验，生产企业加速提升集中度。国内挖掘机企业主要有三一、柳工、徐工、龙工、厦工、临工、玉柴重工、山河智能等。虽然国产品牌挖掘机已经占据半壁江山，但是在产品技术上仍然存在核心零部件配套体系不健全，关键零件（含软件）等依然掌握在国外生产企业手中的现象，同时产品结构不合理，中、小吨位挖掘机产品，自主品牌的可靠性有较大提升，但大吨位（35t以上）挖掘机外资品牌可靠性仍占优势。另外，国内挖掘机产品一致性亟待提高，产品质量是在产品具有一致性的前提下通过可靠性指标和寿命来评价的。国内企业急需通过精准的制造装备，完整、正确、统一的技术文件，运行有效的质量保证体系（包括外协件的质量监管），一支训练有素的团队，和谐的企业文化等，来保证生产制造工艺一致性，继而保证产品的一致性。 最后我国企业对于先进的科学技术转化为标准上的投入有限，对标准的认识和重视程度和参与范围都有限。

2. 液压挖掘机可靠性试验数据统计与分析

目前，国内的挖掘机在可靠性方面与国际名牌产品有较大的差距。产品的可靠性是指产品在规定的条件下和规定的时间内完成规定功能的能力。也就是说，它是用时间尺度来描述的质量指标，是一个产品到客户手里能够不出现失效的正常工作时间。现在挖掘机客户的关注点是：设备不发生失效，可长期使用，耐久性能高，容易修理并且售后服务好，而上述关注点正是产品可靠性要达成的目标。绝大多数的挖掘机客户为了保证工程的质量和工期，宁愿选择高价格、质量好且可靠性有保证的产品，所以挖掘机的可靠性成为市场竞争力的重要指标。

通过采集767台液压挖掘机在400h或800h现场跟踪可靠性试验数据，统计它们的失效发生时间、发生部位和发生次数，按照失效类别、失效模式、失效所属系统等进行了统计与分析。

（1）可靠性数据的采集。400h或800h可靠性数据来自国家工程机械质量监督检验中心的试验报告。共采集了767台液压挖掘机的可靠性明细、维护保养记录、失效分析记录、主要总成明细以及技术参数等信息，其中400h可靠性试验88台，800h可靠性试验679台。所有数据均为近6年的实验结果，均采用随机抽样的办法获得。

可靠性数据采用了国内数家生产企业的产品，其中，6t以下小型挖掘选用88台产品，6～20t挖掘机选用202台，20～30t挖掘机选用263台，30～40t挖掘机选用121台，40～50t挖掘机选用48台，50～90t挖掘机选用25台，90t以上挖掘机选用20台，具有广泛的代表性。

这些数据具有以下特征：以国内生产的挖掘机为研究对象，其中不仅包括中国品牌的产品，也不乏国际品牌的产品；数据均为定时截尾试验数据；采集数据除失效发生时刻、失效发生模式和发生部位等外，还增设了主要总成明细和技术参数表；在液压挖掘机配置上，发动机、主泵、先导阀、多路阀、行走液压马达、回转液压马达等根据不同的试验年度及吨位水平基本相同，主要结构相近。

（2）可靠性数据的分析。国内使用的可靠性试验方法主要依据国家标准GB/T 7586—2008《液压挖掘机 试验方法》进行。由于挖掘机的实际使用工况、地点不同，作业对象不同，使用者不同，对挖掘机的使用结果有较大的影响，又因挖掘机应用广泛，任何一种具体的使用工况都不能代表挖掘机的标准使用工况。但是，这些数据包含了不同使用条件下的多台挖掘机，使挖掘机的使用工况具有代表性，缩小了不同工况的差异。

1）失效发生部位统计分析。可以把挖掘机划分为：动力系统、传动系统、执行系统、行走系统、回转系统、制动系统、控制系统、电气系统、其他主要零部件九大系统，考察收集到的挖掘机数据。考察收集的767台挖掘机的数据，通过观察，失效频率发生最高的系统为主要的覆盖件或附属部件、执行系统、传动系统和动力系统四个系统。除覆盖件或附属部件的失效所占比例比较高外，其他三个系统的失效次数比较接近。其中其他主要零部件失效占总失效的26.8%，执行系统（主要是工作装置）占总失效的17.9%，传动系统（主要是泵到各执行元件之间的部件）占总失效的13.2%，动力系统（主要是发动机各部件）占总失效的11.2%。

2）失效模式统计分析。对8个典型的失效发生模式（泄漏性、堵塞性、松脱性、断裂性、损伤性、失调性、退化性、其他）进行了统计。其中：松脱性失效主要是各部件螺栓或液压油管接头松动，占总失效的27.6%；损伤性失效主要是主要的零部件或覆盖件损坏，占总失效的23.8%；泄漏性失效主要是液压管路或接头的泄漏，占总失效的23%。统计数据显示损伤性、松脱性、泄漏性3种失效模式的失效次数较高。

3. 挖掘机行业提高质量的建议与发展方向

中国挖掘机械行业质量的提高需要从以下几个方面来着手进行。

（1）完备的配套件体系建设。国内主机及配套件企业应加大对液压泵与液压马达、回转支承、整体式主控制阀等高端核心配件技术，以及柴油发动机和基础零配件以及钢材配套领域的投入。

挖掘机的作业工况决定了其配套件，特别是液压元件的精度必须很高。挖掘机主控制阀是高压系统元件，属于精密机械，里面的沟槽、通道相当多，其开口的精度是以毫米来定位的，制造难度相当大，所以主控制阀的制造并不纯粹是设计问题，更多的是质量控制问题。川崎、小松等国外品牌的主控制阀精度非常高，失效率很低，而国产的挖掘机核心液压元件根本无法满足用户要求。目前，挖掘机配套液压件主要依赖进口，为数不多的国产变量泵和主控制阀生产厂家，还没有实现批量为挖掘机配套。特别是变量柱塞泵、液压马达和与之相配的减速机以及片式或整体式主控制阀等。

发展节能型配套件产品是大势所趋。配套件企业要和主机企业密切合作，研究负荷传感、负载反馈、电液控制等集成元件，达到最大节省功率、充分利用功率之目的。

（2）提高产品技术水平、制造水平及一致性。企业应当不断提高产品的液压系统电控技术、结构件焊接技术、精细化设计水平、生产的每一个环节水平，保证过程的一致性，从而保障产品的一致性。

企业采用良好的电控技术后，可以提高发动机功率的利用率，减少液压系统功率损失，使动力系统与负载所需功率更好地匹配，降低发动机和液压元件的工作强度，提高设备在使用中的可靠性。国外几家著名的挖掘机生产厂家，其挖掘机智能化控制技术已达到比较高的程度。国内企业应充分利用现代微电子技术、传感器技术、GPS及GIS技术、网络技术及智能失效诊断技术，不断提高机器的使用效率和可靠性。

挖掘机产品中焊接结构件较多，占整机重量的50%～70%。焊接结构件的优劣，直接影响产品的质量、性能与使用可靠性。国内外知名的工程机械制造厂商，把焊接结构件的设计与制造能力作为竞争的焦点之一，一方面不断优化设计参数，另一方面通过采用新技术、新工艺以及焊接辅助装备来提高产品的质量和效益、降低成本、提高市场竞争力。

（3）标准体系的完善。企业应当加大对标准制定和研究的投入，同时积极参加国家标准的制定和实施，踊跃参加ISO/TC127组织活动，积极参与ISO标准的制修订工作。跟踪挖掘机国际标准的最新发展，将标准的内容融会贯通到产品设计的方方面面。

在标准的关注点上，安全和环保是两个重要的内容。安全既体现在对人的安全方面，即操作者和暴露人群，又体现在对机器与周围设备、设施、起重货物的安全方面。环保方面体现在高效率、低油耗、低噪声、清洁排放发动机的应用方面，另外，挖掘机产品应当探索建立有害物质和回收利用率管理体系以及可靠的替代方法或技术。有一定市场规模的主机生产企业应当关注产品的再制造。工程机械再制造技术在我国还处于起步阶段，在法规建设、政策引导方面还需要加强。

（二）装载机产品质量状况分析

1. 装载机行业质量整体情况

近年来，装载机行业产品质量也有了很大提升和改观，为了进一步稳固市场地位，广大装载机企业在加快产品研发进度、大力提高生产的同时，对产品的质量也普遍关心。行业内主要企业都组建有自己的产品测试团队，尤其是行业大型骨干装载机企业都建有一流的国家级实验室，对产品的研发试验给予了大力支持，为行业发展、政府和企业决策，提供了客观依据。

受国内国际市场影响，国内装载机企业由原来的生产和销售持续下滑，到2016年下半年市场开始稳步回升。由原来的回笼资金困难，死账呆账增多，企业负担过重，持续裁员，到现在的企业不断扩招技术工人，加紧产品生产。随着GB 20891—2014强制标准的颁布实施，工程机械发动机国Ⅲ排放的强制切换工作已经顺利完成，有些骨干企业已开始国Ⅳ装载机产品的研发，有些产品已经下线。装载机企业目前的工作重点是向节能环保、安全舒适、差异化方向持续发展。

目前，国内装载机行业的技术质量现状及存在的问题主要表现在如下几个方面：

（1）产品的节能环保。节能环保是目前各装载机企业主打的王牌，也是目前装载机市场相互竞争的一个着力点。从2008年开始，大型骨干装载机企业就将装载机的主攻方向由原来的产品可靠性延伸到节能省油技术方向。从2015年开始，随着原配置国Ⅱ发动机向国Ⅲ发动机的强制切换，到2016年年初，切换工作已经顺利完成。相对于国Ⅱ发动机，目前配置国Ⅲ发动机的装载机产品的燃油消耗率明显降低。目前主流主机生产企业，如临工、柳工、徐工、雷沃、成工等诸多企业都在着力研发推进节能环保的装载机产品。除了传统燃油发动机外，新型的LNG型发动机受到市场和用户的关注，但由于目前国内LNG加气站的普及率不高，再加上柴油价格降低，致使LNG型装载机产品在市场上的推广受到严重影响。

（2）产品的安全舒适性。随着近年来装载机产品质量的不断改进提升，以及GB 25684系列强制性标准的实施，市场和装载机企业对装载机产品的安全性、操作舒适性的认知，有了很大提高。产品的安全性是指按照GB 25684系列标准，检测检查发现基本上都能达到标准规定的强制性条款指标的要求。比如强制性条款要求的机器安全标签，机器的稳定性，机器噪声、振动，机器制动性能，电气系统及电源开关，灭火器存放位置等。到目前为止，随着国Ⅲ发动机的强制推行，大转矩低转速发动机的运行，装载机产品的噪声问题得到了很好的解决。目前3t以上的装载机产品的机外辐射噪声和司机位置噪声基本上能满足国家标准要求，有的主机企业降噪甚至更低，能达到出口欧盟的标准要求。机器的操作舒适性在这几年的发展中也有了很大提升，在中高端装载机产品上表现得尤为明显。这也是与国际接轨，提升国内装载机产品的市场竞争软实力的需要。

（3）产品的可靠性。装载机的可靠性水平是影响产品质量的重要因素，也是企业制造技术工艺水平、质量保证能力等综合实力的体现。国产装载机生产企业经过近几年的努力，产品质量尤其是可靠性水平有了显著提升，但与国外同类产品比较，国产装载机产品仍然存在使用寿命短、早期失效率高、配套件质量不稳定等问题。

2. 装载机产品的可靠性数据统计与分析

装载机的可靠性水平是影响产品质量的重要因素，也是企业制造技术工艺水平、质量保证能力、基础元件（液压件、电气元件等）质量水平的综合体现。从近五年装载机行业型式试验（单样本）的可靠性统计数据来看，平均失效间隔时间基本保持在 400 h 左右。据统计，2016 年大中型装载机企业的产品平均失效间隔时间已提升到平均 700h 以上，说明我国装载机产品的可靠性已有了明显的提升。以下通过对 2016 年部分装载机可靠性试验数据统计分析，反映装载机行业整体可靠性水平现状及制约行业产品可靠性的关键因素，以帮助提高国产装载机可靠性水平。

通过对 2016 年 73 台装载机新产品型式试验中发生的 105 次失效情况进行统计，结果表明：试验中未发生致命失效和严重失效，一般失效次数占总失效次数的比例为 30.5%（2015 年为 63.6%，2014 年为 50.5%，2011—2013 年为 58.5%，2008—2010 年为 75%），轻微失效次数占总失效次数的比例为 69.5%（2015 年为 36.4%，2014 年为 49.5%，2008—2010 年为 25%）。

按失效模式统计，2012 年：泄漏性失效占比为 56.4%、损伤性失效占比为 7.9%、失调性失效占比为 16.4%、松脱性失效占比为 12.1%；2013 年：泄漏性失效占比为 40.25%、损伤性失效占比为 7.55%、失调性失效占比为 16.98%、松脱性失效占比为 20.75%；2014 年：泄漏性失效占比为 29.9%、失调性失效占比为 26.8%、松脱性失效占比为 14.4%、断裂性失效占比为 10.3%、损伤性失效占比为 7.9%。2015 年：泄漏性失效占比为 40.9%、退化性失效占比为 25.0%、松脱性失效占比为 15.9%、损伤性失效占比为 11.4%、失调性失效占比为 4.5%。2016 年：泄漏性失效占比为 37.1%、松脱性失效占比为 23.8%、损伤性失效占比为 16.2%、退化性失效占比为 9.5%、失调性失效占比为 5.7%、断裂性失效占比为 4.8%。

按失效所属系统统计，2012 年：液压系统占比为 27.1%、发动机占比为 14.3%、传动系统占比为 12.1%、电气系统占比为 11.4%；2013 年：液压系统占比为 24.7%、电气系统占比为 13.4%、发动机占比为 11.3%、传动系统占比为 7.6%；2014 年：液压系统占比为 28.3%、电气系统占比为 18.3%、发动机占比为 8.2%、传动系统占比为 8.2%。2015 年：电气系统占比为 31.8%、液压系统占比为 15.9%、传动系统占比为 13.6%、转向系统和制动系统占比均为 9.1%、发动机占比为 4.5%、其他占比为 16%。2016 年：电气系统占比为 19.0%、液压系统占比为 17.1%、传动系统占比为 11.4%、发动机和制动系统占比均为 6.7%、转向系统占比为 3.8%、其他占比为 35.3%。

按失效时间统计，渐变失效占比 74.3%、偶然失效占比 25.7%。

统计结果显示，失效所属系统中来自液压系统及其他系统的失效占有较大比重，而失效现象主要是泄漏性、松脱性、磨损、退化性失效。这说明装载机配套件在材质、制造装配工艺、质量保证能力尤其是保证产品一致性上仍存在问题。现在装载机上的发动机、液压元件、电气元件主要来自配套企业，而国产液压元件、电气元件产品的制造工艺水平、质量保证能力仍然不足，装载机主机生产企业仍须加强对诸如外协液压元件、电气元件、结构件、薄板件等配套件的质量控制。另外，从失效所属系统及失效现象来看，影响装载机早期失效率甚至影响装载机寿命的因素是使用环节，这也是常常容易被忽视的环节。装载机的工作环境比较恶劣，正确操作、定期维护保养对提高装载机作业可靠性有着重要意义，很多大的失效，都源于平时错误的操作习惯及对装载机的维护、保养不及时。渐变性失效次数占总失效次数的 72.4%。国外装载机在国内主要面向高端市场，这类用户管理规范，操作人员素质相对较高。而国产装载机主要面对的是中低端市场，这类用户管理水平参差不齐，操作人员多数素质较低，技术不熟练，企业本应对这类客户加强培训指导，可事实却是：国外装载机企业在售后服务中对装载机操作、维护、保养的培训占有相当的比重，而国内装载机企业的售后服务的主要精力用在产品维修和解决质量纠纷上，疏于对用户的培训和指导，使得国产装载机使用维护不当，造成早期失效频发，导致装载机产品使用寿命大幅缩短，这进一步拉大了国产装载机与国外装载机的可靠性水平的差距。

总之，国产装载机正不断拉近与国际先进水平之间的距离，但应该看到在产品可靠性、安全性等方面的差距依然存在，要赶超世界先进水平，装载机行业应在基础材料、技术工艺、质保能力，以及发动机、桥箱、液压元件、电气元件等关键零部件和产品测试验证能力等多方面不断改进，在国家、行业层面建立研究平台，重点攻关解决制约行业发展的共性问题，如基础材料（橡胶制品、特种钢材、油料）、高端发动机、桥箱、液压件（泵、马达、阀）等。

3. 装载机行业的发展方向

国内装载机企业需要抓住新的发展机遇。在产品研发上体现差异化战略和成本领先战略，继续加强行业推行的以企业国家级技术中心和高校及科研院所为主体的科研开发体系建设，提高产品技术含量；注重产品质量及售后服务；打造价值链营销；加强品牌建设，提升品牌价值；在内部管理方面优化流程，提高效率。只有这样才能在新形势下立于不败之地。

面对市场增速下滑、行业产能过剩，安全、环保刚性约束加大等诸多挑战，装载机行业企业很难再通过简单的规模化生产和低价格取得长期的竞争优势，企业必须在专注于对品质、品牌、服务、市场持续提升的同时，顺应未来工程机械技术发展的趋势，逐步实现从规模扩张的粗放式增长向质量效益的可持续发展方式转变，从传统要素主导向创新要素主导发展转变，从价值链中低端向价值链中高端发展定位转变，从注重短期利益向坚持可持续发展理念转变，加强节能环保产品、技术的开发与推广运用，以创新驱动引领工程机械行业转型升级。

为促进中国装载机行业结构调整，传统工程机械企业应该通过信息技术与工程机械装备和施工作业流程的深度融合，推动装载机产品向数字化、网络化、智能化方向转变，以摆脱传统需求下降、行业产能过剩的困境；正视行业存在的客观问题，不盲目追求数量增长，把握智能化、绿色化、宜人化的行业发展趋势，提高产品的可靠性和耐久性；进一步提升产品的国际竞争力，在“一带一路”倡议下积极推动国际产能合作；将需求管理与供给侧结构性改革相结合，增加有效需求，全面夯实行业发展基础。

（三）叉车产品质量状况分析

1. 叉车行业的整体情况

国内叉车制造企业近百家，并且平均每年增长 5 ～ 8 家，新增企业以生产仓储叉车为主。我国叉车行业通过近几年的飞速发展，2016 年又创出了历史销量新高，但企业还是主要以小吨位内燃叉车来占领市场。行业前两名（合力、杭叉）销量占市场的 42% 以上。前十名占市场的 76% 以上。德国 DHF 物流杂志最新公布世界前 20 强叉车企业排名，中国企业占有 4 席。合力排名前十，杭叉排名第 12 位，另外两家是第 19 位的龙工和第 20 位的美克斯叉车。说明国内叉车企业正逐步变强，赶超国际。

现在电商和物流行业已经越来越成为叉车的主力用户，特别是电动叉车和仓储叉车。我国作为一个发展中的制造大国，积极寻求产品出口是我们国家和企业发展的重要积极手段，我国的叉车制造也正在由过去的手动搬运车等附加值低的简单产品逐步向高附加值的电动类叉车过渡。

从近期型式试验中获悉，AGV 叉车销量增速迅猛，前景看好。而我国 AGV 叉车市场基本被国外企业占领。未来，随着自动化仓储车辆的进一步普及和人工费用的增长，AGV 将成为智能物流的一个重要组成部分。智能化转型，AGV 全智能叉车可以完成多领域的全自动、高智能任务。这会给叉车企业带来巨大商机。现在合力、杭叉、诺力等上市公司都在全力研发 AGV 叉车。

2017 年上半年叉车销售异常火爆，许多企业出现了供不应求的局面。面对可喜可贺的形势，更需要清醒地看到，行业长期发展中积累的问题仍然存在，并没有得到完全解决。值得欣喜的是，中国的叉车行业经历几十年的发展过程，变得越来越成熟了，在我们走访众多叉车制造厂家的过程中，很多行业人士面对中国叉车市场火爆的局面所表现出来的心态是越来越理性和平和，我们应该非常清醒地认识到，不管外部的需求刺激有多强，企业内部的健康才是最重要的，这才是叉车行业能够获得稳定健康发展的最持久动力。

目前，《场（厂）内专用机动车辆安全技术监察规程》已正式发布，2017 年 6 月 1 日开始实施。新法规引用了全新的标准，还增加了一些新的要求，尤其是铭牌、合格证、安全带、后视镜等内容。实施后企业需对这些新要求做出合理的应对；环保部 2016 年 8 月 24 日发布的《关于开展机动车和非道路移动机械环保信息公开工作的公告》，实施日期为 2017 年 7 月 1 日。按照环保部的非道路车辆排放公开的要求，叉车需要在环保部网站进行公示，公示的方式为：网上公开和环保标签公开。公开的内容为：企业基本信息、污染控制技术信息、排放检验信息等。由环保部、省级环保部门和公众监管。公示对我国叉车行业来说是挑战与机遇并存，长远来看，可以缩小与国际先进水平的技术差距。

2. 叉车产品的可靠性数据统计与分析

叉车行业经过几十年的发展，经历了引进消化、自主研发的阶段。取得了长足的进步。但对国外的技术仅停留在消化阶段，没有上升到形成产品开发能力和技术创新能力的高度。

从近年来叉车型式试验（单样本）的可靠性统计数据来看，国内内燃叉车的平均失效间隔时间约为 340 h，国外品牌的内燃叉车的平均失效间隔时间约为 1 200h。

通过对 2016 年 40 台叉车（内燃、蓄电池）型式试验中所发生的 72 次失效情况进行统计，结果表明：一般失效次数占总失效次数的比例为 28.2%（2015 年为 29.0%，2014 年为 31.4%，2012—2013 年为 37.5%，2008—2009 年为 58.6%，2006—2007 年为 65.0%），轻微失效次数占总失效次数的比例为 72.8%（2015 年为 71.0%，2014 年为 68.6%，2012—2013 年为 62.5%，2008—2009 年为 41.4%，2006—2007 年为 35.0%）。这两年与前几年相比，一般失效次数所占比例明显下降，整机质量呈上升趋势。

按失效模式统计，排在首位的是泄漏性失效，占 45.8%，占失效总次数的近一半；装配和配套件原因排在第二、第三位，分别为 18.1%、16.7%。

按失效所属系统统计，排在前两位的是液压系统和电气系统，分别占总失效次数的比例：2012 年：液压系统为 54.1%，电气系统为 21.4%；2013 年：液压系统为 53.3%，电气系统为 18.4%；2014 年：液压系统为 55.7%，电气系统为 17.1%；2015 年：液压系统为 52.2%，电气系统为 18.9%；2016 年：液压系统为 54.2%，电气系统为 16.7%。

另外，液压系统中出现失效较多的是管路及接头、密封件，分别占液压系统总失效次数的比例：2012 年：管路及接头为 60.4%，密封件为 35.8%；2013 年：管路及接头为 58.5%，密封件为 29.3%；2014 年：管路及接头为 51.3%，密封件为 35.9%；2015 年：管路及接头为 50.0%，密封件为 33.3%；2016 年：管路及接头为 51.3%，密封件为 35.9%。主要表现在液压件密封件安装不当和损坏、管路破损方面。

目前，主机配套件还存在质量不稳定、可靠性差、工艺制造和检测手段薄弱、技术研发能力不强等问题。配套件质量和可靠性差，往往是造成主机整体质量及可靠性水平不过关的主要原因。从多年的可靠性试验数据中可看出，我国叉车产品与国际品牌叉车可靠性的差距还表现在早期失效率高、小毛病多、渗漏问题严重等方面。

综合分析认为，近两年，蓄电池叉车的可靠性指标平稳；内燃叉车产品的可靠性指标持续稳定提高。

（四）推土机产品质量状况分析

1. 推土机行业发展状况

随着我国经济的快速发展，城市化的不断深入，国家对工程机械需求量日益增加。另外，工程机械相关法律法规对产品的安全环保方面的要求以及客户对产品质量、操作舒适性、美观性等方面的要求日益提高，成为国内推土机技术水平整体提高的一个外在动力。

（1）国外推土机先进技术发展现状

1）高度模块化。推土机各主要部件以功能结构划分，推土机的高度模块化，大幅提升了推土机的整机装配、维修时效性及便利性。

2）高度智能化。随着智能控制技术的快速发展，推土机高智能化程度呈现加速普及的趋势，推土机安装相应智能控制系统后，一系列智能化功能应运而生，例如整机运行状态智能监控、智能作业模式选择、负载适应性自动变速、智能失效诊断报警处理、热场管理系统、无人机协同作业、数字化施工系统等，这些智能化功能在保证推土机人机安全、提升作业效率、降低劳动强度等方面均起到了重要作用。

3）高环境友好性。随着全球范围对环保的日益重视，推土机等工程机械排放要求等级不断提升。目前，主要发达国家在售推土机均达到了 Tier 4F 排放水平。值得一提的是，卡特彼勒、小松等主要推土机先进生产企业在研发满足高排放等级推土机时，均使用了主机厂自己的发动机，相对于国内推土机厂商均采用第三方发动机而言，在一定程度上进一步拉大了技术差距。节能降耗是国外先进推土机的另一重要特征。例如，卡特彼勒推土机的双功率流技术、小松公司推土机的闭锁离合器技术应用已经基本涵盖全系列推土机。

4）高人机友好性。智能化程度的提升，一个重要影响就是人机友好性的提升，再加上悬浮座椅、自动空调、360° 监控系统、安全防护系统等一系列提升驾驶安全舒适性的功能，极大地提升了用户体验感。

5）高可靠性。新材料、新工艺的使用，对提升推土机关键零部件使用寿命、降低失效率提供了保障，以小松公司推土机大修周期为例，大型、超大型推土机推荐大修周期一般在 1 万～2 万 h，中小功率推土机推荐大修周期一般在 2 万 h 以上，实际大修周期比这还要长，这一大修周期远远高于国内 5 000～6 000h 的水平。

6）技术更新加速推进。随着研发、生产、测试试验手段的不断提升，国际先进推土机制造企业推土机新产品呈现加速推进的趋势，且某一项新技术一旦相对成熟，就会在全系列推土机上快速推广使用。

7）对行业技术发展的引导作用突出。

（2）国内推土机发展现状

1）向大型化、超大型化发展。目前国内 500 马力（1 马力 =73.5kW）以上推土机用户主要集中在国有大型矿山领域，其设备大多为 20 世纪八九十年代采购的卡特彼勒、小松公司产品，服役年限大多超过了 20 年，使用维护费用大幅提升，正逐步进入到设备更新换代期，再加上近些年国内煤炭等行业不景气，增加了使用单位财务压力，这给国内推土机主机厂提供了一次难得的市场推广机会，山推股份先后推出 520 马力、900 马力超大型推土机、柳工收购锐斯塔后在国内推出的 TD40 也达到了 515 马力，为国内超大马力推土机的国产化提供了可能。

2）向智能化发展。随着电控发动机及职能控制技术的发展，国产推土机厂家越来越重视智能化在推土机上的应用。国内推土机实施的智能化一般遵循电控发动机、智能温控散热系统、电控行走操纵、智能失效诊断系统、智能化作业等这一技术路线逐步实施。目前，由于静液压推土机技术起点高、智能传感器应用广泛等特点，因此处于推土机智能化进程的领跑位置。

3）排放等级的升级。针对国内对空气污染控制愈发严格，国内推土机主机厂家纷纷推出满足排放要求的推土机产品，为进一步开拓国外高端市场，还逐步开发出了满足 Tier 4I 及 Tier 4F 的产品。

4）静液压技术的应用及推广。静液压技术在国内推土机上的应用近年来逐渐趋于成熟，目前，主要推土机厂家正逐步在 220 马力及以下推出静液压产品，作为传统液力机械推土机的换代产品。

5）无线遥控推土机的发展。无线遥控工程机械已有十余年的发展历程，在抢险排爆等高危工况替代人进行作业方面，越来越受到人们的认可。遥控型推土机起步相对较晚，但发展较快，目前在国内已经成功销售。遥控推土机的基础是电控、智能化推土机的技术进步，所以，随着近年来国内智能型推土机的技术提升，遥控型推土机的应用越来越广泛。

近些年，国内推土机技术水平虽然取得了快速发展，但其技术升级发展主要依靠外部压力，集中体现在：

1）技术升级依赖于政策约束。国内主机厂对技术升级的一大动力来源于政策法规的被动要求，而非来源于内部主动提升，这使技术进步呈现惰性发展状态。例如排放等级的升级，根据 GB 20891—2014《非道路移动机械用柴油机排气污染物排放限值及测量方法（中国第三、四阶段）》要求，自 2016 年 4 月 1 日起，停止制造、进口和销售装用第二阶段柴油机的非道路移动机械，所有制造、进口和销售的非道路移动机械应装用符合本标准的第三阶段要求的柴油机，但国内推土机行业主机厂，在政策要求的截止日期前，基本上都在加紧处理库存第二阶段的主机，而不是提前引导市场推广第三阶段的主机，有的主机厂甚至在 2016 年 4 月 1 日还没有完成第三阶段推土机技术升级，造成相当一段时间无机可卖。

2）技术升级来自于市场需求拉动，被动升级。国内推土机厂商技术升级另一重要推动力是市场引导，某一特定需求只有达到一定数量的积累，才能促使主机厂商对相应产品进行升级，而主机厂商主动进行技术升级来引导市场的案例少之又少。

3）竞争对手的压力。随着近些年国内工程机械市场的需求不断升级，国际工程机械巨头加大了在国内产业布局，例如卡特山工，逐步加大了针对国内市场的静液压推土机 SEM816、SEM822 等产品的市场推广力度，这对国内主要推土机制造企业造成了巨大冲击和压力，国内企业有针对性地推出了自己的静液压推土机产品。

4）行业的跟随者。国内推土机厂商在全球推土机市场中，仍然处于行业跟随者的地位，还不具备引导市场需求的技术实力和经济实力。

另外，国内占据主流市场的推土机产品仍然无法摆脱技术落后的现状，主要体现在：

1）整机可靠性低，失效率较高，尤其是早期失效率较高，增加了用户使用的成本。

2）发动机燃油消耗率较高。目前国内推土机主机厂家均不具备发动机生产能力，而大部分推土机主机厂家推土机用发动机年采购量不足千台，具体到某一款发动机，年采购量也就是几十台甚至十几台，发动机主要技术升级依托发动机厂家完成，其受发动机厂家技术升级限制较为严重。

3）维护、维修性能不好。除静液压产品外，目前国内市场在售推土机主力机型均采用 20 世纪七八十年代的结构形式，结构科学性有待提升，为推土机维护、维修增加了难度。

4）自动化程度不高，司机操纵舒适性不高，容易疲劳。目前双手柄行走操纵仍然占据国内推土机主要市场，相对于电控单手柄行走操纵，这种操纵形式使司机的操纵舒适性较差。

5）外围性改进多、基础性提升少。由于国内推土机主机厂商在产品升级时，更注重产品质量稳定性，对动力系统、传动系统、液压系统等关键部件一般很少改动，涉及产品升级时，主要对机罩、地板翼板等结构件或外观件进行改进。

6）核心部件外购件多，自己研发得少。随着智能化推土机的发展，传感器、控制器、变量液压马达、液压泵等关键控制及执行零部件的进口比例明显提升，主要是因为国内推土机主机厂家研发实力和技术投入不足，只能依靠选购国外知名企业的产品，而在这个过程中，国内主机厂家一般都处于劣势，对指标改进、供货周期、成本等关键项目话语权一般都比较少，进一步限制了整机性能的发挥及整机成本的控制。

7）国内推土机产品同质化严重。技术含量相对较低的产品同质化严重，这一点在国内推土机产业尤为突出，经过几十年的市场调整，目前国内推土机各主机厂商主力产品基本上具有相同的技术要求，不同的是对供应商及质量的控制程度，这也使得国内推土机厂商的个性化技术升级更加迫切。

2. 推土机产品的可靠性数据统计与分析

国内品牌的推土机平均失效间隔时间约为 500 h，国外推土机的平均失效间隔时间约为 800 h。

通过对 2015—2016 年 12 台推土机新产品型式试验中发生的 21 次失效情况统计，结果表明：试验中未发生致命失效和严重失效，一般失效次数占总失效次数的比例为 47.6%，轻微失效次数占总失效次数的比例为 52.4%。

按失效模式统计：泄漏性失效占比为 52.4%、松脱性失效占比为 23.8%、断裂性失效占比为 9.5%、其他失效占比为 14.3%。

按失效所属系统统计：动力系统占比为 9.5%、传动系统占比为 9.5%、行走系统占比为 4.8%、电气系统占比为 19.0%、液压系统占比为 38.1%、其他失效占比为 19.1%。

按失效原因统计：设计占比为 4.8%、工艺占比为 9.5%、使用占比为 23.8%、零部件质量缺陷占比为 57.1%、其他占比为 4.8%。

通过对推土机失效情况的统计，可以看出：

1）液压系统泄漏性失效占比较大，说明液压件、特别是密封件质量还有较大的提升空间。

2）零部件质量缺陷占比较大，说明外协件质量控制措施有待改进。

3. 推土机行业的发展趋势

推土机作为重要的铲土运输机械，其发展趋势与工程机械总体发展趋势基本一致，将紧紧围绕智能化、节能环保、安全舒适、智能施工等方面进行技术升级。

（1）智能化。智能化是工业产品发展的大趋势，推土机也不例外。智能化的组成部分包括监控传感器单元、信息处理单元、智能执行单元等，智能化起步于电气化但高于电气化，其根据的是在很大程度上可以替代人对机器进行指令控制的控制策略，实现比人更加可靠、精准、高效、安全的作业控制。

（2）节能环保。节能环保是工程机械发展的永恒主题，伴随着人类环境保护意识的加强，节能环保相关的技术只会越来越受到重视。

（3）安全舒适。安全舒适度的用户体验无疑给产品添色不少，在用户选购产品的众多参考因素中分量越来越重。

（4）智能施工。随着无人机、物联网等技术的发展，数字化施工作业模式已经取得试验成功，在未来的施工作业现场，无人机通过空中扫描，建立土石方待作业区域模型，网络控制中心根据特殊算法得出最佳作业方案，调集推土机、挖掘机、货车等网内设备进行协同作业，操纵人员只需根据需要进行监控、应急处置等作业。

4. 技术发展建议

经过近十五年的高速发展，国内推土机行业在产品质量、产量上已经进入一个相对稳定的时期，整体来讲，相对于国际知名先进推土机产品，国内推土机在技术层次上还有很大差距，且差距向着拉大的方向发展。这迫切需要国内推土机厂商放眼未来，快速跟进，逐渐走出独立创新的发展之路。

（1）追求量的同时，更加关注质的提升。虽然目前国内推土机重大失效比例越来越低，但类似螺栓松动、管路漏油、结构件开裂等一般性失效仍然很多。这些失效看似小问题，处理其所需人力、时间也相对较少，但频繁出现的小失效表明整机在整机匹配、共振控制、基础材料、精度等级等方面仍然存在众多待改善点。在增加产能产量的同时，应更加注重质量的提升。

（2）加速推进电控行走等智能化产品研发。推土机智能作业、自动换挡等多项智能化功能均是在电控行走基础上开发的。所以，推土机电控行走的可靠性和稳定性直接关系到推土机后续智能化升级的成败。

（3）注重核心零部件基础性技术、共性技术研究。加大基础性共性技术的研究，对国内推土机技术从跟随者到领跑者的转换至关重要。关键电气元件、液压件及发动机等核心部件，目前国内主机厂商基本为外部采购，在自身条件不成熟的情况下，可联合国内专业厂商进行攻关，以掌握技术话语权，为整机关键件的最优匹配及适应性改进提供可行性。

（五）压路机产品的质量状况分析

1. 压路机行业的质量发展情况

我国的压路机从 20 世纪 60 年代开始起步，经历了研制开发、技术引进等几个阶段。经过五十多年的努力，压路机企业已经有了相当的基础和实力。我国的振动压路机发展速度很快，已形成系列。应用最广的是 14 ～ 20t 的单钢轮振动压路机和 8 ～ 12t 的串联式振动压路机。前者主要有静压传动和机械传动两种形式，而后者均为静压传动。由于配套件的国际化选购，压路机的可靠性水平增长很快。国内压路机单纯从产品的配置、参数的选择上和国外著名的压实机械生产厂家的产品相比毫不逊色，但新技术、新理念应用较少，部分国内配套件质量较差，装配水平参差不齐，最终导致性能不稳定、可靠性指标较低，噪声、驾驶室密封性和操纵舒适性等方面与国外著名厂家的产品相比仍然存在较大的差距。

国外压实机械制造业比较发达，这和它的发展历史、经济状况以及制造业和相关产业的总体水平有关。表现在其产品具有技术先进、性能优越、外形美观、作业可靠等优点方面。主要生产国家有德国、美国、瑞典和日本等。全液压传动、全轮驱动是国外振动压路机的主导模式。铰接转向，蟹行机构，三级制动，无级调频、调幅，气力悬挂减振，静压传动与控制，压实度随机检测，轮胎自动调压与集中充气，振动压实动态特性仿真与分析，连续压实与自动控制，失效自诊断与控制，以及卫星定位遥控作业等技术被充分运用到压路机制造中。

产品质量是在产品具有一致性的前提下通过可靠性指标和寿命来评价的。但是我国企业往往不能够有效地保证产品的一致性，企业内部对于生产制造工艺一致性的工作又涉及精准的制造装备，完整、正确、统一的技术文件，运行有效的质量保证体系，一支训练有素的团队，和谐的企业文化等各个方面，而这些方面并不是一朝一夕能完善的，需要企业结合自身实际、市场反馈等信息不断地改进和提高。针对设计的每一个环节、每一个系统、每一个零部件、每一种功能、每一个性能指标、废弃物的减排以及零部件的回收和再利用做到精细化，从而最大限度地减少维修环节，降低使用成本，提高工效。

2. 压路机产品的可靠性数据统计与分析

根据近年来压路机型式试验（单样本）的可靠性统计数据来看，国内压路机的平均失效间隔时间约为 350 h。

通过对 2016 年所进行的 9 台压路机新产品型式试验中发生的 11 次失效情况统计，结果表明：轻微失效 6 次，一般性失效 5 次，轻微失效占总失效的 54.5%，一般失效占总失效的 45.5%。

按失效模式统计：泄漏性失效占比为 27.3%、堵塞性失效占比为 9.1%、松脱性失效占比为 36.4%、断裂性失效占比为 18.2%、失调性失效占比为 9.0%。

按失效所属系统统计：动力系统占比为 9.1%、传动系统占比为 9.1%、制动系统占比为 9.1%、电气系统占比为 18.2%、液压系统占比为 27.3%、其他占比为 27.2%。

按失效原因统计：设计占比为 9.1%、使用占比为 18.2%、制造占比为 54.5%、零部件质量缺陷占比为 18.2%。

通过对压路机失效情况的统计，可以看出电气系统和液压系统失效较多。电气失效是压路机的常见失效，绝大多数都是轻微失效，例如喇叭不响、工作灯不亮、仪表盘不显示等。密封性是困扰国产工程机械产品质量多年的难题，泄漏问题也是压路机的常见失效原因。

近几年，国内开发的一些新产品，技术性能完全可以和国外先进产品媲美，但可靠性指标普遍偏低的现象已存在多年，用户反映也很强烈。企业对产品可靠性试验验证工作的忽视，造成了产品早期失效率高，给用户和企业自身都带来了较大的经济损失。

我国压路机行业整体质量的提升并不是一朝一夕的事，需要从长远考虑，可靠性指标偏低一直是制约我国压路机整体水平提高的关键因素，提高产品的可靠性指标不仅可以提高产品质量，而且可以在客户心中树立起良好的企业形象，在行业内提升自身的地位，从而提高企业的经济效益。

3. 压路机未来的发展趋势

（1）大力开发具有特殊用途的专用压实机械。国内压路机企业的产品用途比较单一，对于一些特殊用途的压实机械均没有开发，如用于梯形沟槽的小型压实机械、用于路基护坡的压实机械、用于沥青面层的搓揉平板式压实机械等。小批量、多品种，引用高新技术，创造高附加值，作为中小型工程机械企业一种新的发展理念，已被国内外企业所认可。

（2）技术创新。中国已成为世界上工程机械产品类别、产品品种最齐全的国家之一，智能化、信息化发展取得了一定成效，工程机械行业标准化工作取得新进展，工程机械产品“走出去”获得了中国标准的支撑。目前，工程机械行业技术发展处于数字化、智能化、节能环保等技术发展阶段，将向高性能、多功能、高可靠性、人性化、环境适应性、能源多样性以及机器人等多维度创新开发时期迈进。

（3）优质制造。我国虽然是工程机械使用和制造大国，但是产品含金量同国外同类产品相比依然存在差距，提质增效是未来工程机械行业发展的关键。高质量的产品是重点，只有优质制造基础支撑才能托起上层高端装备的发展。

（4）节能绿色。节能绿色产品最具市场发展潜力，市场的需求变化促进了节能绿色产品的发展。为了人类社会和经济的可持续发展，世界各国对环境保护提出了越来越严格的要求，工程机械有无良好的环保性能将成为参与国际市场竞争的重要指标之一，现已成了许多工业发达国家的“市场准入证”。

（六）观光车产品的质量状况分析

1. 观光车的可靠性数据统计与分析

根据 2016 年对 59 台观光车（其中，内燃 15 台，蓄电池 44 台）型式试验（单样本）的可靠性统计数据，可以看出，内燃观光车平均失效间隔时间约为 138 h，蓄电池观光车平均失效间隔时间约为 121h。

通过对 59 台观光车（内燃、蓄电池）型式试验中所发生的 76 次失效情况统计，结果表明：一般失效为 24 次，占总失效次数的比例为 31.6%；轻微失效为 52 次，占总失效次数的比例为 68.4%。

按失效模式统计，配套件的原因导致的失效次数占总失效次数的 42.1%，装配作业导致的失效次数占总失效次数的 38.2%，分别排在第一、第二位。

按失效所属系统统计，车体、电气原因失效分别总失效次数的 47.4% 和 31.6%，分别排在第一、第二位。

从统计的数据上看，致命失效、严重失效未发生，但一般性失效、轻微失效发生的次数仍较多。从失效模式统计结果看，配套件和装配作业导致的失效比较多，从失效所属系统统计结果看，车体、电器原因失效比较多。总体看来，观光车产品整体质量稳定发展略有提高，存在的主要问题依然是外形美观性较差、结构形式单调、可靠性性能较差、整车设计缺少人性化等。

2. 观光车产品质量的发展情况

通过 2016 年的质量数据及行业调查分析，观光车产品质量水平有所提升，但轻微失效仍然较多。分析有以下原因：优胜劣汰。技术落后、产品质量差的生产企业逐步退出市场，几家龙头企业的产品所占比例越来越高。这些企业规模较大，企业内专业化水平较高，注重生产过程中的来料检验、过程检验及出厂检验，把关能力强，有些企业采用了先进的检测仪器设备及修建了专业化的车辆试验场地，出厂车辆进行了路面测试，许多质量问题能及时发现。另外，企业注重对质量问题的统计分析，找出质量问题发生的原因，并采取纠正预防措施，避免质量问题的重复发生。据不完全统计，2016 年国内观光车产销量约 3 万辆，由于市场规模较小，所以专用的配套件制造企业几乎没有。行业配套依托于微型乘用汽车的配套体系，如传动系统、转向系统、制动系统等。内燃观光车全部采用汽油机，蓄电池车辆的动力源以铅酸蓄电池为主，车架基本采用管材焊接，也有少数企业个别产品采用冲压件铆焊成型，观光车一般采用后桥驱动，前桥转向，弹簧减震和独立悬挂，车体等许多部件还是非标化生产。总之现阶段观光车在整车设计方面还缺乏系统优化，各部件匹配性方面较差。另外，观光车在使用过程中保养维护不规范也是导致观光车轻微失效较多的原因。

从试验数据来看，型式试验样车的车速一般为 22 ～ 30km/h，座位数以 14 座和 23 座为主，14 座观光车是市场上需求量最大车型，23 座是观光车最大允许座位数。观光车乘客座椅全部装备座椅安全带，座椅扶手高度不小于 180mm, 座椅靠背高度不小于 450mm；行车制动系统一般采用双管路液压制动，并且制动作用在所有车轮上；观光车操纵设计越来越注重人性化设计，部分车辆转向采用电动助力转向，转向力 20N 左右，降低了驾驶人员工作强度；观光车车体覆盖件越来越多地采用滚塑或金属冲压成型。滚塑和金属冲压成型采用模具生产，质量稳定，外形美观。新工艺的采用提高了观光车的安全性。

随着观光车在旅游景点的保有量持续增加，管理部门对观光车企业的安全监管愈加严格。对于观光车生产企业来说，应严格按相关要求进行组织生产，比如资源条件的维持、质量体系的维护，工装、量具的定期校验，整车出厂按标准要求进行检验等，这样才能为用户提供安全可靠的产品，满足顾客需求。

2016 年按照国家标准委对强制性标准整合的要求，索游标委会对 3 项观光车强制性标准进行了整合，保留 GB 24727—2009《非公路旅游观光车安全使用规范》，并加强了观光车标准体系建设。目前《非公路用旅游观光车 术语与分类》《非公路用旅游观光车 车架》等 10 余项标准正在制定中，这些标准的制定将进一步完善观光车标准体系，促进观光车行业的发展。

随着观光车行业的进一步发展，观光车行业标准体系逐步完善、观光车企业的技术积累与进步，用户对观光车的安全性、可靠性、舒适性的要求不断提高，国内观光车质量水平必将持续提高。

（七）工程起重机产品的质量状况分析

1. 工程起重机行业发展情况

工程起重机行业在经历了十多年快速发展后，因国家宏观调控、货币政策、国际经济放缓等因素，2012 年开始进入了持续下滑阶段，行业竞争也越加激烈。

汽车起重机和全地面起重机制造商数量基本稳定在 30 余家，其中徐州重型机械有限公司、中联重科股份有限公司、三一汽车起重机械有限公司仍为行业龙头企业，新增了河南卫华特种车辆有限公司、河南骏通车辆有限公司、辽宁瑞丰专用车制造有限公司等汽车起重机制造商。汽车起重机产品系列完善，额定最大起重量从 8t 到 160t，涵盖了所有细分吨位的产品，全地面起重机额定最大起重量达到 2 000t，产品系统趋于多样化。

履带起重机和轮胎起重机制造商数量因行业整体下滑，目前不足十家，其中徐工集团工程机械股份有限公司建设机械分公司、中联重科股份有限公司、浙江三一装备有限公司是履带起重机和轮胎起重机行业三强的格局没有变化，型谱从 3.5t 到 3 600t。太原重型机械集团有限公司作为行业新进入者，目前已经有 150 ～ 750t 6 个型号的履带起重机，尤其是 200t 是目前最大的伸缩臂式履带起重机，贝特（杭州）工业机械有限公司的 3.5 ～ 5.5t 的小型履带起重机是为满足细分市场而专门研制的。轮胎起重机因市场需求的特殊性多年来销量没有太大的变化，主要销往海外市场。制造商主要为徐州重型机械有限公司、中联重科股份有限公司、三一汽车起重机械有限公司、徐州市久发工程机械有限责任公司等。

2014 年质检总局颁布了新的特种设备目录，随车起重机不再纳入特种设备管理，虽然以徐州徐工随车起重机有限公司、石家庄煤矿机械有限责任公司、三一帕尔菲格特种车辆装备有限公司为行业主导的格局未发生变化，但行业内新增了多家制造商，因产品同质化严重，市场上引发了激烈的价格战，也导致行业企业利润率进一步下降。

工程起重机经过多年的技术积累，在产品设计和整机研制方面基本完成了国产化。采用了设计计算、分析和仿真、试验验证等方式，广泛应用了新技术、新材料、新结构、新工艺，建立了有效的质量保证体系。尤其是在行业进入新常态期间，许多企业加强了自身产品的质量水平，企业质量体系的运行有效加强，促进了整机产品在外观、作业性能、可靠性、人机工程等方面质量的持续提升。

2. 工程起重机产品的可靠性数据统计与分析

起重机械的可靠性是指起重机械的综合质量特性，也是指表征起重机械作业能力的各项参数保持在预定范围内的可能性。从多年产品的可靠性试验数据来看，国内产品的作业可靠性的平均失效间隔时间约为 400h，而国外产品的平均失效间隔时间约为 800 h。

工程起重机经过 10 年的快速发展，产品已经形成较为全面的系列型谱。而 2014—2016 年工程起重机行业整体低迷，加之国家道路车辆和非道路车辆推行更加严格的环保标准以及特种设备法规的变更，汽车起重机和全地面起重机产品开始进入升级换代阶段。换代产品大部分主要是更换了满足新排放要求的发动机，改变了起重机的基本的结构，其他关键部件变化较少；履带起重机、轮胎起重机型谱内的大部分机型均已取得了制造许可，随着市场需求量的大幅减少，仅部分企业对产品进行了排放方面的升级；随车起重机因法规变化的原因，进行试验的产品数量较少。

通过对 2016 年 61 台工程起重机（其中，汽车起重机和全地面起重机 53 台，履带起重机、轮胎起重机、随车起重机共 8 台）新产品依据 JB/T 4030.1—2013《汽车起重机和轮胎起重机试验规范　第 1 部分：作业可靠性试验》、JB/T 4030.2—2013《汽车起重机和轮胎起重机试验规范　第 2 部分：行驶可靠性试验》、JB/T 4030.3—2013《汽车起重机和轮胎起重机试验规范　第 3 部分：液压系统试验》、QC/T 459—2014《随车起重运输车》等标准进行了试验，共发生了 121 次失效情况。统计结果表明：未发生致命失效和严重失效，失效主要为一般失效和轻微失效，其中一般失效次数占总失效次数的比例为 76.4%，轻微失效次数占总失效次数的比例为 23.6%。从失效分类进行分析，其中液压系统失效所占比例为 42.1%，电子、电气系统失效所占比例为 24.5%，发动机及传动系统失效所占比例为 19.2%，结构失效所占比例为 8.4%，其他系统及部件失效所占比例为 5.8%。

从统计的数据上看，工程起重机整体质量较 2015 年略有提高，致命失效、严重失效均未发生，一般失效发生率有所下降，但轻微失效发生比例升高。从失效分类统计结果看，液压系统失效仍是起重机主要发生的失效，工程起重机液压系统复杂，液压元器件较多。从统计的失效内容分析，泄漏性失效仍为主要失效，主要有液压元件失效、液压元件密封件失效、液压元件装配工艺不达标，如紧固接头、堵头未达到工艺力矩要求等。虽比例有所下降，但仍占失效总数的一半以上。近几年起重机智能化水平大幅提高，配备的电子安全部件较多，因此电子、电气系统失效率较高，主要有车载计算机主板损坏、显示器损坏、传感器失效、按钮失效、GPS 失灵、电气元件老化、接触不良、失灵，仪表显示不正常等失效；因样本普遍为发动机换型产品，故发动机失效增长较快。

3. 工程起重机行业发展趋势

随着“中国制造 2025”“一带一路”等国家战略的颁布和实施，必将促进工程起重机供给侧改革，给工程机械整体行业带来了新的机遇。以交通、能源、石化等基础设施为建设重点，这些行业需求专业化、智能化的高端工程机械。互联网+、大数据等给工程起重机行业提供了很好的经营模式及产品开发平台。智能制造为主攻方向，攻克共性技术，强化制造基础，促进工程机械等产业向价值链高端发展，推动智能工程机械等产品的研发和产业化。工程起重机行业正处于向智能化发展的阶段，表现为工程机械绿色化设计、智能化作业、智能化制造、全生命周期服务等四大技术趋势。徐工、中联、三一、柳工均发布了起重机智能管理产品。例如柳工的“智能管家”系统，通过手机 APP 可以使用户远程监管整机，随时了解整机运行情况及开工情况。运营管理包括生产调度、运营监控、安全管理、人员管理、即时通信等。用户能够最大限度优化设备匹配、提高生产效率、提升管理效率、减少运营成本、降低运营风险、优化盈利能力。

对于工程起重机领域而言，“一带一路”战略为行业发展提供了广阔的前景，新常态对工程机械制造企业意味着“调整结构，创新驱动”，在当前企业快速发展的意愿和宏观经济增速低缓产生矛盾的情况下，制造企业一方面需要深化市场结构、客户结构、产品结构、资产结构等调整，来应对新形势下的发展，另一方面更需要强大的创新驱动力，这种驱动力来源于企业的内涵式发展与创新突破。

未来各企业应由激烈竞争转向包容、合作、共赢，构建新格局，共同开拓国际市场，进一步加强政、产、学、研、产业链协同创新理念，积极推进关键零部件和主机厂间的整合，通过产业重构、资本重构和价值提升提升中国品牌的世界竞争力。通过重构实现技术、制造、销售和服务的全球一体化目标，通过智能化、数字化、精益化提升产品性能和可靠性，以提升产品市场竞争力。对于新常态，国内工程起重机领域各企业，应重视创新人才和产品技术研发，提高产品的可靠性和综合性价比，从而实现中国品牌引领世界的目标。

三、结束语

未来五年，中国企业应全面提高机械工业产品质量，要贯彻不断提高产品"全寿命质量""全寿命性价比""全寿命优质服务"水平的理念。工程机械企业尤其是行业龙头企业要进一步加大科技投入，加快关键技术的研发创新，配合国家引导工程机械产品结构向中高端方向发展，通过环保排放、安全、能耗等技术与法规标准，限止低端产品入市，在"十三五"期间使高端产品的比重达到相当水平。相信经过种种举措，未来中国工程机械行业一定会走出低谷进入一个新的良性发展阶段。经过深化调整后，必将实现更高质量的发展。中国仍将保持全球工程机械第一大市场的地位。

〔撰稿人：国家工程机械质量监督检验中心罗慧英、席学斌、许炜、郑海宁、赵亮、史文辉、范晓兰、李洪波、贾佳奇〕

2016年中国工程机械行业十大新闻

"2016中国工程机械十大新闻"由中国工程机械工业协会主办、今日工程机械杂志社承办。该活动至2016年已成功举办21届（1996—2016年），成为业内人士梳理和总结过去一年产业和市场发展脉络的重要渠道，是中国工程机械行业最为重要的年度事件之一。

2016年3月28日，受工信部装备工业司委托，中国工程机械工业协会向全行业发布了《工程机械行业"十三五"发展规划》。规划从实施"中国制造2025"战略、坚持科技创新、努力强化基础、推动智能制造、坚持持续发展为出发点，从行业发展总体指标、总量目标、智能化信息化发展目标、提升出口及海外营业收入所占比重等方面提出了行业"十三五"期间的具体发展目标。预测到2020年我国工程机械在国内外市场的销售额将达到6 500亿元。行业出口及海外营业收入占比到"十三五"末将超过30%，出口力争实现稳步增长，到2020年行业出口额达到240亿～250亿美元，占行业年总销售额的20%以上。

1.《工程机械行业"十三五"发展规划》正式发布

《工程机械行业"十三五"发展规划》发布会现场见图1。

图1 《工程机械行业"十三五"发展规划》发布会现场

2. 落实“一带一路”战略，推进工程机械国际产能合作

2016 年 12 月 20 日，中国工程机械行业国际产能合作企业联盟在京正式成立。联盟的成立是推动“一带一路”建设和工程机械行业创新发展、提升产业国际竞争力的战略选择。联盟将在服务工程机械行业“走出去”中发挥重要作用：打造互利共赢的发展平台；为企业“走出去”提供全方位的综合信息支撑和服务；推动行业内企业抱团出海，同时规范企业海外竞争行为，防范企业对外合作各类风险；在重大工程项目、双边产能合作等方面开展合作，拓展发展新空间。联盟由中国工程机械工业协会联合 16 家工程机械企业共同发起。此外，协会承担的“中国装备标准体系建设研究（二期）——中国工程机械在‘一带一路’沿线重点国家的标准需求研究”课题项目通过了国家标准化管理委员会的验收。

中国工程机械工业协会出席“重点行业协会推进国际产能和装备制造合作工作会议”见图 2，中国工程机械工业协会在北京组织召开“推进国际产能合作工作会议”见图 3，中国工程机械工业协会在北京组织召开“中国工程机械行业国际产能合作企业联盟成立大会”见图 4。

图 2　中国工程机械工业协会出席“重点行业协会推进国际产能和装备制造合作工作会议”

图 3　中国工程机械工业协会在北京组织召开“推进国际产能合作工作会议”

图 4　中国工程机械工业协会在北京组织召开“中国工程机械行业国际产能合作企业联盟成立大会”

3. 中国工程机械工业协会五届一次会员代表大会在泸州成功召开并完成换届

2016 年 3 月 28 日，中国工程机械工业协会第五届一次会员代表大会暨第十四届中国工程机械发展高层论坛在泸州隆重召开，相关领导、协会及行业同仁 300 余人参加了本次换届大会。参会代表选举产生了第五届理事会及领导成员，祁俊同志获选担任协会五届理事会会长；苏子孟同志当选常务副会长兼秘书长；28 家、101 家和 311 家行业单位的负责人分别当选第五届理事会副会长、常务理事和理事。第五届理事会将继续强化服务意识，创新服务手段，规范服务程序，扩大服务领域，提高服务质量，打造服务品牌，努力为政府、行业、会员单位和社会各界提供优质服务。

中国工程机械工业协会第五届一次会员代表大会暨第十四届中国工程机械发展高层论坛会场见图 5，新一届会长祁俊、新一届常务副会长兼秘书长苏子孟见图 6。

4. 贯彻新政策，工程机械实施“国Ⅲ”排放标准

2016 年 1 月 15 日，国家环保部发布《关于实施国家第三阶段非道路移动机械用柴油机排气污染物排放标准的公告》。公告规定：自 2016 年 4 月 1 日起，所有制造、进口和销售的非道路移动机械不得装用不符合非道路标准第三阶段要求的柴油机。行业企业贯彻新政策，把握机遇，工程机械全面实施“国Ⅲ”排放标准，实现了全行业的转型升级。排放升级不仅提升了用户体验感、降低了用户综合使用成本，促进产业链各环节的协同进步，还为全行业发展带来了新机遇。

图 5　中国工程机械工业协会第五届一次会员代表大会暨第十四届中国工程机械发展高层论坛会场

图 6　新一届会长祁俊、新一届常务副会长兼秘书长苏子孟

5. 打造绿色生态，北京率先启动非道路工程机械排放登记

2016 年，由中国工程机械工业协会主办的在用非道路移动工程机械登记工作项目在北京率先启动。据估算，北京市非道路移动工程机械市场保有量约为 10 万台。协会在 2016 年 4 月至 10 月分批组织了登记工作人员培训，并在北京市按 16 个区划分登记点，采取登记工作人员免费上门服务的方式进行登记工作。此举旨在摸清北京市在用非道路移动工程机械的产品排放水平情况，加强工程机械行业管理和自律建设，打造绿色文明的生态环境。另外，2016 年第一批工程机械身份识别码申报备案工作取得阶段性成果，协会已编辑完成《工程机械产品识别码手册（2013）》，协会将通过分阶段备案汇总整理，未来将形成工程机械在用设备信息库，为在用工程机械监管和有序退出机制的建立和加强市场规范奠定基础。

中国工程机械工业协会主办的在用非道路移动工程机械登记工作项目见图 7。工程机械身份识别码申报备案工作见图 8。

图 7　中国工程机械工业协会主办的在用非道路移动工程机械登记工作项目

a）中国工程机械工业协会主办的北京市在用非道路移动工程机械登记工作项目启动仪式

b）非道路移动工程机械标识

c）中国工程机械工业协会组织召开“北京非道路机械低排放区研究”项目讨论会

d）中国工程机械工业协会组织召开北京市在用非道路移动工程机械排放登记工作培训会议

e）中国工程机械工业协会召开北京市在用叉车登记工作培训会议

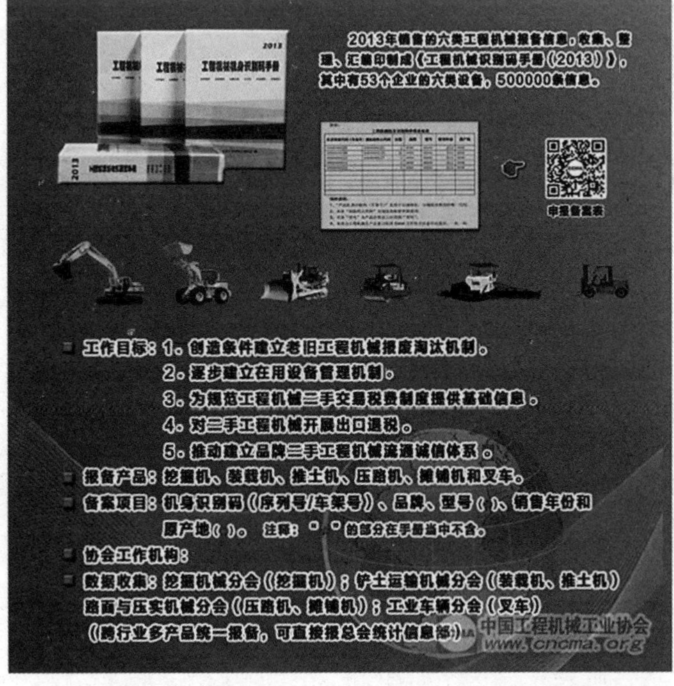

图 8　工程机械身份识别码申报备案工作

6.15 家企业获批工信部第二批再制造试点单位，后市场建设取得新进展

2016 年 2 月 17 日，工业和信息化部公布《机电产品再制造试点单位名单（第二批）》，见表 1。山东临工、安徽博一、芜湖鼎恒、山河智能、北京南车时代、宁波广天赛克斯、中铁工程装备、中铁隧道、蚌埠行星、安徽泰源、中国铁建重工、利星行机械（扬州）、南京钢加、青岛迈劲和厦门厦工 15 家企业入选名单。2016 年，中国工程机械企业在再制造、租赁等后市场建设方面取得新进展，在物联网、基于用户生命周期的数字化管理和营销、配件平台商业模式、服务模式等诸多后市场关键价值点上实现创新。

表 1　机电产品再制造试点单位名单（第二批）

领域	试点单位	地区
工程机械（15 家）	山东临工工程机械有限公司	山东
	安徽博一流体传动股份有限公司	安徽
	芜湖鼎恒材料技术有限公司	安徽
	山河智能装备股份有限公司	湖南
	北京南车时代机车车辆机械有限公司	央企
	宁波广天塞克思液压有限公司	宁波
	中铁工程装备集团有限公司	央企
	中铁隧道集团有限公司	央企
	蚌埠市行星工程机械有限公司	安徽
	安徽省泰源工程机械有限责任公司	安徽
	中国铁建重工集团有限公司	湖南
	利星行机械（扬州）有限公司	江苏
	南京钢加工程机械科技发展有限公司	江苏
	青岛迈劲工程机械制造有限公司	青岛
	厦门厦工机械股份有限公司	厦门

7.“9.21 新规”发布，对工程机械企业带来较大影响

2016 年 9 月 21 日，《超限运输车辆行驶公路管理规定》正式施行，对工程机械企业带来较大影响。该项新规重点是针对超限超载车辆的治理，控制指标涉及车货总高度和车货总质量。新规改变了一辆拖车装运两台 50 型装载机和一车装运一台摊铺机加一台双钢轮压路机的传统运输方式，加大了大中型挖掘机、压路机、旋挖钻机、铣刨机等大型设备的运输成本，运费将成为调整不同区域产品结算价格的主要因素，为厂商样机管理增加了新课题，产品本地化优势会更加明显，设备租赁费中的转场费用占比大幅提高。

8. 践行社会责任，工程机械企业助力救援和灾后重建

2015 年年底以来，深圳发生大范围滑坡灾害，江苏盐城市阜宁、射阳等地出现强对流天气，超强龙卷风袭击、闽南地区遭遇强台风“莫兰蒂”等，在这些灾害发生时，厦工、晋工、中联重科、林德叉车、徐工、三一帕尔菲格、柳工、卡特彼勒等工程机械企业快速反应，迅速集结救援设备，第一时间投入到抢险救援中去。纷纷派出大型工程机械设备和援助队伍加入到救援与灾后重建工作中，并向灾区捐款捐物、捐赠机械设备，展现了工程机械行业企业一如既往的强烈社会责任感和崇高的奉献精神。

工程机械企业全力抢险盐城龙卷风灾区见图 9。工程机械企业奔赴闽南地区支援灾后重建见图 10。

a）　b）　c）　d）

图 9　工程机械企业全力抢险盐城龙卷风灾区

a）徐工设备在阜宁县开发区抢险作业　b）三一帕尔菲格参与阜宁风灾救援

c）柳工团队支援江苏阜宁县台风救灾工作　d）卡特彼勒启动备灾减灾专项基金支持抢险

a） b） c） d）

图 10　工程机械企业奔赴闽南地区支援灾后重建

a）厦工奔赴闽南地区支援灾后重建 b）晋工积极参与灾后清理及重建工作 c）中联重科提供专业设备支援灾后清障工作 d）林德叉车支援灾后重建

9. 提振信心、凝聚力量，2016 年上海宝马展成功举办

2016 年 11 月 22—25 日，第八届中国国际工程机械、建材机械、矿山机械、工程车辆及设备博览会（bauma China 2016）在上海圆满召开，共有来自 41 个国家和地区的 2 953 家国内外企业亮相本次展会。尽管工程机械行业下行压力未解除，供给侧结构性改革还没有达到预期，一些问题和挑战仍存在。但 bauma China 2016 以“不忘初心，筑就传奇”为口号，与行业人士共同坚守，展示了最新产品，同时展现了中国工程机械行业提振信心、凝聚力量的积极风貌，涌现了很多从中国市场出发的创新产品和技术。

bauma China 2016 隆重开幕见图 11。产品林立的室外展场见图 12。

图 11　bauma China 2016 隆重开幕

图 12　产品林立的室外展场

10. 创新驱动、提质增效、智能转型、强化基础，工程机械行业稳中向好

2016 年下半年，中国工程机械有关子行业市场实现了不同程度的增速回升，扭转了持续几年的下降态势。行业企业践行“五大发展理念”，企业继续加快创新驱动步伐，在高端产品及关键配套件的核心技术研发、应用等方面取得突破，工程机械行业稳中向好。徐工步履式液压挖掘机、中联环保高效干式道路清扫车、山推高性能全液压推土机等 20 项产品和技术荣膺 2016 年度中国机械工业科学技术奖。中铁装备、安徽合力获得中国质量奖提名奖，山东临工获全国质量奖。为响应《智能制造“十三五”发展规划》，业内重点企业在智能制造领域积极布局，实现智能转型。同时各企业强化供给侧结构性改革，加快向服务型制造转型，针对不同用户提供定制化的价值增值服务与解决方案。比如徐工、柳工、中联、厦门厦工等实施各具特色的转型升级战略举措，为企业带来了新的增长点。此外，部分企业也深化多元化发展、完善服务产业链。12 月 26 日，由三一集团发起成立的湖南三湘银行正式开业，目前三一已开展孵化器、投资基金、融资租赁、保险、互联网等金融业务，实现了产融结合。

2016 年中国机械工业科学技术奖部分获奖项目见图 13。2016 年中国机械工业科学技术奖评审现场见图 14。企业结构性调整转型成果见图 15。

a）

b）

图 13　2016 年中国机械工业科学技术奖部分获奖项目

a）徐工“步履式液压挖掘机关键技术研究及产业化”项目荣获 2016 年度中国机械工业科学技术奖一等奖

b）中联“环保高效干式道路清扫装备关键技术及产业化”项目荣获 2016 年度中国机械工业科学技术奖一等奖

图 14　2016 年中国机械工业科学技术奖评审现场

图 15　企业结构性调整转型成果

a）徐工“路之家”　b）徐工 G 平台　c）柳工“客户增值 4.0”方案　d）中联产品 4.0 工程

e）厦工智能应急救援机械群　f）三一集团发起成立的湖南三湘银行正式开业

〔供稿人：中国工程机械工业协会吕莹〕

（本栏目编辑：张珂玲）

中国工程机械工业年鉴2017

从生产发展、市场及销售、产品进出口、科技成果及新产品等方面，阐述工程机械各分行业2016年的发展状况

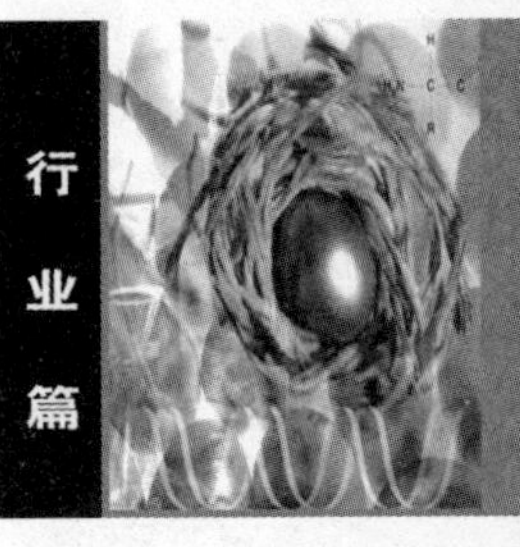

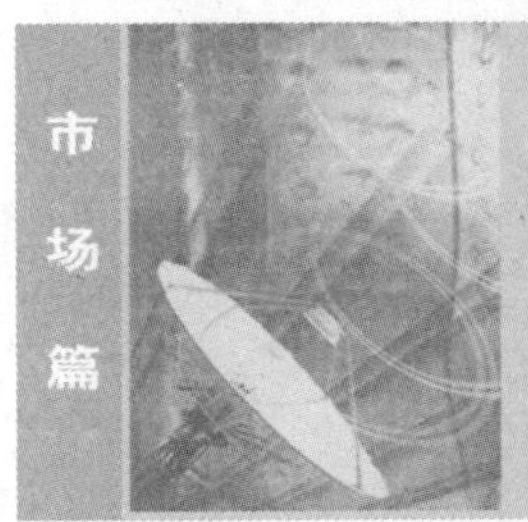

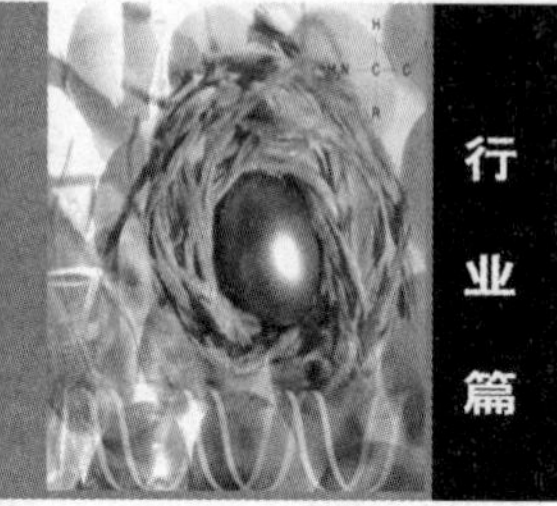

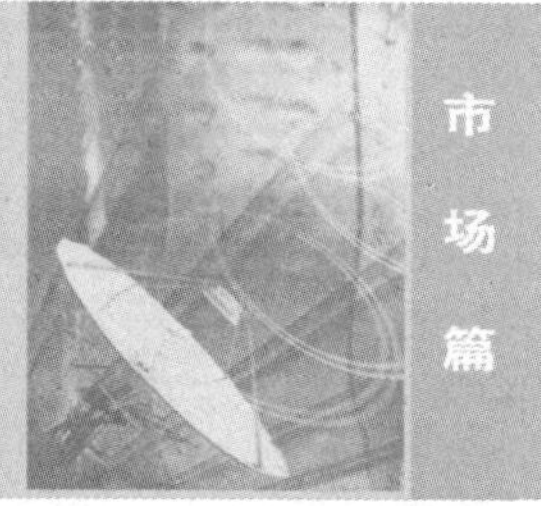

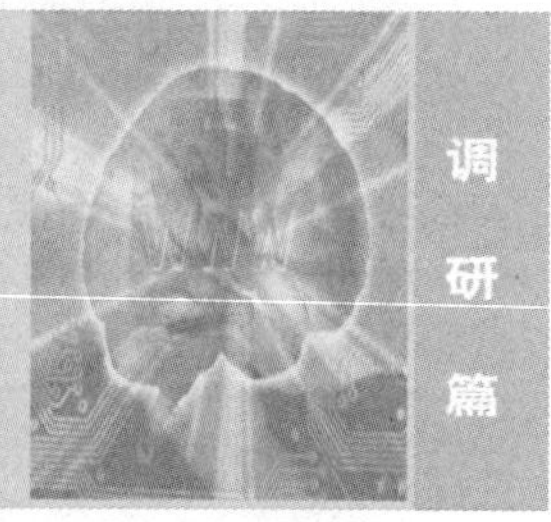

行业篇

挖掘机械

一、生产发展情况

近几年，受世界政治和经济形势变化和国内经济结构调整等因素影响，我国经济发展告别粗放式的快速增长模式，转入缓中趋稳的“新常态”时期。伴随经济的转型，2012 年挖掘机械销量出现断崖式下跌，此后的三年内，销量持续下滑。据中国工程机械工业协会挖掘机械分会（以下简称挖掘机械分会）统计，2015 年挖掘机械市场销量 58 966 台，仅为 2011 年峰值销量（176 136 台）的 33.5%，销量年平均降幅达 24%。

挖掘机械分会调研数据表明，截至 2016 年年底，在我国投资规划生产挖掘机械的企业约 40 家，比 2011 年高峰期下降约 33%，其中规模生产企业约 20 家，规划产能约 40 万台。行业规模代理商、经销商超过 1 000 家。2016 年，纳入挖掘机械分会统计的 29 家主机生产企业（自 2016 年 3 月起，阿特拉斯不再进行挖掘机械销售数据申报；自 2016 年 8 月起，中联重科不再进行挖掘机械销售数据申报）共计销售约 600 种不同型号和规格的挖掘机械产品，单台整机重量为 1 ～ 190t，总销量为 70 320 台（含出口），同比增长 19.3%。

二、市场与销售

1. 总体情况

（1）销售情况。我国挖掘机械行业经历了 4 年的整体下滑后，进入 2016 年，销售止跌趋稳，行业筑底趋势明显。2007—2016 年我国挖掘机械市场销售情况见图 1。2012—2016 年我国挖掘机械市场销量走势见图 2。2012—2016 年我国挖掘机械市场销量增速走势见图 3。

从销量看，2016 年纳入统计的 27 家主机制造企业共计销售各类型挖掘机械产品 70 320 台（含出口），较上年同期增长 19.3%。2016 年上半年市场平稳，进入三季度以来，受诸多因素叠加影响，销量出现爆发式增长，市场表现出乎意料。按可比企业销量计算，4 个季度同比涨幅分别为 6.7%、-10.5%、45.0% 和 74.6%。

2016 年，位列挖掘机械销量前两名的三一重机有限公司和卡特彼勒（中国）投资有限公司市场占有率明显上升，分别达到 20.0% 和 14.2%，相比 2015 年分别提升了 3.0 个和 2.5 个百分点；徐州徐工挖掘机械有限公司近几年逐步崛起，市场占有率已经稳定在 7% 左右；小松（中国）投资有限公司、日立建机（上海）有限公司、广西柳工机械股份有限公司、山东临工工程机械有限公司市场占有率保持稳定；斗山工程机械（中国）有限公司逐步走出低谷；成都神钢建设机械有限公司、沃尔沃建筑设备（中国）有限公司、久保田建机（上海）有限公司等规模销售企业销售均发生一定下滑。2016 年我国挖掘机械行业各企业挖掘机械销量和市场占有率见表 1。

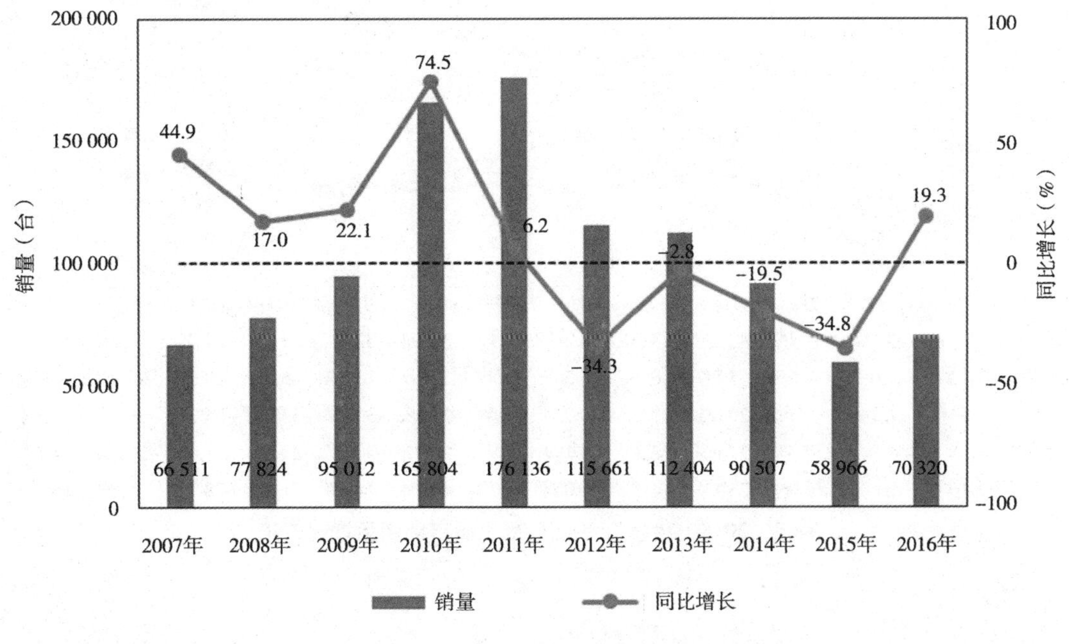

图 1　2007—2016 年我国挖掘机械市场销售情况

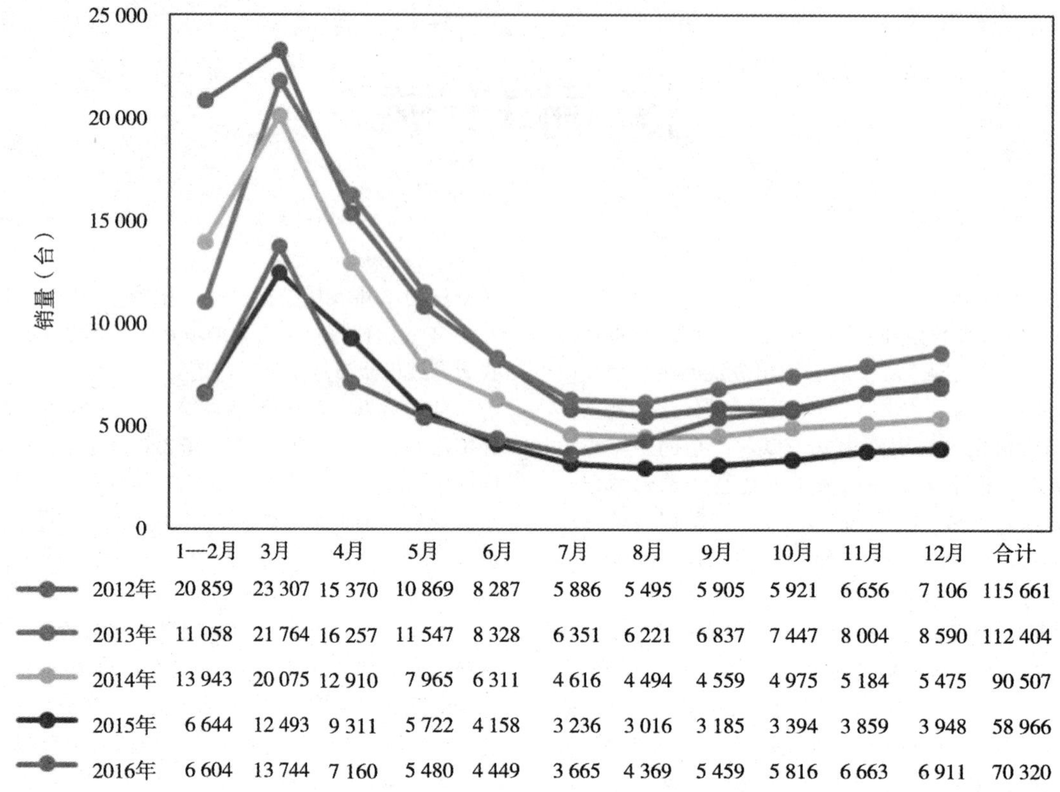

	1—2月	3月	4月	5月	6月	7月	8月	9月	10月	11月	12月	合计
2012年	20 859	23 307	15 370	10 869	8 287	5 886	5 495	5 905	5 921	6 656	7 106	115 661
2013年	11 058	21 764	16 257	11 547	8 328	6 351	6 221	6 837	7 447	8 004	8 590	112 404
2014年	13 943	20 075	12 910	7 965	6 311	4 616	4 494	4 559	4 975	5 184	5 475	90 507
2015年	6 644	12 493	9 311	5 722	4 158	3 236	3 016	3 185	3 394	3 859	3 948	58 966
2016年	6 604	13 744	7 160	5 480	4 449	3 665	4 369	5 459	5 816	6 663	6 911	70 320

图 2　2012—2016 年我国挖掘机械市场销量走势

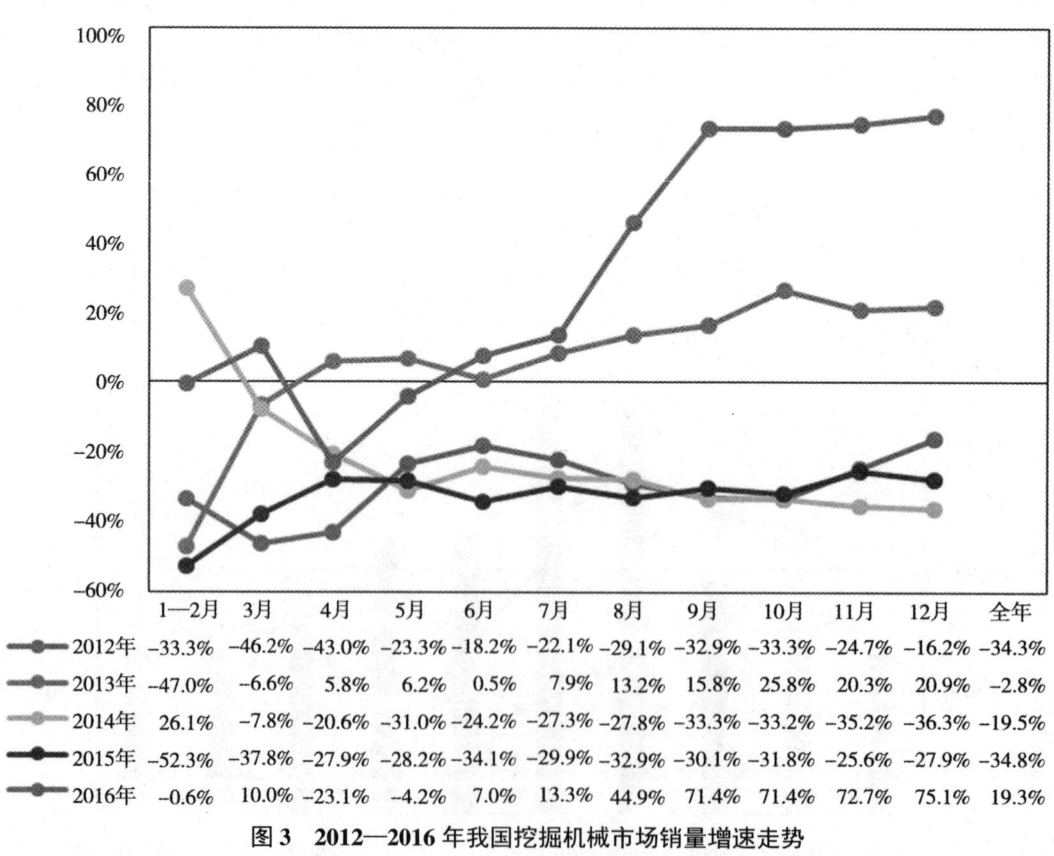

	1—2月	3月	4月	5月	6月	7月	8月	9月	10月	11月	12月	全年
2012年	−33.3%	−46.2%	−43.0%	−23.3%	−18.2%	−22.1%	−29.1%	−32.9%	−33.3%	−24.7%	−16.2%	−34.3%
2013年	−47.0%	−6.6%	5.8%	6.2%	0.5%	7.9%	13.2%	15.8%	25.8%	20.3%	20.9%	−2.8%
2014年	26.1%	−7.8%	−20.6%	−31.0%	−24.2%	−27.3%	−27.8%	−33.3%	−33.2%	−35.2%	−36.3%	−19.5%
2015年	−52.3%	−37.8%	−27.9%	−28.2%	−34.1%	−29.9%	−32.9%	−30.1%	−31.8%	−25.6%	−27.9%	−34.8%
2016年	−0.6%	10.0%	−23.1%	−4.2%	7.0%	13.3%	44.9%	71.4%	71.4%	72.7%	75.1%	19.3%

图 3　2012—2016 年我国挖掘机械市场销量增速走势

表 1　2016 年我国挖掘机械行业各企业挖掘机械销量和市场占有率

企业名称	销量（台）	同比增长（%）	市场占有率（%）	市场占有率变化（百分点）
三一重机有限公司	14 058	40.6	20.0	3.0
卡特彼勒（中国）投资有限公司	9 993	45.1	14.2	2.5
徐州徐工挖掘机械有限公司	5 277	16.7	7.5	-0.2
小松（中国）投资有限公司	4 934	30.7	7.0	0.6
斗山工程机械（中国）有限公司	4 649	32.0	6.6	0.6
日立建机（上海）有限公司	4 380	21.2	6.2	0.1
广西柳工机械股份有限公司	3 539	26.5	5.0	0.3
成都神钢建设机械有限公司	3 383	-16.6	4.8	-2.1
山东临工工程机械有限公司	2 648	10.0	3.8	-0.3
山河智能装备股份有限公司	2 283	15.9	3.2	-0.1
沃尔沃建筑设备（中国）有限公司	1 867	3.4	2.7	-0.4
久保田建机（上海）有限公司	1 852	-9.3	2.6	-0.8
厦门厦工机械股份有限公司	1 365	13.2	1.9	-0.1
福田雷沃国际重工股份有限公司	1 590	-3.1	2.3	-0.5
广西玉柴重工有限公司	1 461	-2.0	2.1	-0.5
现代（江苏）工程机械有限公司	1 225	47.1	1.7	0.3
力士德工程机械股份有限公司	915	-33.4	1.3	-1.0
山重建机有限公司	953	-18.9	1.4	-0.6
北京现代京城工程机械有限公司	731	-30.8	1.0	-0.8
住友建机	959	48.0	1.4	0.3
山东卡特重工机械有限公司	687	41.4	1.0	0.2
洋马发动机（上海）有限公司	550	19.6	0.8	0.0
利勃海尔集团	301	60.1	0.4	0.1
上海彭浦机器厂有限公司	182	119.3	0.3	0.1
约翰迪尔（中国）投资有限公司	199	134.1	0.3	0.1
贵州詹阳动力重工有限公司	169	-15.5	0.2	-0.1
中联重科股份有限公司	122		0.2	
广西开元机器制造有限责任公司	43	65.6	0.1	-0.2
阿特拉斯工程机械有限公司	5			

（2）市场保有量。保有量计算方法：从起始年开始的累计销量，再加上起始年上一年份的部分产品（考虑折旧，一般把这个数值固定为起始年上一年份销量的 50% 左右）。保有量统计方法与往年稍有改变，计算中扣除了港澳地区销量，未纳入统计的销量按纳入统计国内销量的 10% 计。

2009—2011 年行业的爆发式增长导致挖掘机械市场的过度透支，过大的市场保有量在一定程度上影响了最近五年的新机销量。据挖掘机械分会统计，截至 2016 年年底，行业内挖掘机械 6 年保有量约 84.5 万台，8 年保有量约 113.9 万台，10 年保有量约 133.4 万台。

我国挖掘机械市场 6 年保有量见图 4。我国挖掘机械市场8年保有量见图5。我国挖掘机械市场10年保有量见图6。

为进一步了解市场变化趋势，帮助行业直观了解不同机型的保有量情况，挖掘机械分会对不同机型的保有量变化情况进行了统计。从保有量看，在近五年市场下滑的大背景下，中型挖掘机、大型挖掘机保有量均有一定回落，而小型挖掘机保有量基本保持稳定。2012—2016年大型挖掘机市场保有量见图7。2012—2016年中型挖掘机市场保有量见图8。2012—2016年小型挖掘机市场保有量见图9。

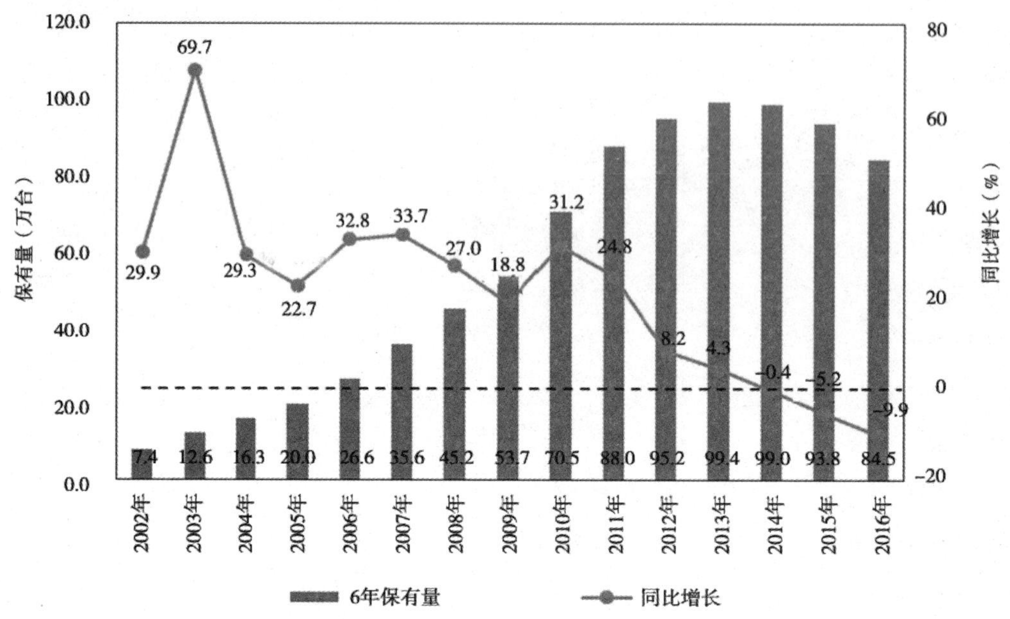

图4　我国挖掘机械市场6年保有量

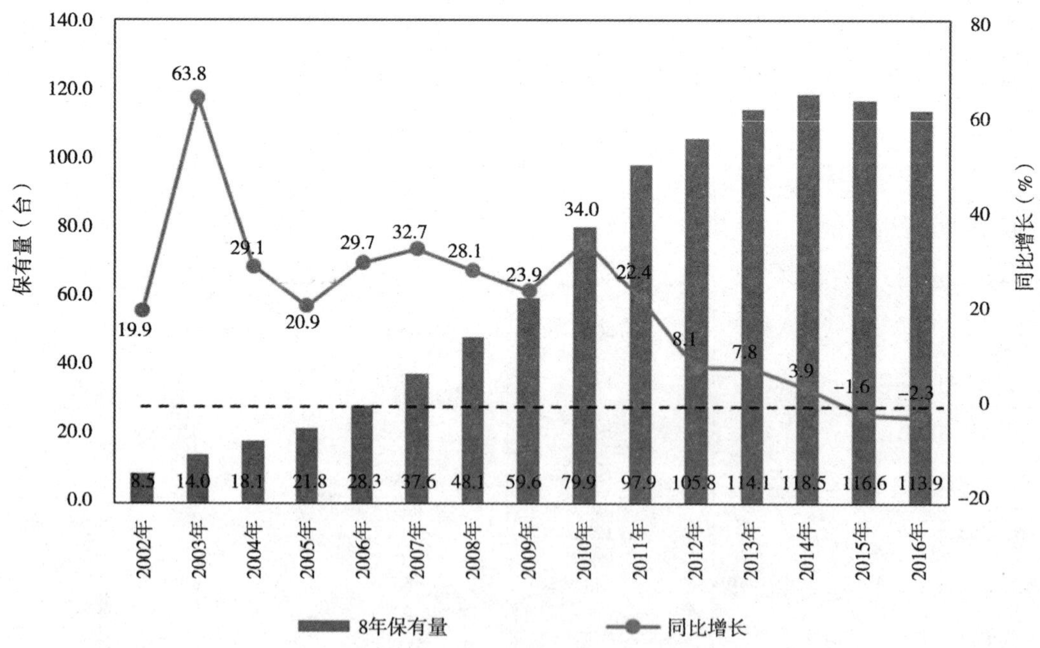

图5　我国挖掘机械市场8年保有量

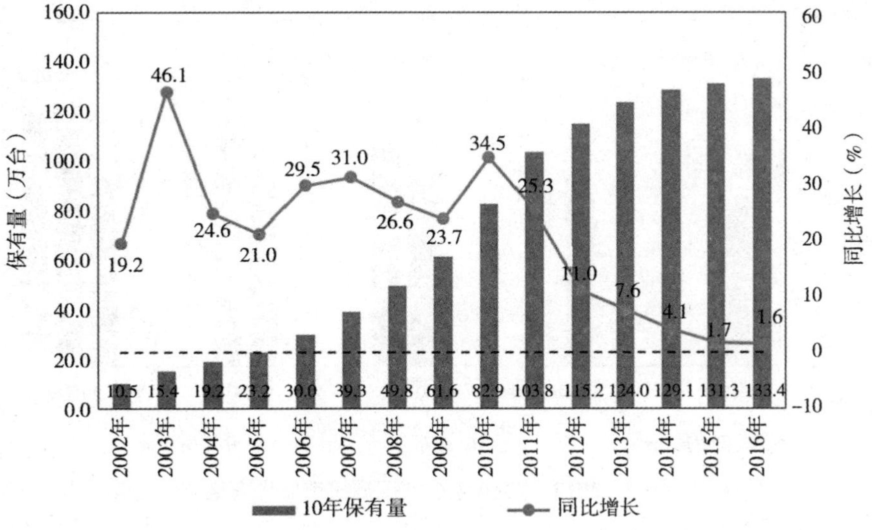

图 6　我国挖掘机械市场 10 年保有量

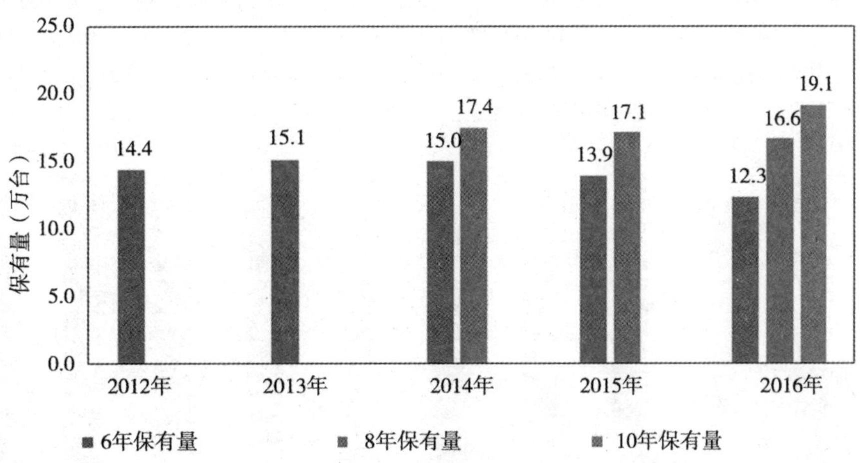

图 7　2012—2016 年大型挖掘机市场保有量

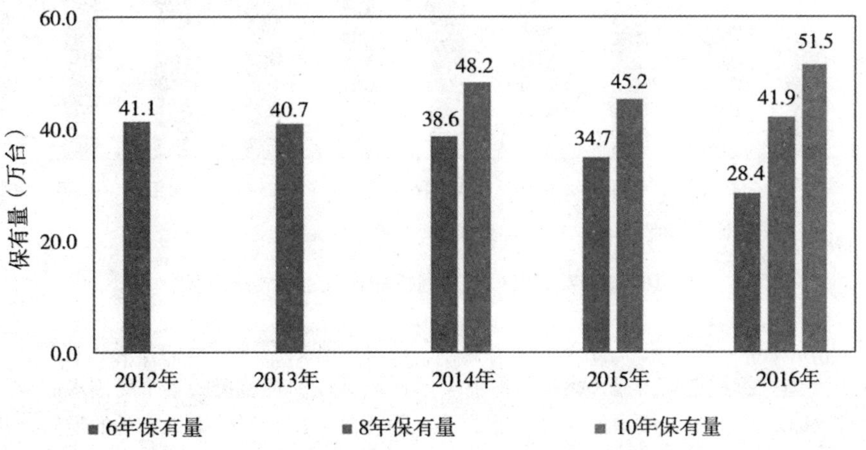

图 8　2012—2016 年中型挖掘机市场保有量

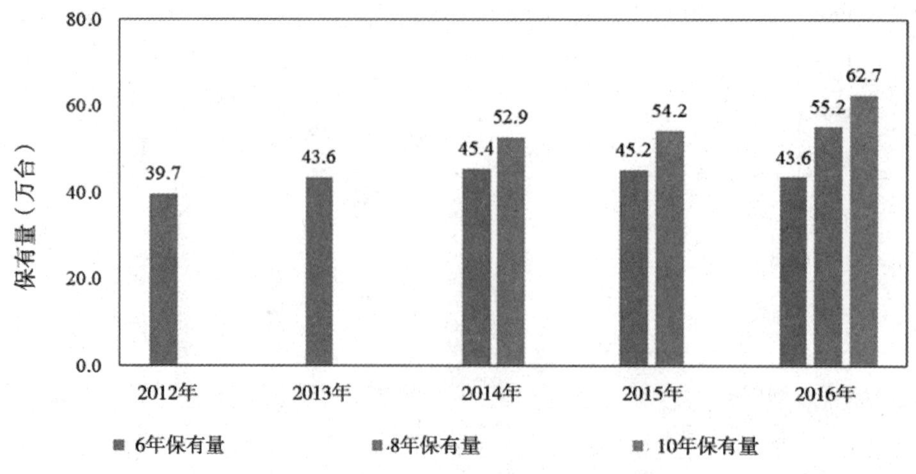

图 9　2012—2016 年小型挖掘机市场保有量

2. 市场格局

（1）品牌格局。从市场格局看，2010 年之前，日系品牌占据市场主导地位，市场占有率超过 1/3，欧美品牌市场占有率基本稳定，国产品牌市场占有率逐步提高，韩系品牌市场占有率则下滑明显。2011 年起，国产品牌逐步占据市场主导，2016 年国产品牌市场占有率达到 50.2%，欧美品牌市场占有率达到 17.6%，日系和韩系品牌的市场占有率分别下滑至 22.8% 和 9.4%。2007—2016 年挖掘机械市场品牌格局变化见图 10。

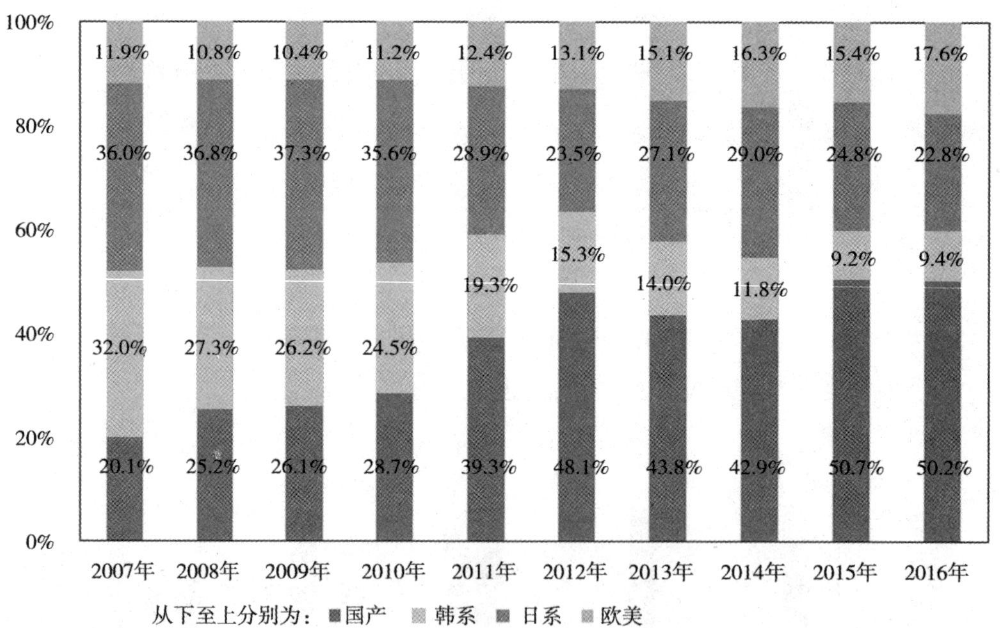

图 10　2007—2016 年挖掘机械市场品牌格局变化

（2）产品结构。2010 年前，挖掘机市场产品结构基本稳定，2010 年以来，小型挖掘机市场占比大幅提高，中型挖掘机市场占比大幅收缩。2016 年，小型挖掘机市场占比达到 62.8%，与 2010 年相比提高 24.4 个百分点。中型挖掘机和大型挖掘机的市场占比分别为 24.6% 和 12.6%。产品结构的调整反映了市场需求的变化，在行业整体下滑的背景下，小型挖掘机市场的逆势上扬受到越来越多的关注。2007—2016 年挖掘机械市场产品结构变化见图 11。

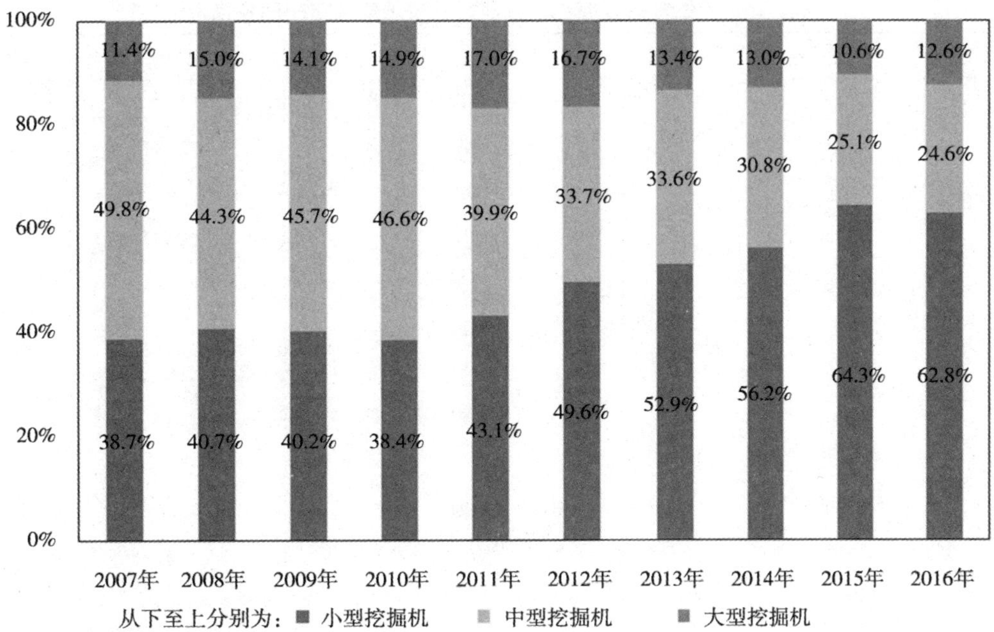

图 11　2007—2016 年挖掘机械市场产品结构变化

3. 市场集中度

市场集中度是对整个行业市场竞争程度的测量指标，它用来衡量企业的数目和相对规模的差异，是判断市场势力的重要量化指标。通常以 CR_4（即行业内前四位品牌市场份额之和）或 CR_8（即行业内前八位品牌市场份额之和）两项数据来计算市场集中度的高低。$CR_4 \geqslant 50\%$（$CR_8 \geqslant 75\%$）即可认为是高市场集中度行业，$30\% \leqslant CR_4 < 50\%$（$40\% \leqslant CR_8 < 75\%$）视为中市场集中度行业，$CR_4 < 30\%$（$CR_8 < 40\%$）视为低市场集中度行业。

2007—2012 年，市场集中度不断下滑，说明越来越多的企业开始关注、参与我国挖掘机械市场，这也与我国企业的整体崛起相关。2012 年以后，行业逐步转型升级和兼并重组，整体市场集中度不断上升。2016 年挖掘机械市场集中度 CR_4=48.7%、CR_8=71.4%，趋近高市场集中度行业。2007—2016 年我国挖掘机械行业市场集中度变化情况见图 12。

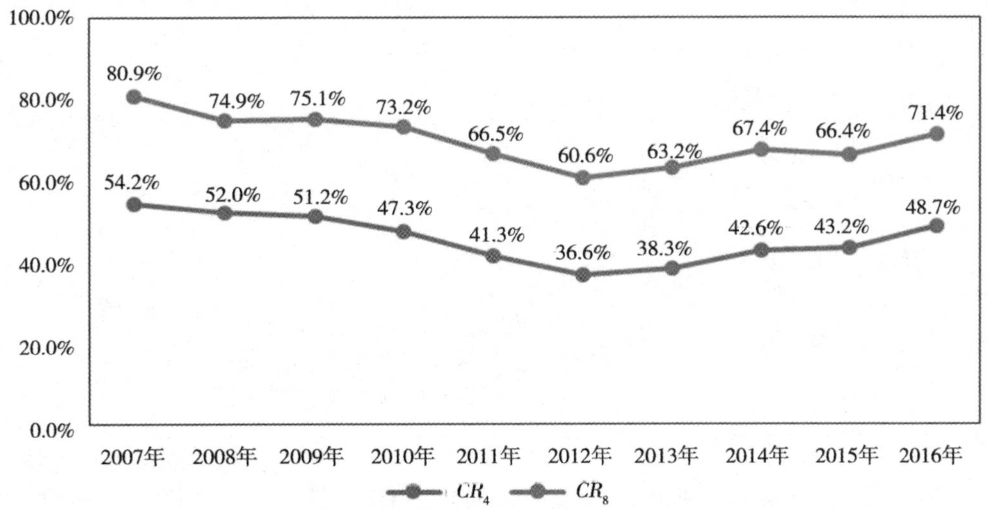

图 12　2007—2016 年我国挖掘机械行业市场集中度变化情况

三、国内细分市场情况

1. 整体情况

2016 年，国内（大陆地区）挖掘机械市场销售 62 913 台，同比增长 19.0%。销量居前的省份是：云南、江苏、山东、四川和湖北；同比涨幅居前的是江西、上海、安徽、陕西和云南。2016 年我国挖掘机械行业各省份销量和同比增长情况见表 2。

表 2　2016 年我国挖掘机械行业各省份销量和同比增长情况

省份	2016 年销量（台）	同比增长（%）	省份	2016 年销量（台）	同比增长（%）
云南	4 710	32.5	甘肃	1 532	-8.3
江苏	4 664	29.3	河北	1 523	31.4
山东	4 522	20.9	福建	1 236	8.3
四川	4 140	13.5	北京	1 057	9.9
湖北	3 825	29.1	内蒙古	1 007	29.8
安徽	3 657	33.7	山西	931	9.9
湖南	3 469	18.2	上海	907	33.8
河南	3 244	12.1	西藏	847	23.6
广西	3 174	22.9	青海	650	11.7
贵州	2 880	29.4	海南	588	30.1
陕西	2 378	33.1	黑龙江	554	-7.7
浙江	2 298	9.3	辽宁	550	-18.3
江西	2 000	36.9	吉林	527	-20.0
重庆	1 955	6.8	宁夏	475	5.8
广东	1 865	7.9	天津	196	-29.5
新疆	1 552	5.4	合计	62 913	19.0

国内挖掘机械市场在品牌格局、产品结构和市场集中度等方面与整体市场相似，国产、韩系、日系和欧美品牌的市场占有率分别为 48.1%、10.5%、25.2% 和 16.2%；大型挖掘机、中型挖掘机和小型挖掘机销量占总销量比例分别为 12.0%、21.4% 和 66.6%；市场集中度 CR_4=46.1%、CR_8=70.1%。

国内市场在经历年初的平稳期后，于 7 月开始反弹，下半年销量明显超过上年同期水平，回暖趋势初现。2012—2016 年我国挖掘机械国内市场销量见图 13。

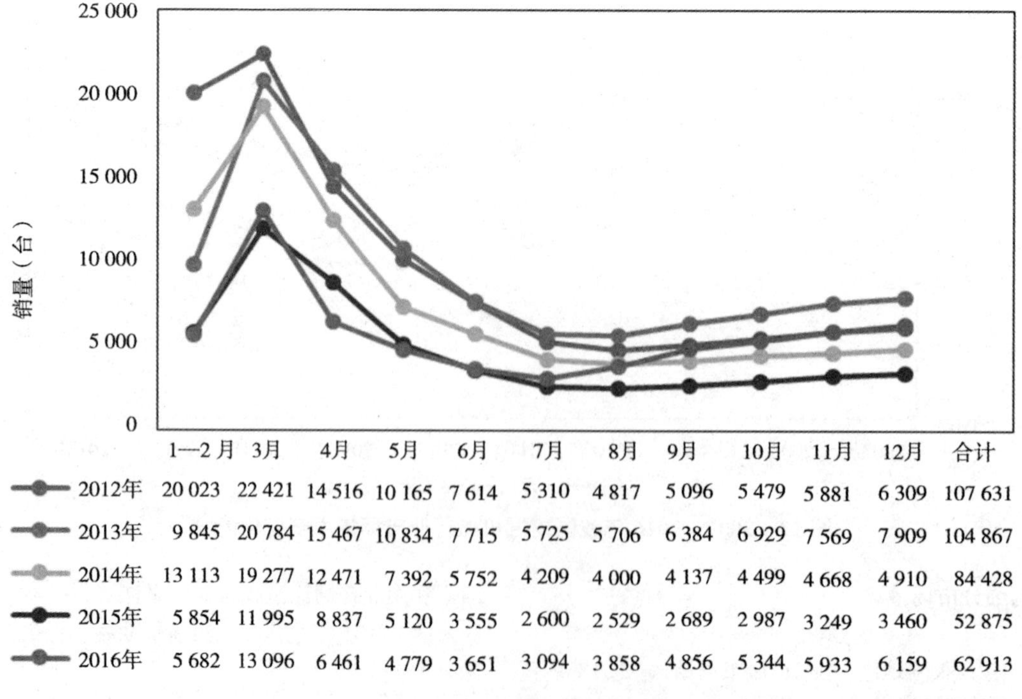

图 13　2012—2016 年我国挖掘机械国内市场销量

2. 机型细分市场

从销量看，小于 10t 的机型销售最为强劲。从地域看，东部地区城市化率高，城市小型建设工程比例高，小于 6t 机型需求强烈；西部地区由于基础设施建设、矿山等方面的需求，在中型挖掘机、大型挖掘机方面需求高。2016 年我国挖掘机械市场不同机型销量地域分布见图 14。2016 年我国挖掘机械市场不同机型销量地域格局见图 15。

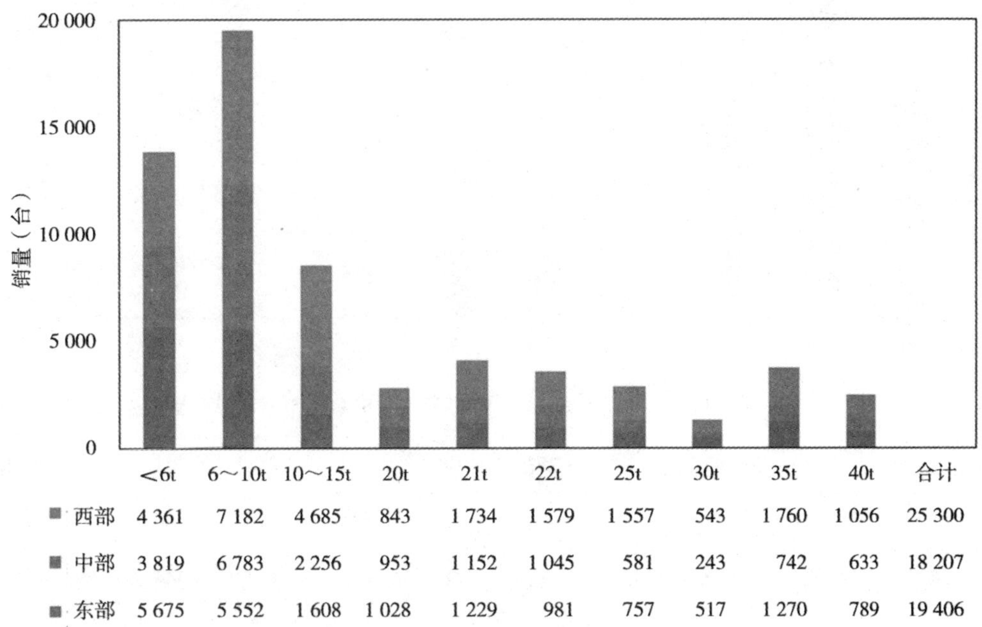

	<6t	6～10t	10～15t	20t	21t	22t	25t	30t	35t	40t	合计
西部	4 361	7 182	4 685	843	1 734	1 579	1 557	543	1 760	1 056	25 300
中部	3 819	6 783	2 256	953	1 152	1 045	581	243	742	633	18 207
东部	5 675	5 552	1 608	1 028	1 229	981	757	517	1 270	789	19 406

图 14　2016 年我国挖掘机械市场不同机型销量地域分布

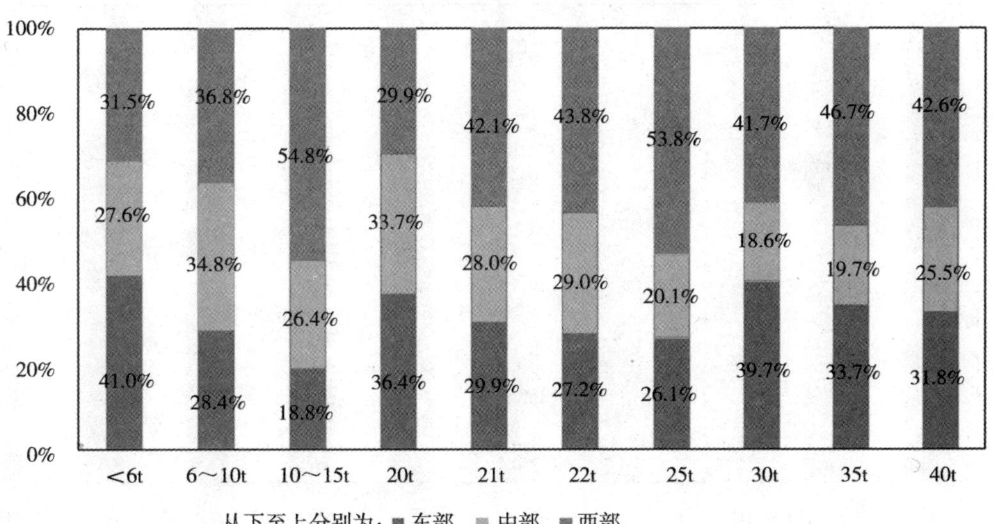

图 15　2016 年我国挖掘机械市场不同机型销量地域格局

从市场格局看，小型挖掘机、中型挖掘机市场主要被国产品牌占据，技术含量高和附加值高的大型挖掘机市场由欧美和日系品牌主导。20 ～ 25t 市场各类品牌竞争最为激烈。2016 年我国挖掘机械市场不同机型不同品牌销量见图 16。2016 年我国挖掘机械市场不同机型品牌格局见图 17。

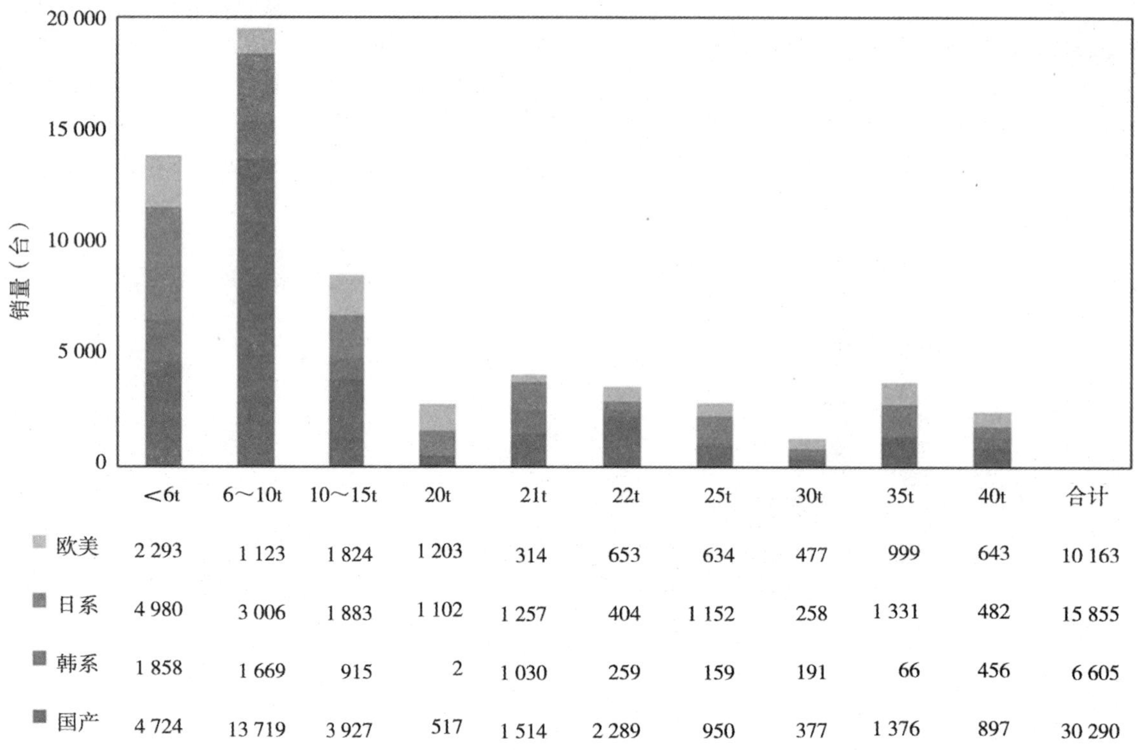

	<6t	6～10t	10～15t	20t	21t	22t	25t	30t	35t	40t	合计
欧美	2 293	1 123	1 824	1 203	314	653	634	477	999	643	10 163
日系	4 980	3 006	1 883	1 102	1 257	404	1 152	258	1 331	482	15 855
韩系	1 858	1 669	915	2	1 030	259	159	191	66	456	6 605
国产	4 724	13 719	3 927	517	1 514	2 289	950	377	1 376	897	30 290

图 16　2016 年我国挖掘机械市场不同机型不同品牌销量

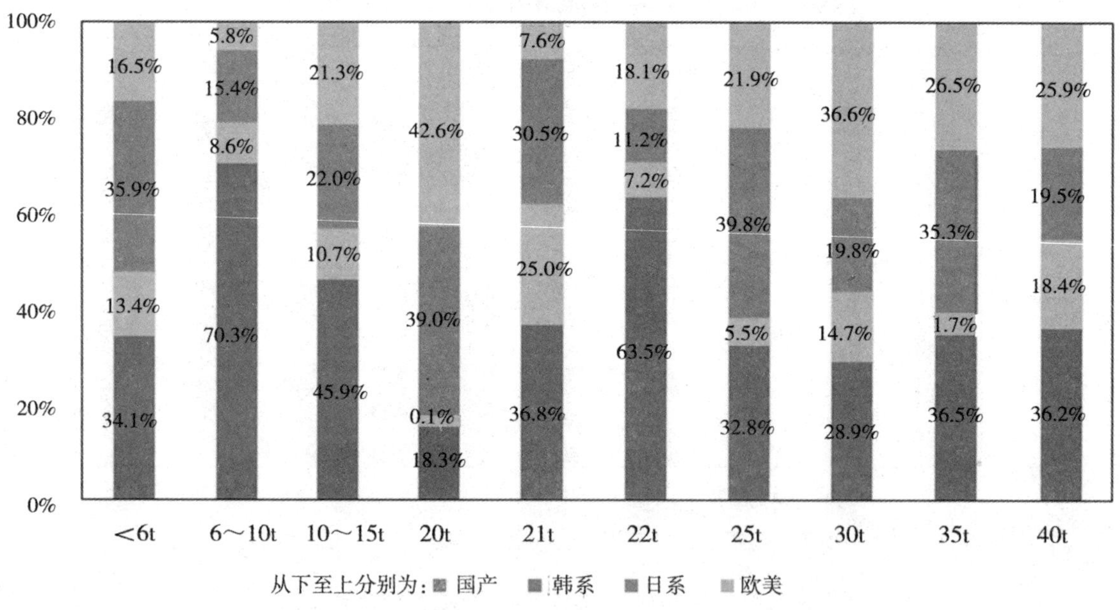

图 17　2016 年我国挖掘机械市场不同机型品牌格局

3. 分地区细分市场

从地域分布看，2007—2016 年西部地区的占比不断上升，2016 年西部地区的市场占比达到 40.2%，东部和中部的市场占比分别为 30.8% 和 28.9%。受“一带一路”战略落地、西部大开发战略深化和西部基础设施建设不断加强等因素影响，西部挖掘机械市场有望成为未来关注点。2007—2016 年国内挖掘机械市场不同地域销量情况见图 18。2007—2016 年国内挖掘机械市场地域格局变化见图 19。

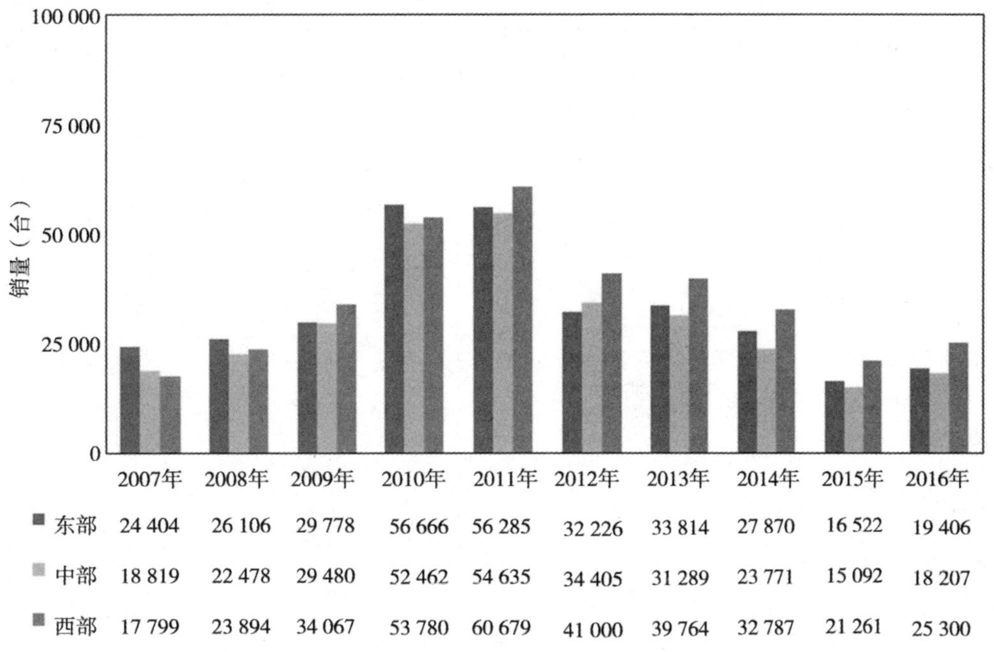

图 18　2007—2016 年国内挖掘机械市场不同地域销量情况

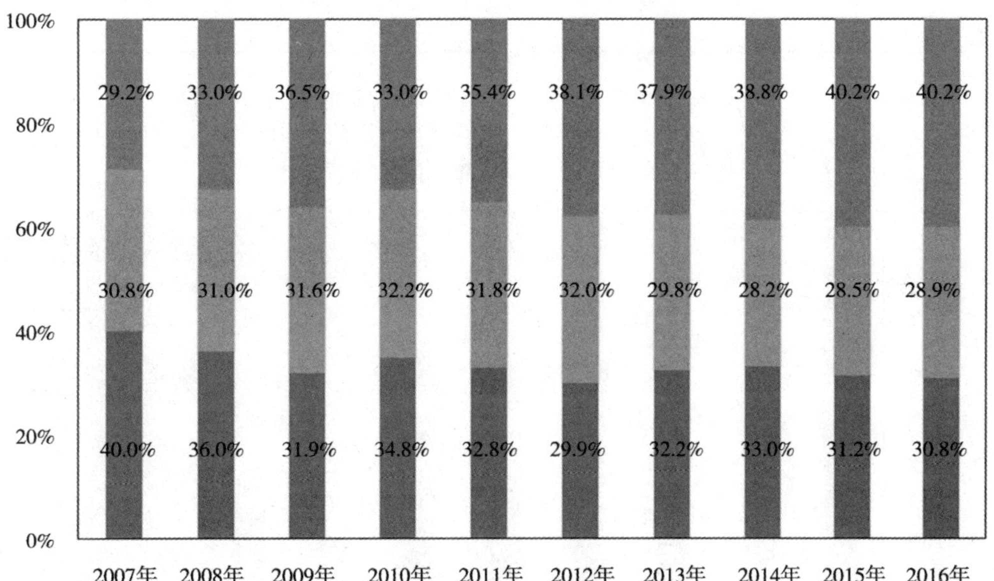

从下至上分别为：■东部　■中部　■西部

图 19　2007—2016 年国内挖掘机械市场地域格局变化

四、产品对外贸易情况

1. 出口概况

2016 年纳入挖掘机械分会统计的 29 家主机生产企业共实现出口 7 327 台，同比增长 23.1%，出口量占挖掘机械整体销量的 10.4%。三一重机有限公司和卡特彼勒（中国）投资有限公司出口量位居前两位，其出口量分别占总出口量的 38.5% 和 26.7%，远超其他企业。国产品牌中，三一重机有限公司、广西柳工机械股份有限公司和山河智能装备股份有限公司等企业，出口量约占企业总销量的 20%，我国企业正在国际化的道路上砥砺前行。我国挖掘机械行业各企业出口量和出口占比见表 3。

表 3　我国挖掘机械行业各企业出口量和出口占比

企业名称	出口量(台)	出口占企业总销售比例（%）	占总出口量比例（%）
三一重机有限公司	2 823	20.1	38.5
卡特彼勒（中国）投资有限公司	1 954	19.6	26.7
广西柳工机械股份有限公司	657	18.6	9.0
山河智能装备股份有限公司	528	23.1	7.2
徐州徐工挖掘机械有限公司	478	9.1	6.5
利勃海尔集团	203	67.4	2.8
山东临工工程机械有限公司	178	6.7	2.4
成都神钢建设机械有限公司	119	3.5	1.6
厦门厦工机械股份有限公司	99	7.3	1.4
山重建机有限公司	99	10.4	1.4
广西玉柴重工有限公司	52	3.6	0.7
贵州詹阳动力重工有限公司	44	26.0	0.6
约翰迪尔（中国）投资有限公司	41	20.6	0.6
中联重科股份有限公司	32	26.2	0.4
日立建机（上海）有限公司	8	0.2	0.1
上海彭浦机器厂有限公司	5	2.7	0.1
力士德工程机械股份有限公司	4	0.4	0.1
山东卡特重工机械有限公司	3	0.4	0.0

2. 出口产品结构

从产品结构看，出口市场呈现出与国内完全不同的特点。在出口产品中，大型挖掘机占比与国内销售市场相似，中型挖掘机占比明显高于国内市场，占比超过 50%，小型挖掘机占比低于国内市场。2007—2016 年挖掘机械出口市场产品结构见图 20。

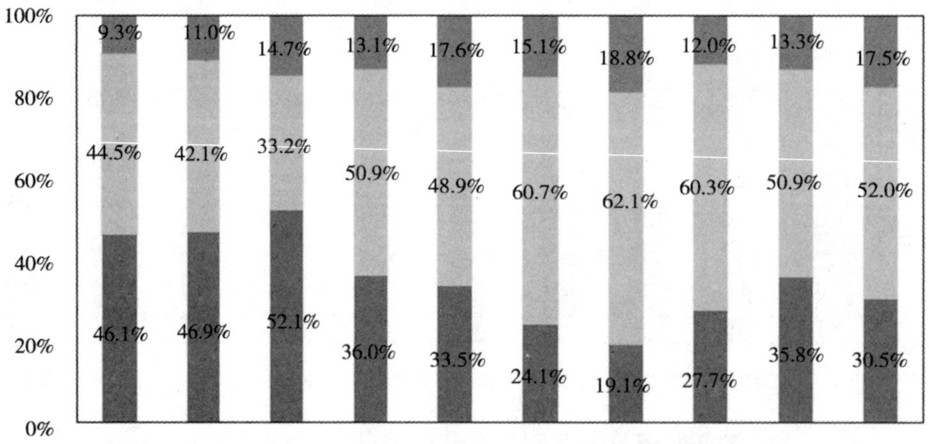

图 20　2007—2016 年挖掘机械出口市场产品结构

五、2016 年国内销量前十位产品

1. 三一重机有限公司 SY75C-10 挖掘机

SY75C 是三一重机有限公司主打的小型挖掘机明星产品。新一代的 SY75C 液压挖掘机具有可靠性高、性能卓越、安全环保、舒适便捷等特点，同时可提供多种特殊配置选配。五十铃三一专供的发动机，川崎主泵、赫斯可主阀、国际知名品牌液压元件，确保系统的高可靠性。标配超大型、高精度燃油粗滤器 + 燃油精滤，双重保障，过滤效率更高，使用寿命提升 1 倍。

2. 徐州徐工挖掘机械有限公司 XE60D 挖掘机

采用新型环保洋马发动机，低速扭矩大，燃油消耗低，作业效率高，可靠耐用。进气管路走向布置优化，降低进气阻力，增加进气量，提高燃油利用率。采用跨级大排量恒功率变量泵，容积效率高。通过合理调整泵功率及采用新一代压损更低的主阀，整机能耗更低，响应速度更快，控制更精准。

3. 广西柳工机械股份有限公司 CLG906C 挖掘机

采用高品质的液压元件，保障系统良好的工作性能。

采用先导比例控制技术，控制更加精准。采用四泵系统，可同时、互不干涉地操作工作装置和行走，即操作工作装置时仍可保证机器正常速度的直线行走。

4. 卡特彼勒（中国）投资有限公司 305.5E2 挖掘机

305.5E2 迷你型液压挖掘机采用标准机尾和侧动臂设计，性能高且油耗低。耐用、可靠的结构有助于在各种应用中兼顾高生产率和低运营成本。Cat C2.4 高效型 DI 发动机提供更高的燃油效率；强大的挖掘力、快速的循环时间和出色的稳定性有助于提高生产率；100% 先导控件和负载感应液压系统；重负荷结构设计确保机器耐用可靠。

5. 三一重机有限公司 SY60C 挖掘机

SY60C 高效挖掘机是三一重机有限公司自主研发的新一代小型全液压履带式挖掘机。采用独创的 DOMCS 动态寻优智能匹配控制系统和全新液压系统，最大限度地利用发动机的输出功率，动作更迅速，工作更持久；国Ⅲ标准环保发动机，配备涡轮增压器和全新控制器，燃油燃烧更充分，更加节能；标配加强型工作装置和增强 X 型下车架，整机性能更稳定。

6. 斗山工程机械（中国）有限公司 DX55-9C 挖掘机

9C 系列产品是斗山潜心研发制造的适应我国油品的新一代装备，以“降低客户运营成本，提高装备耐久性，实现客户利益最大化”为设计理念，各项性能普遍优化提升。DX55-9C 采用全新的机械式环保发动机，高耐久洋马直喷式发动机满足国Ⅲ排放标准，确保品质耐久性的同时，满足客户对直喷发动机的偏爱。

7. 卡特彼勒（中国）投资有限公司 313D2GC 挖掘机

可靠的性能结合较低的运营成本，使得 313DGC 系列 2 液压挖掘机成为公共设施承包商的选择。配置为在发动机功率达 55kW（74 马力）的情况下以 1 650r/min 最高速度运转，比 313D2 减少多达 15% 的油耗；低压燃油系统配有一个电控调速器，让发动机能以低质燃油提供更可靠的性能；高效液压泵输出最佳动力，以满足一般建筑工程的需求。

8. 小松（中国）投资有限公司 PC56-7 挖掘机

PC56-7 配备小松 S4D87E-1 涡轮增压大功率发动机，可实现高水准作业；标准配置推土铲，多种铲斗可供选择；两种作业模式可供选择，作业效率大幅提高。行走装置各部位都进行了强化，大大提高了可靠性，使产品始终保持最佳状态。合理的内部构造使机器的日常保养更方便；同时，燃油、空气、水冷管理也非常方便，燃油箱容量大幅提高。

9. 三一重机有限公司 SY55C 挖掘机

SY55C 是三一重机有限公司主打的小型挖掘机明星产品，主要得益于小机身、大能量。三一专供的国Ⅲ排放五十铃超大功率发动机，功率储备充足，能确保机器在恶劣工况下工作的可靠性。加强型岩石斗，底部采用耐磨钢板，使铲斗的强度更高；优化设计的二次圆弧外形，减少挖掘时沙石对斗体的挖掘阻力和磨损，更省力、更耐久。

10. 久保田建机（上海）有限公司 KX155-5 挖掘机

KX155-5 采用久保田自主研发、生产的 V2403-M-DI-E3 发动机，额定输出功率达到 29.2kW（40 马力），排量 2 434mL，与久保田独有的负载感应液压系统相匹配，可满足各种严酷场合的作业。发动机的负荷小，能避免流量的无谓损失，能够实现各种微动操作和复合操作。KX155-5 为无尾超小回转结构，可在狭窄地带自由作业。

六、2016 年挖掘机械市场特点

1. 销售止跌，工作小时数回升，市场初现回暖迹象

2016 年上半年，我国挖掘机械市场销量与 2015 年基本持平，下半年销量明显超过上年同期水平；2016 年下半年市场总销量为 32 883 台（其中国内市场销量 29 244 台），同比增长 59.3%（其中国内市场增长 67.0%）。从省级行政区销售分布看，第三季度销售主要集中在云南、山东、江苏、四川和安徽等省份，增长最明显省份为河北、贵州、安徽、湖北和山西。

挖掘机械分会调查统计显示，2016 年挖掘机械工作小时数出现回升，说明上游需求提升，市场初现回暖迹象。2016 年我国挖掘机械工作小时数变化见图 21。

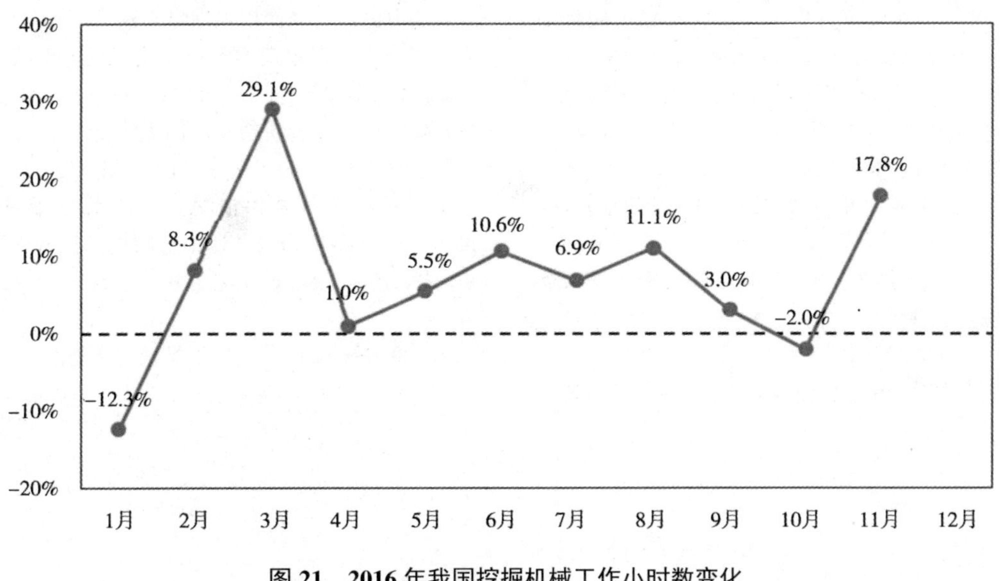

图 21　2016 年我国挖掘机械工作小时数变化

挖掘机械市场自 2012 年开始下滑以来，仅 2013 年短时企稳，如今市场突然启动，是短暂反弹还是长期反转，仍有待进一步观察。但综合国内外经济形势以及历年市场销售特点，此次销售增长除受终端市场需求回暖拉动外，还受季节因素、灾后重建、二手机集中处置和排放标准升级等因素综合叠加影响。

2. 出口市场回暖，国际化步伐稳步推进

随着国内挖掘机械企业在技术、品质和服务等方面的全面提升，国内挖掘机械产品已经具备走向国际市场的基本条件，随着“一带一路”等国际化发展战略的深化落实，我国将会承担越来越多的海外建设项目，国内挖掘机械企业应该抓住机遇，拓展海外工程施工市场，提升品牌国际知名度。

当然，国际化道路困难重重，国内企业面临着准入条件、差异化需求、市场开拓、渠道管理、法律法规和文化差异等诸多问题。但出口市场和企业海外布局仍具备巨大的潜力，有望成为未来挖掘机械行业重要的增长极之一。当前，三一重机有限公司、徐州徐工挖掘机械有限公司、广西柳工机械股份有限公司、中联重科股份有限公司、潍柴动力股份有限公司和江苏恒立液压股份有限公司等企业已经在美国、德国、荷兰、波兰、奥地利、巴西、印度和印度尼西亚等多个国家实现收购或建厂，国内品牌的国际化道路正在积极稳步推进。

3. 地域销售出现分化，西南地区亮点突出

从销售情况看，国内挖掘机械市场出现地域性分化，呈现出南高北低的基本格局。华北地区受去产能及减排压力的影响，挖掘机械市场需求疲软。东北地区在新一轮经济振兴计划还不明朗的情况下，也难以在短期内实现销量的快速回升。华东、华中、西北地区市场相对稳定，华南、西南地区需求突出，涨幅高于全国平均水平，成为重要的挖掘机械市场。受益于“一带一路”等国家战略，西南地区在基础设施建设方面的投资明显增加，未来有望继续保持强势。

4. 产品结构分化，小型挖掘机械表现突出

在 2012 年开始的行业下行期中，小型挖掘机械特别是 6t 以下的小型挖掘机械销量市场表现突出，成为行业的重要亮点之一。得益于城镇化建设深入、房地产投资增加以及因劳动力成本增加带来的机器换人需求等因素，小型挖掘机械市场有望继续保持稳定。

小型挖掘机械市场虽然销量占比高，但存在售价较低、利润率低和产品同质化严重等问题，在受到行业越来越多关注的同时，行业企业也应该客观看待小型挖掘机械市场的相对热度，保持理性竞合关系。

5. 二手挖掘机械市场和租赁市场火爆

当前，挖掘机械市场产能过剩，市场存量大，加之新排放标准的实施，致使大量设备转入二手机市场。在经济整体发展不理想的情况下，二手机的低成本优势更加明显，二手机市场和租赁市场也随之火爆。当前我国二手机市场缺乏规范的管理机制，工程机械也尚没有强制报废要求，导致部分高污染、高能耗的陈旧二手设备过分流通，不仅扰乱市场秩序，阻碍新机销售，也加重了环境负担，有悖于低碳环保绿色发展的理念。

时下，工程机械非道路国Ⅲ标准已正式进入实施阶段，该项标准的实施也成为我国工程机械市场的一道分水岭，对企业技术、生产、配套、服务等诸多方面都提出了更高的要求。如果能借此机会规范二手机市场，建立二手机登记和报废制度，则可以有效地规范二手机市场，引导新机市场与二手机市场的平稳协调发展。

七、未来发展趋势

随着我国挖掘机械市场的逐步成熟，市场保有量已经达到较大体量，通过投资拉动销量再次达到爆发式增长的可能性较低。未来几年挖掘机械市场需求主要来自于二手机换新、房地产投资、基础设施建设和国际市场等领域。

一般认为挖掘机械的使用寿命为 6 ～ 8 年，考虑到最近几年挖掘机械开工率相对较低，挖掘机械使用寿命更接近 8 年的寿命上限。因此，2009—2011 年高峰期销售的挖掘机械将在 2017—2019 年逐步进入换新周期，未来三年二手机换新将迎来高峰，并将成为最大的市场需求。

作为国民经济发展的重要引擎，房地产行业发展带来大量土方和城建施工，提高了钢铁、水泥等建材市场需求，一并带动挖掘机械的销售。伴随着城镇化建设的深入和城市化率的提高，房地产行业在未来几年依然是挖掘机械市场的重要需求来源。

对外贸易较高速的增长，特别是出口的高速增长会带来规模经济利益，一方面可以提高利润率，另一方面可以增强国际竞争能力。当前，虽然净出口在 GDP 增长中的贡献率已经减弱，依靠出口拉动增长的模式不可能永远持续，但是我国经济转型尚需要时间，对挖掘机械行业来讲，一段时期内出口拉动作用依然富有活力。

随着去库存政策的不断深化，挖掘机械行业库存已经明显降低，同时二手机消化情况良好，二手机和库存机存量的降低也有利于新机市场的更快发展。

整体来看，2017 年挖掘机械行业将继续 2016 年的企稳态势，整体销售情况将持平或好于 2016 年。随着 2009—2011 年市场爆发期销售的挖掘机械逐步进入换新周期，挖掘机械市场在未来五年内将进入一个相对稳定且震荡上升的阶段。

〔供稿单位：中国工程机械工业协会挖掘机械分会〕

铲土运输机械

一、行业发展概况

我国铲土运输机械行业已有 50 余年的发展历史。从 1986 年原机械部 140 万美元的装载机、推土机的技术引进项目，到消化吸收并创造出自己的专利技术，从 1992 年徐工装载机厂拿着装载机产品图片首次参加德国宝马展，到中国展团惊艳国际展会，有的企业通过走引进、消化、吸收之路，技术得到飞速发展，有的企业通过改制、转型、国际化，提升管理水平，实现高起点的飞跃。中国工程机械工业协会铲土运输机械分会自 1989 年成立至今，见证了铲土运输机械行业通过技术改造，全面提升产品竞争力，使中小型装载机、推土机等产品在市场竞争中占据主导地位，也见证了行业企业在历经了国内同行的激烈竞争和国外产品的双重压力下，如何做出优势产品，打造出世界认可的知名品牌。

当前，我国铲土运输机械行业装载机生产企业有 60 余家，推土机生产企业有 20 余家，平地机生产企业有十几家，纳入中国工程机械工业协会铲土运输机械分会统计的装载机企业有 30 家，推土机企业有 17 家，平地机企业有 13 家，生产 800 多种不同型号和规格的产品。根据统计数据显示，2016 年，我国铲土运输机械行业实现工业总产值 4 271 275 万元，实现营业收入 4 413 818 万元，全年从业人员平均人数 45 407 人。2016 年铲土运输机械行业部分企业营业收入、利润总额见表 1。

表 1　2016 年铲土运输机械行业部分企业营业收入、利润总额

序号	企业名称	营业收入（万元）	利润总额（万元）	序号	企业名称	营业收入（万元）	利润总额（万元）
1	卡特彼勒（青州）有限公司	155 906	-8 054	12	中国龙工控股有限公司	514 644	55 907
2	河北宣化工程机械股份有限公司	26 090	328	13	北京首钢重型汽车股份有限公司	515	-2 513
3	临沂临工机械集团	1 332 425	60 544	14	本溪北方机械重汽有限责任公司	16 603	-1 831
4	郑州宇通重工有限公司	139 650	2 207	15	广州电力机车有限公司	126 207	1 576
5	广西柳工机械股份有限公司	700 540	11 804	16	内蒙古北方重型汽车股份有限公司	95 665	2 952
6	国机重工集团常林有限公司	90 185	-17 755	17	山东蓬翔汽车有限公司	118 454	-2 451
7	内蒙古一机集团大地工程机械有限公司	4 756	-1 692	18	陕西同力重工股份有限公司	44 724	1 452
8	上海彭浦机器厂有限公司	9 324	-4 127	19	北京五隆兴科技发展有限公司	1 623	-7
9	四川成都成工工程机械股份有限公司	28 537	-32 854	20	青岛雷沃工程机械有限公司	145 151	5 080
10	天津建筑机械厂	38 244	7 835	21	山推工程机械股份有限公司	440 446	1 588
11	厦门厦工机械股份有限公司	324 104	-278 130	22	利勃海尔机械（大连）有限公司	60 025	-2 949

二、市场销售情况

1. 装载机

据铲土运输机械分会统计，2016 年，全国 26 家主要装载机生产企业共销售各类装载机 67 375 台，比 2015 年的 73 581 台下降 8.4%。全年 12 个月中有 8 个月销量同比下降，有 4 个月销量同比增长。其中出口装载机 15 970 台，占总销量的 23.7%，同比下降 12%，海外市场仍有较大潜力可挖。从热销机型来看，5t 机型仍为销售主体。从国内销售区域来看，山东、河南、云南、河北、江苏、四川、广东、湖北排名靠前。2015—2016 年我国装载机市场销售情况见表 2。

5t 装载机是销售最多的产品，同比增长 0.04%，市场份额比 2015 年增加了 5.34 个百分点。其次是 3t 装载机，同比下降 16.16%，市场份额减少 1.96 个百分点。除 5t 和 6t 的产品市场份额有所增加外，剩余类型产品市场份额略有下降，但幅度不大。2015—2016 年我国装载机市场各吨位产品销售情况见表 3。

表 2　2015—2016 年我国装载机市场销售情况

月份	2015 年销量（台）	2016 年销量（台）	同比增长（%）	月份	2015 年销量（台）	2016 年销量（台）	同比增长（%）
1	6 136	3 864	-37.03	7	4 992	4 221	-15.44
2	3 855	3 335	-13.49	8	4 899	4 382	-10.55
3	10 989	14 291	30.05	9	5 175	5 125	-0.97
4	8 931	5 603	-37.26	10	4 692	5 587	19.08
5	7 272	5 029	-30.84	11	4 754	5 548	16.70
6	6 824	4 867	-28.68	12	5 062	5 523	9.11
1—6	44 007	36 989	-15.95	1—12	73 581	67 375	-8.43

表 3　2015—2016 年我国装载机市场各吨位产品销售情况

机型	2015 年		2016 年		同比增长（%）
	销量（台）	占总销量的比重（%）	销量（台）	占总销量的比重（%）	
＜ZL30	8 541	11.59	6 440	9.56	-24.60
ZL30	17 279	23.46	14 486	21.50	-16.16
ZL40	1 462	1.97	685	1.02	-53.15
ZL50	42 372	57.57	42 388	62.91	0.04
ZL60	1 661	2.24	2 007	2.98	20.83
ZL70	177	0.22	99	0.15	-44.07
ZL80	148	0.17	85	0.13	-42.57
大型	266	0.34	113	0.17	-57.52
滑移	1 029	1.37	611	0.91	-40.62
挖装	806	1.07	461	0.68	-42.80

2016 年，装载机按区域销售列前五名的是山东、云南、河南、河北和江苏。装载机销量同比减少的地区为内蒙古、黑龙江、辽宁、吉林、上海、福建等 12 个省份；销量同比增幅超过 20% 的地区有北京、山西、安徽、浙江、广西、湖南、海南、四川、云南、重庆。2016 年装载机生产企业加大了对潜力市场的开发力度，并取得了一定成绩。2015—2016 年我国装载机分地域销售情况见表 4。

表 4　2015—2016 年我国装载机分地域销售情况

地区	2015 年销量（台）	2015 年市场占有率（%）	2016 年销量（台）	2016 年市场占有率（%）	同比增长（%）	地区	2015 年销量（台）	2015 年市场占有率（%）	2016 年销量（台）	2016 年市场占有率（%）	同比增长（%）
北京	1 215	1.65	1 473	2.19	21.23	广西	1 473	2.00	1 969	2.92	33.67
天津	752	1.02	851	1.26	13.16	湖南	1 326	1.80	1 617	2.40	21.95
河北	2 257	3.07	2 450	3.64	8.55	湖北	1 704	2.32	1 988	2.95	16.67
山西	1 459	1.98	1 883	2.79	29.06	河南	2 921	3.97	2 701	4.01	-7.53
内蒙古	1 572	2.14	1 472	2.18	-6.36	海南	732	0.99	988	1.47	34.97
黑龙江	1 525	2.07	1 269	1.88	-16.79	四川	1 964	2.67	2 358	3.50	20.06
辽宁	1 606	2.18	1 491	2.21	-7.16	云南	2 200	2.99	2 744	4.07	24.73
吉林	1 195	1.62	1 175	1.74	-1.67	贵州	1 440	1.96	1 686	2.50	17.08
上海	827	1.12	742	1.10	-10.28	重庆	1 123	1.53	1 432	2.13	27.52
江苏	2 367	3.22	2 392	3.55	1.06	西藏	1 036	1.41	966	1.43	-6.76
山东	2 985	4.06	3 334	4.95	11.69	陕西	2 275	3.09	1 873	2.78	-17.67
安徽	1 540	2.09	1 896	2.81	23.12	宁夏	1 271	1.73	998	1.48	-21.48
浙江	1 576	2.14	1 915	2.84	21.51	甘肃	1 932	2.63	1 591	2.36	-17.65
江西	1 429	1.94	1 538	2.28	7.63	新疆	1 380	1.88	1 441	2.14	4.42
福建	2 159	2.93	1 972	2.93	-8.66	青海	997	1.35	806	1.20	-19.16
广东	1 860	2.53	2 220	3.29	19.35						

2016年，工程机械行业形势低迷，装载机产品量大利薄，且产品同质化情况严重，企业竞争不断加剧，市场格局重塑进程加快。2016年销量超过1万台的有中国龙工控股有限公司、临沂临工机械集团和广西柳工机械股份有限公司。二、三线品牌中，凯斯工程机械（上海）有限公司、利勃海尔机械服务（上海）有限公司、日立建机（上海）有限公司、厦门市装载机有限公司、小松（中国）投资有限公司、约翰迪尔（中国）投资有限公司、安徽合力股份有限公司销量高于2015年销量。2015—2016年我国主要装载机生产企业销售情况见表5。

表5　2015—2016年我国主要装载机生产企业销售情况

企业名称	2015年销量（台）	2016年销量（台）	同比增长（%）
斗山工程机械有限公司	1 292	890	-31.11
国机重工（洛阳）有限公司	31	27	-12.90
卡特彼勒（中国）投资有限公司	462	346	-25.11
凯斯工程机械（上海）有限公司	243	249	2.47
力士德工程机械股份有限公司	961	755	-21.44
利勃海尔机械服务（上海）有限公司	179	209	16.76
日立建机（上海）有限公司	1	3	200.00
厦门市装载机有限公司	92	108	17.39
山东一能重工有限公司	2 043	1 477	-27.70
山推工程机械股份有限公司	1 146	1 024	-10.65
沃尔沃建筑设备(中国)有限公司	59	56	-5.08
小松（中国）投资有限公司	73	93	27.40
郑州宇通重工有限公司	408	148	-63.73
约翰迪尔（中国）投资有限公司	48	55	14.58
安徽合力股份有限公司	549	590	7.47
*卡特彼勒（青州）有限公司		4 117	
*临沂临工机械集团		11 284	
*国机重工集团常林有限公司		1 756	
*广西柳工机械股份有限公司		10 328	
*四川成都成工工程机械股份有限公司		1 157	
*厦门厦工机械股份有限公司		6 586	
*中国龙工控股有限公司		14 258	
*青岛雷沃工程机械有限公司		3 658	
*山东云宇机械集团有限公司		2 376	

注：1. 数据来源于中国工程机械工业协会铲土运输机械分会。
2. 以上企业数据根据2016年月报数据整理，*企业数据根据2016年年报数据整理。

2. 推土机

据铲土运输机械分会统计，2016年，全国11家主要推土机生产企业共销售各类推土机4 061台，比2015年的3 682台增长10.2%。全年12个月中有7个月销量同比下降，有5个月销量同比增长。其中出口推土机846台，占总销量的20.8%，同比下降30.9%。从热销机型来看，160马力（1马力=0.735kW）、220马力仍为销售主体，标准型推土机依旧占据主流。从国内销售区域来看，安徽、湖北、河南依旧是推土机需求大省，而青海、海南等省依旧销量较少。2015—2016年我国推土机市场销售情况见表6。

表6　2015—2016年我国推土机市场销售情况

月份	2015年销量（台）	2016年销量（台）	同比增长（%）	月份	2015年销量（台）	2016年销量（台）	同比增长（%）
1	320	270	-15.63	7	260	227	-12.69
2	282	254	-9.93	8	234	280	19.66
3	506	920	81.82	9	228	305	33.77
4	381	364	-4.46	10	219	257	17.35
5	316	278	-12.03	11	309	287	-7.12
6	347	327	-5.76	12	280	292	4.29
1—6	2 152	2 413	12.13	1—12	3 682	4 061	10.29

2016 年，主要推土机生产企业中内蒙古一机集团大地工程机械有限公司、国机重工（洛阳）有限公司、厦门厦工机械股份有限公司、卡特彼勒（青州）有限公司、山推工程机械股份有限公司、河北宣化工程机械股份有限公司 6 家企业累计销量超过 2015 年。山推工程机械股份有限公司销量同比增长 16.2%，继续稳占一半以上的市场份额。河北宣化工程机械股份有限公司销售推土机 420 台，同比涨幅最大，达到 118.75%。2015—2016 年我国主要推土机生产企业销售情况见表 7。

表 7　2015—2016 年我国主要推土机生产企业销售情况

企业名称	2015 年		2016 年		同比增长（%）
	销量（台）	市场占有率（%）	销量（台）	市场占有率（%）	
内蒙古一机集团大地工程机械有限公司	58	1.58	87	2.14	50.00
国机重工（洛阳）有限公司	134	3.64	157	3.87	17.16
卡特彼勒（中国）投资有限公司	45	1.22	35	0.86	-22.22
广西柳工机械股份有限公司	248	6.74	203	5.00	-18.15
上海彭浦机器厂有限公司	161	4.37	97	2.39	-39.75
厦门厦工机械股份有限公司	77	2.09	93	2.29	20.78
卡特彼勒（青州）有限公司	135	3.67	165	4.06	22.22
山推工程机械股份有限公司	2 056	55.84	2 389	58.83	16.20
中联重科股份有限公司渭南分公司	203	5.51	79	1.95	-61.08
河北宣化工程机械股份有限公司	192	5.21	420	10.34	118.75
天津建筑机械厂	373	10.13	336	8.27	-9.92

3. 平地机

据铲土运输机械分会统计，2016 年，全国 11 家主要平地机生产企业共销售各类平地机 3 184 台，比 2015 年的 2 620 台增长 21.53%。全年 12 个月中仅有 1 个月销量同比下降明显，另 1 个月销量同比基本持平，其余 10 个月销量均为同比增长，呈现出一定的回暖势头。其中出口平地机 1 855 台，占总销量的 58.26%，同比增长 17.33%，海外市场仍然占据平地机销售的半壁江山。从热销机型来看，120 马力、165 马力、180 马力和 200 马力是销量比较突出的几个平地机机型，这 4 个主力机型合计销量占总销量的近 6 成。从国内销售区域来看，江苏的平地机需求最为旺盛，其次是山东、新疆、河南和内蒙古等地区。2015—2016 年我国平地机市场销售情况见表 8。

表 8　2015—2016 年我国平地机市场销售情况

月份	2015 年销量（台）	2016 年销量（台）	同比增长（%）	月份	2015 年销量（台）	2016 年销量（台）	同比增长（%）
1	170	209	22.94	7	172	243	41.28
2	171	170	-0.58	8	186	218	17.20
3	309	384	24.27	9	220	268	21.82
4	268	323	20.52	10	183	247	34.97
5	262	303	15.65	11	155	262	69.03
6	354	259	-26.84	12	170	298	75.29
1—6	1 534	1 648	22.94	1—12	2 620	3 184	21.53

180 马力平地机是销售最多的产品，累计销售 634 台，同比增长 18.28%，市场占有率降低 0.55 个百分点。130 马力以下、190 ～ 199 马力、250 ～ 299 马力以及 300 马力以上型号平地机销量减少，220 ～ 249 马力产品销量增加，同比增长 205.05%。2015—2016 年我国平地机市场各功率段产品销售情况见表 9。

表 9　2015—2016 年我国平地机市场各功率段产品销售情况

机型（马力）	2015 年		2016 年		同比增长（%）
	销量（台）	占总销量的比重（%）	销量（台）	占总销量的比重（%）	
＜130	357	13.63	334	10.55	-6.44
130 ～ 159	158	6.03	286	9.03	81.01
160 ～ 179	535	20.42	596	18.83	11.40
180 ～ 189	536	20.46	634	19.91	18.28
190 ～ 199	159	6.07	153	4.83	-3.77
200 ～ 209	417	15.92	502	15.77	20.38
210 ～ 219	294	11.22	349	11.02	18.71
220 ～ 249	99	3.78	302	9.54	205.05
250 ～ 299	25	0.95	4	0.13	-84.00
⩾ 300	40	1.53	24	0.76	-40.00

2016 年，平地机按区域销售前五名是江苏、山东、河南、新疆、黑龙江，只有辽宁、江西、广西、湖南、重庆、宁夏、甘肃 7 个地区销量下滑，其余省份均持平或增长。2015—2016 年我国平地机分地域销售情况见表 10。

表 10　2015—2016 年我国平地机分地域销售情况

地区	2015 年		2016 年		同比增长（%）	地区	2015 年		2016 年		同比增长（%）
	销量（台）	市场占有率（%）	销量（台）	市场占有率（%）			销量（台）	市场占有率（%）	销量（台）	市场占有率（%）	
北京	35	1.34	36	1.13	2.86	广西	28	1.07	26	0.82	-7.14
天津	13	0.50	13	0.41	0.00	湖南	41	1.56	31	0.97	-24.39
河北	35	1.34	58	1.82	65.71	湖北	18	0.69	45	1.41	150.00
山西	20	0.76	24	0.75	20.00	河南	65	2.48	89	2.80	36.92
内蒙古	32	1.22	57	1.79	78.13	海南	4	0.15	10	0.31	150.00
黑龙江	52	1.98	66	2.07	26.92	四川	21	0.80	34	1.07	61.90
辽宁	30	1.15	24	0.75	-20.00	云南	34	1.30	53	1.66	55.88
吉林	22	0.84	24	0.75	9.09	贵州	16	0.61	26	0.82	62.50
上海	13	0.50	18	0.57	38.46	重庆	28	1.07	13	0.41	-53.57
江苏	90	3.44	111	3.49	23.33	西藏	11	0.42	31	0.97	181.82
山东	73	2.79	93	2.92	27.40	陕西	47	1.79	62	1.95	31.91
安徽	47	1.79	50	1.57	6.38	宁夏	20	0.76	10	0.31	-50.00
浙江	7	0.27	14	0.44	100.00	甘肃	58	2.21	54	1.70	-6.90
江西	20	0.76	16	0.50	-20.00	新疆	70	2.67	81	2.54	15.71
福建	16	0.61	32	1.01	100.00	青海	8	0.31	12	0.38	50.00
广东	29	1.11	39	1.22	34.48						

2016 年，有 6 家企业的平地机销量实现了增长，其中：卡特彼勒（青州）有限公司销售 182 台，同比增长 104.49%；常林股份有限公司销售 385 台，同比增长 74.21%；实现较大幅度增长。徐筑仍然是销量最大的品牌，市场占有率为 31.21%。2015—2016 年我国主要平地机生产企业销售情况见表 11。

4. 其他产品

2016 年我国铲土运输机械行业其他产品销售情况见表 12。

表11　2015—2016年我国主要平地机生产企业销售情况

企业名称	2015年		2016年		同比增长（%）
	销量（台）	市场占有率（%）	销量（台）	市场占有率（%）	
常林股份有限公司	221	8.44	385	12.16	74.21
成工神钢工程机械集团有限公司	40	1.53	20	0.63	-50.00
鼎盛重工机械有限公司	203	7.75	215	6.79	5.91
国机重工（洛阳）有限公司	18	0.69	13	0.41	-27.78
卡特彼勒（中国）投资有限公司	508	19.39	478	15.10	-5.91
广西柳工机械股份有限公司	328	12.52	451	14.25	37.50
三一重工股份有限公司	154	5.88	182	5.72	18.18
厦门厦工机械股份有限公司	101	3.85	95	3.00	-5.94
卡特彼勒（青州）有限公司	89	3.40	182	5.75	104.49
山推工程机械股份有限公司	186	7.10	175	5.53	-5.91
徐工道路机械事业部	763	29.12	988	31.21	29.49

表12　2016年我国铲土运输机械行业其他产品销售情况

产品名称	企业名称	年产量（台）	销量（台）	库存量（台）
推耙机	山推工程机械股份有限公司	17	8	15
非公路自卸车	湘电集团有限公司	1		1
	广州电力机车有限公司	15		15
	内蒙古北方重型汽车股份有限公司	61	149	62
	三一重型装备有限公司	5	8	18
	山东蓬翔汽车有限公司	145	145	
	陕西同力重工股份有限公司	1 100	980	120
	泰安航天特种车有限公司		74	224
	中车北京二七机车有限公司	5	3	33
吊管机	山推工程机械股份有限公司	10		17

三、产品出口情况

2016年，装载机出口量14 126台，同比下降11.55%，全年出口总量较2014年、2015年降幅明显。2016年，装载机出口量呈现平稳态势，除2月以外，其余月份出口量均在1 000台以上，表明我国装载机出口市场受国际经济环境影响，表现低迷但并未发生倒退。

2016年，推土机出口量857台，同比下降30.04%，下降幅度明显。10月仅出口46台，为全年最低值。160马力产品仍然是推土机出口的主要类型。

2016年，平地机出口量1 840台，同比增长16.38%。徐工道路机械事业部、卡特彼勒（中国）投资有限公司分列出口量前两位，出口总量均超过400台。2016年各月出口量较为平均，各月均在100台以上，4月份出口量为193台，同比增长69.3%。2015—2016年我国主要铲土运输机械产品出口情况见表13。

表13　2015—2016年我国主要铲土运输机械产品出口情况

产品名称	年份	出口量（台）	占总销量的比例（%）	同比增长（%）
装载机	2015	15 970	21.70	-11.55
	2016	14 126	20.97	
推土机	2015	1 225	33.27	-30.04
	2016	857	21.10	
平地机	2015	1 581	60.34	16.38
	2016	1 840	58.12	

四、科技成果及新产品

1. “国Ⅲ”时代开启行业产品大升级

2016年1月15日，环保部2016年第5号公告《关于实施国家第三阶段非道路移动机械用柴油机排气污染物排放标准的公告》正式发布，明确指出分步实施《非道路标准》第三阶段标准的要求。对于工程机械行业而言，更高的污染排放控制标准意味着更高的生产成本，也意味着一批达不到这个标准的产品和生产企业将被强制性退出市场，整个工程机械行业正式迈入国Ⅲ时代。铲土运输机械行业企业响应国家号召，积极采取应对措施，顺利完成了国Ⅲ阶段的切换工作。

2. 柳工发布国Ⅲ全系列设备产品线

柳工实际上从 2014 年就启动了国Ⅲ升级的步伐。2015 年 8—9 月，由柳工装载机研究院与康明斯技术部门组成的装载机国Ⅲ发动机高原实验队成立，奔赴世界屋脊青海、西藏等地，为装备国Ⅲ阶段排放发动机的装载机进行高原性能测试，为产品上市做了大量的准备工作。2016 年 3 月，柳工正式发布国Ⅲ全系列设备产品线。

3. 山推首批国Ⅲ标准装载机 SL50WA 下线

2016 年 1 月，山推首批国三标准装载机 SL50WA 下线后，又陆续下线了满足最新排放标准的 SL30WN、SL50WN、SL60WN 等型号装载机。同年 9 月，山推大马力推土机 SD22S 匹配国Ⅲ发动机也取得新进展，标志着山推不仅完成了主导产品更新换代，对于代表前沿技术的最新产品也满足了最新的排放标准。

4. 山工机械推出符合国Ⅲ排放标准 4 个机型

2016 年 3 月，山工机械推出符合国Ⅲ排放标准的装载机、推土机、平地机和压路机，这 4 个机型的新品更加环保、高效、省油、舒适和智能，标志着山工机械符合国Ⅲ排放标准的新产品正式在中国市场销售。

5. 山东临工旗下装载机整体升级至“F 系列”

2015 年 BICES 展会期间，山东临工发布 L968F 型装载机和 L956F 型装载机，标志着山东临工旗下装载机整体升级至“F 系列”，全线满足三阶段排放标准。

从国Ⅱ到国Ⅲ的跨越从技术层面看似相对简单，却可能产生“牵一发而动全局”的影响，节能领域的技术积累将成为升级国Ⅲ成败的关键。2015—2016 年，铲土运输机械行业顺利完成了国Ⅲ阶段的切换任务，标志着铲土运输机械产品完成了新一轮的技术升级，新一代的国Ⅲ产品在继承国Ⅱ产品优势性能的基础上，将更环保、更可靠、更值得信赖。

6. 山推无人驾驶 DE17R 环卫推土机

山推在 2015 年的 BICES 展会上，展出了国内首台无人驾驶 DE17R 环卫推土机。该产品是国内首创的无线遥控静压驱动的无人驾驶环卫型推土机，完全由山推自主研发生产，无线遥控可靠距离可达 500m，整机综合燃油消耗可降低 10% ～ 15%，具有遥控操作、安全、环保、高效、性能好等特点。无人驾驶推土机的研发成功，是山推智能升级、战略转型的一个缩影，充分体现了山推在推动数字化、智能化制造，提升产品设计能力，提升产品品质等方面的硕果。

7. 厦工 XG958i 智能装载机

厦工推出的 XG958i 智能装载机采用厦工股份与中国航空工业集团公司旗下研究所共同研发的工程机械智能化高效电液控制系统——XGJE 智控系统，具有整机性能自动优化匹配的一键标定功能，自学习、智能记忆再现功能，恶劣工况下遥控、程控操作，全变量低损耗节能系统，舒适驾控、柔顺操作，安全可靠的多维度技术，云端软性升级服务以及智联群协同作业。可实现综合功率管理和分配，操控信号的辅助增强以及无人化，降低油耗，提升操作品质和工作效率，最终达到智能化、绿色化、精细化的智能工程机械产品。厦工 XG958i 突破传统电液比例伺服阀的控制技术，突破了国内工程机械智能化电液控制系统集成的关键技术瓶颈，实现了工程机械由传统的机械或先导液压控制技术向先进的智能化高效电液控制等高端技术发展。

8. 徐工发布 V 系列装载机新品

2016 年 3 月，在徐工大吨位装载机智能化制造基地，徐工铲运机械事业部正式发布了 V 系列装载机新品。V 系列装载机是徐工第五代智能化装载机，配备了徐工精心研发的“APD”自动功率分配节能系统、具备国际化水准的重载电控定轴式变速箱、大功率湿式驱动桥，符合国Ⅲ排放要求，燃油消耗较前代产品降低 15% 以上，平均无故障工作时间延长 200h 以上，寿命延长 10% 以上，产品投资回收期由 24 个月缩短到 20 个月。

9. 卡特彼勒公布“智能机器时代”

2016 年德国宝马展上，卡特彼勒首次向行业公布“智能机器时代”（The Age of Smart Iron）这一数字技术战略，并介绍了能够提高其生产力、工作效率、安全性和盈利水平的多种数字解决方案。据介绍，在全球投入使用的 300 万台卡特彼勒设备和发动机中，已经有 50 万台实现互联互通，标志着未来工程机械将向更高质量、更绿色、更为互联互通、更注重服务的方向发展。

10. 晋工机械全新 KN 系列产品

2016 年 5 月，晋工机械全新 KN 系列产品上已配置智能化仪表，通过卫星定位、远程监控以及故障诊断等功能，开启了晋工服务的智能时代。该智能控制系统是将虚拟仪表显示、自动油门控制、自动变速控制、电子自动称重、卫星定位、远程监控及故障诊断、倒车后视等功能集成于一体的控制系统产品。通过该项目实施，不仅可以全面提升工程机械自动化、智能化水平，而且能提高系统集成度，并有效降低控制系统成本。

11. 雷沃 H 系列智能装载机

雷沃重工在 2016 年 5 月推出雷沃 H 系列智能装载机，该系列装载机装备有智能交互式仪表和 GPS 系统，运用总线通信技术，与发动机、GPS、传感器组成智能监控网络，对整车工作状态进行“全天候、无缝隙”监控，对车辆的故障进行提前预警，并同步传递至雷沃装载机服务后台，实现故障的远程诊断。同时，采用高压共轨发动机并匹配多级功率控制技术，实现发动机对工况的智能化控制，减少不必要的油耗。

〔供稿单位：中国工程机械工业协会铲土运输机械分会〕

工程起重机

一、生产发展情况

我国工程起重机行业从2003年起，经历了十多年的快速发展。2011年，工程起重机行业达到市场最高点，年销量近5万台，之后销量逐年下滑，2012年销量为3.5万台，2013年销量近3万台，2014年销量近2.7万台。

2015年，我国工程起重机全行业增速继续放缓，年销量为1.9万台，同比下降28.2%。在连续五年的市场大幅下滑之后，进入2016年，工程起重机行业的生产和销售下滑的幅度减弱，回暖的拐点开始出现，这意味着行业将进入稳定的、低增长发展阶段。

2016年，全行业实现营业收入129亿元，同比下降25.6%；营业成本为111亿元，同比下降21.9%；利润总额为-1.78亿元，同比下降138.5%；工程起重机销量18 589台，同比下降2.5%。2015—2016年我国工程起重机行业主要经济指标见表1。

表1　2015—2016年我国工程起重机行业主要经济指标

年份	营业收入（万元）	营业成本（万元）	利润总额（万元）	产品销量（台）
2015	1 736 932	1 425 006	46 232	19 071
2016	1 291 827	1 112 223	-17 814	18 589

二、产品销售情况

据中国工程机械工业协会工程起重机分会对会员单位的统计，2016年销售各类工程起重机18 589台，同比下降2.5%。其中：汽车起重机销售9 455台，同比增长2.6%；全地面起重机销售99台，同比下降12.4%；随车起重机销售7 877台，同比下降4.9%；履带起重机销售861台（不包括强夯机63台），同比下降24.3%；轮胎起重机销售297台，销量较小的格局仍未改变。除汽车起重机外，其他机种全年均呈现不同程度的下滑，但进入四季度以来，多数机种都出现了止跌回升的积极信号。

2016年，工程起重机市场仍以汽车起重机为主导，汽车起重机销量占工程起重机总销量的50.9%，比2015年的占比48.3%提高2.6个百分点。随车起重机销量占工程起重机总销量的42.4%，比2015年的占比43.4%降低1个百分点。全地面起重机和履带起重机的占比分别为0.5%、4.6%，而在2015年的占比分别为0.6%、6.0%，均小幅降低，表明市场结构相对比较稳定，汽车起重机仍是工程起重机的最主要市场。2015—2016工程起重机各类产品销售情况见表2。

表2　2016年工程起重机各类产品销售情况

产品名称	销量（台）			各类产品占比（%）	
	2016年	2015年	同比增长（%）	2016年	2015年
汽车起重机	9 455	9 214	2.6	50.9	48.3
全地面起重机	99	113	-12.4	0.5	0.6
随车起重机	7 877	8 279	-4.9	42.4	43.4
履带起重机	861	1 137	-24.3	4.6	6.0
轮胎起重机	297	327	-9.5	1.6	1.7
合计	18 589	19 026	-2.5	100.0	100.0

1. 汽车起重机（含全地面起重机）

2016年，几大类工程起重机中，汽车起重机（含全地面起重机）销售9 554台，同比增长2.4%。3月份和5月份为年度市场峰值，销量分别达到1 009台和1 052台，1月和2月为年度市场谷底，销量分别为520台和362台。从同比增速情况来看，市场在5月短期回暖至2.1%，6—8月持续下滑，9—10月市场持续复苏，11月增速最高，达到44.5%。2015—2016年汽车起重机（含全地面起重机）月度销售情况见表3。

表3　2015—2016年汽车起重机月度销售情况

月份	2016年销量（台）	2015年销量（台）	同比增长（%）	月度累计同比增长（%）
1	520	728	-28.6	-28.6
2	362	446	-18.8	-24.9
3	1 009	1 161	-13.1	-19.0
4	985	1 272	-22.6	-20.3
5	1 052	1 030	2.1	-15.3
6	826	965	-14.4	-15.1
7	762	858	-11.2	-14.6
8	660	663	-0.5	-13.3
9	699	556	25.7	-10.5
10	743	490	51.6	-6.7
11	836	506	65.2	-2.5
12	1 100	652	68.7	2.4
合计	9 554	9 327	2.4	

汽车起重机（不含全地面起重机）最大起重量8～160t，共21个系列产品。其中：最大起重量小于等于50t的销量为8 198台，占总销量的86.7%；最大起重量大于50t、小于等于100t的销量为1 193台，占总销量的12.6%；最大起重量大于100t的销量64台，占总销量的0.7%。这些数据显示，汽车起重机的产品需求结构较为稳定，额定最大起重量从8t到160t，涵盖了所有细分吨位的产品，仍然以中小吨位起重机需求为主。

2016年，汽车起重机年销量达到1 000台以上的企业有3家，分别是：徐工集团徐州重型机械有限公司、三一汽车起重机械有限公司和中联重科股份有限公司工程起重机分公司。这三家企业总的销量达8 149台，占全行业汽车起重机销量的86.2%。在12家主要生产汽车起重机的企业中，有6家企业销量实现同比增长，其余为下降，有1家企业同比下降幅度超过40%。2016年，徐工集团徐州重型机械有限公司、三一汽车起重机有限公司和中联重科股份有限公司工程起重机分公司3家企业销售额占全行业的90.4%。汽车起重机的行业集中度仍然非常高。

2016年，全地面起重机销量同比下降12.4%，其中130～240吨级的销量达43台，市场占比为45.3%；260～500吨级销售39台，市场占比为41.1%；600吨级、650吨级和1 000吨级的全地面起重机分别销售5台、7台和1台，这些表明我国全地面起重机朝着大型和超大型化发展，以满足市场的需求。

2. 履带起重机

2016年，履带起重机销量861台，同比下降24.3%。月度销售高峰出现在5月，销量达108台。从季度销售情况分析：第二季度销量最高，达到272台，第三季度下滑幅度较大，第四季度略有回升。2016年履带起重机季度销售情况见表4。

表4　2016年履带起重机季度销售情况

季度	一季度	二季度	三季度	四季度	合计
销量（台）	202	272	175	212	861
同比增长（%）	-22.6	-31.0	-31.1	-7.0	-24.3

2016年，25（含）～200t履带起重机（不含强夯机和履带式抓料机）销量达到758台，市场份额为88.0%；200（含）～400（含）t销量达到71台，市场份额为8.2%；而400t以上的销量达到32台，市场份额为3.7%。其中，徐州重型机械有限公司起重量1 000t的XGC15000出口1台。

履带起重机生产企业主要有12家，2016年履带起重机的销售额在1亿元以上的企业依次是徐工集团徐州重型机械有限公司、浙江三一装备有限公司、中联重科股份有限公司工程起重机分公司、辽宁抚挖重工机械股份有限公司和福田汽车雷萨重机事业部，型谱从3.5t到3 600t。这5家企业销售额占全行业的94.9%，比上年提高4.4个百分点。5家企业销量占全行业的91%，比上年增长3个百分点。

2016年，履带起重机生产、销售的趋势是以中吨位产品为主，大吨位产品的占比有所抬头。近几年来，海外市场对我国大型的、高技术含量的起重机的认可度越来越高。在2016年市场不景气的形势下，业内主要企业都加大了新产品开发力度和资金投入，在2016年上海宝马展览会上呈现出不少亮点。

3. 随车起重机

随车起重机从2012年放慢了增长的步伐，近几年来都维持负增长状态。2016年行业降幅有所收窄，到第三季度和第四季度，行业呈现明显复苏状态。

2016年，随车起重机销量达到7877台，包括整机和上吊部分。全年销量同比下降4.9%；销售额超过10亿元，同比下降26.5%。销售高峰出现在3月、4月、10月，12月销量都在700台以上。1月降幅最大，2—6月持续下滑，7—8月下滑趋势放缓，9—12月逐步复苏，到12月增长达到50.8%。

4. 轮胎起重机

2016年，轮胎起重机的销量近300台，同比下降9.5%。轮胎起重机因市场需求的特殊性，多年来销量没有太大的变化，轮胎起重机主要销往海外市场。主要生产企业有三一汽车起重机械有限公司、哈尔滨工程机械制造有限公司、中联重科股份有限公司工程起重机分公司和江苏八达重工机械有限公司。

三、产品出口情况

据中国工程机械工业协会工程起重机分会对会员单位的统计，2016年工程起重机出口比上年有所增长，出口总量2 757台，同比下降15.2%；出口额超过38亿元，同比下降13.4%。其中：汽车起重机和全地面起重机出口1 591台，同比下降23.7%；出口额超过24亿元，同比下降21.4%。随车起重机出口670台，同比增长41.6%；出口额超过0.94亿元，同比增长50.1%。履带起重机出口296台，同比下降34.5%；出口额超过11亿元，同比下降2.7%。2015—2016年工程起重机出口情况见表5。

表5　2015—2016年工程起重机出口情况

产品名称	2016年出口量（台）	2015年出口量（台）	同比增长（%）
汽车起重机和全路面起重机	1 591	2 086	-23.7
随车起重机	670	473	41.6
履带起重机	296	452	-34.5
轮胎起重机	167	107	56.1
其他工程机械	33	134	-75.4
总计	2 757	3 252	-15.2

四、新技术情况

随着“中国制造2025”国家战略规划的实施和为适应经济新常态而提出的供给侧结构性改革的持续推进，工程起重机制造企业更加注重产品的研发和质量，面对市场保有量大、企业竞争加剧等特点，企业也更加注重后市场的服务。以交通、能源、石化等基础设施为建设重点，满足专业化、智能化的高端工程机械市场需求。互联网 +、大数据等给工程起重机行业提供了很好的经营模式及产品开发平台。工程起重机行业正处于向智能化发展的阶段，表现为工程机械绿色化设计、作业智能化、制造智能化、全生命周期服务化等四大技术趋势。徐工集团徐州重型机械有限公司、中联重科股份有限公司工程起重机分公司、三一汽车起重机械有限公司和广西柳工机械股份有限公司等企业均发布了起重机智能管理产品，通过手机 APP 可以使用户远程监管整机，随时了解整机运行情况及开工情况。

新型单缸插销伸缩系统、人机交互系统（回转防摆控制技术、吊钩随动技术、变幅补偿控制技术等）、新能源发动机系统配合能量回收技术和节能型液压系统技术、起重机柔性设计技术结合数字样机技术、智能工厂结合关键制造环节智能化和数据流的网络互联等，这些新技术在行业中广泛应用，从起重机的研发、试制、生产到用户实际的施工等多环节，全方位改变了工程起重机行业的技术应用情况。

五、行业质量情况

工程起重机行业进入新常态期间，许多企业加强了自身产品的质量水平，企业质量体系的运行有效加强，促进了整机产品在外观、作业性能、可靠性、人机工程等质量方面的持续提升。

国家工程机械质量监督检验中心选取了 2016 年 61 台工程起重机可靠性试验样本，其中，汽车起重机和全地面起重机 53 台，履带起重机、轮胎起重机、随车起重机共 8 台。依据 JB/T 4030.1—2013《汽车起重机和轮胎起重机试验规范 第 1 部分：作业可靠性试验》、JB/T 4030.2—2013《汽车起重机和轮胎起重机试验规范 第 2 部分：行驶可靠性试验》、JB/T 4030.3—2013《汽车起重机和轮胎起重机试验规范 第 3 部分：液压系统试验》和 QC/T 459《随车起重机运输车》等标准对试验结果进行统计，61 个样本共发生 121 次故障，未发生致命故障和严重故障，故障主要为一般故障和轻微故障，其中，一般故障占总故障次数的比例为 76.4%，轻微故障占总故障次数的比例为 23.6%。从故障分类分析，其中液压系统故障的比例为 50.2%，电子、电器系统故障的比例为 28.5%，发动机及传动系统故障的比例为 23.2%，结构故障的比例为 12.4%，其他系统及部件故障的比例为 14.3%。从统计的数据上看，工程起重机整体质量较 2015 年略有提高，致命故障、严重故障均未有发生，一般故障发生频率有所下降，但轻微故障发生比例略有升高。

〔供稿单位：中国工程机械工业协会工程起重机分会〕

工业车辆

经过 2014 年四季度到 2016 年前两季度的调整，我国工业车辆在经济企稳的大环境下，在三、四季度销量出现明显回升，全年整体销量好于预期，总销量达到 370 067 台，国内市场达到 268 567 台，这两个数据均再创历史新高。我国工业车辆市场销量继续保持全球第一的地位。

一、生产发展情况

根据中国工程机械工业协会工业车辆分会月统计报告，2016 年工业车辆产品分类及主要生产企业见表 1。

表 1 2016 年工业车辆产品分类及主要生产企业

产品分类	企业名称
内燃叉车	安徽叉车集团有限责任公司、杭叉集团股份有限公司、大连叉车有限责任公司、诺力机械股份有限公司、宁波如意股份有限公司、龙工（上海）叉车有限公司、广西柳工机械股份有限公司、安徽江淮银联重型工程机械有限公司、山东沃林重工机械有限公司、厦门厦工叉车有限公司、江苏靖江叉车有限公司、浙江美科斯叉车有限公司、安徽合叉叉车有限公司、上海上力叉车有限公司、一拖（洛阳）搬运机械有限公司、杭州友高精密机械有限公司、浙江中力机械有限公司、中联重科安徽工业车辆有限公司、浙江吉鑫祥叉车制造有限公司、三一集团（三一港口机械有限公司）、林德（中国）叉车有限公司、上海海斯特叉车制造有限公司、斗山工程机械（中国）有限公司、北京现代京城工程机械有限公司、丰田产业车辆（上海）有限公司、台励福机器设备（青岛）有限公司、凯傲宝骊（江苏）叉车有限公司、卡哥特科（上海）贸易有限公司、永恒力叉车（上海）有限公司、优嘉力叉车（安徽）有限公司、青岛克拉克物流机械有限公司、三菱重工叉车（大连）有限公司

（续）

产品分类	企业名称
电动叉车（包括电动平衡重乘驾式叉车、电动乘驾式仓储叉车、电动步行式仓储叉车）	安徽叉车集团有限责任公司、杭叉集团股份有限公司、大连叉车有限责任公司、诺力机械股份有限公司、宁波如意股份有限公司、龙工（上海）叉车有限公司、广西柳工机械股份有限公司、无锡大隆电工机械厂、安徽江淮银联重型工程机械有限公司、山东沃林重工机械有限公司、厦门厦工叉车有限公司、江苏靖江叉车有限公司、浙江美科斯叉车有限公司、安徽合叉叉车有限公司、上海上力叉车有限公司、一拖（洛阳）搬运机械有限公司、杭州友高精密机械有限公司、无锡汇丰机器有限公司、浙江中力机械有限公司、中联重科安徽工业车辆有限公司、浙江吉鑫祥叉车制造有限公司、湖北宏力液压科技有限公司、湖北金茂机械科技有限公司、韶关比亚迪实业有限公司、林德（中国）叉车有限公司、上海海斯特叉车制造有限公司、上海力至优叉车制造有限公司、斗山工程机械（中国）有限公司、北京现代京城工程机械有限公司、丰田产业车辆（上海）有限公司、台励福机器设备（青岛）有限公司、凯傲宝骊（江苏）叉车有限公司、伟轮叉车（东莞）有限公司、永恒力叉车（上海）有限公司、优嘉力叉车（安徽）有限公司、青岛克拉克物流机械有限公司、科朗叉车（上海）商贸有限公司等
轻小型搬运车辆（包括手动叉车）	杭叉集团股份有限公司、广西柳工机械股份有限公司、诺力机械股份有限公司、宁波如意股份有限公司、浙江中力机械有限公司、浙江美科斯叉车有限公司、中联重科安徽工业车辆有限公司、湖北金茂机械科技有限公司、湖北宏力液压科技有限公司

根据世界工业车辆统计协会规定，工业车辆分为机动工业车辆和非机动工业车辆，机动工业车辆又分为五大类，即第Ⅰ类电动平衡重乘驾式叉车、第Ⅱ类电动乘驾式仓储叉车、第Ⅲ类电动步行式仓储叉车、第Ⅳ类内燃平衡重式叉车（实心轮胎）、第Ⅴ类内燃平衡重式叉车（充气轮胎）。2015—2016 年机动工业车辆主要产品产销存见表 2。2016 年工业车辆主要生产企业经济指标见表 3。2014—2016 年部分重点企业主要经济指标见表 4。

表 2　2015—2016 年机动工业车辆主要产品产销存

产品名称	产量（台）		销量（台）		库存量（台）	
	2015 年	2016 年	2015 年	2016 年	2015 年	2016 年
电动平衡重乘驾式叉车	39 655	39 836	38 166	39 985	1 213	877
电动乘驾式仓储叉车	7 518	8 360	7 661	8 477	63	56
电动步行式仓储叉车	74 791	91 458	74 290	93 063	1 473	1 241
内燃平衡重式叉车	206 913	232 523	207 509	228 542	6 609	6 608

表 3　2016 年工业车辆主要生产企业经济指标

企业名称	工业总产值（当年价）（万元）	工业增加值（万元）	产品销售收入（万元）	利润总额（万元）
安徽叉车集团有限责任公司	701 568	201 815	1 241 104	65 292
杭叉集团股份有限公司	782 874	97 673	803 583	60 454
龙工（上海）叉车有限公司	137 360	16 768	127 768	9 833
大连叉车有限责任公司	19 039	7 630	17 542	11
浙江诺力机械股份有限公司	107 253	26 592	107 030	13 540
浙江美科斯叉车有限公司	50 346	5 402	46 020	4 965
宁波如意股份有限公司	85 256	31 794	77 577	13 785
江苏靖江叉车有限公司	17 474	1 871	17 424	620

表 4　2014—2016 年部分重点企业主要经济指标

企业名称	年份	工业总产值（当年价）（万元）	工业增加值（万元）	产品销售收入（万元）	利润总额（万元）	从业人员平均人数（人）	工资总额（万元）	资产合计（万元）
安徽叉车集团公司	2014	778 879	208 518	1 346 800	81 092	8 159	51 390	644 758
	2015	64 344	190 438	1 100 111	59 860	8 254	53 494	697 988
	2016	701 568	201 815	1 241 104	65 292	8 081	59 293	819 050

（续）

企业名称	年份	工业总产值（当年价）（万元）	工业增加值（万元）	产品销售收入（万元）	利润总额（万元）	从业人员平均人数（人）	工资总额（万元）	资产合计（万元）
杭叉集团股份有限公司	2014	880 031	100 705	890 566	57 673	2 433	16 571	326 167
	2015	714 380	89 660	707 948	56 776	2 460	26 801	350 255
	2016	782 874	97 673	803 583	60 454	2 569	20 753	499 452
大连叉车有限责任公司	2014	37 708	9 920	32 422	-483	741	2 546	49 700
	2015	23 543	6 644	19 368	-2 564			
	2016	19 039	7 630	17 542	11	564	1 840	44 268
诺力机械股份有限公司	2014	99 307	27 938	99 496	7 277	1 095	6 546	80 671
	2015	106 640		100 227	9 472	1 095	6 546	119 797
	2016	107 253	26 592	107 030	13 540	975	7 578	184 498
宁波如意股份有限公司	2014	84 176	9 288	79 522	6 733	1 006	7 636	43 390
	2015	84 486	10 369	73 349	8 161	1 052	8 354	51 365
	2016	85 256	31 794	77 577	13 785	1 017	9 540	44 720

二、市场销售

2016 年下半年，我国工业车辆摆脱了持续一年多的调整，月销量呈现出明显的增长，相比 2015 年，国内市场和出口双双出现超预期增长。参加工业车辆分会统计的企业机动工业车辆销量为 370 067 台，与 2015 年同期的 327 626 台相比，增长 12.95%；非机动工业车辆销量为 1 445 054 台，与上年同期的 1 154 232 台相比，增长 23.63%。2016 年机动工业车辆各月销售情况见表 5。

表 5　2016 年机动工业车辆各月销售情况　（单位：台）

月份	Ⅰ类	Ⅱ类	Ⅲ类	Ⅳ类 + Ⅴ类	Ⅰ～Ⅲ类电动叉车	Ⅰ + Ⅳ + Ⅴ类平衡重式叉车	Ⅰ～Ⅴ类工业车辆
	电动平衡重乘驾式叉车	电动乘驾式仓储叉车	电动步行式仓储叉车	内燃平衡重式叉车（实心、充气轮胎）			
1	3 518	764	7 154	13 838	11 436	17 356	25 274
2	1 859	408	3 853	11 297	6 120	13 156	17 417
3	3 263	717	8 160	33 398	12 140	36 661	45 538
4	3 308	715	7 234	20 191	11 257	23 499	31 448
5	2 934	624	7 840	20 579	11 398	23 513	31 977
6	3 307	755	7 253	18 002	11 315	21 309	29 317
7	3 083	727	7 585	16 152	11 395	19 235	27 547
8	3 640	741	8 683	19 454	13 064	23 094	32 518
9	3 780	718	8 223	19 510	12 721	23 290	32 231
10	3 359	728	8 716	18 090	12 803	21 449	30 893
11	3 994	756	8 779	19 306	13 529	23 300	32 835
12	3 940	824	9 583	18 725	14 347	22 665	33 072
合计	39 985	8 477	93 063	228 542	141 525	268 527	370 067

1. 内燃叉车销售情况

2016 年，共销售内燃平衡重乘驾式叉车 228 542 台，与上年同期的 207 509 台相比，增长 10.14%。销售的内燃平衡重乘驾式叉车中柴油叉车 213 982 台，其余为汽油叉车（含双燃料）。2015—2016 年内燃叉车各月销售情况见图 1。

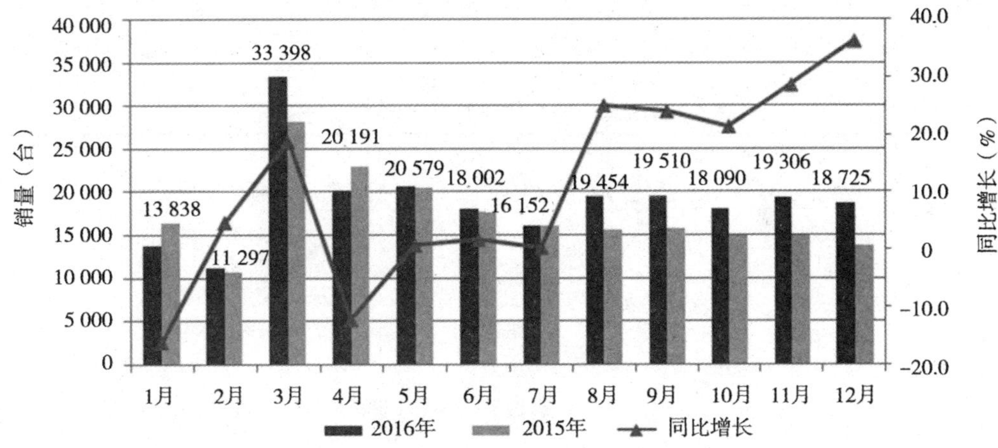

图 1　2015—2016 年内燃叉车各月销售情况

按销量排在前十位的企业是：安徽叉车集团有限责任公司、杭叉集团股份有限公司、龙工（上海）叉车有限公司、三菱重工叉车（大连）有限公司、浙江吉鑫祥叉车制造有限公司、安徽江淮银联重型工程机械有限公司、广西柳工机械股份有限公司、凯傲宝骊（江苏）叉车有限公司、台励福机器设备（青岛）有限公司、丰田产业车辆（上海）有限公司。排在前五位的企业销量为 170 681 台（含贴牌），占内燃平衡重乘驾式叉车销量的 73.43%；排在前十位的企业销量为 200 402 台（含贴牌），占内燃平衡重乘驾式叉车销量的 86.22%。

2. 电动叉车销售情况

电动叉车（包括电动平衡重乘驾式叉车和各类电动仓储叉车）2016 年销量为 141 525 台，比上年的 120 117 台增长 17.82%。2015—2016 年电动叉车各月销售情况见图 2。

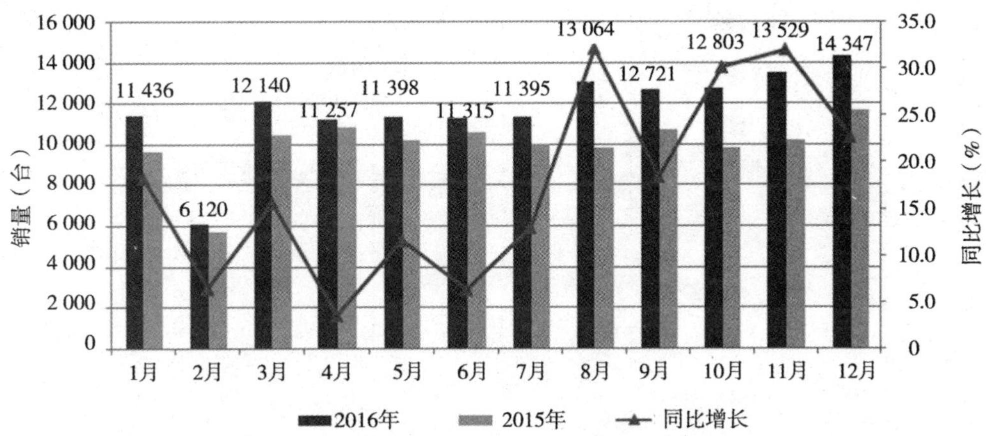

图 2　2015—2016 年电动叉车各月销售情况

（1）电动平衡重乘驾式叉车分吨位销售情况。2016 年，全国共销售电动平衡重乘驾式叉车 39 985 台，比上年的 38 166 台增长 4.77%。

按销量排在前六位的企业是：杭叉集团股份有限公司、安徽叉车集团有限责任公司、林德（中国）叉车有限公司、丰田产业车辆（上海）有限公司、比亚迪股份有限公司、安徽江淮银联重型工程机械有限公司。排在前三位的企业销量为 21 769 台，占电动平衡重乘驾式叉车销量的 53.69%；排在前六位的企业销量为 27 452 台，占电动平衡重乘驾式叉车销量的 67.71%。

（2）电动仓储叉车（包括电动乘驾式仓储叉车、电动步行式仓储叉车等）销售情况。2016 年，全国共销售电动仓储叉车 101 540 台，比上年的 81 951 台增长 23.90%。

按销量排在前六位的企业是：浙江中力机械有限公司、浙江诺力机械股份有限公司、安徽叉车集团有限责任公司、林德（中国）叉车有限公司、杭叉集团股份有限公司、宁波如意股份有限公司。排在前三位的企业销量为 59 610 台，占电动仓储叉车销量的 58.14%；排在前六位的企业销量为 89 540 台，占电动仓储叉车销量的 87.33%。

3. 各地区叉车销售情况

从 2016 年销售到国内各省、市的 267 851 台机动工业车辆的流向看，以往市场份额最大的华东地区上升了 2.28 个百分点。按地区销售情况如下：华东地区销售 129 189 台，占比为 48.23%；华南地区销售 36 494 台，占比为 13.62%；华中地区销售 24 988 台，占比为 9.33%；华北地区销售 32 924 台，占比为 12.29%；西北地区销售 12 755 台，占比为 4.76%；西南地区销售 17 998 台，占比为 6.72%；东北地区销售 13 503 台，占比为 5.05%。2016 年各省叉车销售数量和市场份额见表 6。

表 6　2016 年各省叉车销售数量和市场份额

地区	2016 年销量（台）	2016 年占比（%）	2015 年占比（%）	占比增长百分点（个）
江苏	34 322	12.81	11.82	0.99
广东	30 106	11.24	11.70	-0.46
浙江	27 928	10.43	9.00	1.43
山东	27 396	10.23	10.16	0.07
上海	16 673	6.22	6.44	-0.22
河北	13 197	4.93	5.20	-0.27
河南	10 640	3.97	3.53	0.44
安徽	9 407	3.51	3.15	0.36
福建	8 509	3.18	3.44	-0.26
湖北	7 953	2.97	3.01	-0.04
北京	7 589	2.83	3.15	-0.32
四川	6 962	2.60	2.56	0.04
辽宁	6 660	2.49	2.55	-0.06
湖南	6 395	2.39	2.23	0.16
天津	6 207	2.32	2.39	-0.07
广西	5 043	1.88	1.94	-0.06
江西	4 954	1.85	1.93	-0.08
陕西	4 838	1.81	1.99	-0.18
重庆	4 730	1.77	1.67	0.10
黑龙江	3 857	1.44	1.57	-0.13
云南	3 757	1.40	1.53	-0.13
山西	3 382	1.26	1.28	-0.02
新疆	3 331	1.24	1.47	-0.23
吉林	2 986	1.11	1.49	-0.38
内蒙古	2 549	0.95	1.18	-0.23
甘肃	2 104	0.79	1.00	-0.21
贵州	1 900	0.71	0.78	-0.07
宁夏	1 347	0.50	0.62	-0.12
海南	1 345	0.50	0.55	-0.05
青海	1 135	0.42	0.45	-0.03
西藏	649	0.25	0.22	0.03

4. 轻小型搬运车辆销售情况

2016 年，工业车辆分会会员单位报告的非机动工业车辆销量为 1 445 054 台（1 445 054 台中不含贴牌，贴牌 126 647 台，含贴牌总销量为 1 571 701 台），比上年的 1 154 232 台（1 154 232 台中不含贴牌，贴牌 117 104 台，含贴牌总销量为 1 271 336 台）增长 23.63%。

5. 固定平台搬运车销售情况

2016 年，固定平台搬运车销量为 161 台，与上年同期的 112 台相比，增长 43.75%。

6. 牵引车销售情况

2016 年，牵引车销量为 1 400 台（其中电动牵引车为 759 台、内燃牵引车为 641 台），与上年同期的 1 171 台相比，增长 19.56%。

按销量排在前五位的企业是：江苏靖江叉车有限公司、宁波如意股份有限公司、浙江中力机械有限公司、丰田产业车辆（上海）有限公司、林德（中国）叉车有限公司。排在前三位的企业销量为 1 154 台，占牵引车销量的 82.43%；排在前五位的企业销量为 1 312 台，占牵引车销量的 93.71%。

三、进出口情况

2016 年，出口叉车及装有升降或搬运装置的工业车辆共 1 728 039 台，与 2015 年的出口量 1 716 816 台相比，增长 0.65%；出口金额 1 956 255 047 美元，与 2015 年的出口金额 1 890 698 897 美元相比，增长 3.47%。这些工业车辆出口到 195 个国家和地区。

2009—2016 年我国工业车辆出口情况见表 7。

表 7　2009—2016 年我国工业车辆出口情况

年份	出口量（台）	同比增长（%）	出口金额（美元）	同比增长（%）
2009	942 242	-43.46	466 315 333	-54.85
2010	1 580 085	67.69	756 331 867	62.19
2011	1 870 262	18.36	1 321 538 437	74.73
2012	1 783 947	-4.62	1 569 407 754	18.76
2013	1 792 298	0.47	1 683 613 101	7.28
2014	1 708 984	-4.65	1 944 225 997	15.48
2015	1 716 816	0.46	1 890 698 897	-2.74
2016	1 728 039	0.65	1 956 255 047	3.47

1.2016 年机动工业车辆出口情况

2016 年，机动工业车辆出口 166 789 台，与 2015 年的 134 395 台相比，增长 24.10%。其中：电动叉车（含巷道堆垛机）出口 99 193 台，与 2015 年的出口量 75 292 台相比，增长 31.74%；内燃叉车（含集装箱叉车）出口 67 596 台，与 2015 年的出口量 59 103 台相比，增长 14.37%。2009—2016 年机动工业车辆出口情况见表 8。

表 8　2009—2016 年机动工业车辆出口情况

年份	出口量（台）	同比增长（%）	出口金额（美元）	同比增长（%）
2009	27 558	-54.32	309 421 396	-57.18
2010	47 143	71.07	517 832 892	67.36
2011	84 249	78.71	1 014 556 246	95.92
2012	97 786	16.07	1 251 750 489	23.38
2013	112 703	15.25	1 369 437 533	9.40
2014	133 208	18.19	1 624 387 978	18.62
2015	134 395	0.89	1 574 109 829	-3.10
2016	166 789	24.10	1 660 531 102	5.49

（1）机动工业车辆出口各洲数量比例情况。2016 年，机动工业车辆出口 166 789 台中，亚洲占 35.98%、欧洲占 28.64%、美洲占 24.19%、非洲占 5.78%、大洋洲占 5.41%；电动叉车（含巷道堆垛机）出口 99 193 台中，亚洲占 34.66%、欧洲占 32.86%、美洲占 25.47%、大洋洲占 5.32%、非洲占 1.69%；内燃叉车（含集装箱叉车）出口 67 596 台中，亚洲占 37.90%、欧洲占 22.46%、美洲占 22.32%、非洲占 11.77%、大洋洲占 5.55%。2016 年机动工业车辆出口各洲情况见表 9。

表 9　2016 年机动工业车辆出口各洲情况

地区名称	机动工业车辆		电动叉车		内燃叉车	
	出口量（台）	占比（%）	出口量（台）	占比（%）	出口量（台）	占比（%）
亚洲	60 005	35.98	34 385	34.66	25 620	37.90
非洲	9 635	5.78	1 676	1.69	7 959	11.77
欧洲	47 771	28.64	32 592	32.86	15 179	22.46
拉丁美洲	11 759	7.05	3 239	3.26	8 520	12.61
北美洲	28 592	17.14	22 027	22.21	6 565	9.71
大洋洲	9 027	5.41	5 274	5.32	3 753	5.55
合计	166 789	100.00	99 193	100.00	67 596	100.00

（2）机动工业车辆出口各洲同比增长情况。2016 年，机动工业车辆出口 166 789 台中，亚洲同比增长 34.92%、非洲同比增长 4.66%、大洋洲同比增长 1.69%、欧洲同比增长 40.70%、美洲同比增长 6.51%、大洋洲同比增长 1.69%；出口电动叉车（含巷道堆垛机）99 193 台中各洲的同比情况分别是，亚洲同比增长 49.86%、非洲同比下降 7.10%、欧洲同比增长 52.20%、美洲同比增长 5.13%、大洋洲同比增长 3.47%；出口内燃叉车（含集装箱叉车）67 596 台中各洲的同比情况分别是，亚洲同比增长 19.00%、非洲同比增长 7.52%、欧洲同比增长 21.05%、美洲同比增长 8.90%、大洋洲同比下降 0.71%。2016 年机动工业车辆出口各洲同比增长情况见表 10。2016 年按各种类型的叉车出口去向排列前 5 位的国家见表 11。

表 10　2016 年机动工业车辆出口各洲同比增长情况

地区名称	机动工业车辆			电动叉车			内燃叉车		
	2016 年出口量（台）	2015 年出口量（台）	同比增长（%）	2016 年出口量（台）	2015 年出口量（台）	同比增长（%）	2016 年出口量（台）	2015 年出口量（台）	同比增长（%）
亚洲	60 005	44 475	34.92	34 385	22 945	49.86	25 620	21 530	19.00
非洲	9 635	9 206	4.66	1 676	1 804	-7.10	7 959	7 402	7.52
欧洲	47 771	33 953	40.70	32 592	21 414	52.20	15 179	12 539	21.05
美洲	40 351	37 884	6.51	25 266	24 032	5.13	15 085	13 852	8.90
大洋洲	9 027	8 877	1.69	5 274	5 097	3.47	3 753	3 780	-0.71
合计	166 789	134 395	24.10	99 193	75 292	31.74	67 596	59 103	14.37

表 11　2016 年按各种类型的叉车出口去向排列前 5 位的国家

序号	电动叉车		内燃叉车		其他未列名叉车	
	国家	出口量（台）	国家	出口量（台）	国家	出口量（台）
1	美国	20 884	美国	6 170	美国	472 257
2	德国	8 327	越南	4 285	德国	102 643
3	韩国	7 946	土耳其	3 925	俄罗斯联邦	98 716
4	比利时	6 160	荷兰	3 728	土耳其	78 449
5	澳大利亚	4 721	阿根廷	3 400	印度	55 772

在机动工业车辆的出口中，电动叉车出口 99 193 台，占出口量的 59.47%；内燃叉车出口 67 596 台，占出口量的 40.53%。2015—2016 年机动工业车辆出口构成比例情况见表 12。

表 12　2015—2016 年机动工业车辆出口构成比例情况

年份	机动工业车辆（台）	电动叉车		内燃叉车	
		出口量（台）	占比（%）	出口量（台）	占比（%）
2016	166 789	99 193	59.47	67 596	40.53
2015	134 395	75 292	56.02	59 103	43.98

2.2016 年非机动工业车辆（轻小型搬运车辆）出口情况

2016 年，非机动工业车辆（轻小型搬运车辆）出口量为 1 561 250 台，与上年同期的 1 582 421 台相比，下降 1.34%。2016 年非机动工业车辆（轻小型搬运车辆）出口各洲情况见表 13。

表 13　2016 年非机动工业车辆（轻小型搬运车辆）出口各洲情况

地区名称	出口量（台）	占比（%）
亚洲	448 296	28.71
非洲	51 821	3.32
欧洲	395 872	25.36
拉丁美洲	124 344	7.96
北美洲	499 531	32.00
大洋洲	41 386	2.65
合计	1 561 250	100.00

从表 13 看出，欧美占非机动工业车辆（轻小型搬运车辆）出口总量的 65.32%，其中，欧洲占 25.36%，美洲占 39.96%，亚洲占 28.71%。

2016 年非机动工业车辆（轻小型搬运车辆）出口欧洲前 10 位国家出口量和占比情况见表 14。2016 年非机动工业车辆（轻小型搬运车辆）出口美洲前 10 位国家出口量和占比情况见表 15。

表 14　2016 年非机动工业车辆（轻小型搬运车辆）出口欧洲前 10 位国家出口量和占比情况

序号	国家	出口量（台）	占比（%）
1	德国	102 643	25.93
2	俄罗斯联邦	98 716	24.94
3	墨西哥	38 107	9.63
4	荷兰	29 329	7.41
5	阿根廷	21 861	5.52
6	乌克兰	18 132	4.58
7	法国	17 377	4.39
8	巴西	17 055	4.31
9	英国	16 902	4.27
10	波兰	16 446	4.15

表 15　2016 年非机动工业车辆（轻小型搬运车辆）出口美洲前 10 位国家出口量和占比情况

序号	国家	出口量（台）	占比（%）
1	美国	472 257	75.70
2	墨西哥	38 107	6.11
3	加拿大	27 274	4.37
4	阿根廷	21 861	3.50
5	巴西	17 055	2.73
6	智利	14 159	2.27
7	哥伦比亚	8 067	1.29
8	秘鲁	6 947	1.11
9	巴拿马	4 228	0.68
10	厄瓜多尔	2 581	0.41

3.2016 年我国工业车辆进口情况

2016 年，进口叉车及装有升降或搬运装置的工业车辆共 11 645 台，与 2015 年的进口量 12 632 台相比，下降 7.81%；进口金额为 217 770 224 美元，与 2015 年的进口金额 283 928 995 美元相比，下降 23.30%。其中电动叉车（含巷道堆垛机）为 8 263 台，与 2015 年的进口量 9 118 台相比，下降 9.38%；内燃叉车（含集装箱叉车）为 839 台（其中集装箱叉车 7 台），与 2015 年的进口量 968 台相比，下降 13.33%；未列名叉车 2 543 台，与 2015 年的进口量 2 546 台相比，下降 0.12%。2009—2016 年我国工业车辆进口情况见表 16。

表 16　2009—2016 年我国工业车辆进口情况

年份	进口量（台）	同比增长（%）	进口金额（美元）	同比增长（%）
2009	9 652	−30.09	293 627 560	−14.45
2010	14 644	51.72	389 169 560	32.54
2011	15 632	6.75	368 447 853	−5.32
2012	12 970	−17.03	321 267 736	−12.81
2013	12 063	−6.99	301 439 716	−6.17
2014	12 572	4.22	291 695 891	−3.23
2015	12 632	0.48	283 928 995	−2.66
2016	11 645	−7.81	217 770 224	−23.30

这些进口的工业车辆来自30个国家和地区。2016年，进口机动工业车辆9 102台中，各洲进口数量占比情况：欧洲占46.67%、美洲占15.04%、亚洲占38.21%、大洋洲占0.08%；进口电动叉车（含巷道堆垛机）8 263台中，欧洲占47.95%、美洲占13.46%、亚洲占38.53%；进口内燃叉车（含集装箱叉车台）839台中，欧洲占34.09%、美洲占30.63%、亚洲占35.04%、大洋洲占0.24%。

四、科研成果及新产品

2016年工业车辆行业部分企业科技成果及新产品情况见表17。

表17 2016年工业车辆行业部分企业科技成果及新产品情况

企业名称	项目名称	获奖名称	获奖等级	批准机关
安徽叉车集团公司	1～3.5t气粉复合型防爆蓄电池叉车	湖南省科学技术进步奖	三等奖	湖南省人民政府
	新能源系列电动叉车开发	安徽省科学技术进步奖	三等奖	安徽省人民政府
	节能高效型1～7t电动叉车研发项目	中国机械工业科学技术奖	一等奖	安徽省机械工业联合会
	节能高效型1～7t电动叉车研发项目	安徽省机械工业科学技术奖	三等奖	机械工业联合会
	高精度消失模铸造生产线整体搬迁及技术升级改造	安徽省机械工业科学技术奖	二等奖	安徽省机械工业联合会
	集装箱重箱高效节能内燃叉车	浙江省装备制造业重点领域国内首台（套）		浙江省经济和信息化委员会
	G2系列1.6～2.0t蓄电池前移式叉车	省级新产品		安徽省经济和信息化委员会
	G系列1～3.5t锂电池平衡重式叉车	省级新产品		安徽省经济和信息化委员会
	软连接变矩器	安徽省机械工业科学技术奖	三等奖	安徽省机械工业联合会
	G2系列2～3.5t内燃平衡重式叉车	省级新产品		安徽省经济和信息化委员会
	G系列5～7t单（双）燃料环保型内燃平衡重式叉车	省级新产品		安徽省经济和信息化委员会
	3G系列8.5～10t内燃平衡重式叉车	省级新产品		安徽省经济和信息化委员会
	H3C系列2～3.2t小轴距内燃平衡重式叉车	省级新产品		安徽省经济和信息化委员会
	H3系列1～1.8t内燃平衡重式叉车	省级新产品		安徽省经济和信息化委员会
	G系列1～2.5t交流蓄电池平衡重式叉车CPD10-25	安徽工业精品		安徽省经济和信息化委员会
	H系列2～3.5t内燃平衡重式叉车CPCD20-35	安徽工业精品		安徽省经济和信息化委员会
	G系列1.5t后驱三支点蓄电池平衡重式叉车CPD15SH-GA1/GA2/GA3	安徽工业精品		安徽省经济和信息化委员会
	节能环保型交流电动工业车辆研发及产业化建设项目	安徽省自主创新专项资金项目		安徽省科学技术厅
	工业车辆传动关键技术研究攻关项目	安徽省重点产业技术攻关项目		安徽省经济和信息化委员会
杭叉集团股份有限公司	集装箱重箱高效节能内燃叉车	浙江省装备制造业重点领域国内首台（套）		浙江省经济和信息化委员会
	工业车辆防爆技术研发及产业化	浙江省重点技术创新项目		浙江省经济和信息化委员会
	大举力密度高效率叉车关键技术研究	科学技术进步奖	一等奖	教育部
	工业车辆防爆技术研发及产业化	机械工业优秀科技成果	优秀奖	中国机械工业联合会
	叉车门架用系列异型钢	机械工业优秀科技成果	优秀奖	中国机械工业联合会
	A系列电动托盘堆垛车	浙江省优秀工业产品	优秀奖	浙江省优秀工业产品评选委员会
	A系列电动托盘搬运车	浙江省优秀工业产品	优秀奖	浙江省优秀工业产品评选委员会
宁波如意股份有限公司	专利号：ZL 2013 3 0303904.8	中国专利优秀奖		国家知识产权局

（续）

企业名称	项目名称	获奖名称	获奖等级	批准机关
浙江诺力机械股份有限公司	FE4D50 平衡重式电动叉车	省级新产品		浙江省经济和信息化委员会
	电子称重搬运车	省级新产品		浙江省经济和信息化委员会
	PT 25P 高速电动搬运车	省级新产品		浙江省经济和信息化委员会
江淮重工机械有限公司	CPCD180 内燃平衡重式叉车	省级新产品		安徽省经济和信息化委员会
	CPCD45 内燃平衡重式叉车	省级新产品		安徽省经济和信息化委员会
	QD30 蓄电池牵引车	省级新产品		安徽省经济和信息化委员会
	QSD250 电动牵引车	国内领先水平		安徽省经济和信息化委员会
浙江吉鑫祥叉车制造有限公司	1 ～ 48t 内燃叉车	浙江制造精品		浙江省经济和信息化委员会
浙江中力机械有限公司	面向楼层仓库的轻小型自动搬运车	浙江省高新技术产品		浙江省科学技术厅
	站驾式电驱动电转向高位捡料车	浙江省高新技术产品		浙江省科学技术厅
	轻小型电动搬运车	优秀工业新产品		浙江省经济和信息化委员会

五、行业特点及未来发展趋势

根据近年来工业车辆行业的统计数据，世界工业车辆市场呈现小幅增长趋势，欧盟、美国等主要经济体市场恢复，我国市场需求总量继续领跑全球机动工业车辆。从2009年以来，我国工业车辆市场一直保持整体向上的趋势，虽然在2012年和2015年都有调整，但随后又再创新高。在当前经济企稳回升、物流效率提升、机器换人的大背景下，工业车辆作为物料搬运最基础的装备，在当下和未来都会有较好的表现。

在机动工业车辆销售中，电动车辆呈现出更明显的增长，无论是国内市场还是出口，电动叉车的占比出现明显的增长。尤其是以往在总销量中占比较小的仓储叉车更是连续多年保持两位数的涨幅，与世界主要经济体仓储车占比情况进行比较，我国市场还有很大的发展空间。随着部分城市对污染物排放要求的限制，“油改电”已经成为一种切实可行的方案，机动工业车辆市场中电动叉车占比会在未来几年加速提升。

随着新能源、互联网、信息技术、智能驾驶、车队管理、仓储系统、AR/VR 等热点技术的推广应用，在工业车辆行业已经有越来越多的企业研发出相关应用产品，成为业内新的亮点。技术的创新、管理和服务模式的提升，正在使原有的竞争环境发生悄然的改变。

〔撰稿人：中国工程机械工业协会工业车辆分会张洁、高山〕

路面与压实机械

2016 年，世界经济复苏缓慢，中国经济稳中向好。为确保发展调速不减势，量增质更优，我国进一步推进经济、产业结构调整，大力推进供给侧结构性改革，加快转型升级步伐。在国家一系列调结构、促转型、增效益政策措施影响下，工程机械行业开始回暖，工程机械主要产品在经历了上半年的惯性下滑之后，下半年市场需求逐渐增加，部分产品出现了较大幅度增长。

我国路面与压实机械行业企业在连续多年市场需求不足、产销量持续下降、企业经营难度不断加大的背景下，坚持实施优化结构、转型升级、强化管理、提升效益、进一步强化供给侧结构性改革等举措，逐步取得了企稳回升的效果。2016 年，在我国交通基础设施建设投资加码，新开工和新批准项目顺利推进及项目资金到位情况好转，“一带一路”等诸多利好因素的影响下，路面与压实机械市场实现了多年未见的增长。压路机和沥青混凝土摊铺机月销量从 5 月份到年末持续增长，出现了淡季热销的形势，而且增长幅度逐月增大。12 月份，这两种产品销量增幅都接近 50%，因而形成了全年销量较大增长的可喜局面。

压 路 机

一、生产发展情况

我国压实机械分为压路机、回填压实机（又称垃圾压实机）和夯实机械三大类产品。我国压实机械以压路机为主，压路机分为静碾压路机、轮胎压路机、振动压路机和冲击压路机 4 类产品。当前，我国生产压路机的企业有国有企业、民营企业、外资企业共几十家，我国压路机行业主要生产企业有 20 多家。压路机和回填压实机产品分类及 2016 年主要生产企业见表 1。

表 1　压路机和回填压实机产品分类及 2016 年主要生产企业

产品分类			企业名称
压路机	静碾压路机		徐工集团道路机械事业部、国机重工（洛阳）建筑机械有限公司、洛阳路通重工机械有限公司、常州常林俱进道路机械有限公司、柳工无锡路面机械有限公司、山推道路机械有限公司、龙工（上海）路面机械制造公司、江苏骏马压路机械有限公司
	轮胎压路机		徐工集团道路机械事业部、国机重工（洛阳）建筑机械有限公司、洛阳路通重工机械有限公司、厦工（三明）重型机器有限公司、常州常林俱进道路机械有限公司、柳工无锡路面机械有限公司、湖南三一路面机械有限公司、山推道路机械有限公司、山东公路机械厂、龙工（上海）路面机械制造公司、青岛科泰重工机械有限公司、维特根（中国）机械有限公司、戴纳派克（中国）压实摊铺设备有限公司、卡特彼勒（中国）投资有限公司、宝马格（中国）工程机械有限公司
	振动压路机	机械单钢轮振动压路机	徐工集团道路机械事业部、国机重工（洛阳）建筑机械有限公司、洛阳路通重工机械有限公司、厦工（三明）重型机器有限公司、常州常林俱进道路机械有限公司、柳工无锡路面机械有限公司、山推道路机械有限公司、龙工（上海）路面机械制造公司、江苏骏马压路机械有限公司、山东临工工程机械有限公司、卡特彼勒（青州）有限公司
		液压单钢轮振动压路机	徐工集团道路机械事业部、国机重工（洛阳）建筑机械有限公司、洛阳路通重工机械有限公司、厦工（三明）重型机器有限公司、常州常林俱进道路机械有限公司、柳工无锡路面机械有限公司、湖南三一路面机械有限公司、中联重科路面机械分公司、山推道路机械有限公司、湖南江麓重工科技有限公司、龙工（上海）路面机械制造公司、青岛科泰重工机械有限公司、沃尔沃建筑设备投资（中国）有限公司、维特根（中国）机械有限公司、戴纳派克（中国）压实摊铺设备有限公司、卡特彼勒（中国）投资有限公司、宝马格（中国）工程机械有限公司、卡特彼勒（青州）有限公司
		双钢轮振动压路机	徐工集团道路机械事业部、国机重工（洛阳）建筑机械有限公司、洛阳路通重工机械有限公司、厦工（三明）重型机器有限公司、常州常林俱进道路机械有限公司、柳工无锡路面机械有限公司、湖南三一路面机械有限公司、中联重科路面机械分公司、山推道路机械有限公司、山东公路机械厂、龙工（上海）路面机械制造公司、江苏骏马压路机械有限公司、青岛科泰重工机械有限公司、沃尔沃建筑设备投资（中国）有限公司、维特根（中国）机械有限公司、戴纳派克（中国）压实摊铺设备有限公司、卡特彼勒（中国）投资有限公司、宝马格（中国）工程机械有限公司、酒井工程机械（上海）有限公司
		5t 以下振动压路机	徐工集团道路机械事业部、国机重工（洛阳）建筑机械有限公司、洛阳路通重工机械有限公司、厦工（三明）重型机器有限公司、常州常林俱进道路机械有限公司、柳工无锡路面机械有限公司、湖南三一路面机械有限公司、山推道路机械有限公司、龙工（上海）路面机械制造公司、江苏骏马压路机械有限公司、青岛科泰重工机械有限公司、沃尔沃建筑设备投资（中国）有限公司、维特根（中国）机械有限公司、戴纳派克（中国）压实摊铺设备有限公司、卡特彼勒（中国）投资有限公司、宝马格（中国）工程机械有限公司、酒井工程机械（上海）有限公司
		拖式振动压路机	厦工（三明）重型机器有限公司、国机重工（洛阳）建筑机械有限公司
	冲击压路机		厦工（三明）重型机器有限公司
回填压实机（垃圾压实机）	静碾式		徐工集团道路机械事业部、国机重工（洛阳）建筑机械有限公司、厦工（三明）重型机器有限公司、柳工无锡路面机械限公司、山推道路机械有限公司、青岛科泰重工机械有限公司
	振动式		

二、总体销售情况

1. 我国压路机行业总体销售情况

2016 年，由于我国公路建设投资和新建公路工程开工量增加，项目资金到位情况好转，压路机市场需求回升，我国压路机行业全年市场销量比上年有较大增长。据中国工程机械工业协会路面与压实机械分会统计，我国压路机行业全年销售压路机 11 959 台，同比增长 15.12%。其中：国内销售 10 199 台，同比增长 17%；出口 1 760 台，同比增长 5.33%。2015—2016 年我国压路机行业总体销售情况见图 1。

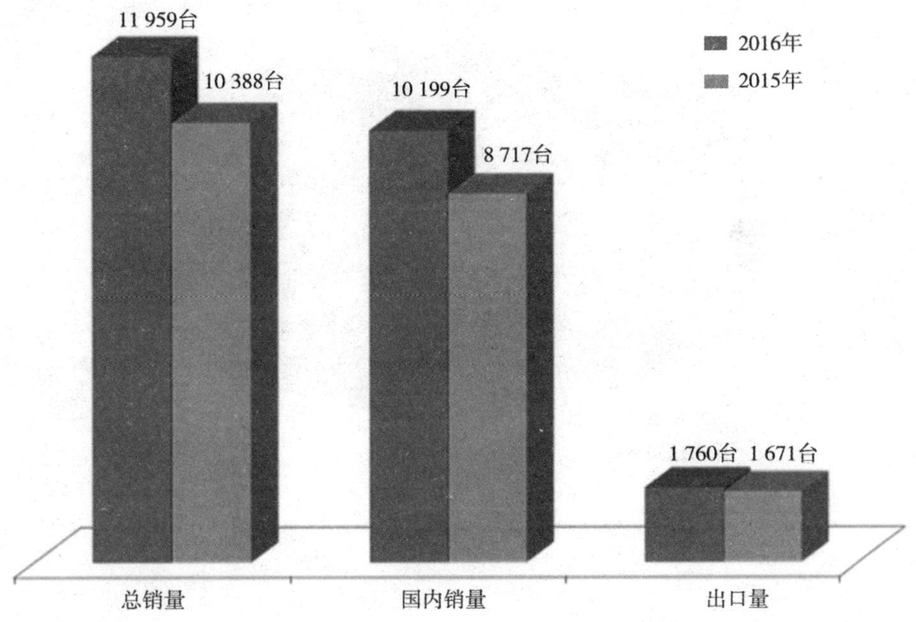

图 1　2015—2016 年我国压路机行业总体销售情况

2. 我国压路机行业月度销售情况

2016 年，我国压路机市场开局并不乐观，1 月份压路机销量同比仍处于负增长状态，2 月份销量同比实现微量增长。3 月进入压路机销售旺季，销量猛增，同比增长 29.53%。4 月份出现波动，销量同比出现较大幅度下滑，下降 10.79%。从 5 月份开始，月销量同比保持增长，出现了少见的淡季旺销形势，而且增幅越来越大，其中 12 月份增幅最大，同比增长 48.42%。因而形成了我国压路机行业全年销量同比较大幅度增长的局面。2015—2016 年我国压路机行业月度销量走势见图 2。

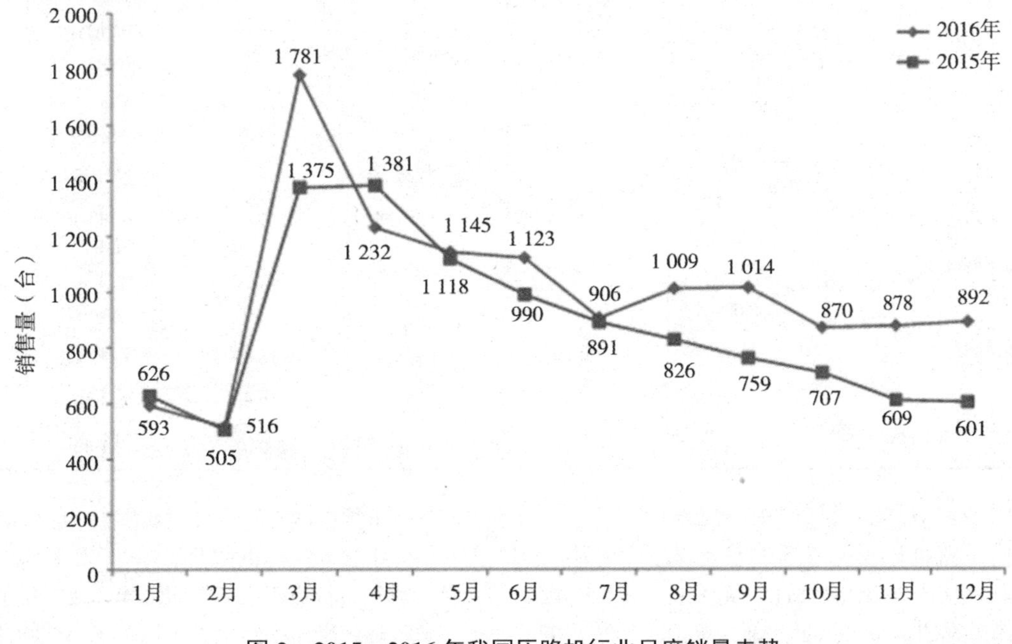

图 2　2015—2016 年我国压路机行业月度销量走势

3. 我国压路机行业产品销量构成

2016 年，我国压路机行业销售的各种产品销量排序与上年相比没有变化。机械式单钢轮振动压路机销量最大，约占压路机总销量的 32%，仍然是我国压路机市场的主导产品。5t 以下振动压路机、双钢轮振动压路机和液压单钢轮振动压路机销量分别为第二位、第三位和第四位，其余压路机销量都很少。2016 年我国压路机行业产品销量构成见图 3。

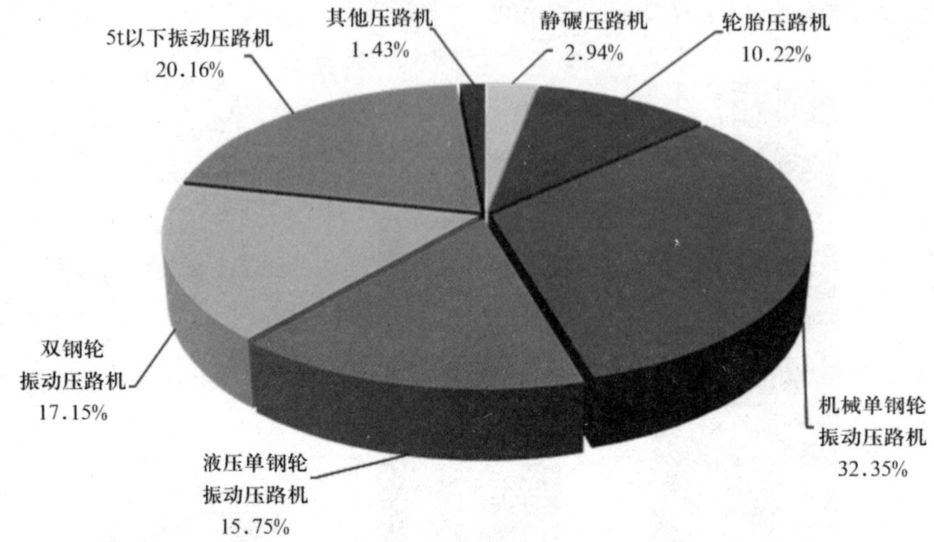

图 3　2016 年我国压路机行业产品销量构成

注：图中其他压路机包括回填压实机。

2016 年，在我国压路机销量较大幅度增长的形势下，轮胎压路机和其他压路机销量同比下降 1.06% ～ 2.55%，其余压路机产品销量同比增长 11.39% ～ 24.41%。其中机械式单钢轮振动压路机销量最大，表明新建公路工程有所增加。5t 以下振动压路机销量增幅居第一位，说明我国道路养护市场在继续增长。2016 年我国压路行业销售的各类产品所占比例与上年相比也有变化：机械式单钢轮振动压路机、双钢轮振动压路机、5t 以下振动压路机和回填压实机所占比例增长 0.04 ～ 1.50 个百分点，其余压路机所占比例下降 0.06 ～ 1.85 个百分点。2015—2016 年我国压路机行业产品销量构成见表 2。

表 2　2015—2016 年我国压路机行业产品销量构成

产品名称	2016 年		2015 年		同比增长（%）	占比增长（百分点）
	销量（台）	占比（%）	销量（台）	占比（%）		
静碾压路机	352	2.94	316	3.04	11.39	-0.10
轮胎压路机	1 222	10.22	1 254	12.07	-2.55	-1.85
机械单钢轮振动压路机	3 869	32.35	3 307	31.83	16.99	0.52
液压单钢轮振动压路机	1 883	15.75	1 642	15.81	14.68	-0.06
双钢轮振动压路机	2 051	17.15	1 774	17.08	15.61	0.07
5t 以下振动压路机	2 411	20.16	1 938	18.66	24.41	1.50
回填压实机	77	0.64	62	0.60	24.19	0.04
其他压路机	94	0.79	95	0.91	-1.05	-0.12

4. 我国压路机行业主要生产企业销售情况

（1）我国压路机行业主要生产企业市场占有率。2016 年，我国压路机行业销售压路机 500 台以上的生产企业有 10 家：徐工集团道路机械事业部、厦工（三明）重型机器有限公司、柳工无锡路面机械有限公司、江苏骏马压路机械有限公司、国机重工（洛阳）建筑机械有限公司、洛阳路通重工机械有限公司、湖南三一路面机械有限公司、宝马格（中国）工程机械有限公司、维特根（中国）机械有限公司和山推道路机械有限公司，比上年增加 3 家。外资企业市场占有率继续增长，比上年增长约 2 个百分点，而且有两家外资企业进入行业销量前 10 名。2016 年我国压路机行业主要生产企业市场占有率见图 4。

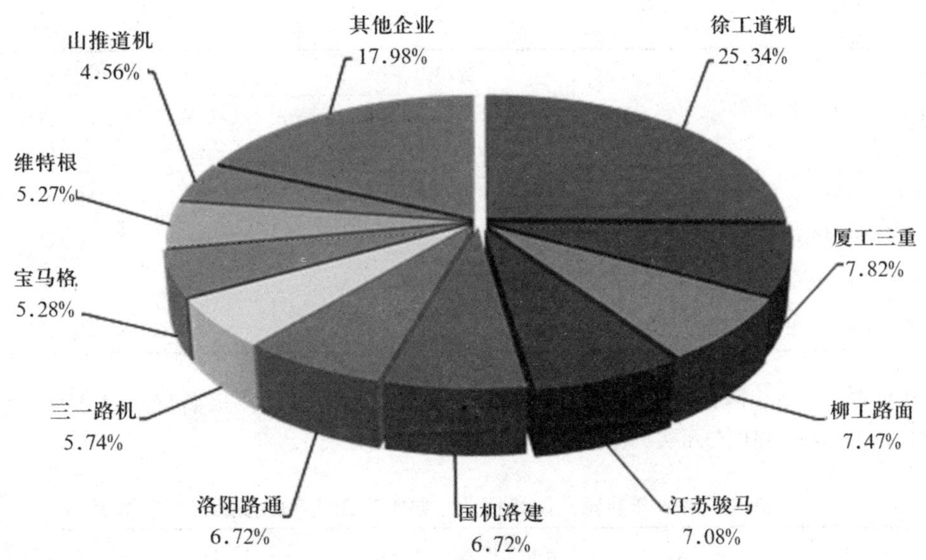

图 4　2016 年我国压路机行业主要生产企业市场占有率

（2）我国压路机行业主要生产企业销售情况。2016 年，由于压路机市场回升，我国压路机行业主要生产企业中，约 70% 的生产企业产品销量同比增长 3.80% ～ 57.89%，约 26% 的生产企业产品销量同比下降 0.89% ～ 41.57%。2015—2016 年我国压路机行业主要生产企业销售情况见表 3。

表 3　2015—2016 年我国压路机行业主要生产企业销售情况

序号	企业名称	2016 年		2015 年		同比增长（%）
		销量（台）	市场占有率（%）	销量（台）	市场占有率（%）	
1	徐工集团道路机械事业部	3 031	25.34	2 496	24.03	21.43
2	国机重工（洛阳）建筑机械有限公司	804	6.72	666	6.41	20.72
3	洛阳路通重工机械有限公司	804	6.72	755	7.27	6.49
4	厦工（三明）重型机器有限公司	935	7.82	861	8.29	8.59
5	常州常林俱进道路机械有限公司	285	2.38	221	2.13	28.96
6	柳工无锡路面机械有限公司	893	7.47	901	8.67	-0.89
7	湖南三一路面机械有限公司	686	5.74	551	5.30	24.50
8	中联重科路面机械分公司	52	0.43	89	0.86	-41.57
9	山推道路机械有限公司	545	4.56	456	4.39	19.52
10	山东公路机械厂	30	0.25	19	0.18	57.89
11	湖南江麓重工科技有限公司	22	0.18	29	0.28	-24.14
12	鼎盛重工机械有限公司			6	0.06	
13	龙工（上海）路面机械制造公司	340	2.84	356	3.43	-4.49
14	沃尔沃建筑设备投资（中国）有限公司	56	0.47	46	0.44	21.74
15	维特根（中国）机械有限公司	630	5.27	491	4.73	28.31
16	戴纳派克（中国）压实摊铺设备有限公司	406	3.39	354	3.41	14.69
17	卡特彼勒（中国）投资有限公司	90	0.75	63	0.61	42.86
18	宝马格（中国）工程机械有限公司	631	5.28	419	4.03	50.60
19	江苏骏马压路机械有限公司	847	7.08	816	7.86	3.80

（续）

序号	企业名称	2016年		2015年		同比增长（%）
		销量（台）	市场占有率（%）	销量（台）	市场占有率（%）	
20	山东临工工程机械有限公司	210	1.76	231	2.22	-9.09
21	青岛科泰重工机械有限公司	476	3.98	455	4.38	4.62
22	卡特彼勒（青州）有限公司	144	1.20	107	1.03	34.58
23	酒井工程机械（上海）有限公司	42	0.35			

（3）我国压路机行业主要生产企业产品按品种销售情况。据中国工程机械工业协会路面与压实机械分会统计，2015—2016年我国压路机行业主要生产企业产品按品种销售情况见表4。

表4　2015—2016年我国压路机行业主要生产企业产品按品种销售情况

序号	企业名称	静碾压路机			轮胎压路机			其他压路机		
		2016年（台）	2015年（台）	同比增长（%）	2016年（台）	2015年（台）	同比增长（%）	2016年（台）	2015年（台）	同比增长（%）
1	徐工集团道路机械事业部	128	101	26.73	534	526	1.52			
2	国机重工（洛阳）建筑机械有限公司	7	15	-53.33	80	42	90.48	1		
3	洛阳路通重工机械有限公司	36	10	260.00	94	77	22.08		4	
4	厦工（三明）重型机器有限公司				51	49	4.08	93	91	2.20
5	常州常林俱进道路机械有限公司	39	23	69.57	2	16	-87.50			
6	柳工无锡路面机械有限公司	55	44	25.00	69	77	-10.39			
7	湖南三一路面机械有限公司				169	192	-11.98			
8	山推道路机械有限公司	17	26	-34.62	28	31	-9.68			
9	山东公路机械厂				15	14	7.14			
10	湖南江麓重工科技有限公司					2				
11	龙工（上海）路面机械制造公司	14	16	-12.50	1	4	-75.00			
12	维特根（中国）机械有限公司				1	6	-83.33			
13	戴纳派克（中国）压实摊铺设备有限公司				15	27	-44.44			
14	卡特彼勒（中国）投资有限公司				7	2	250.00			
15	宝马格（中国）工程机械有限公司				21	11	90.91			
16	江苏骏马压路机械有限公司	56	81	-30.86						
17	青岛科泰重工机械有限公司				135	142	-4.93			

序号	企业名称	机械单钢轮振动压路机			液压单钢轮振动压路机			双钢轮振动压路机		
		2016年（台）	2015年（台）	同比增长（%）	2016年（台）	2015年（台）	同比增长（%）	2016年（台）	2015年（台）	同比增长（%）
1	徐工集团道路机械事业部	1 303	926	40.71	383	327	17.13	231	226	2.21
2	国机重工（洛阳）建筑机械有限公司	262	238	10.08	18	3	500.00	68	48	41.67
3	洛阳路通重工机械有限公司	183	190	-3.68	178	253	-29.64	97	129	-24.81
4	厦工（三明）重型机器有限公司	290	301	-3.65	230	212	8.49	59	42	40.48
5	常州常林俱进道路机械有限公司	202	156	29.49	28	18	55.56	9	2	350.00

（续）

序号	企业名称	机械单钢轮振动压路机			液压单钢轮振动压路机			双钢轮振动压路机		
		2016 年（台）	2015 年（台）	同比增长（%）	2016 年（台）	2015 年（台）	同比增长（%）	2016 年（台）	2015 年（台）	同比增长（%）
6	柳工无锡路面机械有限公司	528	490	7.76	114	130	-12.31	14	22	-36.36
7	湖南三一路面机械有限公司		2		337	192	75.52	142	165	-13.94
8	中联重科路面机械分公司				33	62	-46.77	19	27	-29.63
9	山推道路机械有限公司	414	327	26.61	31	21	47.62	15	29	-48.28
10	山东公路机械厂							15	5	200.00
11	湖南江麓重工科技有限公司				22	27	-18.52			
12	鼎盛重工机械有限公司		2			4				
13	龙工（上海）路面机械制造公司	272	271	0.37	15	28	-46.43	5	19	-73.68
14	沃尔沃建筑设备投资（中国）有限公司				1	2	-50.00	39	37	5.41
15	维特根（中国）机械有限公司				71	36	97.22	327	264	23.86
16	戴纳派克（中国）压实摊铺设备有限公司				39	30	30.00	243	223	8.97
17	卡特彼勒（中国）投资有限公司				8	8	0	59	36	63.89
18	宝马格（中国）工程机械有限公司				81	75	8.00	351	227	54.63
19	江苏骏马压路机械有限公司	74	65	13.85				303	233	30.04
20	山东临工工程机械有限公司	210	231	-9.09						
21	青岛科泰重工机械有限公司		1		281	214	31.31	34	40	-15.00
22	卡特彼勒（青州）有限公司	131	107	22.43	13					
23	酒井工程机械（上海）有限公司							21		

序号	企业名称	5t 以下压路机			垃圾压实机		
		2016 年（台）	2015 年（台）	同比增长（%）	2016 年（台）	2015 年（台）	同比增长（%）
1	徐工集团道路机械事业部	447	253	76.68	5	1	400.00
2	国机重工（洛阳）建筑机械有限公司	360	301	19.60	8	15	-46.67
3	洛阳路通重工机械有限公司	216	96	125.00			
4	厦工（三明）重型机器有限公司	184	139	32.37	28	27	3.70
5	常州常林俱进道路机械有限公司	5	6	-16.67			
6	柳工无锡路面机械有限公司	112	135	-17.04	1	3	-66.67
7	湖南三一路面机械有限公司	38					
8	山推道路机械有限公司	8	8	0	32	14	128.57
9	龙工（上海）路面机械制造公司	33	18	83.33			
10	沃尔沃建筑设备投资（中国）有限公司	16	7	128.57			
11	维特根（中国）机械有限公司	231	185	24.86			
12	戴纳派克（中国）压实摊铺设备有限公司	109	74	47.30			
13	卡特彼（中国）投资有限公司	16	17	-5.88			
14	宝马格（中国）工程机械有限公司	178	106	67.92			
15	江苏骏马压路机械有限公司	414	437	-5.26			

（续）

序号	企业名称	5t 以下压路机			垃圾压实机		
		2016 年（台）	2015 年（台）	同比增长（%）	2016 年（台）	2015 年（台）	同比增长（%）
16	青岛科泰重工机械有限公司	23	56	-58.93	3	2	50.00
17	酒井工程机械（上海）有限公司	21					

三、国内销售情况

1. 我国压路机行业国内销售情况

据中国工程机械工业协会路面与压实机械分会统计，2016 年，我国压路机行业国内销售压路机 10 199 台，内销依从度同比增长 1.37 个百分点。2015—2016 年我国压路机行业国内销售情况见表 5。

表 5　2015—2016 年我国压路机行业国内销售情况

2016 年		2015 年		同比增长（%）
销量（台）	占比（%）	销量（台）	占比例（%）	
10 199	85.28	8 717	83.91	17.00

2. 我国压路机行业国内部分区域销售情况

2016 年，我国压路机行业国内部分区域销量排序与上年相比有所变化：中区仍为第一位，西南区由第四位上升为第二位，西区仍保持第三位，华南区由第二位降为第四位，北区、东区和东北区仍分别保持第五位、第六位和第七位。2016 年我国压路机行业国内部分区域销量和出口量比例见图 5。

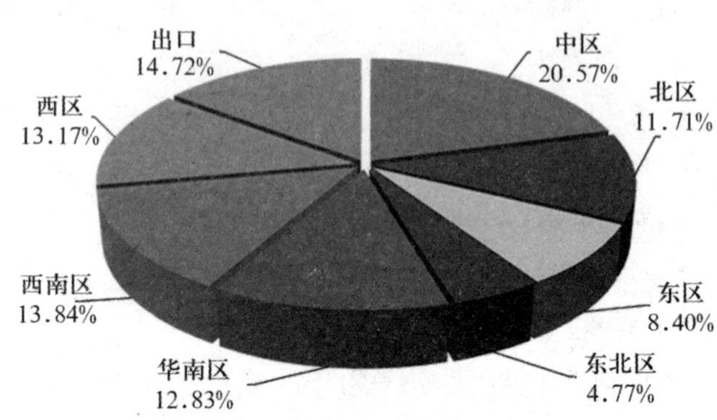

图 5　2016 年我国压路机行业国内部分区域销量和出口量比例

2016 年，我国压路机行业国内部分区域销量同比都有不同程度的增长，增幅为 9.39% ～ 24.72%。西南区增幅最大，中区次之，其后依次是北区、西区、东区、华南区和东北区。2015—2016 年我国压路机行业国内部分区域销售情况见表 6。

表 6　2015—2016 年我国压路机行业国内部分区域销售情况

区域	2016 年		2015 年		同比增长（%）
	销量（台）	市场占有率（%）	销量（台）	市场占有率（%）	
中区（江苏、安徽、山东、河南）	2 460	20.57	1 974	19.00	24.62
北区（北京、天津、河北、山西、内蒙古）	1 400	11.71	1 224	11.78	14.38
东区（浙江、江西、福建、上海）	1 004	8.40	894	8.61	12.30
东北区（黑龙江、吉林、辽宁）	571	4.77	522	5.03	9.39
华南区（广西、广东、湖北、湖南、海南）	1 534	12.83	1 389	13.37	10.44
西南区（四川、重庆、云南、贵州）	1 655	13.84	1 327	12.77	24.72
西区（西藏、新疆、甘肃、青海、宁夏、陕西）	1 575	13.17	1 387	13.35	13.55

3. 我国压路机行业国内部分省份销售情况

2016 年，我国压路机行业在国内部分省、自治区、直辖市的销售中，约 77% 的省份销量同比增长，增幅 0.35% ～ 44.57%。约 19% 的省份销量同比下降，下降 2.63% ～ 29.03%。江苏省销售压路机最多，共销售 889 台。销售压路机 552 ～ 619 台的有山东、云南和河南。销售压路机 430 ～ 452 台的有四川、陕西和安徽。销售压路机 363 ～ 395 台的有广东、河北、贵州、湖北、北京、湖南、浙江、新疆和甘肃。2015—2016 年我国压路机行业国内部分省份销售情况见表 7。

表 7 2015—2016 年我国压路机行业国内部分省份销售情况

省份	2016 年		2015 年		同比增长（%）	省份	2016 年		2015 年		同比增长（%）
	销量（台）	市场占有率（%）	销量（台）	市场占有率（%）			销量（台）	市场占有率（%）	销量（台）	市场占有率（%）	
江苏	889	7.43	656	6.31	35.52	广西	286	12.83	285	2.74	0.35
安徽	430	3.60	359	3.46	19.78	广东	395	2.39	390	3.75	1.28
山东	619	5.18	470	4.52	31.70	湖北	378	3.30	323	3.11	17.03
河南	522	4.36	489	4.71	6.75	湖南	372	3.16	317	3.05	17.35
北京	374	3.13	395	3.80	-5.32	海南	103	0.86	74	0.71	39.19
天津	136	1.14	159	1.53	-14.47	四川	452	3.78	422	4.06	7.11
河北	388	3.24	292	2.81	32.88	重庆	206	1.72	206	1.98	0
山西	268	2.24	208	2.00	28.85	云南	612	5.12	425	4.09	44.00
内蒙古	234	1.96	170	1.64	37.65	贵州	385	3.22	274	2.64	40.51
浙江	371	3.10	304	2.93	22.04	西藏	133	1.11	92	0.89	44.57
江西	222	1.86	228	2.19	-2.63	新疆	367	3.07	267	2.57	37.45
福建	267	2.23	202	1.94	32.18	甘肃	363	3.04	310	2.98	17.10
上海	144	1.20	160	1.54	-10.00	青海	110	0.92	155	1.49	-29.03
黑龙江	211	1.76	150	1.44	40.67	宁夏	166	1.39	143	1.38	16.08
吉林	156	1.30	152	1.46	2.63	陕西	436	3.65	420	4.04	3.81
辽宁	204	1.71	220	2.12	-7.27						

四、出口情况

1. 我国压路机行业产品出口情况

2016 年，我国压路机行业压路机出口量略有增长。据中国工程机械工业协会路面与压实机械分会统计，2016 年，我国压路机行业出口压路机 1 760 台，对外依从度同比下降 1.37 个百分点。2015—2016 年我国压路机行业产品出口情况见表 8。

表 8 2015—2016 年我国压路机行业产品出口情况

2016 年		2015 年		同比增长（%）
出口量（台）	占比（%）	出口量（台）	占比（%）	
1 760	14.72	1 671	16.09	5.33

2. 我国压路机行业产品出口量构成

2016 年，我国压路机行业出口的产品中，机械单钢轮振动压路机和液压单钢轮振动压路机出口量约占压路机总出口量的 59%，比上年减少近 7 个百分点，仍然是我国压路机主要出口产品。与上年相比，液压单钢轮振动压路机、静碾压路机和回填压实机出口量下降 1.18% ～ 23.90%，其余压路机产品出口量增长 9.68% ～ 43.37%。2015—2016 年我国压路机行业产品出口量构成见表 9。

表 9 2015—2016 年我国压路机行业产品出口量构成

产品名称	2016 年		2015 年		同比增长（%）
	出口量（台）	占比（%）	出口量（台）	占比（%）	
静碾压路机	84	4.77	85	5.09	-1.18
轮胎压路机	200	11.36	160	9.58	25.00
机械单钢轮振动压路机	657	37.33	599	35.85	9.68
液压单钢轮振动压路机	382	21.70	502	30.04	-23.90
双钢轮振动压路机	119	6.76	83	4.97	43.37
5t 以下振动压路机	256	14.55	189	11.31	35.45
回填压实机	24	1.36	25	1.50	-4.00
其他压路机	38	2.16	28	1.68	35.71

3. 我国压路机行业主要生产企业产品出口情况

2016 年，国外压路机市场回升很小，我国压路机行业约 53% 的生产企业产品出口量同比增长 11.49% ～ 193.75%，约 40% 的生产企业产品出口量同比下降 20.72% ～ 70.59%。据中国工程机械工业协会路面与压实机械分会统计，2015—2016 年我国压路机行业主要生产企业产品出口情况见表 10。

表 10　2015—2016 年我国压路机行业主要生产企业产品出口情况

序号	企业名称	2016 年		2015 年		同比增长
		出口量（台）	占比（%）	出口量（台）	占比（%）	（%）
1	徐工集团道路机械事业部	476	27.05	375	22.44	26.93
2	国机重工（洛阳）建筑机械有限公司	235	13.35	80	4.79	193.75
3	洛阳路通重工机械有限公司	132	7.50	96	5.75	37.50
4	厦工（三明）重型机器有限公司	176	10.00	222	13.29	-20.72
5	常州常林俱进道路机械有限公司	19	1.08	15	0.90	26.67
6	柳工无锡路面机械有限公司	222	12.61	322	19.27	-31.06
7	湖南三一路面机械有限公司	133	7.56	81	4.85	64.20
8	中联重科路面机械分公司			25	1.50	
9	山推道路机械有限公司	41	2.33	52	3.11	-21.15
10	龙工（上海）路面机械制造公司	119	6.76	168	10.05	-29.17
11	维特根（中国）机械有限公司	20	1.14	12	0.72	66.67
12	江苏骏马压路机械有限公司	47	2.67	90	5.39	-47.78
13	山东临工工程机械有限公司	97	5.51	87	5.21	11.49
14	青岛科泰重工机械有限公司	10	0.57	34	2.03	-70.59
15	卡特彼勒（青州）有限公司	33	1.88	12	0.72	175.00

五、获奖产品

2016 年压路机获奖产品见表 11。

表 11　2016 年压路机获奖产品

企业名称	产品名称	奖励项目名称	获奖时间
青岛科泰重工机械有限公司	KS365D 型全液压双驱单钢轮振动压路机	中国工程机械年度产品 TOP50（2017）评委会奖	2017 年 3 月
宝马格（中国）工程机械有限公司	BW203AD-4 型双钢轮振动压路机	中国工程机械年度产品 TOP50（2017）	
国机重工（洛阳）建筑机械有限公司	GYS3902 型单钢轮振动压路机		
柳工无锡路面机械有限公司	CLG6626E 型单钢轮振动压路机		

沥青混凝土摊铺机

一、生产发展情况

我国沥青混凝土摊铺机产品分为履带式沥青混凝土摊铺机和轮胎式沥青混凝土摊铺机两大类产品。履带式和轮胎式沥青混凝土摊铺机按行走传动方式又分为液压式和机械式。当前我国沥青混凝土摊铺机行业主要生产企业有 10 多家。沥青混凝土摊铺机产品分类及 2016 年我国沥青混凝土摊铺机行业主要生产企业产品销售情况见表 12。

表 12　沥青混凝土摊铺机产品分类及 2016 年我国沥青混凝土摊铺机行业主要生产企业产品销售情况

序号	企业名称	机械式							液压式									
		≤ 4.5m		4.5 ～ 6m		6 ～ 8m		8.5m 以上	≤ 4.5m		4.5 ～ 6m		6 ～ 8m		8 ～ 9.5m		9.5 ～ 12m	12m 以上
		轮胎式	履带式	轮胎式	履带式	轮胎式	履带式	履带式	轮胎式	履带式	轮胎式	履带式	轮胎式	履带式	轮胎式	履带式	履带式	履带式
1	徐工集团道路机械事业部	●							●	●	●	●		●		●	●	●

（续）

序号	企业名称	机械式							液压式									
		≤ 4.5m		4.5 ～ 6m		6 ～ 8m		8.5m 以上	≤ 4.5m		4.5 ～ 6m		6 ～ 8m		8 ～ 9.5m		9.5 ～ 12m	12m 以上
		轮胎式	履带式	轮胎式	履带式	轮胎式	履带式	履带式	轮胎式	履带式	轮胎式	履带式	轮胎式	履带式	轮胎式	履带式	履带式	履带式
2	江苏华通动力重工有限公司	●	●	●	●		●				●	●		●		●	●	●
3	鼎盛重工机械有限公司											●		●		●	●	
4	湖南三一路面机械有限公司				●				●	●		●	●			●	●	
5	中联重科路面机械分公司													●		●	●	●
6	中交西安筑路机械有限公司										●	●		●		●		
7	成都市新筑路桥机械股份有限公司						●							●		●	●	
8	柳工无锡路面机械有限公司															●		
9	沃尔沃建筑设备投资（中国）有限公司								●		●	●		●		●	●	●
10	维特根（中国）机械有限公司								●	●	●	●	●	●		●	●	●
11	戴纳派克（中国）压实摊铺设备有限公司			●						●	●			●		●	●	●
12	住重中骏（厦门）建机有限公司										●			●		●		
13	卡特彼勒（中国）投资有限公司								●				●	●		●		
14	陕西建设机械股份有限公司													●		●	●	
15	北京天顺长城液压科技有限公司										●	●				●	●	●
16	宝马格（中国）工程机械有限公司								●	●	●	●		●		●	●	

注：标●的产品为我国沥青混凝土摊铺机行业主要生产企业 2016 年销售的产品。

二、总体销售情况

1. 我国沥青混凝土摊铺机行业总体销售情况

2016 年，在我国公路建设投资增加的拉动下，沥青混凝土摊铺机市场有一定增长。据中国工程机械工业协会路面与压实机械分会统计，我国沥青混凝土摊铺机行业全年销售沥青混凝土摊铺机 1 971 台，同比增长 9.26%。其中：国内销售 1 877 台，同比增长 7.01%；出口 94 台，同比增长 88%。2015—2016 年我国沥青混凝土摊铺机行业总体销售情况见图 6。

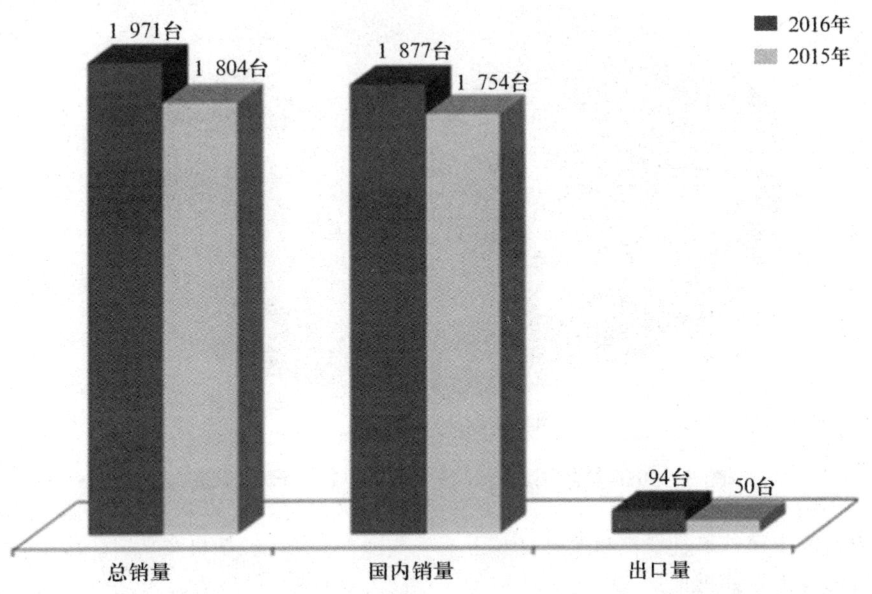

图 6　2015—2016 年我国沥青混凝土摊铺机行业总体销售情况

2. 我国沥青混凝土摊铺机行业月度销售情况

2016 年，我国沥青混凝土摊铺机市场开局形势不利，1 月、2 月销量同比仍然处于负增长状态。3 月份进入销售旺季，销量猛增，同比增长近 40%。4 月份销量环比增长约 13%，5 月份发生较大波动，销量同比大幅下降，重回负增长状态。6 月、7 月又出现较大反复，直到 8 月份才开始进入稳定增长状态。从 8 月到年末，销量同比一直保持增长，因而形成我国沥青混凝土摊铺机行业全年销量同比增长的局面。2015—2016 年我国沥青混凝土摊铺机行业月度销量走势见图 7。

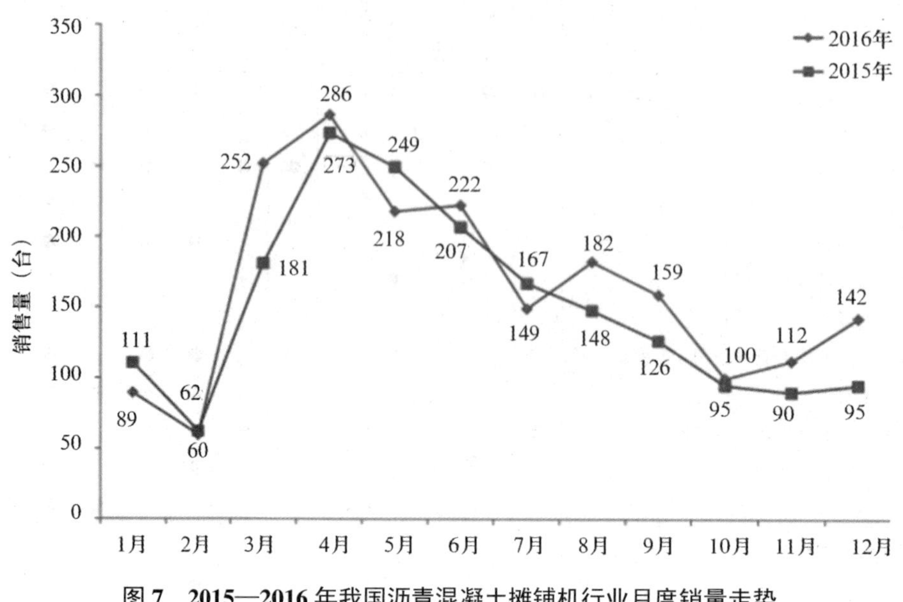

图 7　2015—2016 年我国沥青混凝土摊铺机行业月度销量走势

3. 我国沥青混凝土摊铺机行业产品销量构成

2016 年，我国沥青混凝土摊铺机行业各种产品销量排序与上年相比没有变化。8 ～ 9.5m 沥青混凝土摊铺机销量最大，仍然是我国沥青混凝土摊铺机市场的主导产品，9.5 ～ 12m 和≤ 4.5m 沥青混凝土摊铺机销量分别列第二位和第三位，其余沥青混凝土摊铺机销量都只有 100 多台。2016 年我国沥青混凝土摊铺机行业产品销量构成见图 8。

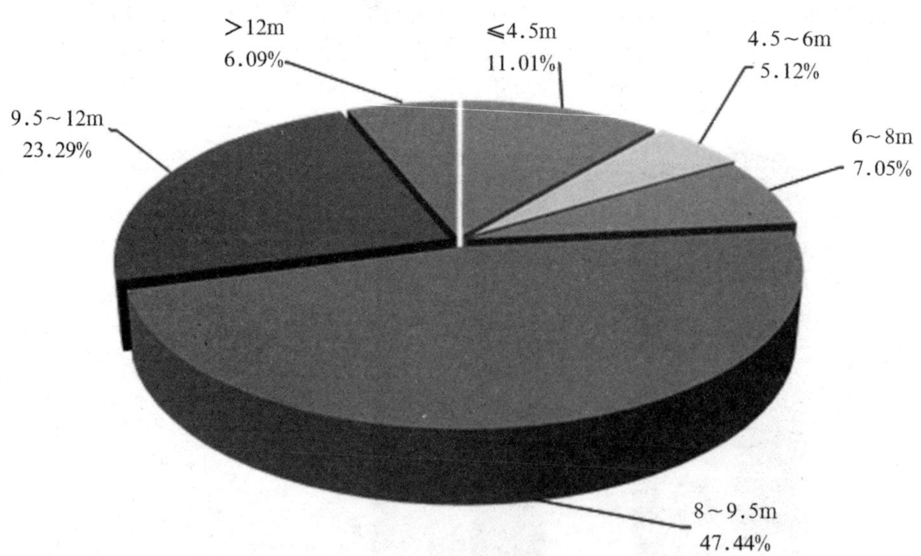

图 8　2016 年我国沥青混凝土摊铺机行业产品销量构成

2016 年我国沥青混凝土摊铺机行业销售的产品与上年相比：轮胎式沥青混凝土摊铺机销量大幅增长，增长 350%，表明二级以下公路工程和道路养护工程增加。履带式沥青混凝土摊铺机销量稍有下降。机械式沥青混凝土摊铺机销量则大幅下降 70% 左右。按摊铺宽度划分，各类沥青混凝土摊铺机产品销量都有不同程度增长，增长幅度为 0.21% ～ 45.64%。其中≤ 4.5m 沥青混凝土摊铺机销量增长最多，说明公路养护和小型路面工程增多。> 12m 沥青混凝土摊铺机销量增长居第二位，8 ～ 9.5m 沥青混凝土摊铺机销量增长最少。各类沥青混凝土摊铺机产品销量所占比例与上年相比也有变化：8 ～ 9.5m 和 6 ～ 8m 沥青混凝土摊铺机销量占比下降 0.05 ～ 4.28 个百分点，其余沥青混凝土摊铺机销量占比增长 0.34 ～ 2.75 个百分点。2015—2016 年我国沥青混凝土摊铺机行业产品销量构成见表 13。

表 13　2015—2016 年我国沥青混凝土摊铺机行业产品销量构成

产品类别		2016 年		2015 年		同比增长（%）
		销量（台）	占比（%）	销量（台）	占比（%）	
按摊铺宽度	≤ 4.5m	217	11.01	149	8.26	45.64
	4.5 ～ 6m	101	5.12	86	4.77	17.44
	6 ～ 8m	139	7.05	128	7.10	8.59
	8 ～ 9.5m	935	47.44	933	51.72	0.21
	9.5 ～ 12m	459	23.29	414	22.95	10.87
	＞ 12m	120	6.09	94	5.21	27.66
按行走方式	轮胎式	225	11.42	50	2.77	350.00
	履带式	1 746	88.58	1 754	97.23	-0.46
按驱动形式	机械式	45	2.28	148	8.20	-69.59
	液压式	1 926	97.72	1 656	91.80	16.30

4. 我国沥青混凝土摊铺机行业主要生产企业销售情况

（1）我国沥青混凝土摊铺机行业主要生产企业市场占有率。2016 年，销售沥青混凝土摊铺机 100 台以上的生产企业有 6 家：徐工集团道路机械事业部、维特根（中国）机械有限公司、湖南三一路面机械有限公司、沃尔沃建筑设备投资（中国）有限公司、戴纳派克（中国）压实摊铺设备有限公司和陕西建设机械股份有限公司，比上年增加 2 家。与上年相比，我国绝大多数沥青混凝土摊铺机生产企业市场占有率下降，外资企业市场占有率普遍增长。2016 年我国沥青混凝土摊铺机行业主要生产企业市场占有率见图 9。

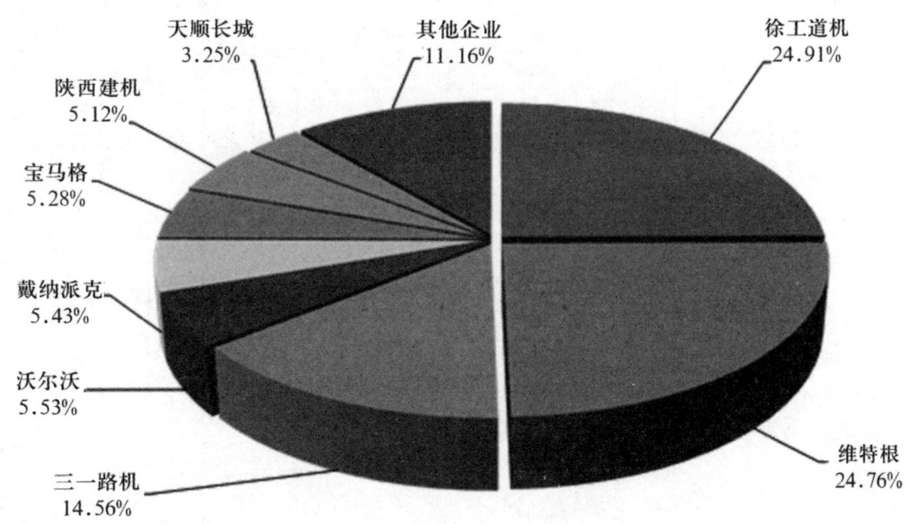

图 9　2016 年我国沥青混凝土摊铺机行业主要生产企业市场占有率

（2）我国沥青混凝土摊铺机行业主要生产企业销售情况。2016 年，沥青混凝土摊铺机市场需求有所增长，我国沥青混凝土摊铺机行业约 59% 的生产企业销量同比增长 3.23% ～ 100.00%。约 41% 的生产企业销量同比下降 14.29% ～ 58.82%。比较明显的是，国外知名企业沥青混凝土摊铺机销量普遍实现较大增长。2015—2016 年我国沥青混凝土摊铺机行业主要生产企业销售情况见表 14。

表14　2015—2016年我国沥青混凝土摊铺机行业主要生产企业销售情况

序号	企业名称	2016年		2015年		同比增长（%）
		销量（台）	市场占有率（%）	销量（台）	市场占有率（%）	
1	徐工集团道路机械事业部	491	24.91	377	20.90	30.24
2	江苏华通动力重工有限公司	54	2.74	107	5.93	-49.53
3	鼎盛重工机械有限公司	7	0.36	17	0.94	-58.82
4	湖南三一路面机械有限公司	287	14.56	350	19.40	-18.00
5	中联重科路面机械分公司	53	2.69	107	5.93	-50.47
6	中交西安筑路机械有限公司	37	1.88	26	1.44	42.31
7	成都市新筑路桥机械股份有限公司	18	0.91	37	2.05	-51.35
8	柳工无锡路面机械有限公司	12	0.61	21	1.16	-14.29
9	沃尔沃建筑设备投资（中国）有限公司	109	5.53	72	3.99	51.39
10	维特根（中国）机械有限公司	488	24.76	368	20.40	32.61
11	戴纳派克（中国）压实摊铺设备有限公司	107	5.43	87	4.82	22.99
12	住重中骏（厦门）建机有限公司	18	0.91	9	0.50	100.00
13	卡特彼勒（中国）投资有限公司	21	1.07	9	0.50	75.00
14	陕西建设机械股份有限公司	101	5.12	94	5.21	7.45
15	北京天顺长城液压科技有限公司	64	3.25	62	3.44	3.23
16	宝马格（中国）工程机械有限公司	104	5.28	59	3.27	76.27
17	山推道路机械有限公司			2	0.11	

（3）我国沥青混凝土摊铺机行业主要生产企业产品按品种销售情况。2016年我国沥青混凝土摊铺机行业主要生产企业产品按品种销售情况见表15。

表15　2016年我国沥青混凝土摊铺机行业主要生产企业产品按品种销售情况　（单位：台）

序号	企业名称	机械式							液压式										
		≤4.5m		4.5～6m		6～8m		8.5m以上	≤4.5m		4.5～6m		6～8m		8～9.5m		9.5～12m	12m以上
		轮胎式	履带式	轮胎式	履带式	轮胎式	履带式	履带式	轮胎式	履带式	轮胎式	履带式	轮胎式	履带式	轮胎式	履带式	履带式	履带式
1	徐工集团道路机械事业部	3							106	8	31	16		32		207	81	7
2	江苏华通动力重工有限公司	19	2	3	5		6				1	1		1		13	2	1
3	鼎盛重工机械有限公司											1		1		3	2	
4	湖南三一路面机械有限公司				3				2	6		4	1			183	88	
5	中联重科路面机械分公司													4		33	10	6
6	中交西安筑路机械有限公司										9	6		6		16		
7	成都市新筑路桥机械股份有限公司						3							1		13	1	
8	柳工无锡路面机械有限公司															12		
9	沃尔沃建筑设备投资（中国）有限公司								1		1	2		6		79	14	6
10	维特根（中国）机械有限公司								28	27	1	2	10	34		255	58	73
11	戴纳派克（中国）压实摊铺设备有限公司			1						6	1			2		21	73	3
12	住重中骏（厦门）建机有限公司										2			6		10		
13	卡特彼勒（中国）投资有限公司								1				1	17		2		
14	陕西建设机械股份有限公司													1		40	60	
15	北京天顺长城液压科技有限公司										1	2				6	31	24
16	宝马格（中国）工程机械有限公司								1	7	1	7		7		42	39	

三、国内销售情况

1. 我国沥青混凝土摊铺机行业国内销售情况

据中国工程机械工业协会路面与压实机械分会统计，2016 年，我国沥青混凝土摊铺机行业国内销售沥青混凝土摊铺机 1 877 台，内销依从度同比下降 2 个百分点。2015—2016 年我国沥青混凝土摊铺机行业国内销售情况见表 16。

表 16　2015—2016 年我国沥青混凝土摊铺机行业国内销售情况

2016 年		2015 年		同比增长（%）
销量（台）	占比（%）	销量（台）	占比（%）	
1 877	95.23	1 754	97.23	7.01

2. 我国沥青混凝土摊铺机行业国内部分区域销售情况

2016 年，我国沥青混凝土摊铺机行业国内部分区域销量排序与上年相比有所变化：中区和华南区仍分别保持第一位和第二位，北区由第六位上升为第三位，西南区由第三位降至第四位，东区由第四位降至第六位，西区和东北区仍分别保持第五位和第七位。2016 年我国沥青混凝土摊铺机行业国内部分区域销量和出口量比例见图 10。

2016 年，我国沥青混凝土摊铺机行业国内部分区域销售中，华南区和东区销量同比下降，降幅为 6.45% ～ 7.34%。其他区域销量都有不同程度的增长，增幅为 0.97% ～ 23.50%。2015—2016 年我国沥青混凝土摊铺机行业国内部分区域销售情况见表 17。

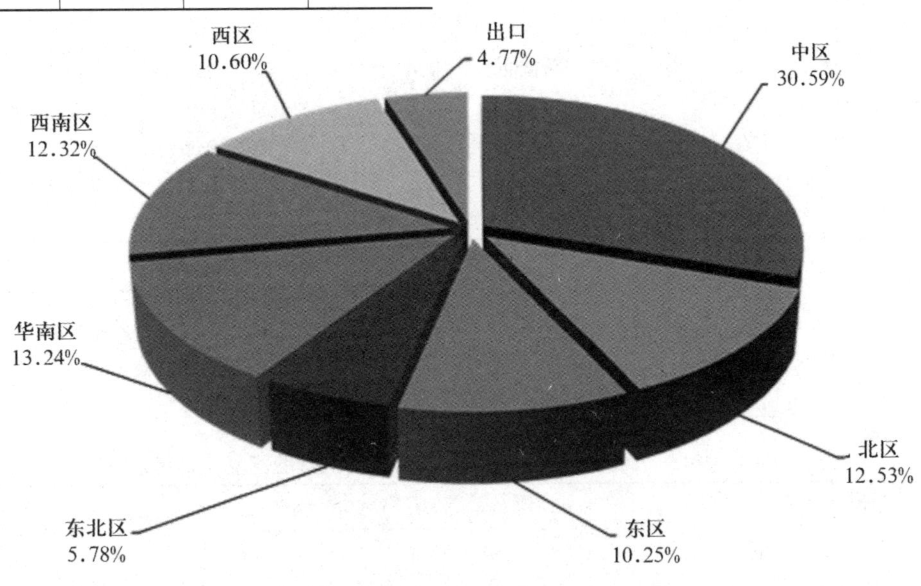

图 10　2016 年我国沥青混凝土摊铺机行业国内部分区域销量和出口量比例

表 17　2015—2016 年我国沥青混凝土摊铺机行业国内部分区域销售情况

区域	2016 年		2015 年		同比增长（%）
	销量（台）	市场占有率（%）	销量（台）	市场占有率（%）	
中区（江苏、安徽、山东、河南）	603	30.59	510	28.27	18.24
北区（北京、天津、河北、山西、内蒙古）	247	12.53	200	11.09	23.50
东区（浙江、江西、福建、上海）	202	10.25	218	12.08	-7.34
东北区（黑龙江、吉林、辽宁）	114	5.78	103	5.71	10.68
华南区（广西、广东、湖北、湖南、海南）	261	13.24	279	15.47	-6.45
西南区（四川、重庆、云南、贵州）	241	12.23	237	13.14	1.69
西区（西藏、新疆、甘肃、青海、宁夏、陕西）	209	10.60	207	11.47	0.97

3. 我国沥青混凝土摊铺机行业国内部分省份销售情况

2016 年，我国沥青混凝土摊铺机行业在国内部分省、自治区和直辖市的销售中，约 58% 的省份销量同比增长，增幅 3.13% ～ 117.65%。约 42% 的省份销量同比下降，降幅 3.85% ～ 50%。江苏省沥青混凝土摊铺机销量最多，共销售 221 台。销售沥青混凝土摊铺机 102 ～ 177 台的有山东、河南、浙江和广东，销售沥青混凝土摊铺机 50 ～ 92 台的有湖南、北京、安徽、四川、云南、陕西、湖北、新疆、甘肃和辽宁。2015—2016 年我国沥青混凝土摊铺机行业国内部分省份销售情况见表 18。

表18　2015—2016年我国沥青混凝土摊铺机行业国内部分省份销售情况

省份	2016年		2015年		同比增长（%）	省份	2016年		2015年		同比增长（%）
	销量（台）	市场占有率（%）	销量（台）	市场占有率（%）			销量（台）	市场占有率（%）	销量（台）	市场占有率（%）	
江苏	221	11.21	194	10.75	13.92	广西	31	1.57	35	1.94	-11.43
安徽	85	4.31	69	3.82	23.19	广东	78	3.96	102	5.65	-23.53
山东	177	8.98	136	7.54	30.15	湖北	53	2.69	64	3.55	-17.19
河南	120	6.09	111	6.15	8.11	湖南	92	4.67	74	4.10	24.32
北京	88	4.46	77	4.27	14.29	海南	7	0.36	4	0.22	75.00
天津	22	1.12	24	1.33	-8.33	四川	83	4.21	93	5.16	-10.75
河北	79	4.01	47	2.61	68.09	重庆	31	1.57	29	1.61	6.90
山西	33	1.67	32	1.77	3.13	云南	83	4.21	62	3.44	33.87
内蒙古	25	1.27	20	1.11	25.00	贵州	44	2.23	53	2.94	-16.98
浙江	117	5.94	87	4.82	34.48	西藏	3	0.15	2	0.11	50.00
江西	38	1.93	40	2.22	-5.00	新疆	64	3.25	45	2.49	42.22
福建	25	1.27	50	2.77	-50.00	甘肃	53	2.69	44	2.44	20.45
上海	22	1.12	41	2.27	-46.34	青海	13	0.66	11	0.61	18.18
黑龙江	37	1.88	17	0.94	117.65	宁夏	11	0.56	16	0.89	-31.25
吉林	27	1.37	34	1.88	-20.59	陕西	65	3.30	89	4.93	-26.97
辽宁	50	2.54	52	2.88	-3.85						

四、出口情况

1. 我国沥青混凝土摊铺机行业产品出口情况

2016年，我国沥青混凝土摊铺机行业产品出口量比上年大幅增长。据中国工程机械工业协会路面与压实机械分会统计，2016年，我国沥青混凝土摊铺机行业出口沥青混凝土摊铺机94台，对外依从度同比增长2个百分点。2015—2016年我国沥青混凝土摊铺机行业产品出口情况见表19。

表19　2015—2016年我国沥青混凝土摊铺机行业产品出口情况

2016年		2015年		同比增长（%）
出口量（台）	占比（%）	出口量（台）	占比（%）	
94	4.77	50	2.77	88.00

2. 我国沥青混凝土摊铺机行业产品出口量构成

2016年，我国沥青混凝土摊铺机行业产品出口量最大的是≤4.5m沥青混凝土摊铺机，出口量接近沥青混凝土摊铺机出口总量的46%。出口量列第二位的是8～9.5m沥青混凝土摊铺机。与上年相比，8～9.5m沥青混凝土摊铺机出口量有较大下降，6～8m沥青混凝土摊铺机出口量持平，其他沥青混凝土摊铺机出口量均有较大增长，其中≤4.5m沥青混凝土摊铺机出口量猛增13倍多。2015—2016年我国沥青混凝土摊铺机行业产品出口量构成见表20。

表20　2015—2016年我国沥青混凝土摊铺机行业产品出口量构成

产品	2016年		2015年		同比增长（%）
	出口量（台）	占比（%）	出口量（台）	占比（%）	
≤4.5m	43	45.74	3	6.00	1 333.33
4.5～6m	9	9.57	7	14.00	28.57
6～8m	8	8.51	8	16.00	0
8～9.5m	18	19.15	21	42.00	-14.29
9.5～12m	12	12.77	8	16.00	50.00
＞12m	4	4.26	3	6.00	33.33

3. 我国沥青混凝土摊铺机行业主要生产企业产品出口情况

2016 年，我国沥青混凝土摊铺机行业主要生产企业产品出口量普遍大幅增长，但出口企业数量比上年减少 3 家。据中国工程机械工业协会路面与压实机械分会统计，2015—2016 年我国沥青混凝土摊铺机行业主要生产企业产品出口情况见表 21。

表 21　2015—2016 年我国沥青混凝土摊铺机行业主要生产企业产品出口情况

序号	企业名称	2016 年		2015 年		同比增长（%）
		出口量（台）	占比（%）	出口量（台）	占比（%）	
1	徐工集团道路机械事业部	49	52.13	11	22.00	345.45
2	江苏华通动力重工有限公司	8	8.51	8	16.00	
3	湖南三一路面机械有限公司	1	1.06			
4	中联重科路面机械分公司	16	17.02	11	22.00	45.45
5	中交西安筑路机械有限公司			5	10.00	
6	成都市新筑路桥机械股份有限公司	1	1.06			
7	柳工无锡路面机械有限公司	2	2.13	1	2.00	100.00
8	维特根（中国）机械有限公司	2	2.13			
9	戴纳派克（中国）压实摊铺设备有限公司	15	15.96	10	20.00	50.00
10	卡特彼勒（中国）投资有限公司			1	2.00	
11	北京天顺长城液压科技有限公司			3	6.00	

五、获奖产品

2016 年沥青混凝土摊铺机获奖产品见表 22。

表 22　2016 年沥青混凝土摊铺机获奖产品

企业名称	产品名称	奖励项目名称	获奖时间
中联重科路面机械分公司	ZPS3880RE 型摊铺机	中国工程机械年度产品 TOP50（2017）市场表现金奖	2017 年 3 月
徐工集团道路机械事业部	RP953T 型摊铺机	中国工程机械年度产品 TOP50（2017）	
北京天顺长城液压科技有限公司	SP160-2B 型摊铺机		
戴纳派克（中国）压实摊铺设备有限公司	SD2530CS 型摊铺机		
宝马格（中国）工程机械有限公司	BF800C 型沥青混凝土摊铺机		
陕西建设机械股份有限公司	SUM820BYE 型摊铺机		

路面铣刨机

一、生产发展情况

我国路面铣刨机分为轮胎式路面铣刨机和履带式路面铣刨机两大类产品。当前我国路面铣刨机行业主要生产企业有 10 多家，生产 40 多种规格、型号的轮胎式和履带式自行式路面铣刨机产品。路面铣刨机产品分类及 2016 年我国路面铣刨机行业主要生产企业产品销售情况见表 23。

表 23　路面铣刨机产品分类及 2016 年我国路面铣刨机行业主要生产企业产品销售情况

序号	企业名称	铣刨宽度（B）（mm）								
		轮式				履带式				
		500 以下	500 ≤ B ＜ 1 000	1 000 ≤ B ＜ 1 100	1 200 ≤ B ＜ 1 500	1 000 ≤ B ＜ 1 100	1 100 ≤ B ＜ 1 500	1 500 ≤ B ＜ 2 000	2 000 ≤ B ≤ 2 100	2 100 以上
1	徐工集团道路机械事业部	●	●	●	●				●	
2	江苏华通动力重工有限公司	●	●	●					●	
3	湖南三一路面机械有限公司			●					●	●
4	中联重科路面机械分公司								●	
5	柳工无锡路面机械有限公司			●						
6	陕西建设机械股份有限公司								●	
7	卡特彼勒路面机械有限公司			●					●	●
8	戴纳派克（中国）压实摊铺设备有限公司	●							●	
9	宝马格（中国）工程机械有限公司		●						●	
10	维特根（中国）机械有限公司	●	●	●	●	●	●		●	

注：标●的产品为我国路面铣刨机行业主要生产企业 2016 年销售的路面铣刨机产品。

二、总体销售情况

1. 我国路面铣刨机行业总体销售情况

2016 年，我国路面铣刨机市场比上年增长很小。据中国工程机械工业协会路面与压实机械分会统计，我国路面铣刨机行业全年销售路面铣刨机 605 台，比上年增长 1.85%。其中：国内销售 587 台，与上年持平；出口 18 台，同比增长 157.14%。2015—2016 我国路面铣刨机行业总体销售情况见图 11。

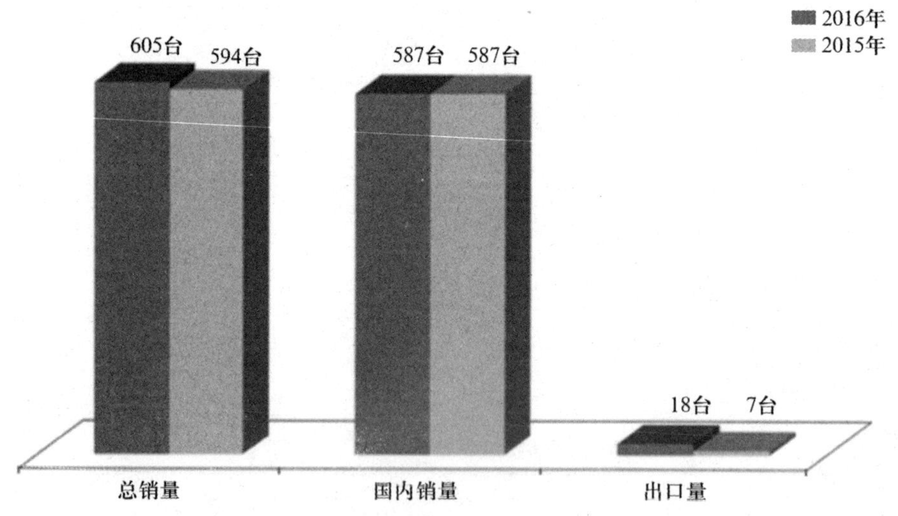

图 11　2015—2016 我国路面铣刨机行业总体销售情况

2. 我国路面铣刨机行业月度销售情况

2016 年，我国路面铣刨机市场开局比较有利，1 月销量同比持平，2 月、3 月销量同比大幅上扬，增长 33.33% ～ 40.85%。但 4 月、5 月销量同比急剧大幅下滑 15.05% ～ 35.56%。6 月、7 月又出现较大波动，8 月份以后市场才比较稳定，保持了一定增长。因而形成了 2016 年我国路面铣刨机行业销量同比微量增长的局面。2015—2016 年我国路面铣刨机行业月度销量走势见图 12。

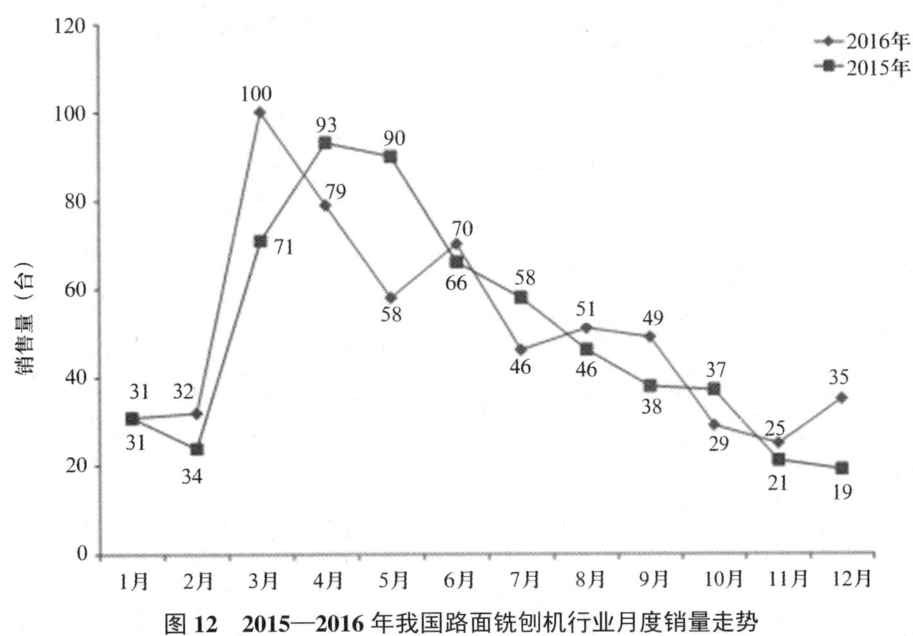

图 12　2015—2016 年我国路面铣刨机行业月度销量走势

3. 我国路面铣刨机行业产品销量构成

2016 年，我国路面铣刨机行业销售的产品中，轮式路面铣刨机销量占比增加约 10 个百分点，履带式路面铣刨机销量占比相应下降约 10 个百分点，表明大型路面养护工程减少。从路面铣刨机产品品种看，1 000mm ≤ B < 1 100mm 和 2 000mm ≤ B ≤ 2 100mm 路面铣刨机销量约占路面铣刨机总销量的 66%，仍然是我国路面铣刨机市场的两种主导产品，500mm ≤ B < 1 000mm 路面铣刨机销量居第三位，其他路面铣刨机销量都比较少。2016 年我国路面铣刨机行业产品销量构成见图 13。

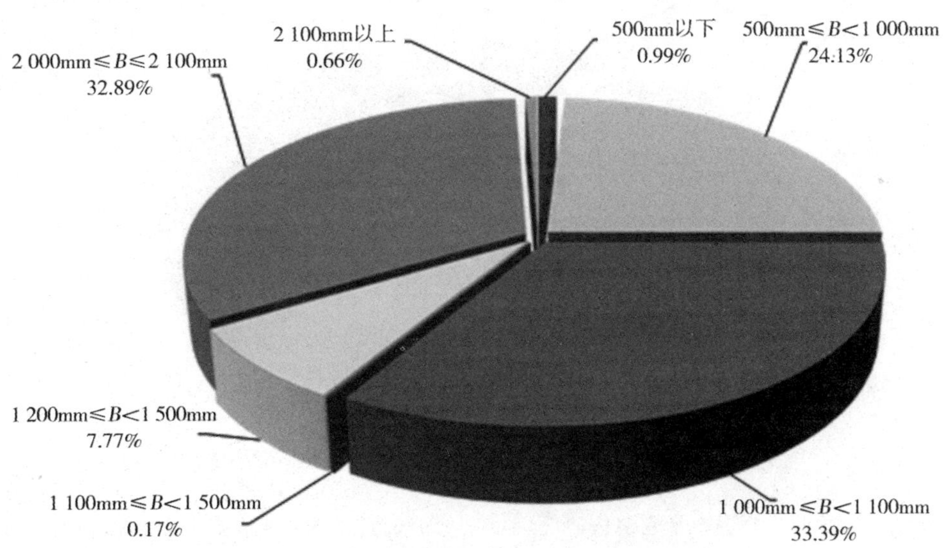

图 13　2016 年我国路面铣刨机行业产品销量构成

2016 年我国路面铣刨机行业销售的路面铣刨机各类产品与上年相比：500mm ≤ B < 1 000mm、1 200mm ≤ B < 1 500mm 和 1 000mm ≤ B < 1 100mm 路面铣刨机销量增长 8.60% ～ 33.94%，占比增长 1.71 ～ 5.78 个百分点。1 500mm ≤ B < 2 000mm 路面铣刨机没有销售，其余路面铣刨机销量下降 11.95% ～ 100.00%，占比下降 0.17 ～ 5.16 个百分点。2015—2016 年我国路面铣刨机行业产品销量构成见表 24。

表 24 2015—2016 年我国路面铣刨机行业产品销量构成

产品		2016 年		2015 年		同比增长（%）
		销量（台）	占比（%）	销量（台）	占比（%）	
按铣刨宽度	500mm 以下	6	0.99	7	1.18	-14.29
	500mm ≤ *B* < 1 000mm	146	24.13	109	18.35	33.94
	1 000mm ≤ *B* < 1 100mm	202	33.39	186	31.31	8.60
	1 100mm ≤ *B* < 1 500mm	1	0.17	2	0.34	-100.00
	1 200mm ≤ *B* < 1 500mm	47	7.77	36	6.06	30.56
	1 500mm ≤ *B* < 2 000mm			3	0.51	
	2 000mm ≤ *B* ≤ 2 100mm	199	32.89	226	38.05	-11.95
	2 100mm 以上	4	0.66	25	4.21	-84.00
按行走方式	轮式	400	66.12	331	55.72	10.40
	履带式	205	33.88	263	44.28	-10.40

4. 我国路面铣刨机行业主要生产企业销售情况

（1）我国路面铣刨机行业主要生产企业市场占有率。2016 年，我国路面铣刨机行业市场集中度进一步增加，维特根（中国）机械有限公司和徐工集团道路机械事业部占有超过 86% 的市场份额，这两家企业的市场占有率比上年都有所增长。其他生产企业市场只占不到 14% 的市场份额，绝大多数生产企业市场占有率比上年有所下降。2016 年我国路面铣刨机行业主要生产企业市场占有率见图 14。

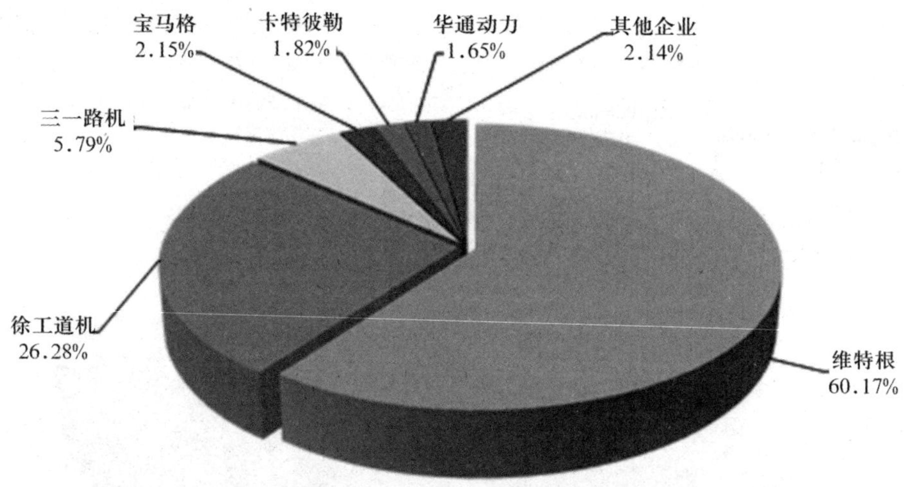

图 14 2016 年我国路面铣刨机行业主要生产企业市场占有率

（2）我国路面铣刨机行业主要生产企业销售情况。2016 年，我国路面铣刨机行业主要生产企业中，徐工集团道路机械事业部和维特根（中国）机械有限公司路面铣刨机销量同比增长 4.00% ～ 28.23%，其他生产企业路面铣刨机销量同比下降 18.60% ～ 60.00%。2015—2016 年我国路面铣刨机行业主要生产企业销售情况见表 25。

表 25 2015—2016 年我国路面铣刨机行业主要生产企业销售情况

序号	企业名称	2016 年		2015 年		同比增长（%）
		销量（台）	市场占有率（%）	销量（台）	市场占有率（%）	
1	徐工集团道路机械事业部	159	26.28	124	20.88	28.23
2	江苏华通动力重工有限公司	10	1.65	20	3.37	-50.00
3	湖南三一路面机械有限公司	35	5.79	43	7.24	-18.60

（续）

序号	企业名称	2016 年		2015 年		同比增长（%）
		销量（台）	市场占有率（%）	销量（台）	市场占有率（%）	
4	中联重科路面机械分公司	4	0.66	4	0.67	0
5	柳工无锡路面机械有限公司	4	0.66	10	1.68	-60.00
6	陕西建设机械股份有限公司	3	0.50	4	0.67	-25.00
7	卡特彼勒路面机械有限公司	11	1.82	20	3.37	-45.00
8	戴纳派克（中国）压实摊铺设备有限公司	2	0.33			
9	宝马格（中国）工程机械有限公司	13	2.15	19	3.20	-31.58
10	维特根（中国）机械有限公司	364	60.17	350	58.92	4.00

（3）我国路面铣刨机行业主要生产企业产品按品种销售情况。2016 年我国路面铣刨机行业主要生产企业产品按品种销售情况见表 26。

表 26　2016 年我国路面铣刨机行业主要生产企业产品按品种销售情况

序号	企业名称	铣刨宽度（*B*）mm								
		轮式				履带式				
		500 以下	500 ≤ *B* < 1 000	1 000 ≤ *B* < 1 100	1 200 ≤ *B* < 1 500	1 000 ≤ *B* < 1 100	1 100 ≤ *B* < 1 500	1 500 ≤ *B* < 2 000	2 000 ≤ *B* ≤ 2 100	2 100 以上
1	徐工集团道路机械事业部	2	55	64	19				19	
2	江苏华通动力重工有限公司	1	3	5					1	
3	湖南三一路面机械有限公司			14					18	3
4	中联重科路面机械分公司								4	
5	柳工无锡路面机械有限公司			4						
6	陕西建设机械股份有限公司								3	
7	卡特彼勒路面机械有限公司			2					8	1
8	戴纳派克（中国）压实摊铺设备有限公司	1							1	
9	宝马格（中国）工程机械有限公司		1						12	
10	维特根（中国）机械有限公司	2	87	112	28	1	1		133	

三、国内销售情况

1. 我国路面铣刨机行业国内销售情况

据中国工程机械工业协会路面与压实机械分会统计，2016 年，我国路面铣刨机行业国内销售路面铣刨机 587 台，内销依从度同比下降 1.8 个百分点。2015—2016 年我国路面铣刨机行业国内销售情况见表 27。

表 27　2015—2016 年我国路面铣刨机行业国内销售情况

2016 年		2015 年		同比增长（%）
数量（台）	占比（%）	数量（台）	占比（%）	
587	97.02	587	98.82	0

2. 我国路面铣刨机行业国内部分区域销售情况

2016 年，我国路面铣刨机行业国内部分区域销量排序与上年相比有较大变化：中区和东北区仍然分别为第一位和第七位，东区由第三位上升为第二位，华南区由第四位上升为第三位，西区由第六位上升为第四位，北区由第二位降为第五位，西南区由第五位降为第六位。2016 年我国路面铣刨机行业国内部分区域销量和出口量比例见图 15。

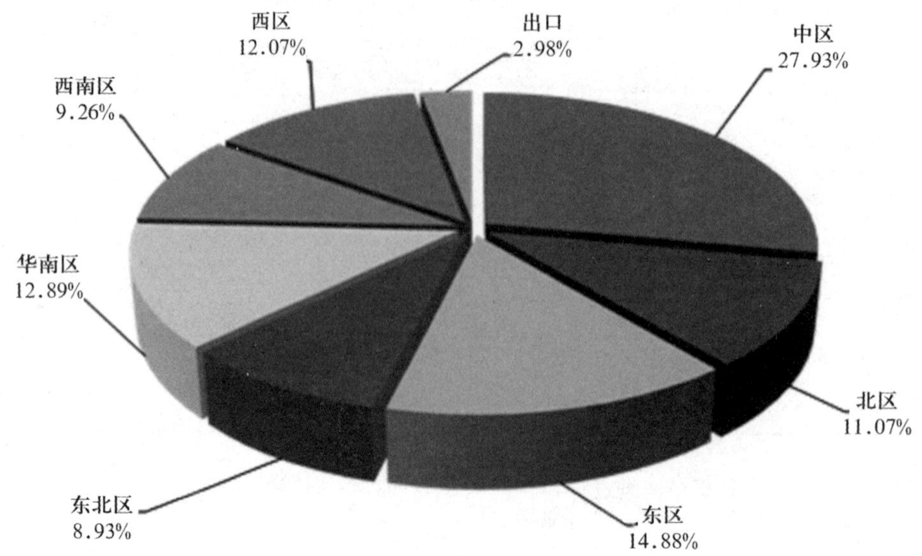

图 15 2016 年我国路面铣刨机行业国内部分区域销量和出口量比例

2016 年，我国路面铣刨机行业国内部分区域的销售中，西区、东北区、华南区和东区路面铣刨机销量同比均有增长，增长幅度为 16.88% ～ 65.91%。其他区域路面铣刨机销量同比下降，降幅为 3.45% ～ 44.63%。2015—2016 年我国路面铣刨机行业国内部分区域销售情况见表 28。

表 28 2015—2016 年我国路面铣刨机行业国内部分区域销售情况

区域	2016 年		2015 年		同比增长（%）
	销量（台）	市场占有率（%）	销量（台）	市场占有率（%）	
中区（江苏、安徽、山东、河南）	169	27.93	186	31.31	-9.14
北区（北京、天津、河北、山西、内蒙古）	67	11.07	121	20.37	-44.63
东区（浙江、江西、福建、上海）	90	14.88	77	12.96	16.88
东北区（黑龙江、吉林、辽宁）	54	8.93	38	6.40	42.11
华南区（广西、广东、湖北、湖南、海南）	78	12.89	63	10.61	23.81
西南区（四川、重庆、云南、贵州）	56	9.26	58	9.76	-3.45
西区（西藏、新疆、甘肃、青海、宁夏、陕西）	73	12.07	44	7.41	65.91

3. 我国路面铣刨机行业国内部分省份销售情况

2016 年，我国路面铣刨机行业国内部分省、自治区和直辖市的销售中，约 51% 的省份销量同比增长，增幅为 5.00% ～ 466.67%。约 45% 的省份销量同比下降，降幅为 2.70% ～ 68.89%。江苏和浙江两省路面铣刨机销量最高，均销售 61 台。山东销量居第二位，销售 50 台。销售路面铣刨机 33 ～ 36 台的有河南、辽宁和广东，销售路面铣刨机 21 ～ 28 台的有甘肃、陕西、河北、安徽和湖北。2015—2016 年我国路面铣刨机行业国内部分省份销售情况见表 29。

表 29　2015—2016 年我国路面铣刨机行业国内部分省份销售情况

省份	2016 年		2015 年		同比增长（%）	省份	2016 年		2015 年		同比增长（%）
	销量（台）	市场占有率（%）	销量（台）	市场占有率（%）			销量（台）	市场占有率（%）	销量（台）	市场占有率（%）	
江苏	61	10.08	76	12.95	-19.74	广西	7	1.16	6	1.02	16.67
安徽	22	3.64	13	2.21	69.23	广东	33	5.45	19	3.24	73.68
山东	50	8.26	60	10.22	-16.67	湖北	21	3.47	20	3.41	5.00
河南	36	5.95	37	6.30	-2.70	湖南	14	2.31	18	3.07	-22.22
北京	14	2.31	45	7.67	-68.89	海南	3	0.50			
天津	10	1.65	20	3.41	-50.00	四川	16	2.64	16	2.73	0
河北	24	3.97	33	5.62	-27.27	重庆	6	0.99	14	2.39	-57.14
山西	14	2.31	13	2.21	7.69	云南	17	2.81	25	4.26	-32.00
内蒙古	5	0.83	10	1.70	-50.00	贵州	17	2.81	3	0.51	466.67
浙江	61	10.08	41	6.98	48.78	西藏			1	0.17	
江西	11	1.82	17	2.90	-35.29	新疆	14	2.31	8	1.36	75.00
福建	3	0.50	8	1.36	-62.50	甘肃	28	4.63	5	0.85	460.00
上海	15	2.48	11	1.87	36.36	青海	3	0.50	1	0.17	200.00
黑龙江	8	1.32	5	0.85	60.00	宁夏	3	0.50	2	0.34	50.00
吉林	12	1.98	5	0.85	140.00	陕西	25	4.13	27	4.60	-7.41
辽宁	34	5.62	28	4.77	21.43						

四、出口情况

1. 我国路面铣刨机行业产品出口情况

2016 年，我国路面铣刨机行业出口路面铣刨机 18 台，对外依从度比上年增长 1.8 个百分点。2015—2016 年我国路面铣刨机行业产品出口情况见表 30。

表 30　2015—2016 年我国路面铣刨机行业产品出口情况

2016 年		2015 年		同比增长（%）
数量（台）	占比（%）	数量（台）	占比（%）	
18	2.98	7	1.18	157.14

2. 我国路面铣刨机行业产品出口量构成

当前我国路面铣刨机出口产品主要是小型路面铣刨机。因为2015年我国路面铣刨机行业各种产品出口量很少，2016 年路面铣刨机行业各种产品出口量与上年相比增长幅度都比较大。2015—2016 年我国路面铣刨机行业产品出口量构成见表 31。

表 31　2015—2016 年我国路面铣刨机行业产品出口量构成

产品	2016 年		2015 年		同比增长（%）
	销量（台）	占比（%）	销量（台）	占比（%）	
500mm ≤ B < 1 000mm	8	44.44	1	14.29	700
1 000mm ≤ B < 1 100mm	6	33.33	3	42.86	100
1 200mm ≤ B < 1 500mm	1	5.56			
2 000mm ≤ B ≤ 2 100mm	3	16.67	3	42.86	0

3. 我国路面铣刨机行业主要生产企业产品出口情况

据中国工程机械工业协会路面与压实机械分会统计，2015—2016 年我国路面铣刨机行业主要生产企业产品出口情况见表 32。

表 32 2015—2016 年我国路面铣刨机行业主要生产企业产品出口情况

序号	企业名称	2016 年		2015 年		同比增长（%）
		出口量（台）	占比（%）	出口量（台）	占比（%）	
1	徐工集团道路机械事业部	10	55.56	3	42.86	233
2	江苏华通动力重工有限公司	1	5.56	1	14.29	0
3	湖南三一路面机械有限公司	1	5.56	2	28.57	-100
4	维特根（中国）机械有限公司	6	33.33	1	14.29	500

其他路面机械

2016 年，有部分其他路面机械生产企业获得工程机械行业年度产品奖。2016 年其他路面机械获奖产品见表 33。

表 33 2016 年其他路面机械获奖产品

企业名称	产品名称	奖励项目名称	获奖时间
福建铁拓机械有限公司	TSE 环保型沥青厂拌热再生成套设备	中国工程机械年度产品 TOP50（2017）	2017 年 3 月
浙江美通筑路机械股份有限公司	DLB3000 型沥青混凝土搅拌站		
福建南方路面机械有限公司	GLBR 系列高比例热再生沥青拌合楼		
山推工程机械股份有限公司	JLB3000 高原型沥青搅拌站		
徐州徐工筑路机械有限公司	XC800S 型稳定土厂拌设备		

2016 年行业记事

2016 年 3 月 25 日，陕西建设（集团）有限责任公司（以下简称陕建机），在西安举办“新工业园落成暨 2016 年产品展示会”。陕建机工业园的落成投产，是在上级单位陕煤化和西安重装集团的大力支持下，陕建人在行业连续下滑的严峻形势下，积极作为、坚持创新和努力拼搏的结晶。建成后的新型工业园区，将着力打造中国西部最大的建设机械装备生产制造基地，将为陕西省工业经济的振兴和陕煤化集团实现跨越式发展注入新的活力。

2016 年 3 月 1 日，国机重工（洛阳）有限公司在河南洛阳举行“搬迁入园新起点，二次创业新征程”誓师大会暨产业园首批压路机下线仪式。产业园首批及公司累计第 50 000 台压路机顺利下线并交付到经销商手中，来自全国的供应商、经销商、客户、媒体代表及公司领导和职工代表共 500 余人参加了大会。国机重工（洛阳）产业园项目于 2010 年 11 月开工建设。当期工程竣工建成了办公楼、路面机械事业部、推土机事业部、备料事业部、调试精整间、公用站房及附属设施等。各生产、检测工序工艺装备精良，自动化程度高，为公司进一步扩大整车生产规模、增强核心竞争力、确立竞争优势、实现公司快速发展奠定了坚实基础。此次大会的成功举行，标志着拥有 112 年发展历史的国机洛建顺利完成搬迁入驻，也标志着国机重工（洛阳）有限公司新产业园正式投产运行和二次创业新征程的开启。

2016 年 5 月 11—12 日，中国工程机械工业协会路面与压实机械分会在江苏省徐州市组织召开《垂直振动压路机》协会标准审查会，会议由徐工集团道路机械事业部协办。《垂直振动压路机》标准审查专家组对该标准进行了认真审查，并将审查后形成的标准报批稿上报中国工程机械工业协会。

2016 年 8 月 1 日，中国工程机械工业协会发布协会标准公告（第 20 号），批准、发布 T/CCMA 0046—2016《垂直振动压路机》协会标准，该标准于 2016 年 8 月 1 日开始实施。

2016 年 10 月 16 日—17 日，2016 年路面与压实机械行业年会在河北省廊坊市隆重召开。本次年会由中国工程机械工业协会路面与压实机械分会主办，维特根（中国）机械有限公司协办。来自全国各地的路面与压实机械分会的会员代表、路面与压实机械生产企业和配套企业、相关科研院所及行业媒体共 50 余家单位的 90 余名代表参加了此次会议。中国工程机械工业协会副会长兼秘书长苏子孟在会上作了“工程机械行业面临形势与主要任务”的报告，对我国工程机械行业形势进行了分析与发展展望。会议以“创新驱动，提质增效，持续发展”为主题，就当前的行业形势、存在的主要问题，以及新形势下路面与压实机械行业如何发展，进行了广泛深入的交流讨论。

2016 年 10 月 17 日，中国工程机械工业协会路面与压实机械分会第四届理事会进行了换届选举。会议审议和通过了分会秘书长吴竟吾的第四届理事会工作总结报告，经全体会员代表进行无记名投票，选举中联重科股份有限公司刘权为分会会长；选举长沙建设机械研究院孟凯为第五届理事会秘书长，选举徐工集团道路机械事业部、国机重工（洛阳）机器有限公司、厦工（三明）重型机器有限公司、柳工无锡路面机械有限公司、山推工程机械股份有限公司、长安大学公路养护装备国家重点工程实验室、中交西安筑路机械有限公司、江苏华通动力重工有限公司、江苏骏马压路机械有限公司、青岛科泰重工机械有限公司、维特根（中国）机械有限公司、沃尔沃建筑设备（中国）有限公司及《建设机械技术与管理》杂志社为分会副会长单位。

〔撰稿人：中国工程机械工业协会路面与压实机械分会吴竟吾〕

凿岩机械与气动工具

一、生产发展情况

2016年，凿岩机械与气动工具行业仍处于深度调整期，企业面临生产经营的困难。这与复杂多变的国际形势，世界经济和贸易增速创新低、国际金融市场波动加剧、地区和全球性挑战突发多发的外部环境，国内面临结构性问题突出、风险隐患显现、经济下行压力加大的多重困难直接相关。虽然国家实施积极的财政政策力度加大，全面推开营改增试点，降低企业税负，综合运用多种货币政策工具，支持实体经济发展，但对全行业企业生产经营状况的推动效果不大。特别是国家进一步加强钢铁、煤炭等行业去产能，以及各类矿山产品限产等的供给侧结构性改革，给凿岩机械与气动工具行业带来巨大冲击。由于铁路、公路、水电等国家及地方工程建设项目的投资保持稳定并有所增量，行业发展总体上还趋于稳定。但企业之间的竞争日趋激烈，促使企业不断进行技术创新和产品升级，已形成具有一定规模和技术水平、生产具有国内先进水平和达到国际领先水平的产品，并享有一定知名度的品牌，行业产品基本上形成了市场所需的产品体系。

在新常态下，行业各企业亟需积极探索凿岩机械与气动工具行业的发展新模式。如：如何“走出去”，将更多的产品和资本向海外输出；如何“对外投资与合作”，在海外多元化投资，更多地关注获取技术和创新技术；如何打造自身品牌、打开当地市场；如何借助“一带一路”国家战略，协助企业拓展海外市场，等等。

凿岩机械与气动工具行业企业基本上都是中小企业。我国有近 2 000 万家中小企业，纳税比例超过 60%，提供了 80% 的就业岗位，贡献专利技术与产品比例达到 60%。这些企业大都集中在劳动密集型和技术附加值不高的行业中，领先国际水平的中小企业还是比较少的。

从行业产品结构看，气动式凿岩机有手持式、气腿式及两用，轻、中、重系列齐全。虽然仍在工程、矿山领域占主导地位，但从产品生命周期看，已开始进入产品衰退期。再加上国家对工程、矿山的绿色施工要求进一步严厉，会加速气动式凿岩机衰退期的进程。取而代之的将是高效、节能的液压凿岩机和液压钻车产品。

液压凿岩机和液压钻车是我国凿岩机械未来发展的方向。因其利用高压液体驱动，采用与钎尾直径接近的细长活塞，冲击能高，且改善了活塞对钎杆的能量传递，可获得较同级别气动凿岩机更高的凿岩速度，钎具寿命也相应延长 50% ～ 100%，同时操作工人的作业条件也明显改善。过去，国内部分厂家和科研院所对液压凿岩与气动凿岩设备的能耗及每米炮孔的成本作过对比，液压设备有较高的优势。近几年，我国铁道、水电及矿山部门在施工中的统计资料和对比数字也证实了这一点。

近十多年，国内制造液压凿岩机、液压钻车的企业发展十分迅速，有一定实力规模的企业有十多家。液压钻车基本上是参照国外产品并结合国内施工情况进行研发制造的，但液压凿岩机基本上还是国外品牌配套。液压钻车主要有履带式露天液压钻车、隧道液压掘进钻车及井下采矿掘进钻车等。当前，完全自主研制的液压钻车在国内市场销售推广方面，与国外品牌相比，有占据半壁江山之势。当前，国内具有一定实力规模的企业有十多家，有专注研制地下掘进液压钻车的，有专注研制露天液压钻车的，也有两种都有研制的，这些企业均具有一定的研发和创新能力，推动了凿岩机械行业发展。这些企业研发的钻车液压系统大都设计合理，既保证了液压凿岩机效能的充分发挥，又满足了采掘工艺凿岩作业的需要；钻臂和推进器等部件布置合理，外形新颖美观，运转可靠，操作灵活方便。尤其是井下掘进钻车上的液压钻臂，工作范围大，如同多功能的机械手，可灵活地上下仰俯、左右摆动，并可伸缩，钻臂上的凿岩机推进器导轨也可灵活地上下仰俯、左右摆动和伸缩，有的还可翻转 180°，使凿岩机紧靠周边；有的导轨除可翻转外，还可在既定轴线的条件下，再固定外倾一个小角度，便于钻边孔，更好地控制开挖规格；钻臂上的凿岩机可以在纵横平面上自动平移，最大限度地消除钻孔死区。

全液压钻车及液压凿岩机的应用，带动了与其相配套的钎具产品（包括钎杆、钎头、接杆套、钎尾）的发展。研发大规格、高寿命的重型钎具已成为当务之急，虽然国内一部分企业有产品供应市场，但多为国外公司技术，国内品牌相对较少。全液压钻车配套的钎具要求适应不同类型岩石、进尺速度快、产品寿命长，需开发研制与之配套的重型钎具。重型钎具包括钎杆、钻杆、钎尾、钎头、连接套等，是实现凿岩任务的关键工具之一。从相关资料来看，国内重型钎具的平均使用寿命仅为国外产品的 1/3 ～ 1/2。国内主要生产企业仍需继续努力，加强对重型钎具进行寿命攻关，主要包括新材料、新技术的应用，尤其是热处理工艺攻关等方面，使重型钎具寿命达到国际水平。因此说，凿岩钎具是向重型化、大规格、寿命长方向发展的。

近年来，民营和家族私营企业以较快的方式、不同程度地进入气动工具行业，进一步增加了行业企业之间的竞争，为我国气动工具行业产品质量不断提升起到积极的作用，产品外观和表面质量、技术配置和产品可靠性与国际先进水平的差距逐步缩小。气动工具产品节能高效、外观精美、价格适宜，且品种众多，被市场誉为“迷你型”产品居多，倍受市场客户的青睐。

我国凿岩机械与气动工具产品分类及主要生产企业见表 1。

表 1　我国凿岩机械与气动工具产品分类及主要生产企业

产品分类		主要生产企业名称
凿岩机械气动工具质量技术监督检测		天水凿岩机械气动工具研究所、长沙矿冶研究院有限责任公司、衢州市质量技术监督检测中心
凿岩机械	气腿式凿岩机	天水风动机械股份有限公司、浙江衢州煤矿机械总厂股份有限公司、沈阳风动工具厂有限公司、湘潭风动机械有限公司、洛阳风动工具有限公司、浙江红五环机械有限公司、宜春风动工具有限公司、南京工程机械厂有限公司
	手持式凿岩机	天水风动机械股份有限公司、沈阳风动工具厂有限公司、浙江衢州煤矿机械总厂股份有限公司、浙江红五环机械有限公司、湘潭风动机械有限公司
	内燃、电动凿岩机	洛阳风动工具有限公司、宜春风动工具有限公司
	凿岩钻架	天水风动机械股份有限公司、南京工程机械厂有限公司
	凿岩钻车	天水风动机械股份有限公司、南京工程机械厂有限公司、浙江红五环机械有限公司、湖北首开机械有限公司
	冲击器	天水风动机械股份有限公司、洛阳风动工具有限公司、南京工程机械厂有限公司、广州市天凿精机机械有限公司
	气动绞车	烟台市石油机械有限公司、黄石市黄风机械有限公司
气动工具	回转类产品	青岛前哨精密机械有限责任公司、天水风动机械股份有限公司、上海气动工具厂、上海约纳森工具制造有限公司、镇江市丹徒风电机械厂、天津市柏益风动工具有限公司、徐州信义风动工具有限公司、徐州三刃风动工具有限公司、上海民生电器有限公司、镇江玛维克工具制造有限公司、上海山研机械科技有限公司、山东春龙风动机械有限公司、山东同力达智能机械有限公司、通化市风动工具有限责任公司、上海骏马气动工具有限公司
	冲击类产品	南京工程机械厂有限公司、天水风动机械股份有限公司、义乌市风动工具有限公司、上海气动工具厂、上海约纳森工具制造有限公司、徐州三刃风动工具有限公司、宜春风动工具有限公司、徐州信义风动工具有限公司、上海山研机械科技有限公司、杭州风动工具制造有限公司、山东春龙风动机械有限公司、宁波鄞州甬盾风动工具制造有限公司、天水风动机械配件有限公司、上海骏马气动工具有限公司

二、主要指标完成情况

根据中国工程机械工业协会凿岩机械与气动工具分会统计，2016 年，19 家企业完成工业总产值（当年价）120 108 万元，比上年下降 9.93%，其中新产品产值 25 736 万元（占工业总产值的 21%），比上年增长 9.46%；完成工业销售产值（当年价）118 350 万元，比上年下降 5.09%，其中出口交货值 8 231 万元，比上年增长 123.66%；实现主营业务收入 122 759 万元，比上年增长 0.05%；实现利润总额 -1 894 万元，比上年减少 8 974 万元。

2016 年，凿岩机械生产量 39.12 万台（套），比上年增长 15.92%；销售量 42.80 万台，比上年增长 13.95%；年底库存 3.75 万台（套），比上年下降 55.20%。2016 年，气动工具生产量 52.90 万台（套），比上年增长 5.22%；销售量 53.34 万台（套），比上年增长 8.98%；年底库存 10.22 万台（套），比上年下降 8.34%。

2016 年凿岩机械与气动工具行业主要生产企业经济指标完成情况见表 2。2015—2016 年凿岩机械与气动工具行业主要产品产销存对比情况见表 3。2016 年凿岩机械与气动工具行业主要企业产销存情况见表 4。2014—2016 年凿岩机械与气动工具行业产品出口情况见表 5。

表 2　2016 年凿岩机械与气动工具行业主要生产企业经济指标完成情况

序号	企业名称	工业总产值（当年价）（万元）	总资产（万元）	主营业务收入（万元）	利润总额（万元）
1	天水风动机械股份有限公司	9 946	42 524	5 628	-2 345
2	南京工程机械厂有限公司	928	16 395	1 177	-669
3	沈阳风动工具厂有限公司	530	1 247	407	-11
4	浙江衢州煤矿机械总厂股份有限公司	7 261	18 757	8 803	-1 664
5	青岛前哨精密机械有限责任公司	10 336	41 023	18 018	780
6	洛阳风动工具有限公司	7 202	14 362	7 666	422
7	上海气动工具厂	748	1 007	851	-52
8	上海民生电器有限公司	1 502	2 879	1 763	13
9	烟台市石油机械有限公司	1 892	2 944	2 025	6
10	义乌市风动工具有限公司	2 357	728	2 241	90
11	镇江丹风机械有限公司	252	545	230	9
12	山东中车同力达智能机械有限公司	38 001	40 230	38 001	419
13	天水风动机械配件有限公司	268	405	228	-26
14	山东春龙风动机械有限公司	5 526	10 063	4 620	105
15	宁波市鄞州甬盾风动工具制造有限公司	1 327	963	966	2
16	湖北首开机械有限公司	4 410	6 448	4 410	88
17	浙江红五环掘进机械股份有限公司	23 000	11 260	21 500	337
18	上海骏马气动工具有限公司	4 500	4 694	4 100	630
19	通化市风动工具有限责任公司	122	1 174	125	-27
	合计	120 108	217 646	122 759	-1 894

表 3　2015—2016 年凿岩机械与气动工具行业主要产品产销存对比情况

产品名称	计量单位	2016 年			2015 年生产量	生产量同比增长（%）	2015 年销量	销售量同比增长（%）
		生产量	销售量	年末库存				
一、凿岩机械	台	391 243	427 973	37 465	337 510	15.92	375 566	13.95
1. 凿岩机	台	91 035	98 327	13 496	91 503	-0.51	85 928	14.43
（1）气动凿岩机	台	79 030	86 495	11 746	83 919	-5.83	77 820	11.15
①手持式	台	32 239	30 624	2 466	2 712	1 088.75	2 608	1 074.23
②气腿式	台	23 519	30 168	5 887	48 271	-51.28	44 325	-31.94
③向上式	台	540	380	86	675	-20.00	596	-36.24
④导轨式	台	620	700	26	820	-24.39	703	-0.43
⑤气腿	台	22 112	24 623	3 281	31 441	-29.67	29 588	-16.78
（2）内燃凿岩机	台	11 274	11 100	1 723	6 835	64.95	7 195	54.27
（3）电动凿岩机	台	731	732	27	749	-2.40	913	-19.82
2. 凿岩钻车、钻架	台	8 530	8 058	584	6 415	32.97	4 917	63.88
3. 气动铰车	台	184	172	24	173	6.36	189	-8.99
4. 冲击器	台	120	100	260	190	-36.84	160	-37.50
5. 气动马达	台	4 906	5 548	931	10 529	-53.40	8 964	-38.11
6. 其他	台	286 468	315 768	22170	228 700	25.26	275 408	14.65
二、气动工具	台	529 000	533 415	102 229	502 763	5.22	489 439	8.98
1. 回转类产品	台	175 690	176 165	46 411	235 641	-25.44	219 405	-19.71
（1）气钻	台	11 124	13 818	2 000	17 689	-37.11	16 731	-17.41
（2）气砂轮	台	78 957	80 414	12 153	108 818	-27.44	98 628	-18.47
（3）气板机	台	85 609	81 933	32 258	109 134	-21.56	104 046	-21.25

（续）

产品名称	计量单位	2016年			2015年生产量	生产量同比增长（%）	2015年销量	销售量同比增长（%）
		生产量	销售量	年末库存				
2. 冲击类产品	台	156 821	154 403	19 873	111 013	41.26	107 567	43.54
（1）气镐	台	134 460	133 196	12 525	96 672	39.09	93 547	42.38
（2）气铲	台	18 290	17 076	6 652	11 319	61.59	11 211	52.31
（3）捣固机	台	4 071	4 131	696	3 022	34.71	2809	47.06
3. 其他	台	196 489	202 847	35 945	156 109	25.87	162 467	24.85
三、配件	t	317	292	595	390	−18.79	259	12.90

表 4　2016 年凿岩机械与气动工具行业主要企业产销存情况

产品名称	生产企业名称	计量单位	产品入库量	销售量	年末库存量
一、凿岩机械					
1. 凿岩机	总计	台	91 035	98 327	13 496
（1）气动凿岩机	合计	台	79 030	86 495	11 746
①气腿式	小计	台	23 519	30 168	5 887
	天水风动机械股份有限公司	台	19 740	26 910	3 646
	浙江衢州煤矿机械总厂股份有限公司	台	1 518	2 045	1 044
	洛阳风动工具有限公司	台		2	32
	沈阳风动工具厂有限公司	台	2 201	1 155	1 093
	南京工程机械厂有限公司	台	60	56	72
②手持式	小计	台	32 239	30 624	2 466
	天水风动机械股份有限公司	台	1 100	935	462
	浙江衢州煤矿机械总厂股份有限公司	台	139	389	304
	浙江红五环掘进机械股份有限公司	台	31 000	29 300	1 700
③导轨式	小计	台	620	700	26
	天水风动机械股份有限公司	台	620	700	26
④向上式	小计	台	540	380	86
	天水风动机械股份有限公司	台	540	380	86
⑤气腿	小计	台	22 112	24 623	3 281
	天水风动机械股份有限公司	台	20 856	21 578	1 166
	浙江衢州煤矿机械总厂股份有限公司	台	1 256	3 045	2 115
（2）内燃凿岩机	合计	台	11 274	11 100	1 723
	洛阳风动工具有限公司	台	11 274	11 100	1 723
（3）电动凿岩机	合计	台	731	732	27
	洛阳风动工具有限公司	台	731	732	27
2. 凿岩钻车、钻架	合计	台	8 530	8 058	584
	天水风动机械股份有限公司	台	90	130	72
	湖北首开机械有限公司	台	4 790	4 348	442
	浙江红五环掘进机械股份有限公司	台	3 650	3 580	70
3. 冲击器	合计	台	120	100	260

（续）

产品名称	生产企业名称	计量单位	产品入库量	销售量	年末库存量
	天水风动机械股份有限公司	台	120	100	230
	洛阳风动工具有限公司	台			30
4. 气动铰车	合计	台	184	172	24
	烟台市石油机械有限公司	台	184	172	24
5. 气动马达	合计	台	4 906	5 548	931
	天水风动机械股份有限公司	台	220	182	89
	烟台市石油机械有限公司	台	4 686	5 366	842
二、气动工具					
1. 气镐	合计	台	134 460	133 196	12 525
	天水风动机械股份有限公司	台	4 531	3 518	1 930
	南京工程机械厂有限公司	台	2 533	4 051	5 905
	义乌风动工具有限责任公司	台	49 566	49 594	10
	宁波鄞州甬盾风动工具制造有限公司	台	29 550	29 214	2 860
	通化市风动工具有限责任公司	台	680	719	320
	浙江红五环掘进机械股份有限公司	台	47 600	46 100	1 500
2. 气铲	合计	台	18 290	17 076	6 652
	天水风动机械股份有限公司	台	150	168	30
	上海气动工具厂	台	1 495	1 528	135
	义乌风动工具有限责任公司	台	2 445	2 464	2
	山东中车同力达智能机械有限公司	台	3 910	3 910	430
	青岛前哨精密机械有限责任公司	台	300	895	102
	宁波鄞州甬盾风动工具制造有限公司	台	1 100	1 151	737
	通化市风动工具有限责任公司	台	890	960	216
	上海骏马气动工具有限公司	台	8 000	6 000	5 000
3. 气钻	合计	台	11 124	13 818	2 000
	天水风动机械股份有限公司	台	1 200	1 538	792
	青岛前哨精密机械有限责任公司	台	9 924	12 280	1 208
4. 气板机	合计	台	85 609	81 933	32 258
	天水风动机械股份有限公司	台	1 123	1 235	2 024
	山东中车同力达智能机械有限公司	台	10 453	10 453	1 620
	上海市民生电器有限公司	台	780	751	222
	青岛前哨精密机械有限责任公司	台	8 661	8 888	2 880
	山东春龙风动机械有限公司	台	64 092	60 156	25 212
	上海骏马气动工具有限公司	台	500	450	300
5. 气砂轮	合计	台	78 957	80 414	12 153
	天水风动机械股份有限公司	台	4 700	5 401	2 404
	上海气动工具厂	台	12 622	12 872	208
	镇江丹凤机械有限公司	台	5 925	6 396	2 600

（续）

产品名称	生产企业名称	计量单位	产品入库量	销售量	年末库存量
	山东中车同力达智能机械有限公司	台	50 790	50 790	6 560
	青岛前哨精密机械有限责任公司	台	4 920	4 955	381
6. 捣固机	合计	台	4 071	4 131	696
	天水风动机械股份有限公司	台	150	180	76
	义乌风动工具有限责任公司	台	1 916	1 924	3
	宁波鄞州甬盾风动工具制造有限公司	台	1 067	1 085	473
	上海气动工具厂	台	938	942	144
7. 其他采掘设备	合计	台	286 468	315 768	22 170
	天水风动机械股份有限公司	台	658	506	325
	洛阳风动工具有限公司	台			38
	烟台市石油机械有限公司	台	100	89	8
	浙江衢州煤矿机械总厂股份有限公司	台	285 710	315 173	21 799
8. 其他风动工具产品	合计	台	196 489	202 847	35945
	上海气动工具厂	台	1 101	1 072	161
	青岛前哨精密机械有限责任公司	台	12 348	20 406	8 568
	镇江丹凤机械有限公司	台	12 406	12 406	
	宁波鄞州甬盾风动工具制造有限公司	台	164 300	164 413	22 674
	山东春龙风动机械有限公司	台	334	550	242
	上海骏马气动工具有限公司	台	6 000	4 000	4 300
三、配件	合计	t	317	292	595
	天水风动机械股份有限公司	t	172	162	555
	浙江衢州煤矿机械总厂股份有限公司	t	39		
	洛阳风动工具有限公司	t	84	99	25
	天水风动机械配件有限公司	t	22	31	15
	通化市风动工具有限责任公司	只	1 350	1 210	1 055

表 5　2014—2016 年凿岩机械与气动工具行业产品出口情况

产品名称	2014 年			2015 年			2016 年		
	出口量（台）	出口额（万美元）	占比（%）	出口量（台）	出口额（万美元）	占比（%）	出口量（台）	出口额（万美元）	占比（%）
凿岩机械	13 556	519.70	58.42	4 738	351.20	57.26	11 821	634.43	58.47
气动工具	30 766	285.30	32.07	25 875	132.25	21.56	46 754	316.51	29.17
配件及其他	6 295	84.66	9.52	13 579	129.90	21.18	5 620	134.02	12.35
合计	50 617	889.66	100.00	44 192	613.35	100.00	64 195	1 084.96	100.00

2017 年，是我国工程机械行业创新发展、供给侧结构性改革的深化之年。虽然一季度行业整体经营有所好转，但还要看到当前行业发展面临的困难和问题，要更加注重企业内功的锤炼，积累更多应对外部经济环境变化的考验，提高企业竞争实力；要认清历史发展机遇，迎接挑战，发展壮大行业企业。按照李克强总理在十二届全国人大五次会议的报告中提出的“坚持稳中求进工作总基调，牢固树立和贯彻落实新发展理念，适应把握引领经济发展新常态，坚持以提高发展质量和效益为中心”的要求，研究企业发展战略，经营好企业并做强做大。

〔撰稿人：中国工程机械工业协会凿岩机械与气动工具分会于洪刚〕

桩工机械

一、生产发展情况

2016年，桩工机械行业在经历了数年的负增长后，生产和销售开始反弹。基础设施领域的大量投入及工程上马、PPP投融资模式带来的市场效应、设备的更新换代需求，以及后市场中租赁业务所带来的设备需求增量，是2016年桩工机械行业止跌回升的主要驱动因素；国家“一带一路”战略的实施，带动了桩工机械产品在海外市场销量的提振；后市场的活跃，使以二手设备为中心的各类形态的交易活跃，为新机的销售回升提供了空间。

下游市场的上述变化，为桩工机械各生产企业去库存、消化剩余产能、改善经营质量等提供了时间和空间，也提振了行业的士气。同时，终端市场施工单价的下降、工程资金到位不足造成的施工企业回款困难等状况，仍然困扰着行业企业在销售价格、成交条件、应收账款回收等诸多方面的改善努力，行业企业在经营质量的根本性改善、经营现金流、经营风险的有效化解等方面，依然存在许多需要解决的课题。

历经数年的市场低迷和萎缩后，行业进入调整期。首先，行业的集中度进一步提升。2016年，继续有部分企业退出本行业，或淡化了在本行业的市场参与度，行业主要产品的市场销量进一步向主要企业集中。其次，各主要企业在产品布局、市场运作方式、重点经营环节的着力等方面，显示出各自的特征。在市场运作和重点经营环节上，部分企业继续强化扩张态势，表现在产品的市场占有率进一步提高。而部分企业则在销量上主动收缩，将主要精力投入在历史遗留问题的处置和新的经营风险防范上，并已呈现良好的态势。在产品布局调整方面，部分企业着力于多元化，并且部分产品已经超出了桩工机械行业的范畴。还有部分企业更加聚焦于主力产品，在产品升级换代、技术提升等方面加大投入，也显示出较好的市场效应。总之，各主要企业依据各自对行业的理解和判断、企业自身的特点、经营特长以及经营需求，展现出差异化的经营路径和方略。孰优孰劣，需要市场更长时间的检验，以及各自企业经营方略的动态把握与适时调整。再次，在部分企业淡出行业的同时，仍有部分企业携某类产品新晋加入到行业的市场竞争中来，以小型旋挖钻机细分市场最为显著。

在后市场方面，存量市场上各类二手设备的交易以及来自于各主机企业的二手机交易，呈现出更加活跃的态势。其中，以租赁业务最为显著。以租赁业务为中心的后市场参与主体，也显现出较为明显的变化。部分主机企业专门设立了租赁业务部门开展此项业务；有的企业则依托代理商，按区域设立租赁业务据点开展业务；而另有部分新晋的投资方，依托资金实力，同部分主机企业合作，开展规模化的租赁业务；除此之外，分散于各区域市场上的小散业务主体从事租赁业务。租赁业务的参与主体，逐步从分散的、小规模的向集中的、区域化的、具备规模的方向发展。租赁业务的载体，逐步从以二手设备为主，向新机和二手机混合方向发展。以租赁为核心的后市场的活跃与发展，一方面解决了主机企业在二手设备的处置、保外售后服务能力的补充、新机销售市场空间的腾挪等诸多方面的经营需要，另一方面也逐步改变了部分终端市场客户获取施工设备的方法和途径，同时，逐步成长起一批具备规模和各种保障能力的租赁企业。这必将对整个行业产业链的分工调整和完善以及市场运作方式产生深远的影响。

2016年桩工机械行业主要产品分类及主要生产企业见表1。2015—2016年桩工机械行业主要产品销售情况见表2。

表1　2016年桩工机械行业主要产品分类及主要生产企业

产品类别	主要生产企业
旋挖钻机	北京市三一重机有限公司、北京中车重工机械有限公司、上海中联重科桩工机械有限公司、上海金泰工程机械有限公司、山河智能装备股份有限公司、徐州徐工基础工程机械有限公司、德国宝峨（天津）机械工程有限公司、恒天九五重工有限公司、福田雷沃国际重工股份有限公司、郑州宇通重工股份有限公司、郑州富岛机械设备有限公司、江苏泰信机械科技有限公司、玉柴重工（常州）有限公司、上海锐帆德机械有限公司、徐州海润科技机械有限公司、高邮市恒辉机械有限公司
长螺旋钻孔机	山东卓力桩机有限公司、郑州勘察机械有限公司、浙江振中工程机械有限公司、上海振中工程机械有限公司、威海市海泰起重机械有限公司、瑞安八达工程机械有限公司、河北新河华泰桩工机械公司、河北双兴桩机有限公司、郑州富岛机械设备有限公司、郑州三力机械有限公司、辽宁建华重工有限公司、湖南有色重机有限公司

（续）

产品类别	主要生产企业
地下连续墙液压抓斗	上海金泰工程机械有限公司、徐州徐工基础工程机械有限公司、德国宝峨（天津）机械工程有限公司、山河智能装备股份有限公司、北京市三一重机有限公司、上海中联重科桩工机械有限公司、北京中车重工机械有限公司、辽宁抚挖重工机械股份有限公司、上海工程机械厂有限公司
多轴钻孔机	上海工程机械厂有限公司、上海金泰工程机械有限公司、山河智能装备股份有限公司、浙江振中工程机械有限公司、山东卓力桩机有限公司
桩架	上海工程机械厂有限公司、上海金泰工程机械有限公司、山河智能装备股份有限公司、浙江振中工程机械有限公司、上海振中机械制造有限公司、瑞安八达工程机械有限公司、山东卓力桩机有限公司、恒天九五重工有限公司、郑州勘察机械有限公司
桩锤（柴油锤、液压冲击锤、振动锤）	上海振中机械制造有限公司、上海工程机械厂有限公司、浙江振中工程机械有限公司、广东力源液压机械有限公司、浙江永安机械有限公司、瑞安八达工程机械有限公司、江苏东达工程机械有限公司、东台市巨力机械制造有限公司、湖南有色重机有限公司
静压桩机	山河智能装备股份有限公司、广东力源液压机械有限公司、恒天九五重工有限公司、湖南有色重机有限公司
地基加固：振冲器	江阴市振冲机械制造有限公司、北京振冲工程股份有限公司
工程钻机	上海金泰工程机械有限公司、郑州勘察机械有限公司、张家港市神通工业有限公司
全套管钻孔机（全回转全套管钻孔机、摆动式全套管钻孔机）	徐州盾安重工机械制造有限公司、徐州景安重工机械制造有限公司、郑州宇通重工股份有限公司、北京中车重工机械有限公司、上海工程机械厂有限公司、国土资源部勘探技术研究所、北京嘉友心诚工贸有限公司
双轮铣槽机	德国宝峨（天津）机械工程有限公司、徐州徐工基础工程机械有限公司、上海金泰工程机械有限公司、上海中联重科桩工机械有限公司
TRD 工法成槽机	上海工程机械厂有限公司、辽宁抚挖重工机械股份有限公司、上海振中机械制造有限公司

表 2　2015—2016 年桩工机械行业主要产品销售情况

产品种类	2015 年销量（台）	2016 年销量（台）	同比增长（%）	备注
旋挖钻机	1 329	1 782	34	含部分二手机
液压抓斗	62	87	40	
桩架	176	189	7	
长螺旋钻机	107	126	18	
多轴钻机	32	109	241	
桩锤	92	468	409	
静压桩机	190	165	-13	
TRD	2	1	-50	

二、销售情况

1. 国内销售情况

（1）旋挖钻机。2016 年旋挖钻机销量达到 1 782 台，销售额约为 62 亿元。旋挖钻机销售额仍然占据桩工机械行业首位，约占整个行业销售额的 70%，旋挖钻机的销量从 2013 年的 2 391 台下滑至 2014 年的 2 068 台，2015 年继续下滑 36%，至 1 329 台，2016 年止跌回升，但和历史高位的 2013 年相比，仍具有一定差距。

2016 年旋挖钻机主要企业的销量排名仍有部分变化，排名前六位的主要企业中，销量有增有减，这从一个侧面反映了行业主要企业在经营策略上开始出现差异。销量排名前六位的企业分别是：徐州徐工基础工程机械有限公司、北京市三一重机有限公司、山河智能装备股份有限公司、北京中车重工机械有限公司（原北京南车时代机车车辆机械有限公司）、上海中联重科桩工机械有限公司、上海金泰工程机械有限公司，其销量之和占比达 88%，同 2015 年的 91% 相比略有下降。排名前六位之外的少数中外企业的销量上升显著，已经逼近排名前六位中较为靠后的企业的销量。行业的集中度已基本稳定在较高水准，但主要企业之间的竞争仍然很激烈。

2016年，部分主要企业继续实施稳健的经营策略，将经营重点放在历史遗留问题的处置、现金流、存货处理等环节，并取得阶段性经营成效。部分企业的业务重心转向以租赁来盘活存量资产为主，基本不再制造和销售新机；部分企业依托产品多元化的基础优势，开始实施差异化的经营策略，在竞争最为激烈的旋挖钻机细分市场主动收缩，将经营重点转向其他类产品；少数外资企业则依托品牌和新品开发等优势，在确保经营质量的前提下，稳步提升市场销量，并形成一批专业能力和经营能力较强、品牌忠诚度较高的客户群；在小型旋挖钻机这一细分市场，2016年继续有部分中小企业新晋加入行业竞争。

（2）地下连续墙液压抓斗。2016年地下连续墙液压抓斗销量87台，同比增长40%，主要得益于城市轨道交通建设以及城市地下空间开发等项目的带动。由于该领域专业化、小众化的特点，销量相对有限。同时，随着城市地铁项目的增多，地铁车站的深度不断加大，地层复杂性及施工难度日益显现，城市中心区域地连墙工程对周边紧邻既有建筑或既有线路的敏感度增大，双轮铣槽机部分替代地连墙液压抓斗的趋势继续显现。

地下连续墙液压抓斗销量较多的企业是上海金泰工程机械有限公司、德国宝峨（天津）机械工程有限公司及徐州徐工基础工程机械有限公司。

（3）桩架、长螺旋钻孔机、多轴钻机、桩锤。同2015年相比，2016年这类产品的销量大幅增长（具体见表2），是桩工机械行业内增长最为显著的细分市场产品。这一方面得益于市场需求的增长，另一方面也和这一细分市场中的企业通过调整经营方向、采用定向开发等模式，推出了适合新施工工法和工艺的新产品或变型产品有密切关系。这一细分市场中企业间的分化态势也已逐渐显现。

2.国外销售情况

2016年行业主要企业继续开拓国际市场，总体看，主要企业国际市场销量平均占比由前两年的约15%提升至22%左右。其中部分企业的部分产品出口占比超出30%。除了海外细分市场的精准销售策略、既有成熟营销渠道的发挥、借助企业所在母公司的海外营销渠道等方法之外，国家实施的“一带一路”战略，已开始在行业海外市场产生积极的效应。

三、科研成果与新产品

持续数年的行业低迷状况，使行业内绝大多数企业更加意识到产品开发和技术质量提升的重要性，很多企业将关注重点更多地放在内部各项基础建设上，这为行业的技术进步创造了条件。2016年，行业内规模企业在各自的拳头产品领域基本完成了一轮产品的升级换代，产品的性能和功能得到了显著提升。部分规模企业的产品布局已逐步呈现出各具特色的多元化格局，并且有的已经超越了桩工机械行业的边界，在更加广阔的领域寻求企业的发展空间。而更多的中小型企业，在各自所从事的产品技术进步方面也颇有建树。行业内产品多元化、个性化、定制化以及细分市场的显现化等特征日益突出。技术竞争已经成为行业内企业间竞争的重要一环。

1.旋挖钻机

2016年，旋挖钻机机型两端化发展的趋向进一步显著，规模化企业着力于大机型及特大机型的开发，最大机型已达60吨米级别。而部分中小型企业则在小机型、迷你机型以及特殊用途小机型的开发上获得进展。

除机型向两端扩展，系列化更加丰富之外，各企业通过产品升级换代、技术提升、专题攻关、质量改进等途径，大大提升了产品的性能和质量，同时，为客户创造更多价值这一产品开发理念，也逐步贯穿到各企业的研发工作之中。

北京市三一重机有限公司依托其长期技术积累以及挖掘机事业部的雄厚研发实力，以最新推出的C10系列和W10系列为载体，采用国Ⅲ发动机，配备电控涡轮增压系统及公司自主研发燃油三级过滤系统，提升燃油经济性及发动机功率；开发第五代动力头，配备入岩自适应技术，智能匹配加压力和转矩，大大提高入岩效率；全新设计旋挖专业底盘，全新布局，维修空间增大，操作保养更方便，提高了整机稳定性；新型桅杆结构，抗震动、抗疲劳性能提升；液压系统优化，能量损失减少15%；全系列机型采用公司自主研发的SANY-ADMS操作系统，硬件环境更加舒适便捷，系统流畅，功能全面；第三代钻杆，采用机器人自动化焊接生产线，率先提出3 000h钻杆保修，满足多样化的施工需求；其全行程W系列钻机，具备超长加压行程，实现全护筒施工，并配备先进的动力头位置监测技术，提供更安全的防护。

徐州徐工基础工程机械有限公司开发的XR550D自制专用底盘旋挖钻机，最大钻孔深度达132m，配置5节机锁杆，可实现最大入岩钻深110m，尤其适合水上超大直径、超深入岩桥梁桩孔施工，XR130E旋挖钻机具有液压缸加压、卷扬加压、套管驱动、高速甩土、CFA自动清土、CFA自动提升、CFA混凝土灌注桩型显示等功能，可供用户多重选择。XR180DV旋挖钻机配置四阶段排放发动机，额定功率210kW，满足北美Tier 4 Final、欧洲stage Ⅳ排放标准。可配双动力头以实现全套管跟进、混凝土灌注同步施工，对地层扰动小，能紧贴建筑物施工。

上海中联重科桩工机械有限公司以V系列为载体，推出了后背式大三角结构，有效兼顾了入岩作业时的设备稳定性、转场移动时的安全性以及维修、维护时的便捷性；在所搭载的工作装置多元化考量上，进行了大量研究；应用智能化技术，设备从厂内调试到施工中的各类监控、防护以及数据采集，都取得了明显的技术进步。

北京中车重工机械有限公司在最新的F系列产品中，引入了钢丝绳加压可变速系统、液压系统增效技术，控制屏可实时监测液压系统各阀块压力及流量等多项新技术。

山河智能装备股份有限公司开发的SWDM520旋挖钻机，遵从模块化设计理念，采用可拆卸式履带旋挖专用底盘，解决运输超宽超重难题。同时配有运输辅助液压缸，方便装卸，提高了转运效率。

江苏泰信机械科技有限公司在小型及迷你机型的开发上独具特色，并形成了系列化产品。其桅杆和钻杆一体化结构、长螺旋和机锁钻杆的多功能化、挖掘机和旋挖钻机液压系统一体化以及前端装置的模块化等技术的开发和应用，赢得了定向客户的肯定，也使其产品远销海外。

洛阳武轩重工有限公司开发的隧道内用低空型旋挖钻机，解决了特殊作业条件下的施工需求，显著提升了作业效率，克服了环境污染等问题。

恒天九五重工有限公司中大机型和中小机型取得了许多技术突破，可提供不同类型的底盘，以满足不同区域、不同客户的个性化需求。

高邮市恒辉机械有限公司开发的小型旋挖钻机系列，采用自制底盘，下车宽，施工稳定；发动机采用侧置方案，布置合理，上车空间大，检修方便；整机运输，无需拆卸钻杆，转场方便快捷。

2. 桩架及工作装置

经过近年来持续不断的技术进步，桩架已形成了液压和电动履带式桩架系列以及液压和电动步履式桩架系列两大系列。由于其结构特点，其在工作装置搭载的多元化上具有独到的优势。2016 年，这一产品领域的技术开发上获得了良好进展。

山河智能装备股份有限公司经过多年的技术积累，2016 年，在全液压双动力头（内动力头为长螺旋或潜孔锤驱动，外动力头为套管驱动）多功能钻机的系列化、功能和性能强化以及技术和质量提升等方面，获得了新的进展，为该系列产品的海外市场拓展提供了坚实的技术支撑。SWCH890 全液压履带式桩机是山河智能该类产品型谱的升级，可搭载振动锤、振冲器、深层搅拌机、套管驱动机、长螺旋驱动器等工作装置，可应对各种复杂基础工程施工，实现了作业装置的多元化；劲性搅拌桩技术综合了静压桩和灌注桩的优势，避免了各自的劣势，大幅增加预制桩基础承载力，降低桩基础成本。

上海振中机械制造有限公司运用长螺旋钻机和中空型免共振振动锤的组合，通过内置长螺旋在 PHC 管桩内取土以减少桩端阻力，振动锤减少桩侧阻力，从而实现了大直径 PHC 管桩在中粗砂等坚硬地层的高效成桩。

中建技术中心和上海振中机械制造有限公司合作开发了一种振动全套管长螺旋钻机。该钻机采用免共振中空振动锤驱动全套管，内置的长螺旋完成套管内的岩土切削与取土。该钻机能够高效安全地下放、起拔套管，可在松散卵石层、砂层等易塌孔地层施工，可有效避免因为长螺旋钻孔灌注桩后插筋工艺钢筋外露、插筋困难导致截筋等造成的工程质量事故，能够从根本上解决长螺旋施工中的多种质量问题。由于外动力头采用免共振中空振动锤，不输出转矩，在整机体量较小的情况下，可保证施工稳定性。

山东卓力桩机有限公司在 2016 年研制出两款新型装备。其中，异形桩滚压成孔装置利用现有的旋转动力，挤出异形桩孔。孔截面积可以是三角到十几角不等的多翅形状，经过优化处理的几何形状，其表面积相对于圆孔桩可以成倍提高，相同表面积桩的混凝土用量成倍减少。由于采用滚压原理，成孔过程中的钻具与土壤之间是纯滚动，几乎无滑动。这样会大幅降低功率消耗，减轻钻具磨损，且大幅减少对原状土的破坏。它克服了现有技术的不足，提供一种构造合理、工作可靠、运转平稳、成桩的侧表面积与截面积比大、挤土负面效应降低、承载力大幅提高、成桩质量好、施工效率高的多翅异形桩滚压成形装置及施工方法。高轴压大转矩全液压入岩钻机配备的动力头转矩达 500kN • m，转速 4 ～ 17r/min，加压力 500kN。整机履带行走、自行起架，配备两套液压动力装置，一套主要用于装卸行走及小功率施工，另一套用于高速大功率施工，工作时与另一套合流，整机功率达 200kW。入岩施工时能够提供足够的轴向压力，经过核算，切削齿可提供高达 50MPa 的轴压力，从而使入岩能力大大提高。该机也适合 1.2m 以下的大直径施工及螺旋挤土桩的施工。其一次成孔深度为 28m，二次成孔深度为 33m。

瑞安八达工程机械有限公司在其电动履带桩架上，搭载了跟管式扩孔潜孔锤。套管在潜孔锤入岩过程中的同步跟进，使排渣效率显著提高，有效防止了复杂地层中的孔壁坍塌，并且提高了成桩的垂直度。其潜孔锤具备的扩孔功能，使套管能够有效穿透大颗粒卵石层、孤石以及硬质岩层，实现施工的高效化。当前，该公司的跟管式扩孔潜孔锤已实现系列化。

威海市海泰起重机械有限公司推出的 PLC 控制变频桩机，实现了卷扬机和动力头的自动匹配和同步，根据阻力矩自动调整转速，能够有效防止埋钻和断桩事故；无需操作人员连续监控，减轻了劳动强度；启动电流小，对电网容量要求比普通桩机要求低，节能效果明显。该设备可完成长螺旋钻孔施工、预制桩施工、潜孔锤入岩施工等多种施工，特别是实现了真正意义上的螺杆桩的施工，可获得更高的经济效益。

3. 地下连续墙及基坑支护施工设备

2016 年，上海金泰工程机械有限公司依托液压连续墙抓斗市场先发优势，全新研发了新一代液压连续墙抓斗系列，SG50A、SG60B、SG70 液压连续墙抓斗先后问世，全面进入市场。该系列产品秉承先期液压连续墙抓斗产品的优点，同时提升了设备的提、抓能力，并且更加环保、节能、高效。

徐州徐工基础工程机械有限公司开发的 XG480D 地下连续墙液压抓斗，首创开闭斗显示功能，采用单排绳卷筒技术；XTC80/85 专用双轮铣槽机，具备多项自主知识产权，并已实现出口；XTC80/55 一机两用型双轮铣槽机，通过更换工作装置即可转换为液压抓斗，投入成本少、油耗低，具有更好的经济性。

徐州徐工基础工程机械有限公司开发的 XMZ120 锚杆钻机，可配置旋转、顶锤、旋喷等多种动力头，具有多种功能，通过模块化设计，实现多种动力头的快速更换。该钻机可配置水循环钻进、气举正循环钻进、套管螺旋钻进、气动潜孔锤钻进、旋喷桩施工等多种工法，应用于微桩、锚杆、管棚支护等工程。

4. 水上施工作业装备

上海工程机械厂有限公司开发的深层水泥搅拌工法DCM处理系统，其施工原理是将水泥或水泥固化材料按相关配比添加到软弱黏性土中，同时强制搅拌混合，利用化学固化作用形成坚固稳定土，以达到加固水下软土作为水工建筑基础的目的。该系统由四轴搅拌钻机、制供浆系统及施工管理系统组成，具有钻掘能力大、转矩自动补偿、工作稳定可靠、作业效率高和实现智能化控制等诸多技术创新点，综合性能方面优于日韩同类产品，技术水平达到国际先进水平，可替代国外同类产品。该装备已成功应用于香港国际机场第三跑道建造工程中软土地基加固处理施工。随着海上和陆上软土地基处理工程的不断推进，DCM处理系统将具有十分广阔的市场前景。

嘉力臣（国际）有限公司开发的RC600液压反循环钻机，最大输出转矩达500kN·m以上，装机功率达500kW，最大钻孔直径高达6m，最大钻深高达200m，适合于超硬岩层地质条件下的海上风电单桩单柱基础施工。

5. 特殊桩型施工作业装置

徐州雷曼机械科技有限公司研制的大直径自平衡根键顶进装置，在传统的钻孔灌注桩或沉井上‘嫁接’横向的根键，形成了一种全新的基础形式——根式基础。根式基础充分地发挥桩土共同作用，有效地提高材料利用率，大幅增加了基础承载力。该装置可实现安全、高精度、机械化、自动化的根键顶进施工。该公司的盆底型旋扩装置，在不放大上部桩孔口径的条件下，将桩孔的底部或局部放大，加大承载面积，有效提高桩基承载力。盆底型旋扩装置所成的桩底为弧形底，可有效解决塑性较的问题，使底部扩大端的桩端阻力均匀有效地发挥。该装置所配置的液压和电控系统，实现了扩孔施工的机械化、自动化，并可对扩孔状态进行监控。

6. 向其他相关领域的产品拓展

2016年，北京市三一重机有限公司首次开发了双护盾TBM硬岩隧道掘进机，开挖直径4.93m，总功率3 500kW，脱困转矩4 200kN·m，主推进力2 590t，实现入岩掘进日进尺24m，效率达到国际领先水平。

徐州徐工基础工程机械有限公司在多元化开发桩工机械领域产品的同时，在水平定向钻机、顶管机、煤矿掘进机、隧道掘进机以及能源勘探机械的产品开发和系列化方面也获得了积极进展。

〔供稿单位：中国工程机械工业协会桩工机械分会〕

掘进机械

掘进机械是工程机械中一类重要产品，主要用于水平方向的隧道、巷道、管孔的机械化施工。根据中国工程机械工业协会标准《工程机械的定义和类组划分》的分类，掘进机械主要包括全断面隧道掘进机〔盾构机，硬岩掘进机（TBM）、顶管机等〕、水平定向钻、悬臂式巷道掘进机等产品，其主导产品是全断面隧道掘进机。

一、全断面隧道掘进机

全断面隧道掘进机是集机械、电子、液压、控制、信息技术于一体的复杂集成系统机械，由于其工作环境特殊，对产品的稳定性、可靠性、适应性要求极高，因此在相当长的时间里，全断面隧道掘进机的研发制造和使用，一直是我国制造业和施工企业的软肋，实际上20世纪80年代以前，我国全断面隧道掘进机市场和技术基本上被美国、日本、欧洲等发达国家和地区的专业公司（主要有德国海瑞克、维尔特，美国罗宾斯，加拿大罗瓦特，日本三菱重工、日立造船、川崎重工、石川岛播磨、小松等）垄断。

2005年以后，随着我国大规模基础设施建设的持续展开，尤其是城市地铁、引水工程、过江隧道等工程的大量上马，国内市场对全断面隧道掘进机的需求急剧扩大，一方面市场的需求刺激了国内一批企业通过技术引进、合资合作方式全面进军全断面隧道掘进机产业；另一方面，政府主管部门认识到全断面隧道掘进机产业的重要性和发展潜力，给予了足够的关注和支持，如把土压平衡盾构机及大型泥水平衡式盾构机的研发列入了科技部“863”“973”课题计划，推动其设计、试验科研工作的开展。经过短短几年的发展，在激烈的市场竞争中，一批国内企业脱颖而出，一大批工程技术人员在大量的设计制造和施工实践中成长起来，我国企业可以说已经掌握了全断面隧道掘进机的设计制造和施工技术，部分已经领先国际水平。到2015年底，国内企业的市场份额已经占到全部市场的83%以上，几个顶尖企业的生产条件和制造能力已经超过国际知名企业，已经完全具备了自主研发能力，掌握了自主知识产权，产品开始进入国际市场。应该说，我国全断面隧道掘进机产业规模和市场规模已居全球首位。

经过这几年的发展，全断面隧道掘进机产业已经进入产业整合、洗牌阶段，有一部分企业开始逐渐退出这个行业，也有一些新进入这个行业的企业，更有一些实力雄厚的企业通过购并国外知名企业使自己实现跨越式的发展，总体上，这个行业处于上升中期阶段。2016 年国内全断面隧道掘进机产量及销售额较 2015 年增长 50% 以上。2015 年国内全断面隧道掘进机主要生产企业销售情况见表 1。

表 1　2015 年国内全断面隧道掘进机主要生产企业销售情况

序号	企业名称	销量（台）	序号	企业名称	销量（台）
1	中铁工程装备集团有限公司	99	7	广州海瑞克隧道机械有限公司	12
2	中国铁建重工集团有限公司	91	8	海瑞克（广州）隧道设备有限公司	11
3	北方重工集团有限公司盾构机分公司	15	9	小松（中国）投资有限公司	10
4	上海隧道工程股份有限公司机械制造分公司	8	10	上海力行工程技术发展有限公司	5
5	中交天和机械设备制造有限公司	58	11	杭州杭锅通用设备有限公司	1
6	辽宁三三工业有限公司	44	12	中船重型装备有限公司	7

2016 年，中交天和机械设备制造有限公司（公司简称“中交天和”，是中国交通建设股份有限公司旗下的子公司。公司注册资本 5.6 亿元），是近些年增长较快的企业，2016 年销量较 2015 年增长超过 700%。公司主要从事全断面隧道掘进机的设计、研发与制造；船用机械、起重机械、桥梁及建筑用防震高阻尼支架的设计、研发与制造等。

二、水平定向钻

水平定向钻是在不开挖地表面的条件下，铺设多种公用设施（管道、电缆等）的一种施工机械，广泛应用于供水、电力、电讯、天然气、煤气、石油等管线铺设施工中，适用于沙土、黏土、卵石等地况。一般用于管径 300 ～ 1 200mm 管径；最大直径可达 2 000mm。最大铺管长度可达 1 500m，最大管线埋深可在河床下 18m。

水平定向钻施工的特点主要是：不破坏地表，对环境干扰小，施工速度快，穿越精度高，管线方向和埋深易于调整，施工成本低，安全可靠。我国水平定向钻的研发制造起步较晚，但近十几年来发展很快，国内除徐工、三一、中联等大型工程机械企业已形成批量生产能力外，据不完全统计，水平定向钻生产企业已达 30 余家，产品规格型号齐全，已研制出最大推拉力 8 000kN 的大型水平定向钻。另外还有相当数量的租赁和施工企业。从技术发展上看，正向大型化和微型化，适应硬岩作业，自备锚固系统，钻杆自动堆放提取，钻杆连接自动润滑，超深度导向监控等方向发展。当前全国年销售额约为 15 亿元。国内部分主要水平定向钻生产企业徐州徐工基础工程机械有限公司年生产 417 台。

三、悬臂式巷道掘进机

部分断面掘进机（Part face tunnel boring machine）包括悬臂式掘进机（Roadheader）、连采机（continuous miner）、掘锚一体机（boulter miner）等。

迄今我国部分断面掘进机主要应用于煤炭行业，但在不久的将来，部分断面掘进机在非煤地下工程（如铁路、公路、地铁、水利水电、国防、矿业）的应用总量将超过煤炭地下工程。

1979 年煤炭工业部生产司引进 100 多台悬臂式掘进机，供国有重点煤矿煤巷掘进。2002—2013 年，国有重点煤矿的综合掘进机械化程度平均年增长约 3.3%。国外先进产煤国的综合掘进机械化程度有的高于 70%。我国综合掘进机械化程度为 54%，低于地铁但高于其他非煤行业地下工程的综合机械化程度；综掘工作面数为 4 800 个；综合掘进月进尺为 285m/ 台。

继而煤炭部制造局（现中国煤矿机械装备有限公司）引进技术，在佳木斯煤机厂生产三井三池的 S100、在淮南煤机厂生产奥钢联的 AM50、AM75。

煤炭科学院（现中煤科工集团）20 世纪 80 年代开始研制具有自主知识产权的掘进机，八九十年代在行业内外的一些工厂制造，2001 年太原分院实现掘进机产业化，其 EBZ160TY 型掘进机和 EBJ-120TP 型掘进机分别荣获 1999 年和 2004 年度国家科技进步奖二等奖。

煤炭黄金十年（2002—2011 年），掘进机产量直线上升。但是从 2012 年起随着煤炭需求的减少、生产过剩，掘进机产量急剧下降，2015 年大约是 2011 年的 19.8%。

我国部分断面掘进机生产已经经历了 30 多年的发展。20 世纪 80 年代前期只有佳木斯煤机厂、淮南煤机厂两个整机厂小批量生产。90 年代末起先后有兵器部包头二机厂、西北煤机二厂、辽源煤机厂、太原煤科院、上海煤科院、太原矿山机器厂等加入。随着煤炭升温，石家庄煤机厂、三一、创力和一大批矿业集团机械厂加入。2016 全国部分断面掘进机按企业的主要产品产销情况见表 2。

表 2　2016 年全国部分断面掘进机按企业的主要产品产销情况

序号	企业名称	产品型号	单位	产量	销量
1	石家庄煤矿机械有限责任公司	悬臂式掘进机	台	14	14
		连采机	台		
		掘锚护	台		
2	上海创力集团股份有限公司	悬臂式掘进机	台	37	37
		连采机	台	1	1
		掘锚机	台		
3	山东能源重装集团新汶分公司	悬臂式掘进机	台	3	3
		连采机	台		
		掘锚机	台		
4	山西天地科技股份有限公司	悬臂式掘进机	台	45	45
		连采机	台	10	10
		掘锚机	台	1	1
5	天地科技股份有限公司上海分公司	悬臂式掘进机	台	10	10
		连采机	台		
		掘锚机	台		
6	西安煤矿机械有限公司	悬臂式掘进机	台	17	17
		连采机	台		
		掘锚机	台		
7	兖矿集团有限公司机电设备制造分公司	悬臂式掘进机	台	13	13
		连采机	台		
		掘锚机	台		
8	上海科煤机电有限公司	悬臂式掘进机	台	4	4
		连采机	台		
		掘锚机	台		
9	三一重型装备有限公司	悬臂式掘进机	台	138	138
		连采机	台		
		掘锚机	台		
10	辽宁通用重型机械股份有限公司	悬臂式掘进机	台	80	80
		连采机	台		
		掘锚机	台		
11	包头北方工程机械制造有限责任公司	悬臂式掘进机	台	2	2
		连采机	台		
		掘锚机	台		

（续）

序号	企业名称	产品型号	单位	产量	销量
12	包头市银洁利重型机械制造有限公司	悬臂式掘进机	台	1	1
		连采机	台		
		掘锚机	台		
13	平煤神马机械装备集团有限公司	悬臂式掘进机	台	4	4
		连采机	台		
		掘锚机	台		
14	河南中车重型装备有限公司	悬臂式掘进机	台	10	10
		连采机	台		
		掘锚机	台		
15	林州重机集团股份有限公司	悬臂式掘进机	台	8	8
		连采机	台		
		掘锚机	台		
16	山西汾西矿业集团矿山设备有限公司	悬臂式掘进机	台	1	1
		连采机	台		
		掘锚机	台		
17	山东矿机集团股份有限公司	悬臂式掘进机	台	1	1
		连采机	台		
		掘锚机	台		
18	徐州徐工基础工程机械有限公司	悬臂式掘进机	台	40	40
		连采机	台		
		掘锚机	台		
19	上海大屯能源股份有限公司拓特机械制造厂	悬臂式掘进机	台	2	2
		连采机	台		
		掘锚机	台		
20	淮南凯盛重工有限公司	悬臂式掘进机	台	26	26
		连采机	台		
		掘锚机	台		
21	中国铁建重工集团有限公司	悬臂式掘进机	台		
		连采机	台		
		掘锚机	台	1	1
	合计		台	469	469

值得注意的是，由于部分断面掘进机可以用于非煤地下工程，出身于工程机械行业的三一重装、徐工基础有别于其他企业，甚至显示出比传统煤机厂更强的转型、适应能力。

〔撰稿人：中国工程机械工业协会掘进机械分会宋振华〕

市政与环卫机械

市政与环卫机械主要包括清扫类、清洗类、垃圾收运类、下水道养护类、除冰雪类等产品，以改装专用车为主。其中，清扫类、清洗类、垃圾收转运类专用车占绝大部分销售比重，也是本文主要分析的对象。

《中华人民共和国环境保护法》《中华人民共和国大气污染防治法》等相继修订发布，对环境卫生的保护和改善有了进一步的法律强制要求。根据住房和城乡建设部、环境保护部联合印发的《全国城市生态保护与建设规划（2015—2020 年）》要求，全国城市生活垃圾无害化处理率到 2020 年要提升至 95%。同时，随着城镇化发展的深入，新建道路越来越多，对道路的机械化清扫要求也越来越高。从各省、市、自治区地方政策、法规和规划来看，一线发达城市机械化清扫一般要求在 80% 以上，二线城市一般要求在 60% ～ 70%。三四线城市也在向一、二线城市看齐，逐步提升城市清扫的机械化率。

为顺应社会经济发展要求，从中央到地方各级政府，一方面不断加大对环境卫生方面的财政投入，用于购买设备和服务。另一方面，通过各项政策积极引导社会资源参与到环境保护和治理中。受益于诸多利好因素，市场对市政与环卫机械产品的需求呈现快速上升的趋势。据不完全统计，2016 年从事市政与环卫机械专用车生产、销售的企业已超过 200 家。市政与环卫机械主要产品分类及 2016 年主要生产企业见表 1。

表 1　市政与环卫机械主要产品分类及 2016 年主要生产企业

产品分类		企业名称
清扫类	洗扫车 湿式扫路车 干式扫路车（吸尘车） 其他（如纯吸式扫路车、纯扫式扫路车）	中联重科股份有限公司、福建龙马环卫装备股份有限公司、郑州宇通重工有限公司、烟台海德专用汽车有限公司、湖北程力专用汽车有限公司、北京华林特装车有限公司、北京天路通科技有限责任公司、湖北合加环境设备有限公司、徐州工程机械集团有限公司、荆州华通汽车改装有限公司、石家庄煤矿机械有限责任公司、上海沪光客车厂、肥乡县远达车辆制造有限公司、湖北江南专用特种汽车有限公司、河南森源重工有限公司、扬州盛达特种车有限公司、航天晨光股份有限公司、深圳东风汽车有限公司、中通汽车工业集团有限责任公司、湖南恒润高科股份有限公司
清洗类	高压清洗车 洒水车（低压清洗车） 路面养护车 绿化喷洒车（抑尘车） 其他	中联重科股份有限公司、湖北程力专用汽车有限公司、福建龙马环卫装备股份有限公司、东风实业（十堰）车辆有限公司、湖北大力专用汽车制造有限公司、东风汽车公司、程力专用汽车股份有限公司、随州市东正专用汽车有限公司、湖北合力专用汽车制造有限公司、湖北润力专用汽车有限公司、深圳东风汽车有限公司、湖北新中绿专用汽车有限公司、中国重汽集团济南专用车有限公司、航天晨光股份有限公司、郑州宇通重工有限公司、北汽福田汽车股份有限公司、武汉市汉福专用车有限公司、湖北成龙威专用汽车有限公司、湖北合加环境设备有限公司、陕西汽车集团有限责任公司
垃圾收转运类	压缩式垃圾车 车厢可卸式垃圾车 压缩式对接垃圾车（含自卸式垃圾车） 自装卸式垃圾车 桶装垃圾运输车 餐厨垃圾车	中联重科股份有限公司、福建龙马环卫装备股份有限公司、湖北程力专用汽车有限公司、航天晨光股份有限公司、北汽福田汽车股份有限公司、烟台海德专用汽车有限公司、浙江飞碟汽车制造有限公司、随州市东正专用汽车有限公司、重庆耐德新明和工业有限公司、徐州工程机械集团有限公司、青岛中集环境保护设备有限公司、江苏悦达专用车有限公司、深圳东风汽车有限公司、湖北楚胜专用汽车有限公司、湖北合力专用汽车制造有限公司、湖北新中绿专用汽车有限公司、北京华林特装车有限公司、贵州云马飞机制造厂、湖北合加环境设备有限公司、程力专用汽车股份有限公司
市政类	吸污车 吸粪车 下水道养护车 除雪车	湖北合力专用汽车制造有限公司、随州市东正专用汽车有限公司、湖北五环专用汽车有限公司、湖北新中绿专用汽车有限公司、湖北程力专用汽车有限公司、鞍山森远路桥股份有限公司、航天晨光股份有限公司、湖北宏宇专用汽车有限公司、程力专用汽车股份有限公司、重汽集团专用汽车公司、荆州华通汽车改装有限公司、中联重科股份有限公司、湖北润力专用汽车有限公司、丹东黄海特种专用车有限责任公司、随州市力神专用汽车有限公司、湖北力威汽车有限公司、河南森源奔马专用汽车有限公司、湖北楚胜专用汽车有限公司、武汉市政环卫机械有限公司

注：因篇幅有限，表中仅列出部分企业。

根据车辆上牌数据统计，2016 年市政与环卫机械专用车产品（含燃油、天然气、纯电动产品）总销量达 55 239 台，较上年的 44 089 台增长 25.3%。

一、清扫类产品

1. 生产发展情况

清扫类产品可分为扫路车、洗扫车、吸尘车等。扫路车是一种集路面清扫、垃圾回收和运输为一体的新型高效清扫设备，广泛应用于环线快速路、市区道路、广场等的路面清扫、保洁。按清扫抑尘方式的不同，可将扫路车分为干式扫路车和湿式扫路车。而洗扫车则是在扫路车的基础上增加了对路面清洗功能，既可单独作为扫路车进行路面清扫作业，又可作为清洗车对路面进行高、低压清洗作业，还可将路面清扫与高压清洗功能组合进行洗扫作业，实现对路面的高效、高洁净度清扫保洁，从而减少道路的扬尘污染。

相比传统的人工作业模式，使用清扫类产品进行机械化路面清扫具有安全、高效等特点，已经成为未来发展的趋势。从近几年的市场销售情况来看，清扫类产品一直呈持续增长的趋势。

2. 市场销售情况

（1）清扫类产品总体销售情况。2016 年，清扫类产品（含燃油、天然气、纯电动产品）总销量为 8 910 台，较上年增长 24.3%。

（2）清扫类产品月度销售情况。从 2016 年各月销售数据来看，4—9 月份基本处于销售淡季，6 月有小幅反弹。1 月、3 月、10 月、11 月、12 月销量突出，尤其是 12 月，其销量较全年平均值要高出 83.0%。与 2015 年相比，3 月份的数据增长也非常明显。2015—2016 年清扫类产品月度销售情况见图 1。

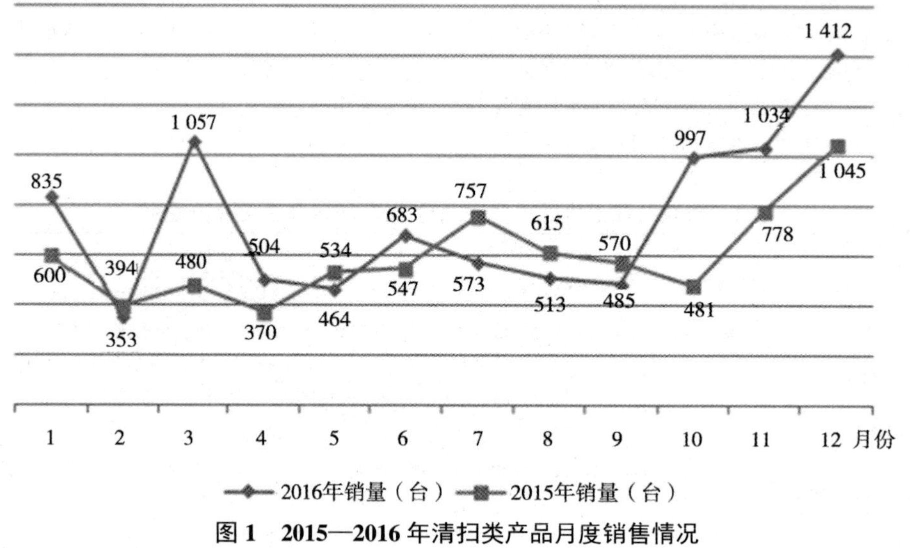

图 1　2015—2016 年清扫类产品月度销售情况

（3）清扫类产品销量构成。按产品种类统计，清扫类产品销售主要以洗扫车与湿式扫路车为主，销量占比分别为 54.5% 和 27.3%。

与 2015 年相比，2016 年洗扫车销量增长 41.9%，干式扫路车销量增长 37.8%，湿式扫路车销量增长 2.4%。湿式扫路车增长率较低，与其自身特点和定位有很大关系：清扫洁净度不如洗扫车，环境适应性不如干式扫路车。从长远来看，湿式扫路车的市场份额将逐渐被洗扫车和干式扫路车所取代。2015—2016 年清扫类产品按品种销售情况见表 2。

表 2　2015—2016 年清扫类产品按品种销售情况

产品类别	2016 年		2015 年		同比增长（%）
	销量（台）	占比（%）	销量（台）	占比（%）	
洗扫车	4 853	54.5	3 420	47.7	41.9
湿式扫路车	2 431	27.3	2 374	33.1	2.4
干式扫路车	839	9.4	609	8.5	37.8
其他	787	8.8	768	10.7	2.5

按车辆总质量统计，2016 年，清扫类产品销量最多的是 12 ～ 18t 产品，占总销量的 56.5%。5 ～ 9t 和 10 ～ 11t 的销量依次占据第二位、第三位。12 ～ 18t、5 ～ 9t 大小适宜，最受市场欢迎，共占据 85.5% 的市场份额。

从增长情况来看，12 ～ 18t 和 2 ～ 4t 产品销量较上年增长明显，分别增长 43.7% 和 32.0%。18t 以上产品销量有所下降。2015—2016 年清扫类产品按产品总质量统计销售情况见表 3。

表 3　2015—2016 年清扫类产品按产品总质量统计销售情况

总质量	2016 年		2015 年		同比增长（%）
	销量（台）	占比（%）	销量（台）	占比（%）	
2 ～ 4t	458	5.1	347	4.8	32.0
5 ～ 9t	2 588	29.0	2 472	34.5	4.7
10 ～ 11t	689	7.7	700	9.8	-1.6
12 ～ 18t	5 031	56.5	3 501	48.8	43.7
18t 以上	144	1.6	151	2.1	-4.6

（4）清扫类产品主要生产企业市场占有率。2016 年，清扫类产品销量列前三位的生产企业分别是中联重科股份有限公司、福建龙马环卫装备股份有限公司、郑州宇通重工有限公司。其中，中联重科股份有限公司的市场占有率过半（51.0%）。2016 年清扫类产品主要生产企业市场占有率见图 2。

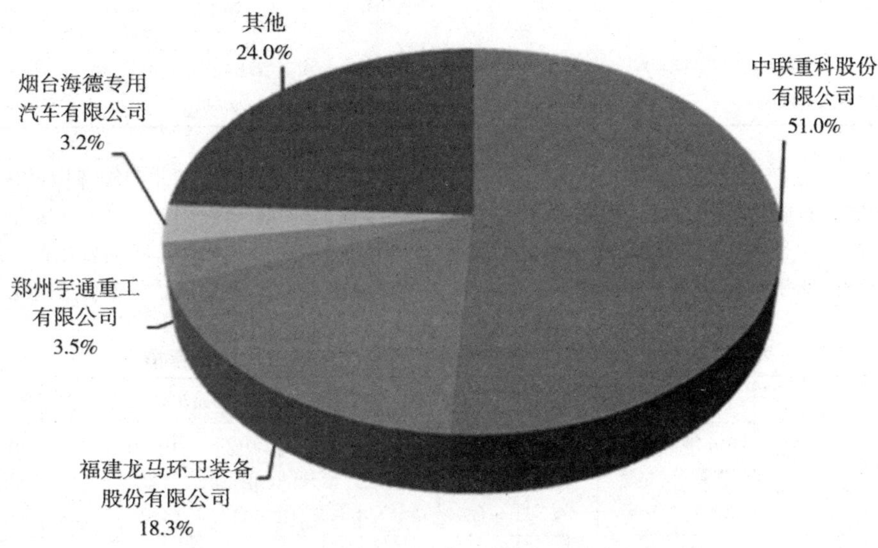

图 2　2016 年清扫类产品主要生产企业市场占有率

（5）清扫类产品主要生产企业销售情况。2016 年，清扫类产品主要生产企业中，销量增长较为突出的有湖北程力专用汽车有限公司、北京华林特装车有限公司和湖北合加环境设备有限公司等。2015—2016 年清扫类产品主要生产企业销售情况见表 4。

表 4　2015—2016 年清扫类产品主要生产企业销售情况

序号	企业名称	2016 年		2015 年		同比增长（%）
		销量（台）	市场占有率（%）	销量（台）	市场占有率（%）	
1	中联重科股份有限公司	4 548	51.0	3 760	52.4	21.0
2	福建龙马环卫装备股份有限公司	1 632	18.3	1 309	18.3	24.7
3	郑州宇通重工有限公司	310	3.5	285	4.0	8.8
4	烟台海德专用汽车有限公司	282	3.2	205	2.9	37.6
5	湖北程力专用汽车有限公司	240	2.7	103	1.4	133.0
6	北京华林特装车有限公司	203	2.3	25	0.3	712.0
7	北京天路通科技有限责任公司	156	1.8	327	4.6	-52.3
8	湖北合加环境设备有限公司	117	1.3	19	0.3	515.8
9	徐州工程机械集团有限公司	108	1.2	44	0.6	145.5

（续）

序号	企业名称	2016 年		2015 年		同比增长（%）
		销量（台）	市场占有率（%）	销量（台）	市场占有率（%）	
10	荆州华通汽车改装有限公司	102	1.1	133	1.9	-23.3
11	石家庄煤矿机械有限责任公司	101	1.1	37	0.5	173.0
12	上海沪光客车厂	99	1.1	68	0.9	45.6
13	肥乡县远达车辆制造有限公司	97	1.1	56	0.8	73.2
14	湖北江南专用特种汽车有限公司	70	0.8	22	0.3	218.2
15	河南森源重工有限公司	59	0.7	1		5 800.0
16	扬州盛达特种车有限公司	58	0.7	33	0.5	75.8
17	航天晨光股份有限公司	54	0.6	53	0.7	1.9
18	深圳东风汽车有限公司	53	0.6	45	0.6	17.8
19	中通汽车工业集团有限责任公司	49	0.5	41	0.6	19.5

（6）清扫类产品主要生产企业按产品种类销售情况。从销售数据看，除中联重科股份有限公司、福建龙马环卫装备股份有限公司各产品种类布局比较均衡外，其他各生产企业均有所侧重。如：郑州宇通重工有限公司、北京华林特装车有限公司、湖北合加环境设备有限公司等企业侧重于洗扫车产品研发生产；北京天路通科技有限责任公司等企业侧重于干式扫路车等研发生产。2015—2016 年清扫类产品主要生产企业按品种销售情况见表 5。

表 5　2015—2016 年清扫类产品主要生产企业按品种销售情况

序号	企业名称	洗扫车			扫路车（湿式）			扫路车（干式）			其他		
		2016 年销量（台）	2015 年销量（台）	同比增长（%）	2016 年销量（台）	2015 年销量（台）	同比增长（%）	2016 年销量（台）	2015 年销量（台）	同比增长（%）	2016 年销量（台）	2015 年销量（台）	同比增长（%）
1	中联重科股份有限公司	2 688	2 069	29.9	1 115	1 203	-7.3	651	425	53.2	94	63	49.2
2	福建龙马环卫装备股份有限公司	941	797	18.0	511	433	18.0	81	59	37.3	99	20	395.0
3	郑州宇通重工有限公司	232	98	136.7	21	11	90.9		2		57	174	-67.2
4	烟台海德专用汽车有限公司	146	82	78.1	105	107	-1.9	20	12	66.6	11	4	175.0
5	湖北程力专用汽车有限公司	47			191	102	87.3				2	4	-50.0
6	北京华林特装车有限公司	56	25	124.0							147		
7	北京天路通科技有限责任公司	6	1	500.0	26	4	550.0	73	99	-26.2	51	223	-77.1
8	湖北合加环境设备有限公司	111	19	484.2	6								
9	徐州工程机械集团有限公司	71	23	208.7	37	19	94.7		2				
10	荆州华通汽车改装有限公司	20	7	185.7	78	121	-35.5	3			1	5	-80.0
11	石家庄煤矿机械有限责任公司	52	27	92.6	6	1	500.0				43	9	377.7
12	上海沪光客车厂				7	26	-73.1				92	42	119.1
13	肥乡县远达车辆制造有限公司	63	32	96.8	2	13	-84.6	9	4	125.0	23	7	228.6
14	湖北江南专用特种汽车有限公司	21	5	320.0	46	12	283.3				3	5	-40.0
15	河南森源重工有限公司	58	1	5 700.0	1								
16	扬州盛达特种车有限公司	20	5	300.0	38	28	35.7						
17	航天晨光股份有限公司	20	12	66.7	34	41	-17.1						

（续）

序号	企业名称	洗扫车			扫路车（湿式）			扫路车（干式）			其他		
		2016 年销量（台）	2015 年销量（台）	同比增长（%）	2016 年销量（台）	2015 年销量（台）	同比增长（%）	2016 年销量（台）	2015 年销量（台）	同比增长（%）	2016 年销量（台）	2015 年销量（台）	同比增长（%）
18	深圳东风汽车有限公司	12	11	9.1		2					41	32	28.1
19	中通汽车工业集团有限责任公司	43	39	10.3	6	2	200.0						

（7）清扫类产品主要生产企业按总质量销售情况。2015—2016 年清扫类产品主要生产企业按产品总质量销售情况见表 6。

表 6　2015—2016 年清扫类产品主要生产企业按产品总质量销售情况　（销量单位：台）

序号	企业名称	2 ～ 4t			5 ～ 9t			10 ～ 11t			12 ～ 18t			18t 以上		
		2016 年销量	2015 年销量	同比增长（%）	2016 年销量	2015 年销量	同比增长（%）	2016 年销量	2015 年销量	同比增长（%）	2016 年销量	2015 年销量	同比增长（%）	2016 年销量	2015 年销量	同比增长（%）
1	中联重科股份有限公司	246	144	70.8	1 143	1 079	5.9	299	357	-16.3	2 754	2 046	34.6	106	134	-20.9
2	福建龙马环卫装备股份有限公司	97	29	234.5	494	417	18.5	190	237	-19.8	834	615	35.6	17	11	54.5
3	郑州宇通重工有限公司				108	125	-13.6	30	19	57.8	172	141	21.9			
4	烟台海德专用汽车有限公司	7	1	600.0	128	79	62.0	47	28	67.8	81	91	-10.9	19	6	216.6
5	湖北程力专用汽车有限公司	1	2	-50.0	44	58	-24.1				35	43	-18.6			
6	北京华林特装车有限公司										203	25	712.0			
7	北京天路通科技有限责任公司				44	226	-80.5	14	6	133.3	98	95	3.2			
8	湖北合加环境设备有限公司				5			31	4	675.0	81	15	440.0			
9	徐州工程机械集团有限公司				29	15	93.3	10	4	150.0	69	25	176.0			
10	荆州华通汽车改装有限公司				82	126	-34.9				20	7	185.7			
11	石家庄煤矿机械有限责任公司	2	1	100.0	31	3	933.3				68	33	106.0			
12	上海沪光客车厂	2			36	38	-5.3				61	30	103.3			
13	肥乡县远达车辆制造有限公司				10	21	-52.4	2			85	35	142.8			
14	湖北江南专用特种汽车有限公司	1			53	22	140.9				16					
15	河南森源重工有限公司				3						56	1	5 500.0			
16	扬州盛达特种车有限公司				14	10	40.0	3			41	23	78.3			
17	航天晨光股份有限公司				23	20	15.0	1	1	0	30	32	-6.3			
18	深圳东风汽车有限公司	41	32	28.1	3	1	200.0				9	12	-25.0			
19	中通汽车工业集团有限责任公司	5	2	150.0	6	1	500.0	7	2	250.0	31	36	-13.8			

（8）清扫类产品各省、市、自治区销售情况。2016 年，清扫类产品销量过 1 000 台的省份只有河南；销量在 500 ～ 1 000 台的有河北、山东、江苏、广东，销量在 299 ～ 500 台的有浙江、安徽、上海、北京。部分省、市、自治区出现销量下降的情况，其中天津降幅较大，达 75.6%。销量增长的地区中，宁夏增幅较大，达 278%，内蒙古和山西次之。2015—2016 年清扫类产品按省份销售情况见表 7。

表 7　2015—2016 年清扫类产品按省份销售情况

省份	2016 年		2015 年		同比增长（%）
	销量（台）	占比（%）	销量（台）	占比（%）	
河南	1 210	13.6	539	7.5	124.5
河北	905	10.2	507	7.1	78.5

（续）

省份	2016 年		2015 年		同比增长（%）
	销量（台）	占比（%）	销量（台）	占比（%）	
山东	739	8.3	643	8.9	14.9
江苏	688	7.7	666	9.3	3.3
广东	655	7.4	643	8.9	1.8
浙江	431	4.8	426	5.9	1.2
安徽	377	4.2	195	2.7	93.3
上海	312	3.5	125	1.7	149.6
北京	299	3.4	337	4.7	-11.3
内蒙古	279	3.1	100	1.4	179.0
陕西	264	2.9	152	2.1	73.7
湖北	257	2.8	164	2.3	56.7
贵州	206	2.3	183	2.5	12.5
山西	191	2.1	73	1.0	161.6
宁夏	189	2.1	50	0.7	278.0
吉林	178	2.0	117	1.6	52.1
天津	176	1.9	724	10.1	-75.6
四川	173	1.9	166	2.3	4.2
福建	163	1.8	217	3.0	-24.8
重庆	150	1.6	169	2.3	-11.2
湖南	148	1.6	106	1.5	39.6
辽宁	138	1.5	163	2.3	-15.3
海南	134	1.5	57	0.8	135.0
新疆	115	1.2	149	2.1	-22.8
云南	105	1.2	113	1.6	-7.1
广西	102	1.14	75	1.1	36.0
甘肃	90	1.01	109	1.5	-17.4
江西	90	1.01	91	1.3	-1.1
黑龙江	67	0.75	59	0.8	13.5
青海	63	0.71	43	0.6	46.5
西藏	16	0.18	10	0.1	60.0

二、清洗类产品

1. 生产发展情况

清洗类产品分为洒水车（低压清洗车）、高压清洗车、路面养护车、绿化喷洒车（抑尘车）等，具有运水、洒水、高低压冲洗、雾化喷洒等功能，适合于各种路面冲洗，树木、绿化带浇灌，局部抑尘降温等作业。从近几年的市场销售情况来看，清洗类产品销量增长趋势明显。

2. 市场销售情况

（1）清洗类产品总体销售情况。2016 年，清洗类产品（含燃油、天然气、纯电动产品）总销量为 19 474 台，较上年增长 30.8%。

（2）清洗类产品月度销售情况。从 2016 年各月销售数据来看，3—6 月、10—12 月销量比较突出，12 月有明显年底冲刺的情况。与清扫类产品类似，与 2015 年相比，清洗类产品 3 月的销量增长也非常明显。2015—2016 年清洗车类产品月度销售情况见图 3。

（3）清洗类产品销量构成。按产品种类统计，清洗类产品销量最高的是洒水车，占总销量的 66.8%。绿化喷洒车（抑尘车）居于第二位，销量占比为 15.6%。绿化喷洒车和多功能抑尘车增长迅猛，比 2015 年增长 342.2%。高压清洗车和路面养护车增幅紧随其后，分别增长 48.2% 和 26.5%。2015—2016 年清洗类产品按品种销售情况见表 8。

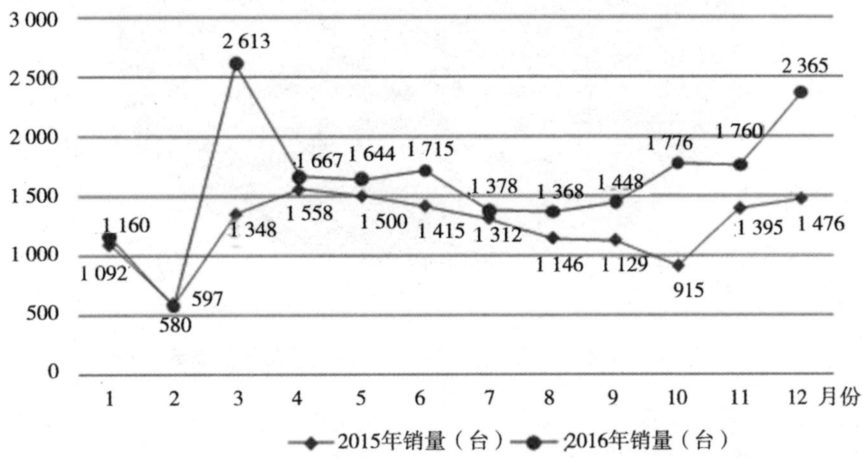

图 3　2015—2016 年清洗类产品月度销售情况

表 8　2015—2016 年清洗类产品按品种销售情况

产品类别	2016 年		2015 年		同比增长（%）
	销量（台）	占比（%）	销量（台）	占比（%）	
洒水车	13 015	66.8	11 686	78.5	11.4
绿化喷洒车	3 042	15.6	688	4.6	342.2
路面养护车	1 759	9.0	1 390	9.3	26.6
高压清洗车	1 658	8.5	1 119	7.5	48.2

按车辆总质量统计，2016 年，清洗类产品销量最大的是 12 ～ 18t 产品，销售占比为 55.2%。其次为 18t 以上和 5 ～ 9t 产品，分别占 13.9% 和 13.0%，销量最少的为 10 ～ 11t 产品。2016 年，10 ～ 11t 产品同比增长 58.0%，12 ～ 18t 和 18t 以上产品也实现了 30% 以上的增长。2015—2016 年清洗类产品按产品总质量统计销售情况见表 9。

表 9　2015—2016 年清洗类产品按产品总质量统计销售情况

产品吨位	2016 年		2015 年		同比增长（%）
	销量（台）	占比（%）	销量（台）	占比（%）	
2 ～ 4t	2 142	11.0	1 678	11.3	27.7
5 ～ 9t	2 537	13.0	2 283	15.3	11.1
10 ～ 11t	1 345	6.9	851	5.7	58.0
12 ～ 18t	10 747	55.2	8 076	54.3	33.1
18t 以上	2 703	13.9	1 995	13.4	35.5

（4）清洗类产品主要生产企业市场占有率。2016 年，清洗类产品销量列前三位的生产企业分别是中联重科股份有限公司、湖北程力专用汽车有限公司、福建龙马环卫装备股份有限公司。2016 年清洗类产品主要生产企业市场占有率见图 4。

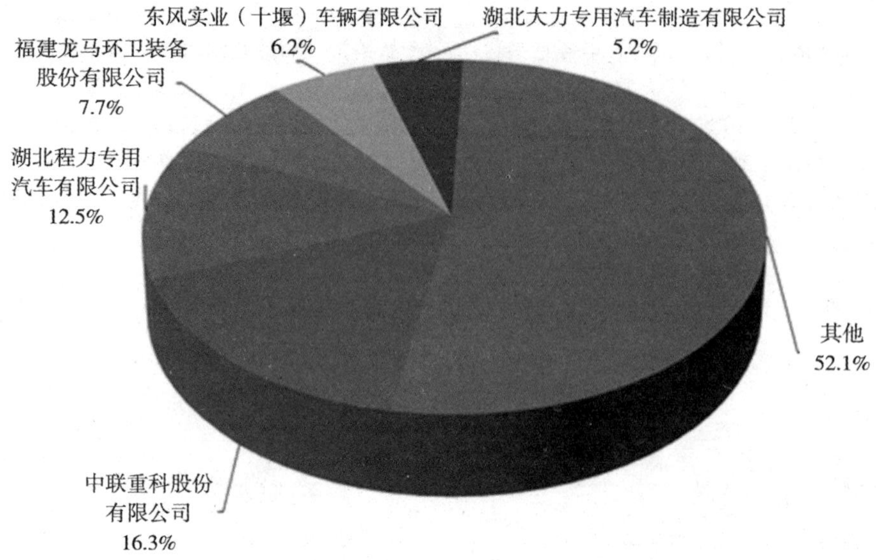

图 4　2016 年清洗类产品主要生产企业市场占有率

（5）清洗类产品主要生产企业销售情况。各主要生产企业中，销量增幅较为突出的生产企业有程力专用汽车股份有限公司、东风汽车公司、湖北大力专用汽车制造有限公司等。2015—2016 年清洗类产品主要生产企业销售情况见表 10。

表 10　2015—2016 年清洗类产品主要生产企业销售情况

序号	企业名称	2016 年		2015 年		同比增长（%）
		销量（台）	市场占有率（%）	销量（台）	市场占有率（%）	
1	中联重科股份有限公司	3 178	16.3	2 542	17.1	25.0
2	湖北程力专用汽车有限公司	2 429	12.5	2 647	17.8	-8.2
3	福建龙马环卫装备股份有限公司	1 499	7.7	1 031	6.9	45.4
4	东风实业（十堰）车辆有限公司	1 206	6.2	1 296	8.7	-6.9
5	湖北大力专用汽车制造有限公司	1 008	5.2	234	1.6	330.8
6	东风汽车公司	878	4.5	36	0.2	2 338.9
7	程力专用汽车股份有限公司	815	4.2	16	0.1	4 993.8
8	随州市东正专用汽车有限公司	744	3.8	773	5.2	-3.8
9	湖北合力专用汽车制造有限公司	699	3.6	557	3.7	25.5
10	湖北润力专用汽车有限公司	676	3.5	503	3.4	34.4
11	深圳东风汽车有限公司	621	3.2	583	3.9	6.5
12	湖北新中绿专用汽车有限公司	572	2.9	517	3.5	10.6
13	中国重汽集团济南专用车有限公司	449	2.3	431	2.9	4.2
14	航天晨光股份有限公司	277	1.4	174	1.2	59.2
15	郑州宇通重工有限公司	251	1.3	328	2.2	-23.5
16	北汽福田汽车股份有限公司	226	1.2	96	0.6	135.4
17	武汉市汉福专用车有限公司	196	1.0	232	1.6	-15.5
18	湖北成龙威专用汽车有限公司	189	1.0	113	0.8	67.3
19	湖北合加环境设备有限公司	180	0.9	61	0.4	195.1

（6）清洗类产品主要生产企业按产品种类销售情况。从销售数据来看，除中联重科股份有限公司、福建龙马环卫装备股份有限公司等生产企业在各产品种类上布局较为均衡。湖北大力专用汽车制造有限公司、程力专用汽车股份有限公司在绿化喷洒车和多功能抑尘车上发力甚多。而东风汽车公司的洒水车销量上升非常明显。2015—2016 年清洗类产品主要生产企业按品种销售情况见表 11。

表 11　2015—2016 年清洗类产品主要生产企业按品种销售情况

序号	企业名称	洒水车			绿化喷洒车（抑尘车）			路面养护车			高压清洗车		
		2016 年销量（台）	2015 年销量（台）	同比增长（%）	2016 年销量（台）	2015 年销量（台）	同比增长（%）	2016 年销量（台）	2015 年销量（台）	同比增长（%）	2016 年销量（台）	2015 年销量（台）	同比增长（%）
1	中联重科股份有限公司	1 272	1 259	1.0	261	94	177.7	767	508	51.0	878	681	28.9
2	湖北程力专用汽车有限公司	2 312	2 570	-10.0	64	41	56.1	31	14	121.4	22	22	0
3	福建龙马环卫装备股份有限公司	511	476	7.4	118	57	107.0	428	248	72.6	442	250	76.8
4	东风实业（十堰）车辆有限公司	1 206	1 296	-6.9									
5	湖北大力专用汽车制造有限公司	368	225	63.6	640	9	7 011.1						
6	东风汽车公司	846	27	3 033.3	28			4	9	-55.6			
7	程力专用汽车股份有限公司	304	15	1 926.7	488	1	48 700.0	23					
8	随州市东正专用汽车有限公司	554	749	-26.0	180	15	1 100.0				10	9	11.1
9	湖北合力专用汽车制造有限公司	605	492	23.0	94	63	49.2					2	
10	湖北润力专用汽车有限公司	492	446	10.3	184	57	222.8						
11	深圳东风汽车有限公司	603	577	4.5				10			8	6	33.3
12	湖北新中绿专用汽车有限公司	471	486	-3.1	101	31	225.8						
13	中国重汽集团济南专用车有限公司	414	413	0.2	35	18							
14	航天晨光股份有限公司	193	152	27.0	5	1	400.0	39	7	457.1	40	14	185.7
15	郑州宇通重工有限公司	121	99	22.2	17			44	158	-72.2	69	71	-2.8
16	北汽福田汽车股份有限公司	107	89	20.2	26	3	766.7	93	4				
17	武汉市汉福专用车有限公司	108	162	-33.3	63	28	125.0	24	42	-42.9	1		
18	湖北成龙威专用汽车有限公司	132	106	24.5	57	7	714.3						
19	湖北合加环境设备有限公司	99	24	312.5				80	37	116.2	1		

（7）清洗类产品主要生产企业按总质量销售情况。2015—2016 年清洗类产品主要生产企业按产品总质量统计销售情况见表 12。

表 12　2015—2016 年清洗类产品主要生产企业按产品总质量统计销售情况

序号	企业名称	2 ～ 4t			5 ～ 9t			10 ～ 11t			12 ～ 18t			18t 以上		
		2016 年销量（台）	2015 年销量（台）	同比增长（%）	2016 年销量（台）	2015 年销量（台）	同比增长（%）	2016 年销量（台）	2015 年销量（台）	同比增长（%）	2016 年销量（台）	2015 年销量（台）	同比增长（%）	2016 年销量（台）	2015 年销量（台）	同比增长（%）
1	中联重科股份有限公司	767	508	51.0	96	110	-12.7	16	7	128.6	1 779	1 568	13.5	520	349	49.0
2	湖北程力专用汽车有限公司	117	62	88.7	639	801	-20.2	428	388	10.3	1 027	1 170	-12.2	218	226	-3.5
3	福建龙马环卫装备股份有限公司	428	248	72.6	69	22	213.6	3	6	-50.0	713	534	33.5	286	221	29.4
4	东风实业（十堰）车辆有限公司										1 090	1 191	-8.5	116	105	10.5

（续）

序号	企业名称	2～4t			5～9t			10～11t			12～18t			18t 以上		
		2016 年销量（台）	2015 年销量（台）	同比增长（%）	2016 年销量（台）	2015 年销量（台）	同比增长（%）	2016 年销量（台）	2015 年销量（台）	同比增长（%）	2016 年销量（台）	2015 年销量（台）	同比增长（%）	2016 年销量（台）	2015 年销量（台）	同比增长（%）
5	湖北大力专用汽车制造有限公司		1		45	26	73.1	6	19	-68.4	930	183	408.2	27	5	440.0
6	东风汽车公司	5	10	-50.0	50	3	1 566.7	71			736	23	3 100.0	16		
7	程力专用汽车股份有限公司	35			161	2	7 950.0	163			382	8	4 675.0	74	6	1 133.3
8	随州市东正专用汽车有限公司	4	10	-60.0	159	197	-19.3	88	89	-1.1	381	406	-6.2	112	71	57.7
9	湖北合力专用汽车制造有限公司	58	31	87.1	440	333	32.1	45	41	9.8	129	112	15.2	27	40	-32.5
10	湖北润力专用汽车有限公司				45	27	66.7	13	3	333.3	536	458	17.0	82	15	446.7
11	深圳东风汽车有限公司	12	10	20.0	37	36	2.8	231	139	66.2	323	382	-15.4	18	16	12.5
12	湖北新中绿专用汽车有限公司	74	29	155.2	107	48	122.9	77	83	-7.2	290	302	-4.0	24	55	-56.4
13	中国重汽集团济南专用车有限公司	3	12	-75.0	41	60	-31.7	10			141	143	-1.4	254	216	17.6
14	航天晨光股份有限公司	39	7	457.1	14	19	-26.3	4			196	125	56.8	24	23	4.3
15	郑州宇通重工有限公司	44	158	-72.2							168	142	18.3	39	28	39.3
16	北汽福田汽车股份有限公司	115	27	325.9	42	56	-25.0				65	13	400.0	4		
17	武汉市汉福专用车有限公司	26	43	-39.5	44	22	100.0	3	1	200.0	95	133	-28.6	28	33	-15.2
18	湖北成龙威专用汽车有限公司				43	31	38.7	11	5	120.0	73	38	92.1	62	39	59.0
19	湖北合加环境设备有限公司	80	37	116.2	20	2	900.0				34	15	126.7	46	7	557.1

（8）清洗类产品各省、市、自治区销售情况。2016 年，清洗类产品销量在 1 500 台以上的有河南、湖北；销量为 1 000 ～ 1 500 台的有山东、江苏、广东、河北；销量为 500 ～ 1 000 台的有浙江、安徽、贵州、湖南、陕西、四川、云南、甘肃、福建、辽宁。

2016 年，大部分省、市、自治区清洗类产品销量有所增长。其中，增长最快的省份为宁夏，增长 169.4%，其次为安徽和河南，增幅均在 100% 以上。部分省份出现负增长，天津降幅最大，降幅为 46.8%，其次为吉林和重庆，降幅分别为 7.6% 和 6.4%。2015—2016 年清洗类产品按省份销售情况见表 13。

表 13　2015—2016 年清洗类产品按省份销售情况

省份	2016 年		2015 年		同比增长（%）
	销量（台）	占比（%）	销量（台）	占比（%）	
河南	1 879	9.6	792	5.3	137.2
湖北	1 746	9.0	1 104	7.4	58.2
山东	1 310	6.7	1 150	7.7	13.9
江苏	1 178	6.0	858	5.8	37.3

（续）

省份	2016 年		2015 年		同比增长（%）
	销量（台）	占比（%）	销量（台）	占比（%）	
广东	1 127	5.8	1 134	7.6	-0.6
河北	1 013	5.2	861	5.8	17.7
浙江	878	4.5	842	5.7	4.3
安徽	835	4.3	345	2.3	142.0
贵州	805	4.1	542	3.6	48.5
湖南	775	4.0	602	4.0	28.7
陕西	767	3.9	601	4.0	27.6
四川	697	3.6	645	4.3	8.1
云南	568	2.9	460	3.1	23.5
甘肃	535	2.7	349	2.3	53.3
福建	507	2.6	449	3.0	12.9
辽宁	502	2.6	430	2.9	16.7
广西	466	2.4	296	2.0	57.4
重庆	436	2.2	466	3.1	-6.4
新疆	370	1.9	353	2.4	4.8
山西	361	1.9	231	1.6	56.3
内蒙古	341	1.8	227	1.5	50.2
天津	298	1.5	560	3.8	-46.8
北京	294	1.5	260	1.7	13.1
吉林	279	1.4	302	2.0	-7.6
黑龙江	275	1.4	254	1.7	8.3
江西	271	1.4	247	1.7	9.7
上海	249	1.3	162	1.1	53.7
西藏	207	1.1	88	0.6	135.2
海南	198	1.0	101	0.7	96.0
宁夏	167	0.9	62	0.4	169.4
青海	140	0.7	110	0.7	27.3

三、垃圾收运类产品

1. 生产发展情况

垃圾车是指专门用于市政环卫部门运送各种垃圾的一种专用车辆。按结构形式和垃圾种类划分，可分为车厢可卸式垃圾车、压缩式垃圾车、压缩式对接垃圾车（含自卸式垃圾车）、自装卸式垃圾车、桶装垃圾车、摆臂式垃圾车及餐厨垃圾车。

2016 年，从事垃圾收运类专用车研发制造的企业已经达到 192 家，竞争十分激烈。其中，凭借收集方便、密闭性好、装载能力强，能适应城市和城郊各种道路运输条件的特点，车厢可卸式垃圾车和压缩式垃圾车增长较多。随着人们对生活环境的要求越来越高，密闭式垃圾车的需求会越来越大。

2. 市场销售情况

（1）垃圾收运类产品总体销售情况。2016 年，垃圾收运类产品（含燃油、天然气、纯电动产品）销量达 26 855 台，较上年增长 21.9%。

（2）垃圾收运类产品月度销售情况。2016 年，垃圾收运类产品各月销售情况呈明显“W”型。2 月以及 10 月是销量低谷期，12 月是销售高峰。但 3 月份销量较上年增长迅猛。2015—2016 年垃圾收运类产品月度销售情况见图 5。

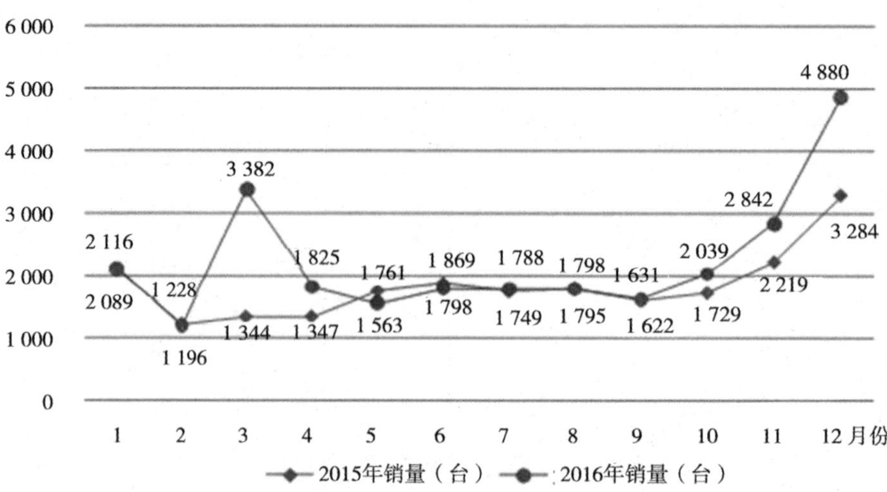

图 5　2015—2016 年垃圾收运类产品月度销售情况

（3）垃圾收运类产品销量构成。2016 年，位居销量前三位的垃圾收运类产品是车厢可卸式垃圾车、压缩式垃圾车、自卸式垃圾车，分别占比 34.8%、28.8% 和 13.9%。除摆臂式垃圾车外，各主要种类的垃圾收运车在 2016 年均有不同幅度的增长。但自卸式垃圾车（含压缩式对接垃圾车）的增长幅度明显低于其他车型，结合近年的销售数据看，其市场已逐步被其他种类产品所取代。2015—2016 年垃圾收运类产品按品种销售情况见表 14。

表 14　2015—2016 年垃圾收运类产品按品种销售情况

产品类别	2016 年		2015 年		同比增长（%）
	销量（台）	占比（%）	销量（台）	占比（%）	
车厢可卸式垃圾车	9 354	34.8	7 422	33.7	26.0
压缩式垃圾车	7 722	28.8	6 627	30.1	16.5
压缩式对接垃圾车（ZDJ/ZLJ）	3 738	13.9	3 421	15.5	9.3
自装卸式垃圾车	3 719	13.8	2 696	12.2	37.9
桶装垃圾车	1 017	3.8	654	3.0	55.5
餐厨垃圾车	786	2.9	555	2.5	41.6
摆臂式垃圾车	519	1.9	660	3.0	-21.4

按产品总质量统计，2016 年，垃圾收运类产品销量最高的是 1 ～ 4t 产品，占总销量的 35.7%；5 ～ 9t 和 12 ～ 18t 的销量依次排名第二位和第三位。2015—2016 年垃圾收运类产品按产品总质量统计销售情况见表 15。

表 15　2015—2016 年垃圾收运类产品按产品总质量统计销售情况

产品吨位	2016 年		2015 年		同比增长（%）
	销量（台）	占比（%）	销量（台）	占比（%）	
1 ～ 4t	9 587	35.7	7 816	35.5	22.7
5 ～ 9t	7 162	26.7	5 924	26.9	20.9
10 ～ 11t	766	2.9	632	2.9	21.2
12 ～ 18t	6 694	24.9	5 744	26.1	16.5
18t 以上	2 646	9.9	1 919	8.7	37.9

（4）垃圾收运类产品主要生产企业市场占有率。2016 年，垃圾收运类产品销量排名前三位的生产企业分别是中联重科股份有限公司、福建龙马环卫装备股份有限公司、湖北程力专用汽车有限公司。2016 年垃圾收运类产品主要生产企业市场占有率见图 6。

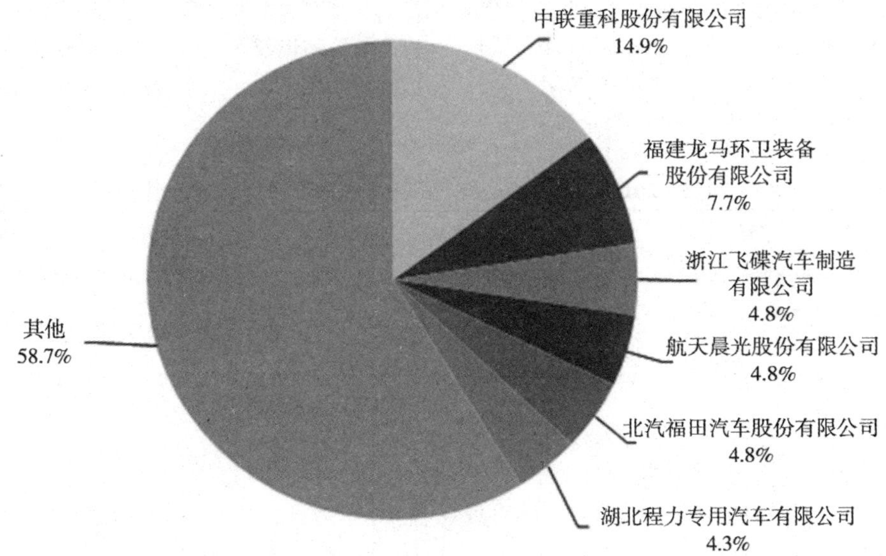

图 6　2016 年垃圾收运类产品主要生产企业市场占有率

（5）垃圾收运类产品主要生产企业销售情况。2016 年，由于垃圾收运类产品市场需求上升，大多数生产企业产品销量均有增长。其中，浙江飞碟汽车制造有限公司、北汽福田汽车股份有限公司、烟台海德专用汽车股份有限公司、湖北程力专用汽车股份有限公司等生产企业增幅明显。2015—2016 年垃圾收运类产品主要生产企业销售情况见表 16。

表 16　2015—2016 年垃圾收运类产品主要生产企业销售情况

序号	企业名称	2016 年		2015 年		同比增长（%）
		销量（台）	市场占有率（%）	销量（台）	市场占有率（%）	
1	中联重科股份有限公司	3 999	14.9	3 820	17.1	4.7
2	福建龙马环卫装备股份有限公司	2 070	7.7	1 651	7.4	25.4
3	浙江飞碟汽车制造有限公司	1 300	4.8	581	2.6	123.8
4	航天晨光股份有限公司	1 283	4.8	982	4.4	30.7
5	北汽福田汽车股份有限公司	1 283	4.8	774	3.5	65.8
6	湖北程力专用汽车有限公司	1 160	4.3	1 153	5.2	0.6
7	烟台海德专用汽车股份有限公司	967	3.6	584	2.6	65.6
8	随州市东正专用汽车有限公司	935	3.5	550	2.5	70.0
9	程力专用汽车股份有限公司	661	2.5	40	0.2	1 552.5
10	重庆耐德新民和工业有限公司	659	2.5	497	2.2	32.6
11	深圳东风汽车有限公司	511	1.9	406	1.8	25.9
12	徐州工程机械集团有限公司	507	1.9	426	1.9	19.0
13	湖北楚胜专用汽车有限公司	458	1.7	388	1.7	18.0
14	湖北新中绿专用汽车有限公司	457	1.7	311	1.4	46.9
15	湖北合力专用汽车制造有限公司	451	1.7	345	1.5	30.7
16	青岛中集环境保护设备有限公司	441	1.6	422	1.9	4.5
17	北京华林特装车有限公司	361	1.3	227	1.0	59.0
18	湖北合加环境设备有限公司	318	1.2	93	0.4	241.9
19	江苏悦达专用车有限公司	291	1.1	418	1.9	-30.4

（6）垃圾收运类产品主要生产企业按产品种类销售情况。2016 年，车厢可卸式垃圾车增幅排名前三位的分别是程力专用汽车股份有限公司、北京华林特装车有限公司、浙江飞碟汽车制造有限公司。压缩式垃圾车销量排名前三位的分别是中联重科股份有限公司、福建龙马环卫装备股份有限公司以及航天晨光股份有限公司。2015—2016 年垃圾收运类产品主要生产企业按品种销售情况见表 17。

表 17　2015—2016 年垃圾收运类产品主要生产企业按品种销售情况

序号	企业名称	车厢可卸式垃圾车			压缩式垃圾车			自卸式垃圾车			自装卸式垃圾车			其他		
		2016 年销量（台）	2015 年销量（台）	同比增长（%）	2016 年销量（台）	2015 年销量（台）	同比增长（%）	2016 年销量（台）	2015 年销量（台）	同比增长（%）	2016 年销量（台）	2015 年销量（台）	同比增长（%）	2016 年销量（台）	2015 年销量（台）	同比增长（%）
1	中联重科股份有限公司	834	821	1.6	2 215	1 976	12.1	187	701	-73.3	248	167	48.5	379	155	144.5
2	福建龙马环卫装备股份有限公司	378	260	45.4	891	902	-1.2	78	171	-54.4	81	79	2.5	522	239	118.4
3	浙江飞碟汽车制造有限公司	204	41	397.6	19	3	533.3				1 055	536	96.8	22	1	2 100.0
4	北汽福田汽车股份有限公司	705	380	85.5	149	14	964.3	84	22	281.8	298	325	-8.3	45	33	36.4
5	航天晨光股份有限公司	193	213	-9.4	677	519	30.4	95	156	-39.1	63	43	46.5	137	51	168.6
6	湖北程力专用汽车有限公司	279	295	-5.4	280	264	6.1	215	206	4.4	191	226	-15.5	147	162	-9.3
7	烟台海德专用汽车有限公司	526	342	53.8	2			139	47	195.7				279	195	43.1
8	随州市东正专用汽车有限公司	270	179	50.8	54	48	12.5	128	153	-16.3	140	44	218.2	250	126	98.4
9	程力专用汽车股份有限公司	363	10	3 530.0	158	1	15 700.0	5	3	66.7	83	2	4 050.0	26	24	8.3
10	重庆耐德新明和工业有限公司	472	375	25.9	97	61	59.0	56	17	229.4				34	44	-22.7
11	深圳东风汽车有限公司	296	197	50.3	139	75	85.3	20	32	-37.5	2	17	-88.2	51	82	-37.8
12	徐州工程机械集团有限公司	285	286	-0.4	155	108	43.5	50	30	66.7	2	2	0.0	2		
13	湖北楚胜专用汽车有限公司	68	53	28.3	260	242	7.4	26	31	-16.1	69	26	165.4	28	36	-22.2
14	湖北新中绿专用汽车有限公司	84	49	71.4	118	114	3.5	33	7	371.4	133	46	189.1	73	95	-23.2
15	湖北合力专用汽车制造有限公司	151	138	9.4	95	74	28.4	56	23	143.5	84	57	47.4	7	53	-86.8
16	青岛中集环境保护设备有限公司	33	19	73.7	403	384	5.0				5	3	66.7		16	
17	北京华林特装车有限公司	95	17	458.8	223	174	28.2		10		1	5	-80.0	15	20	-25.0
18	湖北合加环境设备有限公司	165	71	132.4	68	4	1 600.0		4		37	14	164.3	43		
19	江苏悦达专用车有限公司	30	42	-28.6	176	178	-1.1	11	4	175.0	50	148	-66.2	15	46	-67.4

（7）垃圾收运类产品主要生产企业按总质量销售情况。2015—2016 年垃圾收运类产品主要生产企业按产品总质量统计销售情况见表 18。

表 18　2015—2016 年垃圾收运类产品主要生产企业按产品总质量统计销售情况

序号	企业名称	1～4t			5～9t			10～11t			12～18t			18t 以上		
		2016 年销量（台）	2015 年销量（台）	同比增长（%）	2016 年销量（台）	2015 年销量（台）	同比增长（%）	2016 年销量（台）	2015 年销量（台）	同比增长（%）	2016 年销量（台）	2015 年销量（台）	同比增长（%）	2016 年销量（台）	2015 年销量（台）	同比增长（%）
1	中联重科股份有限公司	888	1 068	-16.9	932	810	15.1	128	91	40.7	1 575	1 386	13.6	476	465	2.4
2	福建龙马环卫装备股份有限公司	772	488	58.2	513	551	-6.9	17	17	0.0	591	507	16.6	173	88	96.6
3	浙江飞碟汽车制造有限公司	267	85	214.1	999	487	105.1	15	1	1 400.0	10	4	150.0	9	4	125.0
4	北汽福田汽车股份有限公司	999	715	39.7	206	42	390.5				66	17	288.2	10		
5	航天晨光股份有限公司	108	148	-27.0	538	375	43.5				585	402	45.5	52	57	-8.8
6	湖北程力专用汽车有限公司	182	229	-20.5	541	528	2.5	42	50	-16.0	368	318	15.7	25	28	-10.7
7	烟台海德专用汽车有限公司	288	83	247.0	145	161	-9.9	118	60	96.7	222	121	83.5	194	159	22.0
8	随州市东正专用汽车有限公司	456	206	121.4	152	108	40.7	37	59	-37.3	288	177	62.7	2		
9	程力专用汽车股份有限公司	391	14	2 692.9	131	10	1 210.0	1	1	0	138	15	820.0			
10	重庆耐德新明和工业有限公司	284	198	43.4	165	137	20.4	41	32	28.1	66	51	29.4	103	79	30.4
11	深圳东风汽车有限公司	209	114	83.3	59	36	63.9	5	9	-44.4	142	100	42.0	95	143	-33.6
12	徐州工程机械集团有限公司	252	284	-11.3	83	60	38.3				111	63	76.2	58	1	5 700.0
13	湖北楚胜专用汽车有限公司	108	55	96.4	201	195	3.1	57	48	18.8	85	90	-5.6			
14	湖北新中绿专用汽车有限公司	88	46	91.3	132	83	59.0	38	17	123.5	178	165	7.9	13		
15	湖北合力专用汽车制造有限公司	189	169	11.8	151	82	84.1	13	20	-35.0	69	62	11.3	17	12	41.7
16	青岛中集环境保护设备有限公司	15	8	87.5	231	171	35.1	7	14	-50.0	150	222	-32.4	36	7	414.3
17	北京华林特装车有限公司	121	36	236.1	144	116	24.1				96	75	28.0			
18	湖北合加环境设备有限公司	133	62	114.5	103	17	505.9	14			40	8	400.0	28	6	366.7
19	江苏悦达专用车有限公司	32	32	0	176	310	-43.2	5			60	58	3.4	18	18	0

（8）垃圾收运类产品各省、市、自治区销售情况。2016年，垃圾收运类产品销量超过1 500台的有山东、江苏、湖北、广东，销量为1 000～1 500台的有湖南、河北、安徽、河南、贵州、重庆、浙江，销量为500～1 000台的有辽宁、陕西、福建、江西、天津、云南、四川、上海和北京。部分省、市、自治区出现销量下降的情况，其中吉林降幅最大，达 54.8%；销量增幅最大的是内蒙古，达到 115.1%，贵州、河北次之。2015—2016 年垃圾收运类产品按省份销售情况见表 19。

表 19　2015—2016 年垃圾收运类产品按省份销售情况

省份	2016 年		2015 年		同比增长（%）
	销量（台）	占比（%）	销量（台）	占比（%）	
山东	2 141	8.0	2 403	10.9	-10.9
江苏	2 011	7.5	1 803	8.2	11.5
湖北	1 908	7.1	1 381	6.3	38.2
广东	1 834	6.8	1 856	8.4	-1.2
浙江	1 446	5.4	1 310	5.9	10.4
贵州	1 372	5.1	661	3.0	107.6
河北	1 271	4.7	649	2.9	95.8
重庆	1 205	4.5	839	3.8	43.6
安徽	1 088	4.1	595	2.7	82.9
湖南	1 074	4.0	613	2.8	75.2
河南	1 045	3.9	829	3.8	26.1
上海	976	3.6	630	2.9	54.9
辽宁	860	3.2	713	3.2	20.6
江西	847	3.2	695	3.2	21.9
福建	798	3.0	652	3.0	22.4
陕西	775	2.9	499	2.3	55.3
云南	739	2.8	710	3.2	4.1
四川	717	2.7	718	3.3	-0.1
天津	590	2.2	379	1.7	55.7
北京	538	2.0	647	2.9	-16.9
内蒙古	484	1.8	225	1.0	115.1
山西	473	1.8	565	2.6	-16.3
广西	439	1.6	471	2.1	-6.8
新疆	423	1.6	360	1.6	17.5
黑龙江	417	1.6	245	1.1	70.2
甘肃	413	1.5	283	1.3	45.9
海南	354	1.3	386	1.8	-8.3
吉林	264	1.0	584	2.7	-54.8
青海	154	0.6	129	0.6	19.4
西藏	108	0.4	119	0.5	-9.2
宁夏	91	0.3	86	0.4	5.8

四、市政类产品

1. 生产发展情况

在市政与环卫机械行业，市政类产品主要用于下水道管网疏通清洗、路面除冰雪等作业。与欧美发达国家相比，我国在下水道管网养护、路面除冰雪作业方面的重视度、资金技术投入和管理方式上还有一定差距。但随着下水道排水不畅带来的积水内涝、降雪带来的道路堵塞关闭等问题频发，将会迎来对市政类产品的高速增长需求。

2. 市场销售情况

（1）市政类产品总体销售情况。2016 年，市政类产品（含燃油、天然气、纯电动产品）总销量 5 437 台，较上年增长 7.4%。

（2）市政类产品月度销售情况。2016 年，市政类产品销量较为平稳，但在 3 月与 12 月出现小高峰。2015—2016 年市政类产品月度销售情况见图 7。

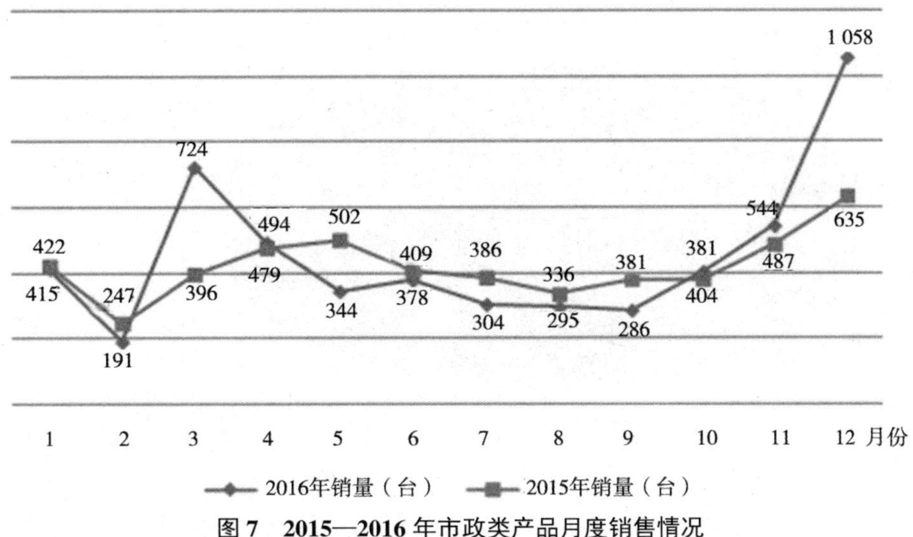

图 7　2015—2016 年市政类产品月度销售情况

（3）市政类产品销量构成。按产品种类统计，2016 年，市政类产品销售占比最大的是吸污车，占比达 35.8%。2016 年，除吸粪车销量出现下降外，其他种类产品均有不同幅度的增长，其中增幅最大的是吸污车，达 27.1%。2015—2016 年市政类产品按品种销售情况见表 20。

表 20　2015—2016 年市政类产品按品种销售情况

产品类别	2016 年		2015 年		同比增长（%）
	销量（台）	占比（%）	销量（台）	占比（%）	
吸污车	1 948	35.8	1 532	30.3	27.1
吸粪车	1 543	28.4	1 797	35.5	-14.1
下水道养护车	988	18.1	905	17.9	9.2
除雪车	958	17.6	827	16.3	15.8

2016 年，按车辆总质量统计，市政类产品销量较多的是 2 ～ 4t、5 ～ 9t、12 ～ 18t 产品。其中销量最多是 4t 与 7t 车辆，分别占各自总质量区间的 89.1% 和 68.0%。2016 年，市政类产品不同总质量之间销量呈现涨跌不一的态势，其中，10 ～ 11t、2 ～ 4t 销量增幅较大，5 ～ 9t 产品销量降幅明显。2015—2016 年市政类产品按产品总质量统计销售情况见表 21。

表 21　2015—2016 年市政类产品按产品总质量统计销售情况

产品吨位	2016 年		2015 年		同比增长（%）
	销量（台）	占比（%）	销量（台）	占比（%）	
2 ～ 4t	1 297	23.9	873	17.2	48.6
5 ～ 9t	1 563	28.7	1 896	37.5	-17.6
10 ～ 11t	568	10.4	349	6.9	62.8
12 ～ 18t	1 212	22.3	1 236	24.4	-1.9
18t 以上	797	14.7	707	14.0	12.7

（4）市政类产品主要生产企业市场占有率。市政类产品市场相对分散，2016 年销量排名前三位的企业分别是湖北合力专用汽车制造有限公司、随州市东正专用汽车有限公司、湖北五环专用汽车有限公司。2016 年市政类产品主要生产企业市场占有率见图 8。

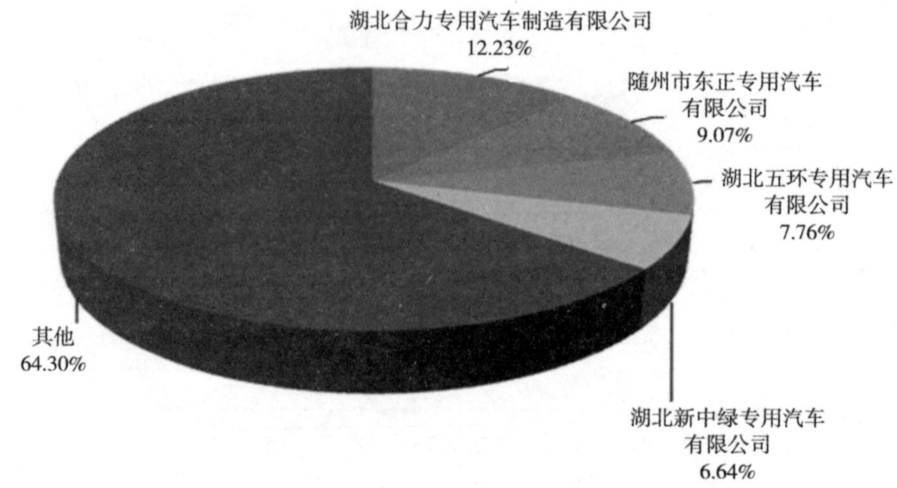

图 8　2016 年市政类产品主要生产企业市场占有率

（5）市政类产品主要生产企业销售情况。2016 年，市政类产品主要生产企业中，增长较为突出的有湖北五环专用汽车有限公司、程力专用汽车股份有限公司、湖北润力专用汽车有限公司等。2015—2016 年市政类产品主要生产企业销售情况见表 22。

表 22　2015—2016 年市政类产品主要生产企业销售情况

序号	企业名称	2016 年		2015 年		同比增长（%）
		销量（台）	市场占有率（%）	销量（台）	市场占有率（%）	
1	湖北合力专用汽车制造有限公司	665	12.2	649	12.8	2.5
2	随州市东正专用汽车有限公司	493	9.1	494	9.8	-0.2
3	湖北五环专用汽车有限公司	422	7.8	156	3.1	170.5
4	湖北新中绿专用汽车有限公司	361	6.6	388	7.7	-7.0
5	湖北程力专用汽车有限公司	318	5.8	509	10.1	-37.5
6	鞍山森远路桥股份有限公司	308	5.7	230	4.5	33.9
7	航天晨光股份有限公司	273	5.0	315	6.2	-13.3
8	湖北宏宇专用汽车有限公司	174	3.2	123	2.4	41.5
9	程力专用汽车股份有限公司	155	2.9	13	0.3	1 092.3
10	重汽集团专用汽车公司	138	2.5	87	1.7	58.6
11	荆州华通汽车改装有限公司	108	2.0	131	2.6	-17.6
12	中联重科股份有限公司	105	1.9	120	2.4	-12.5
13	湖北润力专用汽车有限公司	92	1.7	11	0.2	736.4
14	丹东黄海特种专用车有限责任公司	92	1.7	145	2.9	-36.6
15	随州市力神专用汽车有限公司	91	1.7	21	0.4	333.3
16	湖北力威汽车有限公司	90	1.7	6	0.1	1 400.0
17	河南森源奔马专用汽车有限公司	75	1.4	36	0.7	108.3
18	湖北楚胜专用汽车有限公司	70	1.3	116	2.3	-39.7
19	武汉市政环卫机械有限公司	69	1.3	74	1.5	-6.8

（6）市政类产品主要生产企业按产品种类销售情况。2015—2016 年市政类产品主要生产企业按品种销售情况见表 23。

表 23　2015—2016 年市政类产品主要生产企业按品种销售情况

序号	企业名称	吸粪车			吸污车			下水道养护车			除雪车		
		2016 年销量（台）	2015 年销量（台）	同比增长（%）	2016 年销量（台）	2015 年销量（台）	同比增长（%）	2016 年销量（台）	2015 年销量（台）	同比增长（%）	2016 年销量（台）	2015 年销量（台）	同比增长（%）
1	湖北合力专用汽车制造有限公司	271	291	-6.9	186	166	12.0	208	190	9.5		2	
2	随州市东正专用汽车有限公司	118	134	-11.9	196	217	-9.7	179	143	25.2			
3	湖北五环专用汽车有限公司	38	6	533.3	336	133	152.6	48	17	182.4			
4	湖北新中绿专用汽车有限公司	64	110	-41.8	237	180	31.7	60	98	-38.8			
5	湖北程力专用汽车有限公司	97	173	-43.9	155	241	-35.7	66	95	-30.5			
6	鞍山森远路桥股份有限公司		6		1				1		307	223	37.7
7	航天晨光股份有限公司	240	261	-8.0	29	44	-34.1	4	10	-60.0			
8	湖北宏宇专用汽车有限公司	87	101	-13.9	42	11	281.8	45	11	309.1			
9	程力专用汽车股份有限公司	43			81	9	800.0	31	4	675.0			
10	重汽集团专用汽车公司										138	87	58.6
11	荆州华通汽车改装有限公司	83	88	-5.7	25	43	-41.9						
12	中联重科股份有限公司	37	39	-5.1	8	1	700.0	21	23	-8.7	39	57	-31.6
13	湖北润力专用汽车有限公司	37	2	1 750.0	49	9	444.4	5			1		
14	丹东黄海特种专用车有限责任公司										92	145	-36.6
15	随州市力神专用汽车有限公司	0	1	-100.0	89	19	368.4	2	1	100.0			
16	湖北力威汽车有限公司	28	5	460.0	37	1	3 600.0	25					
17	河南森源奔马专用汽车有限公司	75	36	108.3									
18	湖北楚胜专用汽车有限公司	37	56	-33.9	29	49	-40.8	4	11	-63.6			
19	武汉市政环卫机械有限公司				36	36	0.0	33	38	-13.2			

（7）市政类产品主要生产企业按总质量销售情况。2015—2016 年市政类产品主要生产企业按产品总质量统计销售情况见表 24。

表 24　2015—2016 年市政类产品主要生产企业按产品总质量统计销售情况

序号	企业名称	2～4t			5～9t			10～11t			12～18t			18t 以上		
		2016 年销量（台）	2015 年销量（台）	同比增长（%）	2016 年销量（台）	2015 年销量（台）	同比增长（%）	2016 年销量（台）	2015 年销量（台）	同比增长（%）	2016 年销量（台）	2015 年销量（台）	同比增长（%）	2016 年销量（台）	2015 年销量（台）	同比增长（%）
1	湖北合力专用汽车制造有限公司	285	237	20.3	254	316	-19.6	85	17	400.0	41	79	-48.1			
2	随州市东正专用汽车有限公司	249	125	99.2	122	237	-48.5	11	9	22.2	103	117	-12.0	8	6	33.3
3	湖北五环专用汽车有限公司	239	55	334.5	46	25	84.0	130	66	97.0	7	10	-30.0			
4	湖北新中绿专用汽车有限公司	48	103	-53.4	81	81	0	113	137	-17.5	82	51	60.8	37	16	131.3
5	湖北程力专用汽车有限公司	2	1	100.0	220	392	-43.9	2	3	-33.3	94	113	-16.8			

（续）

序号	企业名称	2～4t			5～9t			10～11t			12～18t			18t 以上		
		2016 年销量（台）	2015 年销量（台）	同比增长（%）	2016 年销量（台）	2015 年销量（台）	同比增长（%）	2016 年销量（台）	2015 年销量（台）	同比增长（%）	2016 年销量（台）	2015 年销量（台）	同比增长（%）	2016 年销量（台）	2015 年销量（台）	同比增长（%）
6	航天晨光股份有限公司	39	17	129.4				2			51	24	112.5	216	189	14.3
7	湖北宏宇专用汽车有限公司	15	27	-44.4	137	161	-14.9				116	116	0	5	11	-54.5
8	程力专用汽车股份有限公司	93	69	34.8	36	40	-10.0	19	5	280.0	26	9	188.9			
9	荆州华通汽车改装有限公司	28			53	1	5 200.0	29			44	12	266.7	1		
10	湖北润力专用汽车有限公司													138	87	58.6
11	随州市力神专用汽车有限公司	65	76	-14.5	28	22	27.3				15	33	-54.5			
12	湖北力威汽车有限公司	16	14	14.3	2			4	7	-42.9	70	73	-4.1	13	26	-50.0
13	河南森源奔马专用汽车有限公司	8			29	3	866.7	38	4	850.0	8	3	166.7	9	1	800.0
14	湖北楚胜专用汽车有限公司	63	50	26.0							12	19	-36.8	17	76	-77.6
15	武汉市政环卫机械有限公司				1	1	0	1			89	19	368.4		1	
16	中联重科股份有限公司	32	4	700.0	4	1	300.0	52	1	5 100.0	2					
17	武汉新光专用汽车制造有限公司	17	2	750.0	54	27	100.0	4	7	-42.9						
18	武汉市汉福专用车有限公司				51	92	-44.6				19	24	-20.8			
19	淮安市专用汽车制造有限公司				17	37	-54.1	2			49	32	53.1	1	5	-80.0

（8）市政类产品各省、市、自治区销售情况。2016 年，市政类产品销售 500 台以上的只有湖北省；销量在 500～300 台的有山东、江苏。2016 年，市政类产品部分地区销量出现一定幅度下滑，其中广东与北京地区降幅较大，分别达到 30.8% 和 30.2%。销量增长较多的地区有河南、重庆、湖北，其中河南增幅最大，达 128.2%。2015—2016 年市政类产品按省份销售情况见表 25。

表 25　2015—2016 年市政类产品按省份销售情况

省份	2016 年		2015 年		同比增长（%）
	销量（台）	占比（%）	销量（台）	占比（%）	
湖北	511	9.4	286	5.7	78.7
江苏	317	5.8	325	6.4	-2.5
山东	311	5.7	334	6.6	-6.9
辽宁	295	5.4	309	6.1	-4.5
广东	288	5.3	416	8.2	-30.8
陕西	282	5.2	207	4.1	36.2
浙江	259	4.8	349	6.9	-25.8

（续）

省份	2016年		2015年		同比增长（%）
	销量（台）	占比（%）	销量（台）	占比（%）	
吉林	248	4.6	280	5.5	-11.4
河北	237	4.4	254	5.0	-6.7
河南	235	4.3	103	2.0	128.2
天津	230	4.2	193	3.8	19.2
黑龙江	225	4.1	198	3.9	13.6
湖南	223	4.1	127	2.5	75.6
新疆	217	4.0	281	5.6	-22.8
内蒙古	194	3.6	128	2.5	51.6
甘肃	132	2.4	96	1.9	37.5
广西	131	2.4	85	1.7	54.1
江西	129	2.4	108	2.1	19.4
安徽	129	2.4	114	2.3	13.2
北京	120	2.2	172	3.4	-30.2
上海	115	2.1	92	1.8	25.0
四川	113	2.1	136	2.7	-16.9
贵州	95	1.7	76	1.5	25.0
福建	75	1.4	70	1.4	7.1
山西	63	1.2	79	1.6	-20.3
云南	61	1.1	71	1.4	-14.1
海南	56	1.0	58	1.1	-3.4
重庆	52	1.0	29	0.6	79.3
宁夏	43	0.8	38	0.8	13.2
青海	34	0.6	34	0.7	0.0
西藏	17	0.3	13	0.3	30.8

五、天然气市政与环卫机械产品

1.生产发展情况

天然气作为一种清洁能源，虽不能做到零排放、零污染，但相比传统的以汽油、柴油作为汽车燃料，在降低汽车尾气排放、减轻大气污染方面具有较大的优势。同时，天然气价格便宜，安全性好，故以液化天然气（LNG）、气化天然气（CNG）为代表的天然气汽车近年来逐渐受到市场的青睐。以天然气作为底盘和专用作业装置动力燃料的市政与环卫车辆销量也逐渐增加。

2.市场销售情况

（1）天然气市政与环卫机械产品销售情况。2016年，以天然气为燃料的市政与环卫车辆销量为918台，较上年增长155%。

（2）天然气市政与环卫机械产品月度销售情况。以天然气为燃料的市政与环卫车辆产品与传统燃油产品月度销售规律基本相同。2015—2016年天然气市政与环卫机械产品月度销售情况见图9。

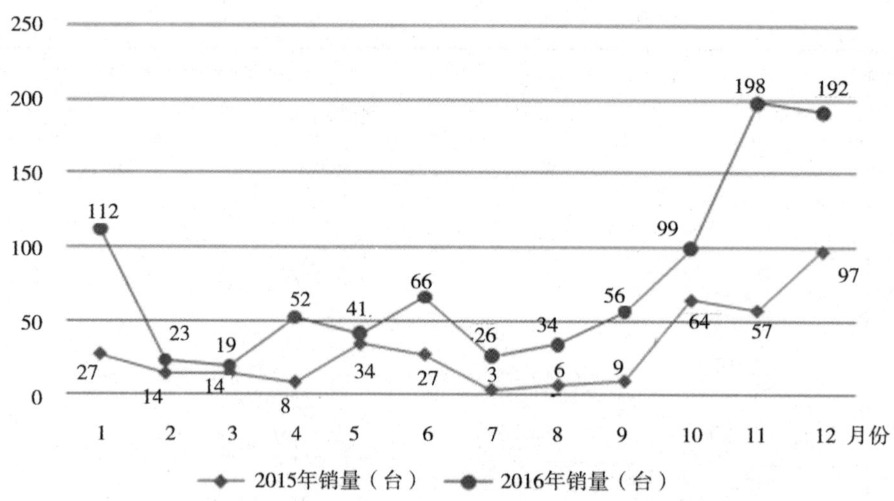

图 9　2015—2016 年天然气市政与环卫机械产品月度销售情况

（3）天然气市政与环卫机械产品销量构成。在各种天然气产品中，垃圾收运类占比最大，其次是清扫类产品。2016 年，以天然气为燃料的垃圾收运类、清扫类、清洗类产品增长迅猛，尤以垃圾收运类产品较为突出。2015—2016 年天然气市政与环卫机械产品按品种销售情况见表 26。

表 26　2015—2016 年天然气市政与环卫机械产品按品种销售情况

产品类别	2016 年		2015 年		同比增长（%）
	销量（台）	占比（%）	销量（台）	占比（%）	
垃圾收运类	393	42.8	123	34.2	219.5
清扫类	343	37.4	146	40.6	134.9
清洗类	181	19.7	78	21.7	132.1
市政除冰雪类	1	0.1	13	3.6	-92.3

从产品总质量来看，2016 年，12 ～ 18t 产品销量占比较大，为 60.5%。2015—2016 年天然气市政与环卫机械产品按产品总质量统计销售情况见表 27。

表 27　2015—2016 年天然气市政与环卫机械产品按产品总质量统计销售情况

产品吨位	2016 年		2015 年		同比增长（%）
	销量（台）	占比（%）	销量（台）	占比（%）	
2 ～ 4t	110	12.0	37	10.3	197.3
5 ～ 9t	107	11.7	34	9.4	214.7
10 ～ 11t					
12 ～ 18t	555	60.5	237	65.8	134.2
18t 以上	146	15.9	52	14.4	180.8

（4）天然气市政与环卫机械产品主要生产企业市场占有率。2016 年，天然气市政与环卫机械产品销量列前三位的企业分别是中联重科股份有限公司、福建龙马环卫装备股份有限公司、烟台海德专用汽车有限公司。2016 年天然气市政与环卫机械产品主要生产企业市场占有率见图 10。

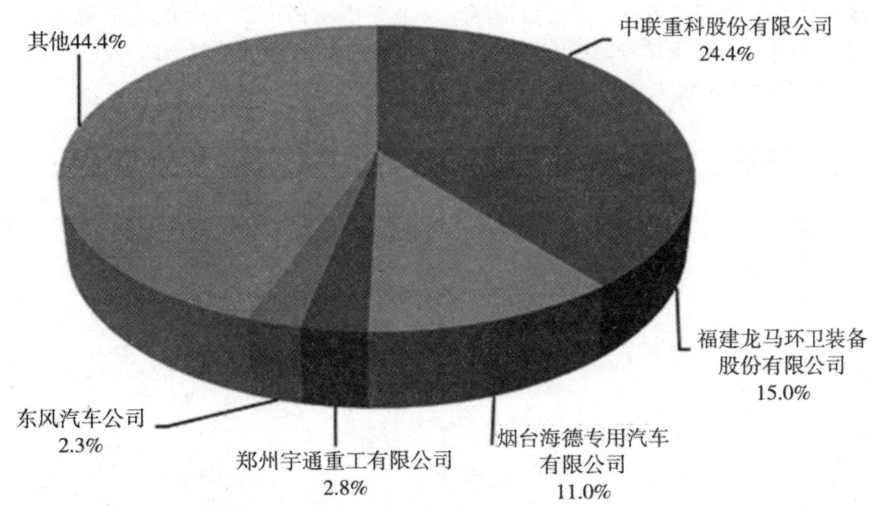

图 10　2016 年天然气市政与环卫机械产品主要生产企业市场占有率

（5）天然气市政与环卫机械产品主要生产企业销售情况。2015—2016 年天然气市政与环卫机械产品主要生产企业销售情况见表 28。

表 28　2015—2016 年天然气市政与环卫机械产品主要生产企业销售情况

序号	企业名称	2016 年		2015 年		同比增长（%）
		销量（台）	市场占有率（%）	销量（台）	市场占有率（%）	
1	中联重科股份有限公司	224	24.4	117	32.5	91.5
2	福建龙马环卫装备股份有限公司	138	15.0	80	22.2	72.5
3	烟台海德专用汽车有限公司	101	11.0	37	10.3	173.0
4	郑州宇通重工有限公司	26	2.8	23	6.4	13.0
5	东风汽车公司	21	2.3	29	8.1	-27.6
6	一汽（四川）专用汽车有限公司	12	1.3			
7	长沙梅花汽车制造有限公司	6	0.7			
8	上海沪光客车厂	3	0.3			
9	浙江宝成机械科技有限公司	1	0.1			

（6）天然气市政与环卫机械产品主要生产企业按类别销售情况。2015—2016 年天然气市政与环卫机械产品主要生产企业按品种销售情况见表 29。

表 29　2015—2016 年天然气市政与环卫机械产品主要生产企业按品种销售情况

序号	企业名称	垃圾收运类			清洗类			清扫类			市政类		
		2016 年销量（台）	2015 年销量（台）	同比增长（%）	2016 年销量（台）	2015 年销量（台）	同比增长（%）	2016 年销量（台）	2015 年销量（台）	同比增长（%）	2016 年销量（台）	2015 年销量（台）	同比增长（%）
1	中联重科股份有限公司	36	6	500.0	40	34	17.6	152	85	178.8			
2	福建龙马环卫装备股份有限公司	25	17	47.1	57	27	111.1	56	36	155.6			
3	烟台海德专用汽车有限公司	77	26	196.2	8	1	700.0	17	10	170.0			
4	郑州宇通重工有限公司		18		3			23	1	2 121.2			
5	东风汽车公司	21	29	-27.6									
6	一汽（四川）专用汽车有限公司				12								
7	长沙梅花汽车制造有限公司	6											
8	上海沪光客车厂							3					
9	浙江宝成机械科技有限公司	1											

（7）天然气市政与环卫机械产品各省、市、自治区销售情况。受环境整治压力和地方政策扶持的影响，2016年，天然气市政与环卫机械产品销售主要集中在河北、北京、山西，这3个地区销量占全国总销量的66.1%。2015—2016年天然气市政与环卫机械产品按省份销售情况见表30。

表30 2015—2016年天然气市政与环卫机械产品按省份销售情况

省份	2016年		2015年		同比增长
	销量（台）	占比（%）	销量（台）	占比（%）	（%）
河北	369	40.2	5	1.4	7 280.0
山西	126	13.7			
北京	112	12.2	52	14.4	115.4
湖北	56	6.1			
吉林	46	5.0	1	0.3	4 500.0
安徽	33	3.6	6	1.7	450.0
山东	32	3.5	159	44.2	-79.9
河南	18	2.0			
江苏	17	1.9	32	8.9	-46.9
广东	16	1.7			
天津	11	1.2	32	8.9	-65.6
西藏	10	1.1	1	0.3	900.0
新疆	10	1.1			
青海	10	1.1			
四川	9	1.0	10	2.8	-10.0
宁夏	7	0.8			
福建	6	0.7	57	15.8	-89.5
江西	6	0.7			
云南	5	0.5			
海南	5	0.5			
浙江	4	0.4			
贵州	3	0.3	2	0.6	50.0
湖南	3	0.3			
广西	1	0.1	1	0.3	
重庆	1	0.1	1	0.3	
上海	1	0.1			
内蒙古	1	0.1			
辽宁			1	0.3	

六、纯电动市政与环卫机械产品

1. 生产发展情况

受国务院及相关部委印发的《节能与新能源汽车产业发展规划（2012—2020年）》《关于继续开展新能源汽车推广应用工作的通知》刺激，新能源汽车市场在2015年增长迅速。新能源市政与环卫车产品市场也不例外。在汽车排放升级和财政补贴的双重因素推动下，新能源市政与环卫车在2015年总销量达到1 705台。但在经历2016年新能源车骗补事件之后，国家及地方政府对新能源汽车获取补贴的口径收紧，补贴标准降低。失去补贴或补贴额度下降后，受累于技术的不成熟、产品售价高昂、连续作业时间或里程短等其他缺陷，新能源市政与环卫车在2016年销量明显下滑。尽管如此，随着技术的发展和进步，这些缺陷将逐步予以解决。

按照工信部印发的《新能源汽车生产企业及产品准入管理规定》对新能源汽车的定义，新能源汽车应采用新型动力系统，完全或主要依靠新型能源驱动的汽车，包括插电式混合动力（含增程式）汽车、纯电动汽车和燃料电池电动汽车等。采用铅酸蓄电池的电动汽车也不在其列。就市政与环卫机械行业而言，当前市场上所销售的新能源环卫车绝大部分为纯电动产品。本文仅分析纯电动市政与环卫机械产品。

2. 市场销售情况

（1）纯电动市政与环卫机械产品总体销售情况。2016年，纯电动市政与环卫机械产品总销量为874台，较上年骤减48.7%。

（2）纯电动市政与环卫机械产品月度销售情况。从月度销售数据来看，纯电动市政与环卫机械产品也表现出了与传统燃油产品的趋势规律。所不同的是，12月的峰值相比淡季月销量数值差异更大。分析来看，除受到传统燃油环卫车销售规律影响外，也受国家对新能源汽车补贴政策（必须在自然年内拿到发票和行驶证才能申领国家新能源补贴）的叠加影响。2015—2016年纯电动市政与环卫机械产品月度销售情况见图11。

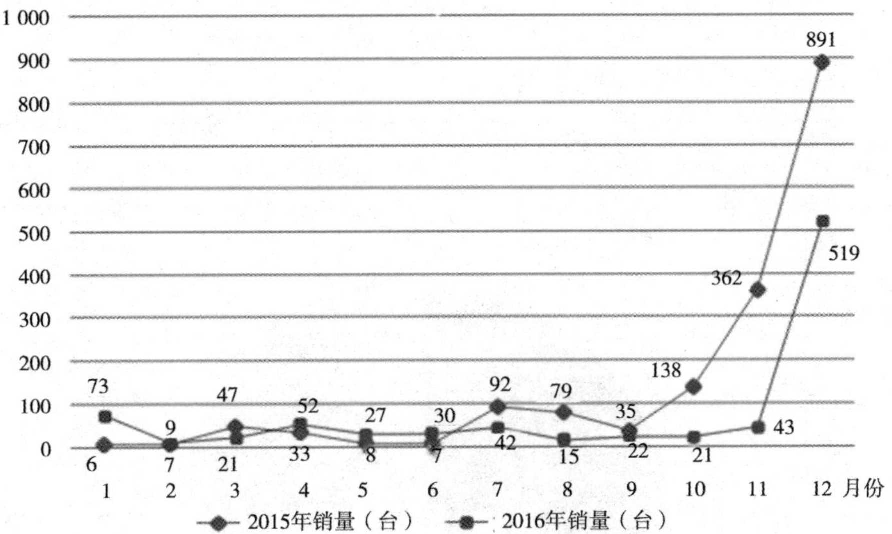

图11　2015—2016年纯电动市政与环卫机械产品月度销售情况

（3）纯电动市政与环卫机械产品销量构成。与传统燃油产品相同，纯电动市政与环卫机械产品销量也主要集中在清扫、清洗、垃圾收运三大产品线。其中，尤以垃圾收运和清扫产品线的销量较为突出。

进一步细分，从产品种类上来说，2016年，市场对纯电动扫路车、纯电动对接式垃圾车、纯电动桶装垃圾车等产品的需求更为旺盛。这也与产品的特点相符，扫路车虽上装更为复杂，成本较高，但因电池容量大，能获取的补贴更多，最终售价也不至于非常高；而垃圾车电池容量小，补贴有限，更适合于做上装较为简单的纯电动对接式垃圾车、纯电动桶装垃圾车。2015—2016年纯电动市政与环卫机械产品按品种销售情况见表31。

表31　2015—2016年纯电动市政与环卫机械产品按品种销售情况

产品类别	2016年		2015年		同比增长（%）
	销量（台）	占比（%）	销量（台）	占比（%）	
纯电动扫路车	244	27.9	202	11.8	20.8
纯电动对接式垃圾车	156	17.8	195	11.4	-20.0
纯电动桶装垃圾车	89	10.2	175	10.3	-49.1
纯电动洒水车	77	8.8	13	0.8	492.3
纯电动路面养护车	72	8.2	372	21.8	-80.6
纯电动自装卸式垃圾车	67	7.7	149	8.7	-55.0
纯电动车厢可卸式垃圾车	57	6.5	571	33.5	-90.0
纯电动洗扫车	56	6.4	27	1.6	107.4
纯电动吸粪车	55	6.3	1	0.1	5 400.0
纯电动多功能抑尘车	1	0.1			

从总质量来看，纯电动环卫车从2015年单一的2～3t小吨位产品向大吨位产品发展。如12～18t产品在2016年的销量增长非常明显，较上年增长464.1%，占2016年纯电动环卫车总销量的25.2%。初步分析，应与近年来动力电池在能量密度和成本控制上的进步有关，突破了以往新能源车不宜做大吨位产品的瓶颈。2015—2016年纯电动市政与环卫机械产品按产品总质量统计销售情况见表32。

表32 2015—2016年纯电动市政与环卫机械产品按产品总质量统计销售情况

产品吨位	2016年		2015年		同比增长（%）
	销量（台）	占比（%）	销量（台）	占比（%）	
2～4t	534	61.1	1649	96.7	-67.6
5～9t	58	6.6	17	1.0	241.2
12～18t	220	25.2	39	2.3	464.1
18t以上	62	7.1			

（4）纯电动市政与环卫机械产品主要生产企业市场占有率。2016年，纯电动市政与环卫机械产品销量列前三位的企业分别是北京华林特装车有限公司、天津清源电动车辆有限责任公司、中联重科股份有限公司。2016年纯电动市政与环卫机械产品主要生产企业市场占有率见图12。

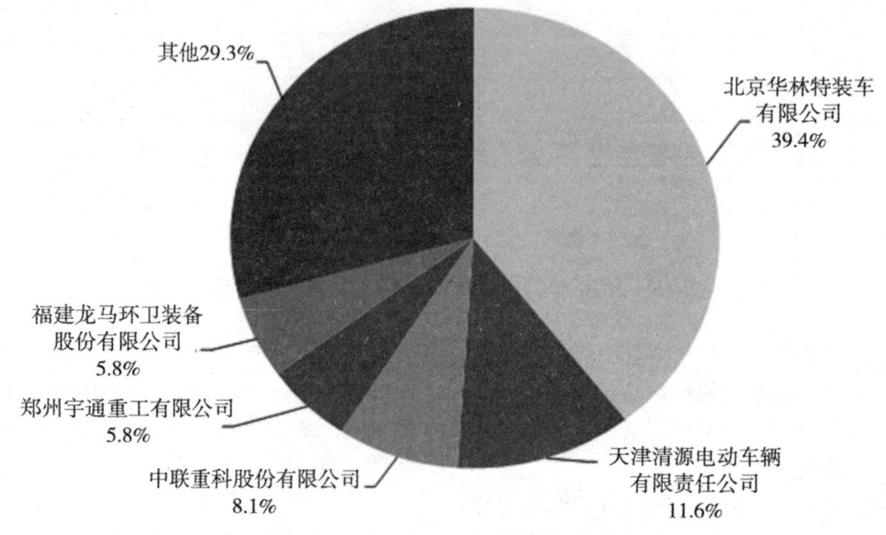

图12 2016年纯电动市政与环卫机械产品主要生产企业市场占有率

（5）纯电动市政与环卫机械产品主要生产企业销售情况。各纯电动环卫车主要生产企业2016年销量较上年均有不同程度下滑。但北京华林特装车有限公司、郑州宇通重工有限公司等企业却实现了逆势上扬，增幅明显。2015—2016年纯电动市政与环卫机械产品主要生产企业销售情况见表33。

表33 2015—2016年纯电动市政与环卫机械产品主要生产企业销售情况

序号	企业名称	2016年		2015年		同比增长（%）
		销量（台）	市场占有率（%）	销量（台）	市场占有率（%）	
1	北京华林特装车有限公司	344	39.4	35	2.1	882.9
2	天津清源电动车辆有限责任公司	101	11.6	365	21.4	-72.3
3	中联重科股份有限公司	71	8.1	80	4.7	-11.3
4	郑州宇通重工有限公司	51	5.8	2	0.1	2 450.0
5	福建龙马环卫装备股份有限公司	51	5.8	50	2.9	2.0
6	赣州汽车改装厂	44	5.0	211	12.4	-79.1
7	深圳东风汽车有限公司	41	4.7	44	2.6	-6.8
8	南京汽车集团有限公司	40	4.6	58	3.4	-31.0
9	浙江宝成机械科技有限公司	30	3.4	1	0.1	2 900.0
10	烟台海德专用汽车有限公司	24	2.7	13	0.8	84.6
11	江苏奥新新能源汽车有限公司	16	1.8	361	21.2	-95.6
12	山东凯马汽车制造有限公司	16	1.8			
13	一汽（四川）专用汽车有限公司	14	1.6	24	1.4	-41.7
14	上海沪光客车厂	12	1.4	30	1.8	-60.0

（6）纯电动市政与环卫机械产品按产品类别销售情况。从销售数据看，北京华林特装车有限公司和中联重科股份有限公司在传统清扫产品、清洗产品和垃圾收运产品三大产品线均有所斩获。其他各生产企业各有侧重，如郑州宇通重工有限公司、赣州汽车改装厂、南京汽车集团有限公司等企业2016年的销量主要集中在垃圾收运类产品上。2015—2016年纯电动产品主要生产企业按品种销售情况见表34。

表34　2015—2016年纯电动产品主要生产企业按品种销售情况

序号	企业名称	清扫类		清洗类		垃圾收运类		其他	
		2016年销量（台）	2015年销量（台）	2016年销量（台）	2015年销量（台）	2016年销量（台）	2015年销量（台）	2016年销量（台）	2015年销量（台）
1	北京华林特装车有限公司	203	25	62		26	10	53	
2	天津清源电动车辆有限责任公司	10	13		187	91	165		
3	中联重科股份有限公司	24	37	15	26	32	17		
4	郑州宇通重工有限公司	5	2			46			
5	福建龙马环卫装备股份有限公司			46	50	5			
6	深圳东风汽车有限公司	41	32	4		1	12		
7	赣州汽车改装厂					44	211		
8	南京汽车集团有限公司					40	58		
9	浙江宝成机械科技有限公司	5		2	1	23			
10	烟台海德专用汽车有限公司		3	4	10	20			
11	江苏奥新新能源汽车有限公司	11	54			5	307		
12	山东凯马汽车制造有限公司					16			
13	一汽（四川）专用汽车有限公司			14	12		12		
14	上海沪光客车厂					12	30		

（7）纯电动市政与环卫机械产品主要生产企业按总质量销售情况。从销售情况来看，绝大部分生产企业均不约而同地选择了2～4t产品作为进入纯电动环卫车产品的切入点。在大吨位产品上，北京华林特装车有限公司销售情况较为突出。2015—2016年纯电动市政与环卫机械产品主要生产企业按产品总质量统计销售情况见表35。

表35　2015—2016年纯电动市政与环卫机械产品主要生产企业按产品总质量统计销售情况

序号	企业名称	2～4t		5～9t		12～18t		18t以上	
		2016年销量（台）	2015年销量（台）	2016年销量（台）	2015年销量（台）	2016年销量（台）	2015年销量（台）	2016年销量（台）	2015年销量（台）
1	北京华林特装车有限公司	26	10	53		203	25	62	
2	天津清源电动车辆有限责任公司	101	365						
3	中联重科股份有限公司	71	80						
4	郑州宇通重工有限公司	46		5	2				
5	福建龙马环卫装备股份有限公司	51	50						
6	赣州汽车改装厂	44	211						
7	深圳东风汽车有限公司	41	44						
8	南京汽车集团有限公司	40	58						
9	浙江宝成机械科技有限公司	30	1						
10	烟台海德专用汽车有限公司	24	10		3				
11	江苏奥新新能源汽车有限公司	16	361						
12	山东凯马汽车制造有限公司	16							
13	一汽（四川）专用汽车有限公司				12	14	12		
14	上海沪光客车厂	12	30						

（8）纯电动市政与环卫机械产品各省、市、自治区销售情况。2016年，纯电动市政与环卫机械产品销量超过300台的只有北京，销量为100～300台的只有江苏。从上牌数据来看，除在北京、江苏、上海等东部较发达地区有一定销量外，全国大部分省份在2016年没有销售。2015—2016年纯电动市政与环卫机械产品按省份销售情况见表36。

表36　2015—2016年纯电动市政与环卫机械产品按省份销售情况

省份	2016年		2015年		同比增长（%）
	销量（台）	占比（%）	销量（台）	占比（%）	
北京	363	41.5	38	2.2	855.3
江苏	133	15.2	572	33.5	-76.7
上海	79	9.0	168	9.9	-53.0
辽宁	78	8.9	164	9.6	-52.4
广东	52	5.9	36	2.1	44.4
天津	44	5.0	188	11.0	-76.6
浙江	36	4.1	1	0.1	3 500.0
江西	34	3.9	177	10.4	-80.8
山西	14	1.6			
四川	14	1.6	24	1.4	-41.7
河南	11	1.3			
河北	6	0.7	12	0.7	-50.0
湖南	5	0.6	2	0.1	150.0
安徽	2	0.2	1	0.1	100.0
山东	2	0.2	6	0.4	-66.7
福建	1	0.1			
吉林					
沈阳					
陕西					
内蒙古					
新疆					
甘肃					
宁夏					
青海					
西藏					
深圳					
广西					
海南			13	0.8	
云南			200	11.7	
贵州			2	0.1	
重庆			1	0.1	
湖北			100	5.9	
黑龙江					

注：本文所有销量数据均来自于车辆上牌数据。不同于以往按照公告型号进行分类的方式，为更贴合实际情况，在本次年鉴的编写过程中，更注重考虑各类产品的结构特征和实际用途，对归类口径进行了优化调整。各销售数据不具备与以往年鉴进行比较的意义。

〔供稿单位：中国工程机械工业协会市政与环卫机械分会〕

混凝土机械

2016 年，混凝土机械行业利润跌幅扩大，行业利润整体下降接近 30%，一些租赁企业设备闲置率达到 50%，整个行业出现了一些老牌企业转型弃行业而去、一些下游用户被迫关停并转的严重局面。但另一方面，在市场低迷的混凝土机械行业中又涌动着一股暖流，那就是十分活跃的混凝土机械后市场，还有随铁路、公路、机场等交通设施建设带来的混凝土工程站市场的回暖，2016 年混凝土搅拌站达到了 50% 以上的增长；在“一带一路”建设中，一批“国”字头、“中”字头企业相继“走出去”签约了大单，还有为适应城镇化建设脱颖而出的一批小型企业。2016 年混凝土机械行业欲暖还寒，行业要破局，供给侧改革势在必行。2016 年混凝土机械行业的各骨干企业均在兼顾总需求的同时，着力压减过剩产能，促进降本增效，行业在困境中达成了要从建立行业新秩序、让行业良性发展方向入手，走“创新、联动、健康、共赢”发展之路的共识。

一、混凝土机械产品产销情况

1.2016 年混凝土行业产销情况

据相关统计数据显示， 2016 年全国水泥产量 240 295 万 t，同比增长 2.5%。2016 年商品混凝土产量 179 200 万 m^3，增长 7.4%，增速同比提高 5.3 个百分点。2005—2016 年商品混凝土累计产量及增速走势见图 1。

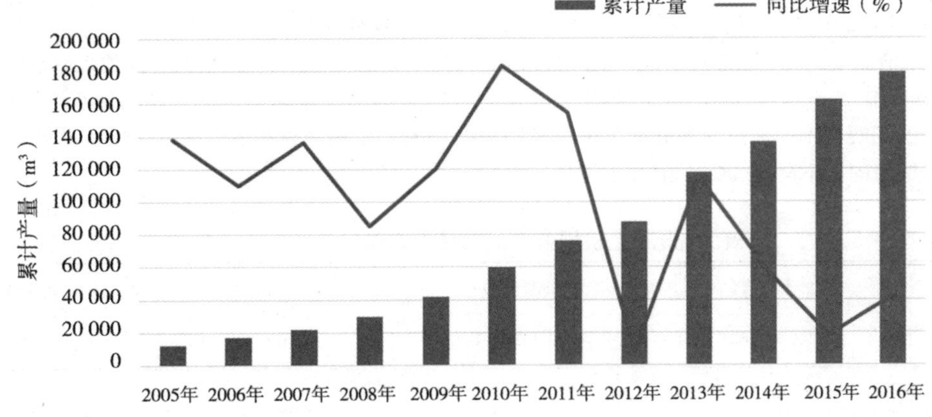

图 1　2005—2016 年商品混凝土累计产量及增速走势

2016 年，贵州、广西、陕西、河南预拌混凝土累计产量同比增长均超过了 10%，而混凝土大省江苏、山东则分别只有 0.4%、1.8% 的同比增长，浙江则出现 0.2% 的同比下降。2016 年 1—10 月主要省份预拌混凝土产量同比增长情况见图 2。

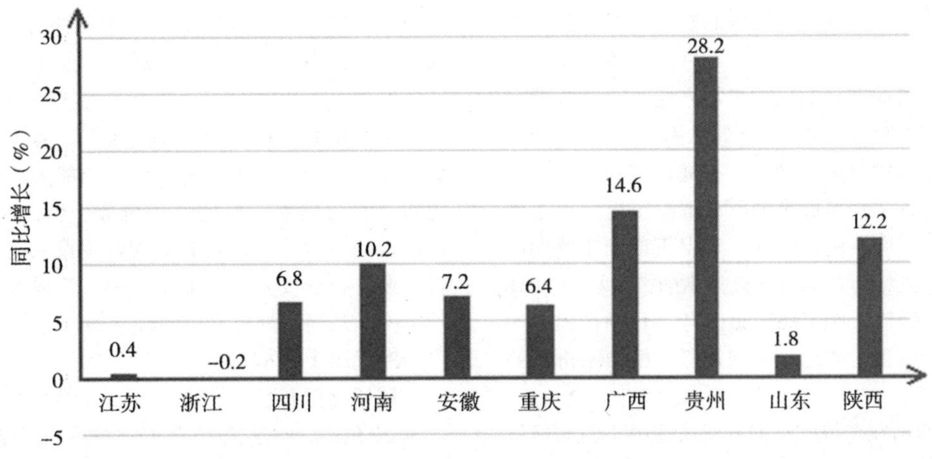

图 2　2016 年 1—10 月主要省份预拌混凝土产量同比增长情况

2. 2016 年混凝土机械产品的销量

2016 年，混凝土机械行业协会在全国 109 个混凝土机械的生产企业中，对混凝土泵车和混凝土搅拌运输车的销量状况进行了一次数据统计，对混凝土泵和混凝土搅拌站也据全国不完全数据进行了一次统计。2007—2016 年混凝土机械销量情况见表 1。

表 1 2007—2016 年混凝土机械销量情况

产品	年份	2007	2008	2009	2010	2011	2012	2013	2014	2015	2016
混凝土泵	销量（台）	4 238	4 492	5 186	6 959	10 762	11 246	6 992	5 040	36 28	3 817
	同比增长（%）	21.4	6.0	15.4	34.2	54.6	4.5	-37.8	-27.9	-28.5	5.2
混凝土搅拌站	销量（台）	3 000	3 180	4 949	5 977	6 897	7 075	7 740	5 170	3 715	5 873
	同比增长（%）	51.9	6.0	55.6	20.8	15.4	2.6	9.4	-33.2	-28.4	58.1
混凝土搅拌运输车	销量（台）	9 856	12 352	23 539	35 386	46 370	44 646	45 799	44 329	32 067	24 442
	同比增长（%）	93.4	25.3	90.6	50.3	31.0	-3.7	2.6	-3.2	-27.8	-23.8
混凝土泵车	销量（台）	4 271	4 527	5 880	7 964	12 030	10 866	7 966	5 700	4 012	2 811
	同比增长（%）	122.6	6.0	29.9	35.4	51.1	-9.7	-26.7	-28.4	-29.6	-29.9

从表 1 中可看出，2016 年混凝土泵的销量基本和 2015 年持平，同比增长 5.2%，而混凝土搅拌站则接近 2010 年的高水平，同比增长达 58.1%，这个涨幅与 2016 年混凝土全年销量的回暖相辅相成。而混凝土泵车销量则在大幅下降，全年销量同比下降 29.9% ，混凝土搅拌运输车销量则同比下降 23.8%。

3. 2016 年混凝土机械产品的保有总量

2016 年混凝土机械产品的保有总量达 50.5 万～ 57.94 万台。混凝土机械各产品市场保有量见表 2。

表 2 混凝土机械各产品市场保有量 （单位：万台）

产品类型	混凝土搅拌站	混凝土泵车	混凝土泵	混凝土搅拌运输车
保有量	5.53 ～ 6.06	6.4 ～ 6.95	5.62 ～ 6.09	34.9 ～ 37.9

二、混凝土机械的发展情况

1. 混凝土搅拌站

2016 年是国家基础建设投资拉动经济的一年，工程机械行业受国家基建规划密集发布拉动稳步回暖。2016 年国家共审核固定资产投资 17 044 亿元，房地产开发投资 93 387 亿元，并且随着沿海及东部地区的极速发展和推动中西部及老革命区的快速发展，国家制定了一系列利好措施，如“一带一路”“八纵八横”铁路网规划等，作为我国装备制造业重要组成部分的工程机械产业，在这些国家政策的支持及经济政策的刺激下，开始从困境中逐渐回暖。据相关文献中统计数据显示，北京、上海、广州、深圳、南京、沈阳、大连、常州等城市的商品混凝土用量已达到这些城市混凝土总用量的 60% 以上。商品混凝土市场的回暖让混凝土机械行业特别是混凝土搅拌站的销量相对 2015 年而言又达到一个峰值，据了解，2016 年工程站在山东的销售量尤为突出，所占份额达到全国混凝土搅拌站份额的 1/3 以上。

2016 年，工程站在传统产品的升级改造中不断实现技术创新。在绿色环保方面，使用高品质的除尘器，对搅拌站主楼及带式输送机予以包装封闭，极大地降低了粉尘和噪声对环境的污染；在产品智能化方面，着重于提升控制系统、计量系统等方面的自动化水平；在安装、拆卸及运输便捷方面，当前已推出了集装箱式、免基础的工程站。集装箱式、免基础的工程站最大程度契合了市场需求，这一点从 2016 年混凝土搅拌站全年销量中可以看出，2016 年混凝土搅拌站全年销量同比增长 58.1%，而在混凝土搅拌站的增幅中，工程站的增长率已达到了 100% 以上。

2. 混凝土泵

混凝土泵含拖式泵和车载泵，二者均以其价格相对低廉、转运方便，特别是便于调度、能灵活满足高层泵送等优势一直占据着一定的市场份额。但由于 2016 年国内房地产市场相对疲软，政府基础设施投入有限，工程建设项目主要是拆迁安置房、廉租房等，造成许多混凝土企业产量下降，从而使混凝土泵回暖乏力，同比只增长了 5.2%。

3. 混凝土泵车

统计数据显示，2016 年混凝土泵车全年销量同比大幅下降 29.9% 。但是 2016 年却是短臂架混凝土泵车增长势头很猛的一年，其销量占混凝土泵车总销量的 1/3。出现这种状况的原因主要是：首先，国家在基础设施建设中对棚户区改造及路桥的投资，推动了短臂架混凝土泵车的发展；其次，短臂架混凝土泵车不是受控于战略规划的物资，其底盘均以国产底盘的为主。

混凝土机械行业内各骨干企业在混凝土泵车技术层面的升级改造中取得了长足的进步。据了解，徐工施维英机械有限公司在全球高端研发和生产平台下推出了新型力作HB67K混凝土泵车，产品秉承“安全、可靠、环保、领先”的设计理念，首次融合了施维英裙阀技术、全液压换向技术、“RZR”型仿生智能臂架技术等7项行业新技术，在产品性能上呈现出了灵活、稳定、高效、节能四大优势特征，成为大型基础设施建设及高层建筑施工中缩短工期、提高工程质量的高性价比设备的重要选择。中联重科则推出了在性能、智能、质量、制造、服务、成本六大维度上进行了技术提升的“4.0泵车”，该产品在数据准确性，验证、传输数据优化，大数据分析和手机APP开发等方面均实现了新的突破。“工业4.0”混凝土机械聚焦客户关注的油耗、泵送方量、泵送时间等关键数据，统计准确率＞92%，油耗准确率＞95%，泵送时间准确率＞98%。

当前，我国已成为全球混凝土机械生产大国，更多的是体现在混凝土泵车方面。2016年，在对109个工程机械生产企业销售量摸底统计中，混凝土泵车全年销量2 811台。2016年1—12月混凝土泵车销量走势见图3。

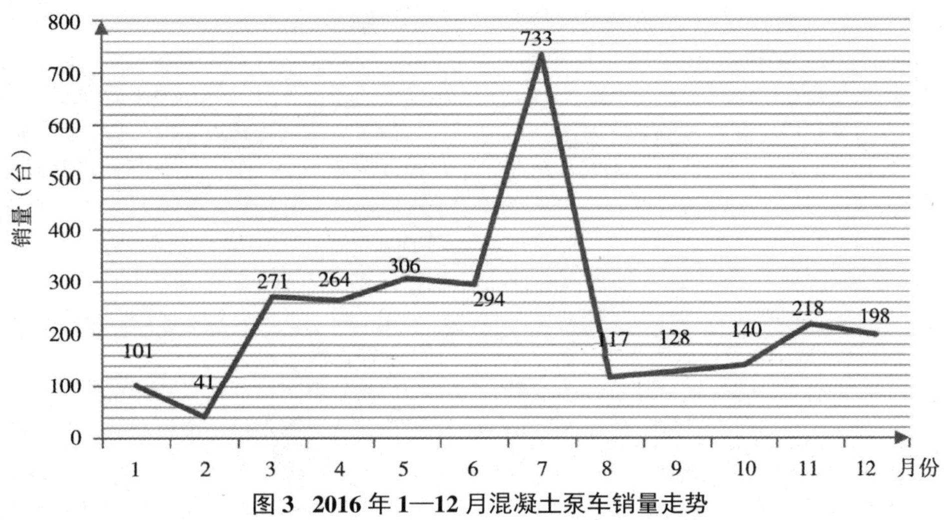

图3 2016年1—12月混凝土泵车销量走势

4. 混凝土搅拌运输车

混凝土搅拌运输车是建筑机械市场量大面广的产品，而2016年混凝土搅拌运输车销量却不尽人意。据对109家企业销量摸底统计数据显示，2016年混凝土搅拌运输车全年总销售量24442台，同比下降23.8%。2016年1—12月混凝土搅拌运输车销量走势见图4。

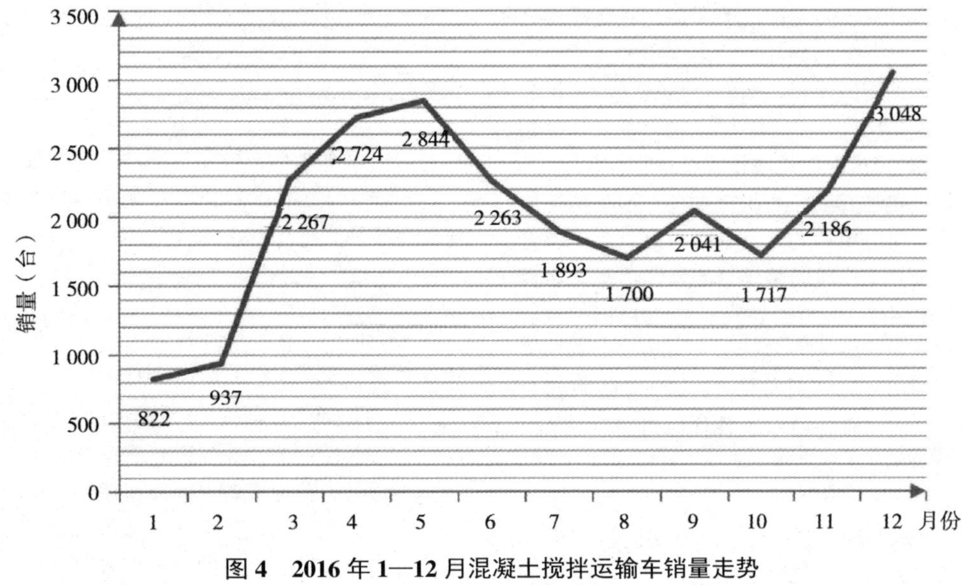

图4 2016年1—12月混凝土搅拌运输车销量走势

2016年混凝土搅拌运输车在技术提升改造方面也取得了一些成果，青岛重工建筑车部与某科研公司合作开发的创新型产品——全封闭混凝土搅拌运输车在青岛重工下线，并交付用户。

三、混凝土机械行业的新技术、新产品

2016 年，混凝土机械行业坚持以体制创新、科技创新为本，在质量效益提高、结构优化方面都做了许多的努力，在制造技术、工艺和装备水平方面有了长足的进步与发展，制造过程也正逐渐从传统制造模式向先进制造、绿色制造、智能制造、低成本精益制造方向推进。

徐工集团自主研究开发了拥有自主知识产权的 HB26K 新型臂架式混凝土泵车，是行业最高米数五桥 X 型支腿全钢臂架混凝土泵车记录保持者。

已通过研发验收的中联重科泵车臂架主动减振控制技术，专门用于解决碳纤维复合材料臂架在施工过程中高阶振动明显的问题，其在对一阶振动抑制的基础上，对高阶振动也进行了针对性的抑制控制，实现了综合减振的总体目标，并作为关键控制技术搭载，已经应用到了 80m、101m 臂架混凝土泵车等公司的标杆产品上。该泵车臂架主动减振控制技术研究项目共计申报专利 28 项 (发明专利 12 项)，公开发表论文 10 余篇，为公司产品战略的落地提供了坚实的技术支撑。

中铁大桥局一公司首创的混凝土输送泵车“作业监控系统”安装调试成功。

青岛重工建筑车部与某科研公司合作开发了创新型产品 —— 全封闭混凝土搅拌运输车在青岛重工下线。

方圆集团成套设备有限公司在多年研制搅拌设备积累经验的基础上，大胆创新革新，顺利研制开发出 HZN120D 型混凝土搅拌站。该搅拌站成功实现无线控制，这也是世界上首台混凝土搅拌站全功能无线控制系统。

三一重工主导产品市场地位稳固，混凝土机械实现销售收入 95.03 亿元，市场份额继续提升，其中新产品、新技术贡献很大。

四、混凝土机械后市场的发展情况

随着混凝土机械社会保有量的逐年增加，缺乏退出机制的工程机械二手设备市场 2016 年中流通交易相当活跃，在混凝土机械后市场的维修保养、配件、租赁、二手机和再制造五大板块中，据统计，二手工程机械设备交易额超过 2 000 亿元，混凝土机械的年均增长超过 30%。

比如徐工施维英机械有限公司积极推进二手车消化工作。对内建立可进行海外销售的二手车资源信息库，包含底盘、发动机、行驶 / 工作时间等详尽的车辆信息，协调租赁公司、资产管理部等，完善销售流程。对外深耕市场，抓住越南等区域市场建设发展的契机，大力推广具有高性价比的二手设备。2016 年，该公司共签订二手车海外销售合同金额近 2 000 万元。海外后市场备件出口首次突破 1 亿元并增长 1.4 倍、跨境电商与海外二手车销售均超 5 000 万元。

工程机械后市场之所以非常庞大，不仅仅是因为混凝土机械社会保有量的逐年增加，还有行业洗牌调整的因素。随着二手车置换及再制造市场规范化、标准化的推进，“十三五”期间将迎来工程机械后市场发展的黄金期，其必将成为工程机械行业新的经济增长点，有望在“十三五”期间使行业平均服务收入占总收入比例提升到 30% ～ 40%。

由于工程机械后市场潜力巨大，混凝土机械行业领军企业均高度重视加强后市场服务、完善后市场秩序，把工程机械后市场服务平台建设作为企业在工程机械行业的竞争力、品牌影响力、美誉度、信誉度的重要标志。

五、混凝土机械参与“一带一路”情况

2016 年，混凝土机械行业紧抓“一带一路”时代机遇，走出去开拓海外市场，获得了新的突破，各行业领军企业纷纷在海外开展并购、建厂、建立研发中心，白俄罗斯的中白工业园、赞比亚的谦比希工业园、泰国的罗勇工业园、巴基斯坦的海尔工业园等就是典型代表。

三一重工受益于收购普茨迈斯特及近年来推进国际化转型，2016 年海外业务占比提升到 40% 以上。

徐工集体投资建设印度工程机械生产制造基地，项目总投资额为 13.26 亿元。同时抓住印度工程机械市场机遇，全年实现自营出口同比增长 74.69%，海外业务收入占比达到 18.89%。徐工集体面向国家“一带一路”的投资布局，积极拓展包括印度在内的南亚、东南亚、中东、东非等工程机械市场，扩大公司产品的全球市场份额，在亚太区实现收入同比增长 40.1%。

中联重科制定战略目标，通过持续的海外渠道建设及本土化运营，逐步提高公司产品在全球市场的影响力和美誉度，从而使海外业务收入占比也在不断增长。

柳工推进国际化战略，已经成为一家海外营业收入占总体销售收入 30% 的国际化企业。

2016 年混凝土机械出口量见表 3。

表 3　2016 年混凝土机械出口量

产品名称	混凝土泵车	混凝土搅拌运输车	混凝土泵
出口量（台）	644	6 297	1 779

六、混凝土机械行业发展存在的问题

综合“十二五”期间混凝土机械市场运作情况及 2016 年混凝土机械产销状况，总结出行业存在的问题如下：

1）产能过剩问题严重。

2）研发资金严重不足。

3）研发力量不足，特别是软件开发、智能控制技术人才严重缺乏。

4）对市场的调研以及发展方向不明确。

5）对“一带一路”的战略缺乏深入了解，特别是对我国与国外有关国家签署的施工项目不明晰。

6）对国内市场混凝土机械的保有量和使用年限，以及需要消化的过剩产量的使用期限了解有限。

7）企业积压的产品，特别是由于营销模式的失当造成二手设备的积压成为几个大企业急待解决的问题，二手

设备的流转还存在很多技术和规则问题。

8）市场不正当竞争虽然已有很大收敛，但在国内外的招投标中，相互压价、相互贬低或专指对方曾经有过的缺陷的现象还时有发生，大小企业间矛盾日益突出。

9）行业虽有大量的资金，但投入方向不明确。因此，我国的过剩产能需要在世界范围消化，但如何走好这条路，是我国混凝土机械生产企业应探讨的问题之一。

七、混凝土机械行业发展预测

2016 年是工程机械行业“十三五”规划纲要的开局之年，也是混凝土机械从中高端产品达到世界级品牌关键的一年。据混凝土机械行业的“十三五”规划纲要内容，预计混凝土机械行业在“十三五”期间的发展将呈现出以下特点：

（1）企业产品由升级换代进入全面提升发展时期，大型企业网络化、智能化产品将陆续投入市场，安全性、可靠性、环保性将进一步提高。

（2）混凝土机械行业从国内市场占主导地位逐步走向世界市场占主导地位，出口比例从现在的 10% ～ 20% 逐步提升到 40% ～ 50%。

（3）在国际市场上，要借鉴日本、英国在海外的发展模式，不仅仅把我国作为世界代加工制造的工厂，而是要以走出去投资办厂逐步替代单纯的产品出口。

（4）当前，国内的混凝土机械存量估计在五年内才能逐步消化。而根据世界水泥产量近年将达 40 亿～ 45 亿 t 的预测看，我国混凝土机械必须要有规划、理性地发展。

（5）“一带一路”将是未来我国混凝土机械发展的主要动力，大型企业应紧跟我国的外交政策，关注政府间的合作协议和各类大型施工企业，如高铁、水、核电等建设企业，保持与其密切合作，并与亚投行总部建立密切的关系。

〔供稿单位：中国工程机械工业协会混凝土机械分会〕

工程机械配套件

一、生产发展情况

2016，如果用两个关键词来概括中国工程机械行业这一年的发展，莫过于“温暖”和“希望”。从年初开始，挖掘机便出现历史性的增长，9 月、10 月、11 月连续三个月涨幅更是超过 70%。其他产品也在温和复苏。回顾 2016，这是一个破冰重生，带来希望和转机的年份。2016 年一季度以来受益于基建投资和房地产销售回暖，同时工程机械冗余社会库存逐渐出清，行业呈现弱复苏态势。长期看，随着城镇化进程加快、国家对基础设施建设投入进一步加大，工程机械行业有望企稳回升，中长期进入平稳阶段。配套件行业作为中国工程机械行业的重要组成部分，2016 年工程机械配套件行业也出现了回暖的态势，根据 2016 年对工程机械配套件行业中主要企业的统计，2016 年完成工业总产值 1 117 301 万元，工业销售产值 1 095 780 万元，营业收入 1 189 904 万元，利润总额 62 373 万元。2015—2016 年工程机械配套件行业主要经济指标完成情况见表 1。

表 1　2015—2016 年工程机械配套件行业主要经济指标完成情况　（单位：万元）

经济指标	2015 年	2016 年
工业总产值（当年价）	631 185	1 117 301
工业销售产值（当年价）	513 598	1 095 780
营业收入	728 011	1 189 904
出口交货值	97 312	135 240
利润总额	30 373	62 373

工程机械配套件行业产品分类及主要生产企业见表 2。2015—2016 年工程机械配套件行业主要生产企业产品产销存情况见表 3。2015—2016 年工程机械配套件行业主要生产企业经济指标完成情况见表 4。

表 2 工程机械配套件行业产品分类及主要生产企业

产品分类	企业名称
液压件及液压附件	徐州徐工液压件有限公司、四川长江液压件有限责任公司、榆次液压有限公司、派克汉尼汾液压（天津）有限公司、浙江临海海宏集团有限公司、济南液压泵有限责任公司、合肥长源液压股份有限公司、中航工业贵州枫阳液压有限责任公司、苏州工业园区飞翔液压附件厂、伊顿流体动力（上海）有限公司、中航力源液压股份有限公司、泊姆克（天津）液压有限公司、安徽惊天液压智控股份有限公司、浙江苏强格液压股份有限公司、博世力士乐（北京）液压有限公司、黎明液压有限公司、厦门银华机械厂、宁波恒通诺达液压股份有限公司、江苏江阴市液压油管有限公司、徐州瑞隆机械工业发展有限公司、赛克思液压科技股份有限公司、宁波江北宇洲液压设备厂、意宁液压股份有限公司、江苏恒立液压股份有限公司、北京华德液压工业集团有限责任公司、圣邦集团有限公司、卡尔森精密机械（昆山）有限公司、烟台江山工贸有限公司、江阴市长龄机械制造有限公司、江苏恒源液压有限公司、高邮市迅达工程机械有限公司、江阴市力隆液压机械有限公司、川崎精密机械商贸（上海）有限公司、济南高新华能气动液压有限公司、河北金建液压机械有限公司、江苏国瑞液压机械有限公司、安徽博一流体传动股份有限公司、山东星辉航空液压机械有限公司、烟台艾迪液压科技有限公司、宁波斯达弗液压传动有限公司、张家口中航液压装备股份有限公司、徐州科源液压有限公司、上海合纵重工机械有限公司、太仓濂辉液压器材有限公司、斗山液压机械（江阴）有限公司、宁波中宁伟业液压有限公司、山东同力液压装备有限公司、安徽汉卓流体动力科技有限公司、林德液压（厦门）有限公司、威海人合机电股份有限公司、波克兰液压传动与控制技术（北京）有限公司、安徽伟盟液压科技有限公司、天津岛津液压有限公司、浙江高宇液压机电有限公司、天津津裕电业股份有限公司
变速器、驱动桥	杭州前进齿轮箱集团股份有限公司、中南传动机械厂、江西分宜驱动桥厂、卡拉罗（中国）传动系统有限公司、徐州美驰车桥有限公司、徐州市振兴车桥厂、泰安金城重工科技有限公司、六安金霞齿轮有限公司
液力变矩器	浙江临海机械有限公司、山推工程机械股份有限公司传动分公司、蚌埠液力机械有限公司、大连液力机械有限公司、陕西航天动力高科技股份有限公司、中国船舶重工集团公司第七一一研究所变矩器厂、厦门亿统机械有限公司
回转支承、四轮一带等零部件	徐州罗特艾德回转支承有限公司、马鞍山方圆精密机械有限公司、烟台富野机械有限公司、亚实履带（天津）有限公司、山推工程机械股份有限公司履带底盘分公司、山东省烟台市广兴履带厂、铁岭市机械橡胶密封件有限公司、黄石赛福摩擦材料有限公司、浙江银轮机械股份有限公司、爱克奇换热技术（太仓）有限公司、莱州市莱索制品有限公司、山东山推工程机械结构件有限公司、浙江天成自控股份有限公司、芜湖盛力科技股份有限公司、上海永信仪表有限公司、贵阳永青仪电科技有限公司、中策橡胶集团有限公司、山东山工钢圈有限公司、无锡圣丰减震器有限公司、唐纳森无锡过滤器有限公司、济宁精益轴承有限公司、常州武滚轴承有限公司、济宁山推石油化工有限公司、中国石油化工股份有限公司润滑油研发（北京）中心、马鞍山统力回转支承有限公司、爱斯科（徐州）耐磨件有限公司、济宁永生工程机械制造有限公司、天津日标工程机械配件有限公司、广西南宁精祥仪表有限公司、中国石化润滑油有限公司北京研究院、浙江凌翔科技有限公司、特利马克（徐州）汽车零部件有限公司、上海金研机械制造有限公司、福建唐力电力设备有限公司、南阳市红阳锻造公司、长沙华德科技开发有限公司、青岛成通源电子有限公司、江苏泰隆减速机股份有限公司、济宁亚得旺机械有限公司、米巴精密零部件（中国）有限公司、宁波博威合金材料股份有限公司、马鞍山市力和机械有限公司、河北亚大汽车塑料制品有限公司、瑞钢钢板（中国）有限公司、广州先旗电子科技有限公司、济南科发中美高级润滑油有限公司、上海奥达科股份有限公司、山东铭德机械有限公司、道依茨发动机北京办事处、杭州浙大奔月科技有限公司、无锡圣丰减震器有限公司、双登集团股份有限公司、浙江双飞无油轴承股份有限公司、普莱斯工业小型驾驶室（苏州）有限公司、马鞍山市安耐特回转支承有限公司、河北雄县鑫海浮动油封厂、嘉善耐特精密机械有限公司、杰梯晞精密机电（上海）有限公司、吉凯恩中国投资有限公司、徐州博涛工程机械有限公司、上海南华机电有限公司、苏州工业园区驿力机车科技有限公司、曼胡默尔管理（上海）有限公司、苏州吉人高新材料股份有限公司、山东中弘化工有限公司、河南宏源车轮股份有限公司

表 3 2015—2016 年工程机械配套件行业主要生产企业产品产销存情况 （单位：台、件、套）

企业名称	产量		销量		库存	
	2015 年	2016 年	2015 年	2016 年	2015 年	2016 年
液压元件						
榆次液压有限公司	299 599	269 191	303 834	278 251	67 745	67 292
徐州徐工液压件有限公司	1 237 674	1 572 656	1 157 020	1 548 996	88 047	271 197
中航工业贵州枫阳液压有限责任公司	16 916	10 975	18 236	13 588	25 866	11 516
济南液压泵有限责任公司	121 418	135 155	141 038	134 767	39 587	32 299
意宁液压股份有限公司	32 802	29 087	31 774	27 855	8 558	8 039

（续）

企业名称	产量		销量		库存	
	2015 年	2016 年	2015 年	2016 年	2015 年	2016 年
赛克思液压科技股份有限公司	1 356 163	26 560	1 714 150	15 707	614 364	22 541
北京华德液压工业集团有限责任公司	666 457	781 633	746 028	690 169	90 832	73 232
天津岛津液压有限公司		133 224	112 640	130 782	8 203	14 778
浙江高宇液压机电有限公司	63 839	71 417	67 329	68 338	11 979	9 033
液力变矩器						
浙江临海机械有限公司	2 724	2 244	2 708	2 244		
蚌埠液力机械有限公司	483 930	574 722	483 787	565 132	30 477	32 237
驱动桥						
泰安金城重工科技有限公司	5 789	6 865	6 225	6 783	1 305	1 317
杭州前进齿轮箱集团股份有限公司	10 679	12 648	11 890	12 927	3 949	3 667
其他						
济宁永生工程机械制造有限公司	271 848	292 075	274 311	289 483	260 353	74 645
天津津裕电业股份有限公司	536 740	766 815	535 047	1 058 702	24 559	51 498
河南宏源车轮股份有限公司	3 584 701	366 145	4 172 204	126 231	47 796	253 956
浙江银轮机械股份有限公司	8 760 654	10 241 908	9 297 000	10 399 162	1 387 300	2 085 398

表 4　2015—2016 年工程机械配套件行业主要生产企业经济指标完成情况　　（单位：万元）

企业名称	工业总产值（当年价）		营业收入		利润总额	
	2015 年	2016 年	2015 年	2016 年	2015 年	2016 年
液压元件						
榆次液压有限公司	57 726	50 054	66 430	63 240	2 514	-5 007
徐州徐工液压件有限公司	35 320	47 553	69 217	57 395	356	510
中航工业贵州枫阳液压有限责任公司	19 331	21 397	19 236	20 135	1 490	1 968
济南液压泵有限责任公司	12 190	12 072	9 949	9 672	-167	-700
意宁液压股份有限公司	22 913	25 649	24 526	24 786	3 098	3 242
赛克思液压科技股份有限公司	25 200	31 795	21 991	26 557	7 307	10 690
北京华德液压工业集团有限责任公司	28 177	30 999	52 720	50 988	454	-4 434
天津岛津液压有限公司	6 484	7 004	7 618	7 916	215	494
浙江高宇液压机电有限公司	14 661	12 421	7 757	8 459	201	334
液力变矩器						
浙江临海机械有限公司	3 928	3 196	4 345	3 243	-681	-707
蚌埠液力机械有限公司	34 616	37 491	33 372	35 977	5 081	5 246
驱动桥						
泰安金城重工科技有限公司	8 932	13 000	8 661	9 761	-356	-213
杭州前进齿轮箱集团股份有限公司	125 822	105 897	139 639	128 505	-10 068	
其他						
济宁永生工程机械制造有限公司	23 856	23 941	23 884	24 790	188	164
天津津裕电业股份有限公司	6 897	8 598	6 462	8 398	-476	
河南宏源车轮股份有限公司	16 000	14 770	13 435	14 292	471	658
浙江银轮机械股份有限公司	176 887	194 267	208 671	229 412	20 669	23 112

二、产品出口情况

2016 年，我国工程机械进出口贸易额为 202.77 亿美元，同比下降 9.26%。其中：进口金额 33.17 亿美元，同比下降 1.5%；出口金额 169.6 亿美元，同比下降 10.6%。贸易顺差 136.43 亿美元，同比缩小 19.68 亿美元。

2016 年，工程机械配套件出口 60.64 亿美元，同比下降 5.79%，占出口总额的 35.8%。出口整机 108.95 亿美元，同比下降 13.1%，占出口总额的 64.2%。

2016 年工程机械配套件行业主要企业自营出口产品情况见表 5。

表 5　2016 年工程机械配套件行业主要企业自营出口产品情况

公司名称	产品名称	单位	数量	金额（万美元）	销往国家或地区
河南宏源车轮股份有限公司	成品圈	件	83 636	197.13	英国、斯里兰卡、美国、南非等
泰安金城重工科技有限公司	驱动桥总成	条	230	80	俄罗斯
北京华德液压工业集团有限责任公司	液压件	万件	2	96	美国、巴西、东南亚
榆次液压有限公司	叶片泵	件	10 924	62	欧美、中东、新加坡等
	齿轮泵	件	7 493	52.40	
	液压阀	件	42 082	195.90	
意宁液压股份有限公司	液压马达	台	192	10.02	澳大利亚、印尼、韩国、印度、新加坡
	行走减速机	台	1 276	247.58	俄罗斯、意大利、智利、丹麦、荷兰、伊朗
	回转减速机	台	100	20.00	韩国、中国台湾
徐州徐工液压件有限公司	液压缸	件	1 497	457.31	欧洲、澳大利亚、日本
	液压阀	件	3 327	63.31	欧洲
赛克思液压科技股份有限公司	齿轮泵	台	746	6.58	中国香港、中国台湾、东南亚等
	柱塞泵	台	4 375	321.69	东南亚、欧洲、澳大利亚等
	柱塞马达	台	11	0.42	中国香港、中国台湾、东南亚等
	压力控制阀	台	2 348	10.34	美国、东南亚、欧洲等
杭州前进齿轮箱集团股份有限公司	工程变速器	台	17	8.50	
天津津裕电业股份有限公司	电线束	束	19 456	39.72	巴西、印度、印尼、泰国、尼日利亚、德国
浙江银轮机械股份有限公司	板翅式产品	万只	129.95	2 897	美国、英国等
	水空中冷器	万只	4.14	479	美国等
	冷却模块	万只	3.69	2 085	美国、加拿大
	铝油冷器	万只	352.17	4 064	法国、墨西哥、美国等

三、新动向

近年来，工程机械行业整体低位运行，整机制造厂商在控成本、走出去、跨领域、求发展的同时，工程机械配套件行业企业各展所长，取得了不俗的成绩。

杭州前进齿轮箱集团股份有限公司立足传动装置主业，依靠科技进步，增强企业核心竞争力，确立了在行业中的领先地位。2016 年 3 月，杭齿获 “2015 年度中国工程机械工业行业 AAA 级信用企业” 称号，其主导的 “高端重载齿轮传动装置关键技术及产业化” 项目荣获 “国家科技进步奖二等奖”。

江苏恒立液压股份有限公司作为国内液压行业龙头企业，深耕挖掘机专用油缸及非标准油缸领域，投资建成了国内首个规模化生产高压精密液压铸件的生产基地，同时积极开拓海外市场，是具有国际影响力的液压成套设备的提供商以及液压技术方案的提供商。2016 年前三季度实现营业收入 96 727 万元，较 2015 年同期增长 20.52%。

徐州徐工液压件有限公司与 Permco 公司（美国）于 2016 年 8 月签订长期战略合作协议，正式成为 Permco 公司（美国）在中国唯一指定的液压缸生产基地。两家零部件供应商实现强强联合，不仅是对中国核心零部件实力的认可，也标志着徐工液压件进入一个崭新的发展阶段。同时，徐工液压件围绕搬运机械及矿山机械备件两条业务主线，2016 年 1—9 月累计出口额突破 3 000 万美元，同比增长 25%，实现逆势增长。

四川长江液压件有限责任公司高端装备制造项目 “机械锁紧液压缸研发及应用”，被列入 2016 年度《“中国制造 2025” 四川行动计划》。该项目研发的 SJG 型机械锁紧液压缸，可实现任意位置锁紧，在锁紧状态下，活塞杆能承受很大的轴向负载而不发生位移，能满足过载保护装置等特殊装备调平需求。

面对行业困局，还有很多配套件企业在工程机械行业调整的大潮中有所作为，它们或顺应大势，从 “拼产品、拼价格” 向 “拼质量、拼产品科技含量” 转变；或采取 “术业有专攻” 的市场对策，在细分市场做大做强。它们各展所长，犹如在冬天生了一把火，将企业业绩做得红红火火，将转型升级进行得有声有色，保证了中国工程机械配套件产业的可持续发展。

固本强基，方能行稳致远。对工程机械行业来说，我国已经成为世界工程机械第一制造大国，我们既需要树立大国的信心，将《中国制造 2025》等一系列强国战略进行到底，推进中国工程机械行业长期稳定地可持续发展；也需要承担大国责任，提高“一带一路”沿线国家基础设施水平和创新能力，共享科技成果和创新发展经验，以科技创新推进经济增长动力的转换，促进共同繁荣和可持续发展。未来，中国经济将在现有基础上持续释放更大的增长正能量，整个工程机械行业也必将获得更深远、更健康的可持续发展。

注：由于工程机械配套件产品类别繁多，文章中涉及的企业数据来源于中国工程机械工业协会工程机械配套件分会会员单位。

〔供稿单位：中国工程机械工业协会工程机械配套件分会〕

工程机械维修及再制造

工程机械维修

一、行业发展历程

我国工程机械后市场维修行业的发展是伴随着我国工程机械市场保有量的变化发展起来的。

早期，工程机械的市场保有量很小，这些设备的维修都是由生产厂的技术人员完成的。保养维护工作一般由操作人员负责。

20 世纪 80 年代以前，我国工程机械施工设备都集中在国有施工企业或集体所有制施工企业。随着施工企业工程机械设备保有量的增长，这些企业开始培养自己的维修技术人员，并逐渐建立起自己的维修队伍。

20 世纪 80 年代以后，我国实行经济体制改革，建筑市场放开，国家经济进入快速发展阶段，施工企业多元化，工程机械市场需求增加，这时进口工程机械设备增加，大量国有企业、集体企业维修技术人员涌向社会，从事工程机械修理业务。广州、天津等港口城市依赖水、陆便利的交通，大量进口工程机械配件，满足国内市场的需求，逐渐培育起国内工程机械配件市场。

20 世纪 90 年代后期至 2012 年，我国工程机械市场呈爆炸式发展。工程机械销售出现代理制，有很多原国有或集体企业的人员走向社会自主创业，有的成立公司做起工程机械销售代理商，有的成立公司做起工程机械维修业务。有的企业由工程机械维修转向代理商或设备租赁、配件销售及工程施工等。至此，工程机械维修市场走向多元化。同时，有些大型施工企业仍保留着维修部门或修理工厂。工程机械代理商为了维护客户、促进销售，也都有技术服务部门或维修工厂，主要承担客户设备的维修与保养业务。有些主机厂有自己的技术人员，承担着客户的部分修理任务或维修技术支援工作。

近十年，主机厂、代理商的有些维修技术人员离开了原有企业，成立从事工程机械维修业务的公司，有的成为工程机械维修个体从业者，还有的做起互联网平台、服务企业及工具研发制造企业（服务于工程机械维修企业）。

当前，工程机械后市场已经形成了一个庞大的生态圈，有配件生产企业、配件销售代理企业，有工程机械维修互联网平台、杂志出版企业，有工程机械维修工具、设备、试验台生产企业，还有工程机械维修技术培训机构、院校等。这些企业都是工程机械维修企业的平台，服务于工程机械维修企业。

近几年，借助互联网工具，行业内出现了众多维修技术、信息、人脉的服务平台，社会化的维修连锁企业也在萌芽阶段。受限于服务对象的特点，当前维修企业和维修平台的规模还不大。但是，随着设备保有量的不断攀升，维修业务量的持续增大，工程机械后市场的未来发展可期。

二、行业发展现状

当前，工程机械后市场维修从业人员大致分为两类：“主机厂系列”的维修技术人员和“市场系列”的维修技术人员。前者包括主机厂的维修技术人员和代理商的维修技术人员，他们一般只负责自己厂家或自己所代理工程机械品牌的维修，很少维修自己系列之外的机器。后者包括工程机械后市场中维修企业及社会零散的个体维修从业者（俗称“背包客”“面包客”），他们所维修的工程机械品牌、机种通常不止一种。

就维修技术的流派而言，与上述维修从业人员分类相同，通常也分两个系列：“厂家派”与“市场派”。前者维修技术更专业，有厂家技术支持，有定期的人员技术培训，有强大的配件保障体系，但对自己品牌之外的机械维修应对能力有限。后者的维修技术根本来源实际是各个品牌的厂家或代理商，但他们往往是通过非官方渠道得到各种技术及技术资料，没有前者的“三个”优势，但他们的维修技术及维修方法会有很强的实战性，效率更高，维修成本更低，效果更受用户欢迎，不乏有很多“高手”。例如专门维修大型设备的安徽现松工程机械服务有限公司，在业界就有很高的知名度，是社会化维修企业的杰出代表。

工程机械后市场配件供应体系分为“厂家体系”与“市场体系”。配套件生产厂、主机厂配件销售公司（部门）、代理商配件销售公司（部门）为一个体系，后市场维修配件生产企业（配件维修及再制造企业）、市场配件销售公司、维修企业为另一个体系。前者的客户通常是购机 5 年内的用户，所售配件中保养件占很大比例，质保期内的机器比例较大；后者以维修配件销售占比较大。前者销售配件的价格通常较高，利润较高；后者则价格、利润都较低。近几年，由于市场的变化，前者也在逐渐降低价格及利润，正在向后者的市场发起冲击。

经过多年的发展，已经涌现出很多专业的零配件维修厂家。例如，广州市荣研机械设备有限公司、广州广源液压科技有限公司、广州市天河区大观久力液压有限公司、天津伯仕乐建中液压技术有限公司等一批专业维修泵、阀的企业，已经实现了批量维修能力，产品维修后的性能都能达到较高的标准。未来维修的专业化分工会更加明显。而互联网工具的应用，对于维修信息共享、维修配件供应、维修人员培训等方面都有积极的促进作用。修之易、新液压等一批互联网平台的建立，以及对维修连锁模式的不断探索，对于行业未来的发展将起到积极的推动作用。

另一方面，工程机械维修对人才的需求也是伴随着工程机械市场保有量的变化发展起来的。在新机销售市场增长期，无论主机厂、代理商还是维修企业，维修技术人员都短缺。在新机市场销售低迷期，维修技术人员相对充沛，有部分技术人员转型或转岗。当前来看，行业内高素质的技术人才仍然短缺，工程机械维修技术人员的整体素质有待提高。

三、存在的问题

受维修条件及社会传统观念的影响，工程机械维修从业人员的社会地位普遍不高，工资待遇不理想，因而高素质的维修技术人员很少，维修技术人员整体素质有待提高。

大部分中、小维修企业的维修条件及管理能力还有待提高。

行业的技术开放程度有待改善，多数主机厂的技术对社会维修人员处于封锁状态。

配件市场的配件价格和配件质量参差不齐，而且透明程度不高，配件销售商与用户之间的配件信息不对称。

四、协会的主要工作

为提高行业从业人员的技术水平，提高企业的管理能力，中国工程机械工业协会维修及再制造分会组织会员单位、行业专家做了大量的工作。

（1）中国工程机械技术服务专家评选。自 2010 年起，维修及再制造分会每年组织一次“中国工程机械技术峰会”和“中国工程机械技术服务专家评选会议”，至 2017 年已经开展 8 届，共评选并授予 200 多名技术服务人员“中国工程机械技术服务专家”荣誉称号。

（2）中国工程机械维修企业资质认证。自 2009 年起，维修及再制造分会对会员企业开展维修企业资质认证工作。至 2016 年，已认证的企业有 100 多家。此项工作对提高行业维修企业管理能力、在行业内树立标杆企业起到了促进作用。

（3）工程机械维修工职业技能竞赛。中国工程机械工业协会（机械工业职业技能鉴定工程机械行业分中心）分别于 2010 年和 2012 年举办了第一届“厦工杯”和第二届“合力杯”工程机械修理工职业技能竞赛。决赛设一等奖、二等奖、三等奖和优秀奖若干名。决赛第一名的选手，报请人力资源和社会保障部授予“全国技术能手”称号，报请全国总工会推荐参加“全国五一劳动奖章”评选。

工程机械再制造

一、行业发展历程

随着维修行业的不断发展，工程机械再制造产业形态逐步形成。

以现有旧零件为毛坯，按相关技术要求、标准进行生产新品零件的过程称为再制造。再制造出的新品质量及质保期不得低于非再制造的新品。欧美的再制造起于 20 世纪 40 年代，最为成熟的是汽车零部件再制造。我国工程机械再制造发展比较晚，当前还处于起步阶段和摸索阶段。

20 世纪 90 年代，徐滨士院士在国内首次提出再制造的概念，之后再制造得到产、学、研各个领域的广泛关注。

21 世纪初，一些外资工程机械品牌将再制造的产品引入中国市场，以探索再制造商业模式在中国市场的适应性、可行性。典型企业如卡待彼勒、小松及日立建机等。

2008 年，借助国家政策、法规的推动，工程机械再制造开始启动。

2009 年 12 月 11 日，工业和信息化部下发《机电产品再制造试点单位名单（第一批）》，工程机械领域的企业有：徐工集团工程机械有限公司、武汉千里马工程机械再制造有限公司、广西柳工机械有限公司、卡特彼勒再制造工业（上海）有限公司、天津工程机械研究院、长沙中联重工科技发展股份有限公司和三一集团有限公司。

2016 年 2 月 17 日，工业和信息化部下发《机电产品再制造试点单位名单（第二批）》，工程机械领域的企业有：山东临工工程机械有限公司、安徽博一流体传动股份有限公司、芜湖鼎恒材料技术有限公司、山河智能装备股份有限公司、北京南车时代机车车辆机械有限公司、赛克思液压科技股份有限公司、中铁工程装备集团有限公司、中铁隧道集团有限公司、蚌埠市行星工程机械有限公司、安徽省泰源工程机械有限责任公司、中国铁建重工集团有限公司、利星行机械（扬州）有限公司、南京钢加工程机械科技发展有限公司、青岛迈劲工程机械制造有限公司和厦门厦工机械股份有限公司。

2011年起，国家工业和信息化部每年认定评价并公布一批《再制造产品目录》，截至2016年，涉及再制造的工程机械产品有数百种。这些工程机械产品涉及的企业有：广西柳工机械股份有限公司、卡特彼勒再制造（上海）有限公司、武汉千里马工程机械再制造有限公司、洛阳瑞成轴承有限责任公司、荆州裕德机械制造有限公司、北京南车时代机车车辆机械有限公司、厦门厦工机械股份有限公司、山东临工工程机械有限公司、青岛迈劲工程机械制造有限公司、徐州工程机械集团有限公司、泰安大地强夯重工科技有限公司、陕西天元智能再制造股份有限公司、中铁工程装备集团有限公司和大连华锐重工特种备件制造有限公司。

二、行业发展现状

2012年以后，工程机械新机销售市场走向低谷，业内很多企业谋划转型，寻求“蓝海”。其中很多企业关注工程机械再制造业务，工程机械几百万台的市场存量，使得旧机翻新、再制造大有可为，涌现出很多从事再制造的企业，既有外资企业，也有国内企业。

按从事工程机械再制造的企业类型可分为：主机制造厂、零配件制造商、代理商和维修企业。

行业形势低迷，主机制造厂为帮助代理商渡过难关，解决库存二手机、“债权机”占用资金问题，实现旧机再销售，从技术与生产工艺上进行探索研究，并将再制造技术与工艺研究成果传授给代理商，指导代理商将二手机再制造或翻新，增加二手机的价值，快速实现再销售。

工程机械维修企业在业务低迷时期，也做起了二手机翻新的业务。它们通常找到买家后，从市场上收购旧机进行翻新或再制造，然后卖给客户。这样做的优势是：不占用资金，不占库存，全款交易，无应收账款。这些再制造设备通常销售给工程机械施工企业或设备租赁企业。

再制造产品类型可分为整机再制造、零部件再制造。整机再制造的机种有很多，比如盾构机、挖掘机、摊铺机和起重机等。零部件再制造的种类有发动机、液压件和线束等。不论是整机再制造还是零部件再制造，再制造产品的通用适用条件是：必须是产品单品价格高或产品市场需求量大的产品；再制造产品较新品价格有优势，通常前者不能高于后者的60%，这样才有市场竞争力。

当前，受现实各种条件制约，再制造开展较好的企业都是小型企业，再制造产值都在1 000万元以内。国内的主机厂基本上都是研究、探索性的再制造，基本没有量产的企业。

三、产业突破

工程机械再制造尚处于探索阶段，经过几年的发展，也取得了阶段性的成果，零部件再制造涌现出部分较好的企业，如专注于发动机再制造的济南复强动力有限公司，逐步发力的潍柴动力股份有限公司，盾构机减速机再制造企业蚌埠市行星工程机械有限公司，液压部件再制造企业安徽博一流体传动股份有限公司、赛克思液压科技股份有限公司等。但是，盾构机整机再制造当前做得不算到位，处于探索阶段，无法实现统一标准，性能不稳定，有待进一步提高。

在路面机械领域，杭州切利道路机械制造有限公司在摊铺机整机再制造方面进行了大胆的探索。通过对部件再制造、系统检测功能改造，实现整机性能升级，再制造后的整机销售主要面向租赁市场。

合肥齐日机电设备有限公司在挖掘机再制造上下功夫，专注于某一型号，实现批量生产，出厂性能统一标准，并提供质保，达到新机性能的95%，价格低于新品的5折，实现年再制造整机数量超过100台。

四、存在的问题

（1）投资大，回报周期长。再制造产品要达到甚至超过新产品的性能，势必要求从事再制造的企业具有强大的加工和检测能力。这样一来，项目投资大，投资回报周期很长。近些年，一些再制造企业的实践证明，没有批量的设备，再制造很难盈利，很多再制造企业被迫停产或转型。

（2）信息不对等，用户认可度低。我国用户对于再制造的概念并不了解，很多人认为再制造就是翻新。而经过翻新的二手设备价格很低，加上制造商并不向再制造企业开放其知识产权和零部件供应，造成再制造标准越高，需要更换的零件越多，产品竞争力越差，自然会在与翻新二手设备企业的竞争中败下阵来。再制造是一个新的产业，当一家企业进入一个新产业或推出一款新产品之前，首先要做市场调查，倾听（潜在）用户的需求和看法。贴上一个再制造标识的设备未必能赢得用户的信任而卖出更高的价格，毕竟没有用户只关注一个好的环保概念。没有市场，再制造企业就无法生存。

（3）产业基础薄弱。政府和行业对再制造的宣传不够，再制造产品社会接纳程度低，很少有人愿意承担再制造产品的价格来购买一台“翻新”机。另外，没有批量和市场，再制造的成本也居高不下。世界上任何技术和产业的发展都是从低到高、循序渐进，而我国工程机械再制造的发展路径显然背离了这一规律，这就让工程机械再制造进入一个尴尬的“死胡同”。

这种局面的产生，一方面说明我国工程机械再制造市场还不成熟，尽管拥有巨大的设备保有量和二手机交易量，但是多年来设备“翻新”和“造假”的歪风使用户对于再制造设备缺乏信心；另一方面说明我国缺少再制造配套企业，很多维修与再制造所需要的零配件还需要通过设备制造商来采购，高成本只能让用户望而却步。

再制造在我国能否生存和发展取决于市场，而不是技术。门槛越高，配套企业越少，再制造成本就越高，市场的接纳程度就越低。由于再制造所需的原材料是旧品配件，收购时，供货渠道无法提供发票，而再制造新品销售税收额度很高，无进项税抵扣，使再制造企业负担过重，生产利润太低，产品市场竞争力进一步下降。

可以说，我国工程机械再制造产业已经走到了一个十字路口。面临市场、税收、技术壁垒和零部件配套等诸多挑战，国家应积极帮助解决这些问题，向国民宣传绿色制造和保护环境的意义，扶持那些被用户认可的再制造企业，培育一批再制造配套企业，形成再制造的良性发展环境。

五、协会的主要工作

2011 年 9 月，中国工程机械工业协会工程机械维修分会更名为中国工程机械工业协会维修及再制造分会。从此，工程机械再制造业务纳入分会统计工作范畴。

2012—2016 年，维修及再制造分会围绕工程机械再制造展开了多项工作，并取得了一定的成效。

一是宣传、推广再制造的理念、技术和模式。维修及再制造分会六届理事会每年组织一次“工程机械再制造发展论坛”，2013 年组织企业参观欧洲再制造展览，多次组织专家为企业提供再制造决策及技术咨询，组织两次再制造高级研修班。

二是深入行业内外交流调研。2014 年，分会秘书处会同行业 10 余家企业调研了业外企业（发动机、机床和高速复印机再制造企业）、业内企业，形成调研报告和《工程机械再制造产业发展路线图 2014》各一份，分析行业发展遇到的问题，探讨发展的路径。

三是配合工信部再制造产品认定和机电产品再制造试点工作，组织协助企业申报再制造产品目录以及申请机电产品再制造试点工作。2015 年 1 月，组织召开再制造试点和再制造产品认定工作政策解读学习班。

四是组建工程机械再制造产业联盟。为了适应工程机械再制造产业快速发展的需要，经中国工程机械工业协会批准，2014 年正式组建工程机械再制造产业联盟，秘书处设在维修及再制造分会。

五是推广工程机械再制造产品，参加国内重要展会。2015 年 9 月，分会组织了 14 家再制造企业以再制造专区的形式集体参加 BICES 2015。此次展会涉及的再制造产品有工程机械的液压泵、液压缸、控制阀，传动箱，电气线束，以及再制造装备等。此次展出活动，是分会首次组织会员参加展示，收到了良好的效果，为今后开展此类活动积累了经验、奠定了基础。

〔供稿单位：中国工程机械工业协会维修及再制造分会〕

工程机械属具

一、行业发展概况

1. 行业现状及特点

工程机械附属工作装置（简称工程机械属具）的应用可实现工程机械的“一机多用、一机多能”，大幅扩展主机的应用领域，进而替代各种功能单一、价格昂贵的专用机械。工程机械属具的推广应用，可以使工程施工具备节能、环保、高效、便捷和低成本等优势，满足未来多样化施工需求，其市场潜力大、应用前景好。

据统计，2016 年我国工程机械属具市场达到百亿元规模。伴随着工程机械属具行业的快速发展和产品的推广应用，我国已经成为世界最大的属具市场，市场份额达到 28%。世界主要地区工程机械属具市场份额见图 1。

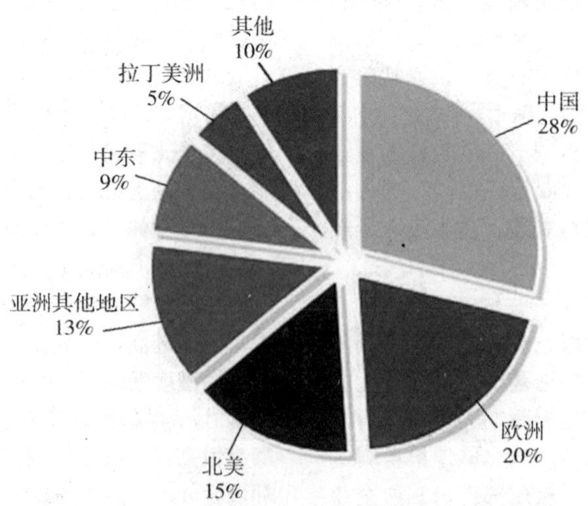

图 1　世界主要地区工程机械属具市场份额

2013—2016 年，我国工程机械行业进入调整期，主机销售下滑明显。在主机市场低迷的大背景下，属具市场保持稳健增长，属具行业的发展成为工程机械行业的一大亮点。属具的使用可提高施工效率，大幅降低施工成本，在投资更趋理性的今天，属具因其低投入、高回报的特点而广受施工单位的欢迎。2013—2016 年工程机械属具行业销售收入见表 1。

表 1　2013—2016 年工程机械属具行业销售收入

年份	销售收入（亿元）
2013	63
2014	72
2015	85
2016	100

工程机械属具种类繁多，根据使用范围不同可分为基本附属装置、专业附属装置和全面解决方案装置等品类。具体来看，我国工程机械属具市场主要包括快速连接器、铲斗、液压锤、夹持器、振动夯、螺旋钻、液压剪及松土器等产品，属具主要与挖掘机、滑移装载机、挖掘装载机等工程机械配套使用，其中挖掘机是工程机械属具最重要的应用主机。

国际成熟市场的挖掘机械属具配置率达到 95%，快速连接器等属具已成为挖掘机械的标准配套产品，并得到广泛应用。国际属具市场向着一台挖掘机械 + 多台属具的方向发展，多台属具的配置模式，可以进一步丰富挖掘机械的功能和应用领域。我国挖掘机械属具市场应用情况与成熟市场比较见表 2。

表 2　我国挖掘机械属具市场应用情况与成熟市场比较

产品类别	成熟市场配置率（%）	国内市场配置率（%）
挖掘机 + 属具	95	25
挖掘机 + 液压破碎锤	30 ～ 40	20 ～ 25
挖掘机 + 其他属具装备	90	≤ 1
挖掘机 + 快换连接器	≥ 95	≤ 1

我国工程机械属具市场由于起步晚，与发达国家相比还有很大差距。当前国内挖掘机械属具配置率仅为 25%。截至 2016 年年底，我国挖掘机械市场保有量达 130 万台，未来按照 80% 主机配备属具，平均每台挖掘机械配置 3 ～ 5 种属具测算，仅挖掘机械存量市场就可为属具提供数百万台（套）的市场需求。我国工程机械属具市场具有广阔的市场潜力。

从国际成熟工程机械市场发展规律看，工程机械市场将向着“单台主机 + 多种属具”的市场方向发展，随着我国工程机械市场的不断发展，未来“小属具”也具备“大市场”。属具是挖掘机械后市场发展的重要组成部分，既能帮助主机拓宽市场应用和产品线宽度，又是用户终端产业链转型的最终选择。主机和属具市场的良性互动，将共同推动行业进步。

我国工程机械属具市场在发展过程中尚面临很多困境。国外成熟的工程机械市场，属具厂商能够为主机企业提供系统解决方案，属具行业与主机行业形成了相辅相成的共赢关系。但国内属具行业尚处于导入期和上升期，大部分主机厂没有专门的多功能技术开发部门和技术人员，在主机设计上，缺乏与属具和加装特种工作装置的设计接口和参数匹配，导致下游属具市场研发难度大，新产品研制周期长且应用范围窄，提高了产品的研发成本。国内属具厂商也多为中小规模企业，生产规模小，产量低，鱼龙混杂，缺乏实力强大的领先企业。

我国工程机械属具行业企业的发展存在诸多问题：在产品质量方面，低水平跟进，缺少研发，低价、低利润，软服务充盈市场；在经营战略方面，大部分企业奉行低成本战略，以降价商务条件换市场，不注重品牌价值和产品质量；在技术研发方面，企业开发能力弱，产品可靠性、耐久性有待提高，与主机厂的配套性差；在营销渠道方面，挖掘机属具主要是配件经销商、修理厂和部分主机经销商兼营销售，主机厂和大型主机经销商还没有将属具系列产品和特种工作装置纳入主要业务范围，属具的独立营销渠道也尚未建立。

针对工程机械属具市场发展中的问题，国家在工程机械“十二五”规划中明确提出了属具行业的发展目标：要重点支持研发生产的新产品，加快工程机械各类配附件、专用属具的研发制造，培育属具制造基地。“十二五”期间，国内企业在属具研发方面取得一定成就，部分产品质量已与韩国进口品牌质量接近，在 5 年的发展历程中也涌现出一批行业优质企业。

烟台艾迪精密机械股份有限公司主要从事液压破碎锤、快速连接器、高频振动破碎锤、抓石器、抓木器和振动夯等工程机械属具的研发、生产与销售。公司创建于 2003 年，注册资本为 13 200 万元。产品已出口到 50 多个国家及地区。公司于 2017 年 1 月在 A 股上市，成为国内工程机械属具行业首家上市公司。

广东鸿荣重工股份有限公司成立于 2008 年，是专业的工程机械配件生产企业，已发展成为一家集工程机械基础零配件研发、设计、生产制造、销售、技术咨询及服务为一体的专业机械制造企业，并成为全球著名工程机械企业的合格供应商。产品已经形成 21 个系列、3 000 多个品种规格，涵盖抓斗、松土器、抓夹、快速连接器、夯实机、耙、压实轮及货叉等多个大类。公司在工程机械属具开发、应用方面处于行业领先位置，其中研发、生产的连杆式快速连接器填补国内空白。

山东铭德机械有限公司（山东铭德港城机械有限公司）成立于 2008 年，生产各种工程机械斗类、耐磨件及结构钢。产品涵盖挖掘机挖斗、松土器、液压夹木器、快速连接器、液压剪、破碎钳、振动夯、破碎器、高频破碎器、铣挖机、破碎筛分斗、大小臂、推土机推铲、推土机松土器及装载机铲斗等 20 多个系列、近 1 000 余种产品，形成了规模化、系列化和专业化的产品格局。产品适用于小松、日立、卡特、神钢、沃尔沃、洋马、柳工、三一、山推等众多品牌，远销美国、日本等 40 多个国家和地区。

烟台金山重工机械设备有限公司研发、生产挖掘机械各类配套作业装置，是我国最早生产多功能属具的厂家，也是国内最大的连接器生产商。公司主要生产破碎锤、连接器、松土器、夯实机、抓木器、液压剪、高频锤、打桩机及莲花抓等上百种挖掘机前端装置产品。下设有金山和迪林科两个系列品牌，产品包含上百种型号属具。

2. 行业周期性、区域性和季节性特点

工程机械属具行业受下游挖掘机械等工程机械行业发展和工程施工需求影响，工程机械的市场需求和供需状况将直接影响属具行业的景气度。由于工程机械行业与宏观经济关联度高，因此属具行业也受到国家宏观经济形势、调控措施、市场需求和产业政策等政治、经济因素的影响。

国内工程机械行业企业 90% 集中在东部沿海地区、湖南及广西，大型的工程机械配套件和属具企业也集中在这些地区。国内规模较大的工程机械产业集群为：湖南长沙产业集群、山东工程机械产业集群和长三角工程机械产业集群。近年来，长三角地区工程机械产业集群的规模不断扩大，该地区成为我国工程机械产品的重要集散地。

工程机械属具受到宏观经济、上下游供需等因素综合影响，正常情况下，二季度为全年相对销售旺季，但季节间差异并不明显。

3. 行业竞争情况

我国工程机械属具市场上活跃着大量欧美、日本、韩国等进口品牌及大量国产品牌。不同品牌根据其技术水平和产品定位不同，占有相对独立的市场。

欧美品牌依靠技术实力占据高端市场，但由于其价格十分高昂，不适合我国广大终端用户的需求，其产品销量和市场占有率在国内较低。为改变这一状况，一些欧美品牌近年来也开始考虑实施本土化战略，走相对中低端的产品路线。

日本品牌初期以原装进口销售为主，当前已实现本土组装，除核心零部件来自日本，其他部件均已实现本土采购，有效降低了产品成本。基于其固有的性能及质量优势，其市场占有率相对稳定。

韩国品牌由于地域和价格优势，一度占有很大的市场份额，近年来随着国内市场竞争加剧及国产品牌的崛起，其占有率快速下降。

国产品牌由于起步晚，技术条件相对落后，主要为中低端品牌。据不完全统计，我国工程机械属具行业企业超过 500 家，主要分布在山东、长三角和广西等地区。但大部分企业规模小、品牌覆盖面窄，产品以组装为主，主要通过采购零部件组装生产，产品性能差，质量得不到保证。

工程机械属具企业可以分为主机厂商、专业配套厂商、OME 厂商和组装厂商等。主机品牌以三一、卡特彼勒、徐工、小松、日立、柳工、临工、沃尔沃等品牌为代表，其依靠自身强大的技术实力及与主机良好的配套性占据部分属具市场。专业属具制造企业主要有山特维克、Bobcat、米勒、Kenco、AMI、Amulet、烟台艾迪、金山重工、山东铭德和广东鸿荣等，这些企业依靠更广的产品线不断拓宽市场，是属具市场的重要力量。专业属具制造企业作为主机企业和终端市场的连接者，根据市场需求不断开发各类新型的满足市场需求的属具，大大扩展挖掘机械主机的应用，并与主机厂商形成良好互动，共同推进挖掘机械行业的进步。国内 OME 厂商承担着主机厂属具的生产任务，其产品质量得到主机厂商和市场的认可，具备一定的技术实力，并且在代工过程中不断积累经验、培养人才，随着企业的发展壮大有望建立独立品牌。组装品牌产品缺乏科技含量，以低价、低质换取市场，随着市场的发展和不断规范化，组装品牌将被逐步淘汰。

当前，工程机械属具行业缺乏统一的行业标准和规范，部分低技术企业存在恶性竞争情况。但随着行业发展、用户对产品认知提升和市场的逐步规范化，仅依靠低价战略再难以得到市场的认可，未来技术领先企业将取得更大的竞争优势，行业市场集中度有望走高，结束无序竞争状态。在短期内，市场将保持欧美品牌占据中高端市场、日韩品牌占领中端市场、国产品牌以低端市场为主的竞争格局。但随着国内企业技术水平的不断提高和国际品牌本土化战略的推进，长期来看，市场界限将逐渐模糊，不同品牌市场相互渗透，品牌间将开展全面竞争。

4. 市场需求分析

当前国内工程机械属具产品处于导入期和上升期，市场对属具产品的使用价值已有一定程度的了解，需求客户群不断扩大。随着人力成本上涨和对施工质量、效率要求的提高，“挖掘机械 + 属具”这一低成本、高效率、专业化的施工方式将得到越来越多终端用户的认可。因而，工程机械属具行业发展潜力大。

庞大的主机保有量基数，为工程机械属具行业发展提供了丰富的载体；施工领域对属具功能不断加深认识，也将促进属具市场的快速发展。随着前些年大量投入的基础设施逐步进入养护期，经济发达城市的基础设施建设逐渐由“大刀阔斧”式的建设期转入“精雕细琢”的养护期，小规模施工将逐渐成为市场主流，这要求作业装置具备高效率、小型化、多功能的特点，而挖掘机械 + 多种属具的配置模式可以很好地满足这种新型施工需求。

（1）挖掘机械行业发展趋势。经过 4 年的深度调整，自 2016 年下半年起，挖掘机械行业再次迎来爆发式增长。据统计，2016 年国内（大陆地区）挖掘机械销量 62 913 台，同比增长 19.0%，是 2012 年以来首次实现增长。2017 年第一季度挖掘机械销量 38 442 台，同比增长 105%。随着国内基础设施建设加码、城镇化建设水平提升及城镇化率提高、农业规模化及机械化发展，未来挖掘机械市场有望保持回暖趋势。挖掘机械行业的稳步发展，为工程机械属具行业的发展带来稳定的市场需求。2007 年至 2017 年一季度国内挖掘机械销量和同比增长情况见图 2。

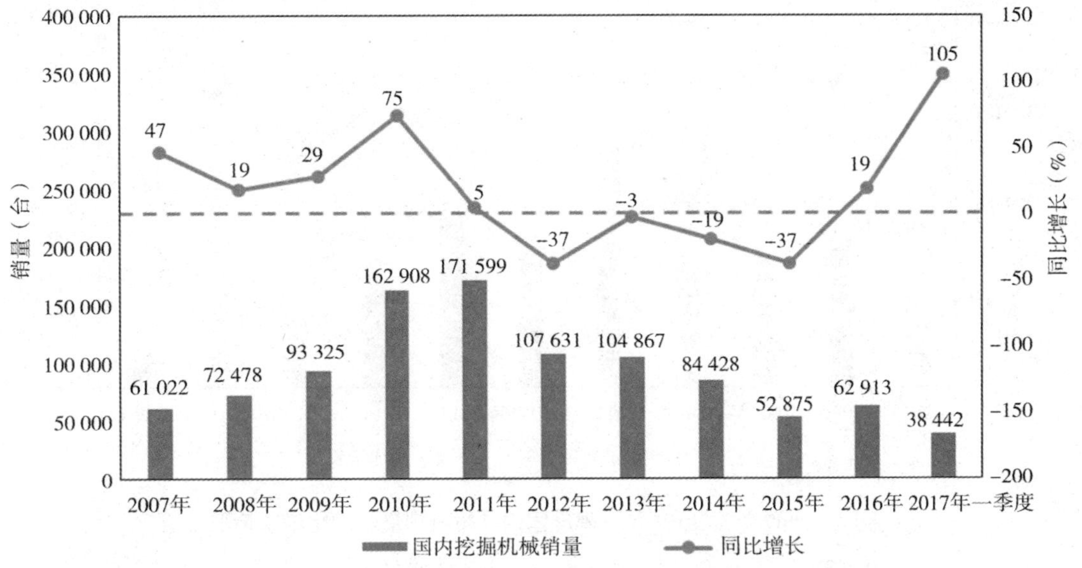

图 2　2007 年至 2017 年一季度国内挖掘机械销量和同比增长情况

（2）挖掘机械属具配置率变化。2016 年我国挖掘机械市场保有量超过 130 万台，属具配置率仅为 25%，与国际成熟市场 95% 的配置率存在很大差距。随着施工要求提高、属具技术发展和应用范围扩展，一台主机 + 多台属具的配置模式将得到更多终端客户的认可。按照属具配置率每年提高 5 个百分点，每台配置 3 ～ 5 台属具估算，挖掘机械存量市场每年就将为属具行业带来 20 万～ 30 万台的市场需求。2007—2016 年挖掘机械市场保有量变化情况见图 3。

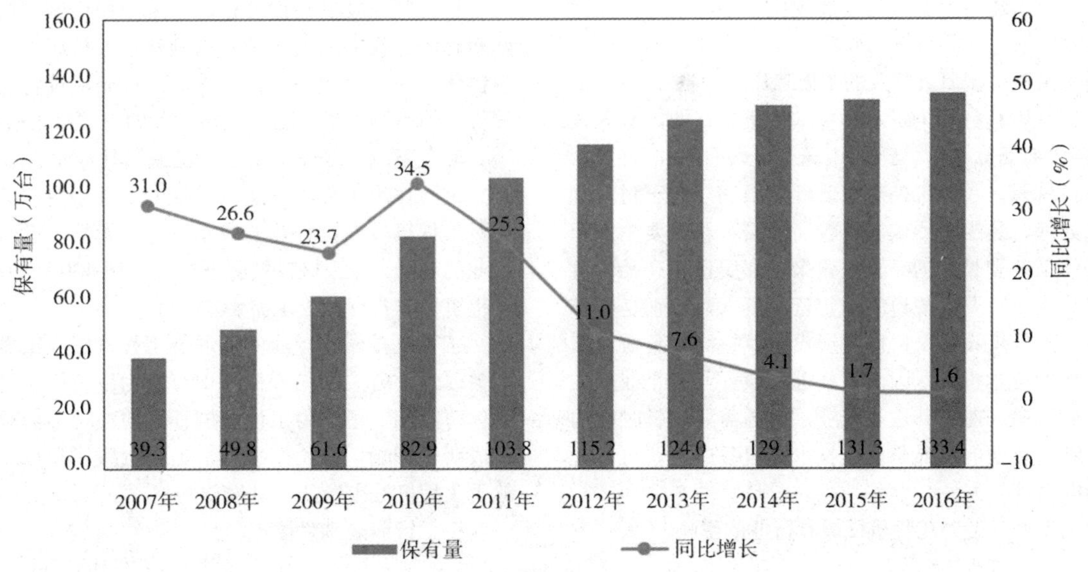

图 3　2007—2016 年挖掘机械市场保有量变化情况

随着国内挖掘机械行业主机市场竞争的加剧，主机厂商开始将挖掘机械的多功能性作为竞争点，液压属具得到主机厂商越来越多的重视，纷纷将属具作为配套供应的可选项，新机属具配置率有望得到提升，并为属具行业带来巨大的市场需求。

（3）装载机行业发展趋势。根据中国工程机械工业协会统计，截至 2015 年年底，我国装载机保有量 167.4 万～ 181.4 万台。装载机巨大的保有量市场为工程机械属具提供了市场需求。但装载机在属具配置率和配置台数等方面的潜力远不及挖掘机械，因此装载机对属具的需求低于挖掘机械。2007 年至 2017 年一季度国内装载机销量和同比增长情况见图 4。

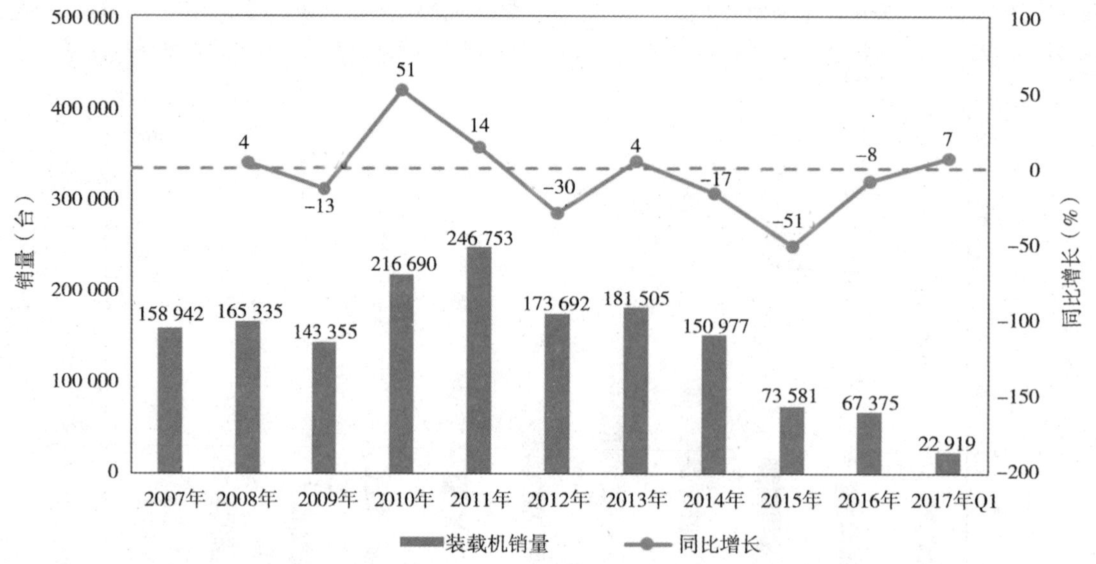

图 4　2007 年至 2017 年一季度国内装载机销量和同比增长情况

（4）出口市场。国内 OEM 厂商通过低成本优势得到大量国际品牌订单，而丰富的代工经验也为这些企业打开海外市场带来机会。在工程机械成熟市场，属具已经成为挖掘机械的标准配置附件，这一成熟市场对于成长期的我国企业既是挑战也是无限的机遇。

据统计，2016 年全球共销售挖掘机械 40 万～ 50 万台，以成熟市场 90% 的属具配置率，每台挖掘机配套 3 ～ 5 种属具计算，该市场将远超国内市场规模，必将成为行业发展的“蓝海”。

5. 进入工程机械属具行业的主要障碍

工程机械属具行业为资本和技术密集型行业，进入该行业，企业主要面临技术、资金、市场三个方面的准入门槛。

工程机械属具关键部件对可靠性要求高，对于材料、加工、热处理、装配、测试等有较高的要求，需要生产企业有完善的工艺和长期的经验积累来保证质量和产品的可靠性。属具生产需要大规模的固定资产投入，特别是精密加工设备、热处理设备、铸件生产设备及检测设备等，需要较高的前期资本投入，因而对新进入该行业的企业形成一定的资金壁垒。对于新进入企业，市场需要较长时间的考察，才能对企业的产品质量、技术和服务产生认可，行业的市场准入难度大。

二、上下游产业对工程机械属具行业的影响

1. 上游产业分析

工程机械属具制造加工的上游主要为钢铁行业。钢铁行业是我国国民经济的支柱性产业。十多年来，钢铁行业总体维持快速增长，固定资产投资持续增加，在国民经济中占比逐渐提升。经过近几年低迷后，受宏观经济好转、资金面宽裕及基本面供需紧平衡、成本推动等因素综合影响，2016 年钢材价格止住 5 年下跌趋势出现上涨。但是，钢材价格的上涨并不代表行业企业转型结束，行业依旧面临“去产能”要求，钢铁企业转型升级仍是未来一段时间的发展趋势。

2. 下游产业分析

工程机械属具行业下游为工程机械主机行业，主要涵盖挖掘机、滑移装载机、挖掘装载机等，主要应用领域为农业、林牧业、城镇化建设、市政工程、基础设施建设、房地产投资和采矿业等。此外，部分属具直接在终端配件市场销售。

根据行业发展规律分析，未来挖掘机械市场有望保持回暖趋势。我国庞大的基础设施建设投资还处于发展期，城镇化建设、交通基础建设等基础设施建设将大力拉动工程机械的市场需求，工程机械行业的发展潜力值得期待。

3. 上下游行业发展对工程机械属具行业的影响

钢材作为工程机械属具行业的主要原料，其供求状况会对工程机械属具行业的成本有一定影响，进而影响整个行业的利润。但原材料供应不是限制行业发展的主要因素，工程机械属具行业受上游影响较小。

工程机械属具行业的发展与工程机械施工需求有较强的关联性，庞大的工程机械保有量为属具行业提供广阔的载体，因此，短期内工程机械行业的波动不会对属具市场造成明显影响。但长期来看，工程机械属具行业的发展依赖于工程机械市场的稳健发展。

三、行业未来发展趋势

1. 高端化、专业化、高技术附加值的发展方向

从挖掘机械产业升级的经验来看，属具产品高端化是重要发展方向之一。行业早期以满足功能需求为主，客户对价格非常敏感。随着行业发展和客户认知的提高，用户价格敏感度逐步降低，生产方式转变为市场导向，个性化需求加强，品牌附加值得到体现，售后服务亦成为客户关注的重点。

虽然我国正在从挖掘机械制造大国向制造强国迈进，但工程机械属具行业仍处于起步阶段，许多产品在生产、

应用方面都处于空白，与国内主机发展水平极不相称。未来十年将是我国属具行业发展的黄金时期，新技术、新工艺、新结构的应用将带来属具产品的快速升级，掌握核心技术的行业企业将走“专、精、特、新”的发展道路，迎来高速发展时期。

2. 竞争格局变化

随着我国工程机械属具行业整体实力的提升，处于行业发展前列的国产品牌的产品品质将整体达到或接近国际水平，加之固有的成本、产品针对性等方面的比较优势，国产品牌市场占有率将进一步提高。长期以来，外资品牌坚守高端市场。2011 年之后，越来越多的欧美日高端品牌在我国加大投资、实施本地化战略，虽然短时间内完成“品牌下沉”“渠道下沉”可能性不大，但在一定程度上会加剧中端市场的竞争态势。组装品牌由于缺乏明确的战略目标，产品质量和售后服务差，在市场竞争加剧后会逐步退出市场。

3. 出口趋势日渐明显

国产挖掘机械的国际化路径为属具市场提供了良好的发展范本。我国高端装备制造业国际化战略布局已经开始，工程机械行业率先布局，挖掘机械成为“先锋”。虽然我国挖掘机械产量已经全球第一，但实际上我国挖掘机械制造业的国际化战略才刚刚开始。相比之下，国内属具企业整体实力较弱，国际化道路尚且遥远；但随着产品质量的提升和国际知名度的提高，拓展国际市场空间必将成为行业未来的发展方向。

四、工程机械属具行业发展的影响因素

1. 有利因素

当前行业面临诸多机遇与挑战，《中国制造 2025》提到，到 2020 年，40% 的核心基础零部件、关键基础材料实现自主保障。在国家大力鼓励发展装备制造业的背景下，工程机械属具行业也将迎来重要机遇期，并有望实现属具产品核心技术的国产化。

我国已提出“一带一路”“京津冀一体化”和“长江经济带”等战略，相关投资的落实将拉动各行业投资。加之雄安新区建设规划的实施，未来交通运输、水利建设等基础建设将迎来新的发展期，并带动工程机械行业和属具行业的蓬勃发展。

自 2003 年首次提出城镇化建设以来，全国城镇化率从 2003 年的 37.7% 提高到 2016 年的 57.4%。《国家新型城镇化规划（2014—2020 年）》要求 2020 年常住人口城镇化率达 60%，户籍人口城镇化率达 45%。新型城镇化建设带来的轨道交通建设、棚户区改造、新房建设以及城镇配套设施建设都将带来工程机械及属具的市场需求。

随着经济水平的提升，国内劳动力成本不断提高。由于生产自动化程度低，导致我国单位劳动力生产效率较低。高劳动力成本和低劳动效率带来施工成本的急剧提高，因此国内“机器换人”需求量极大。“挖掘机械 + 属具”的应用模式可为雇主节省大量劳动力成本，并提高劳动效率。随着人工成本的进一步上涨，各类专业化属具的市场需求将会显著增加。

2. 不利因素

工程机械属具行业的发展面临一些不利因素。高端市场依旧被国际品牌垄断，国产品牌处于起步阶段，市场认同度低，难以打入高端市场。工程机械属具行业属于技术密集型行业，从设计、研发、生产到装配、测试的整个过程都需要富有实践经验的专业人才。但国内相关领域人才匮乏，影响产品的研发进度和水平，并限制整个行业的健康发展。同时，生产成本的上升也给企业带来沉重压力，企业面临严峻的挑战。

〔供稿单位：中国工程机械工业协会挖掘机械分会〕

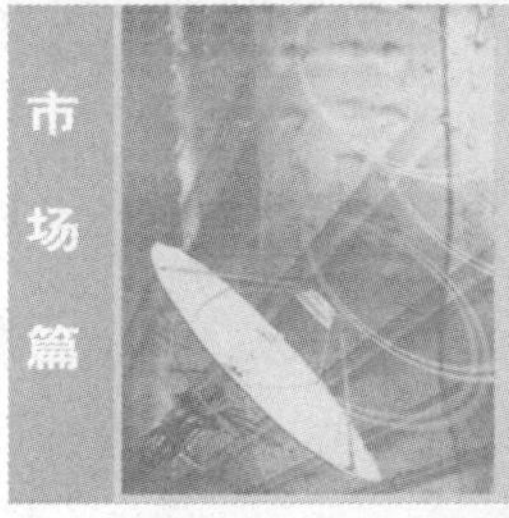

中国工程机械工业年鉴2017

企业篇

公布2016年工程机械行业主要企业经济效益经营规模排序情况，介绍部分企业转型升级、创新的最新成果

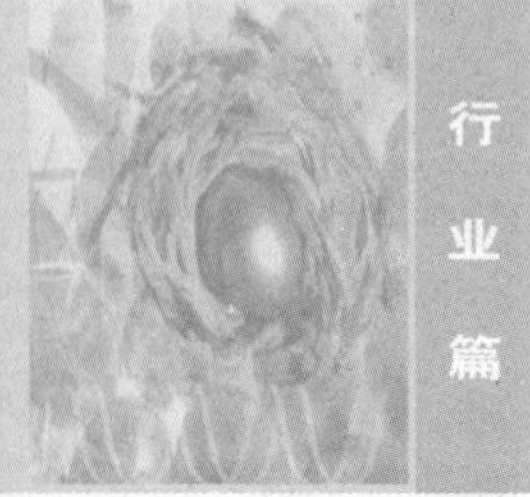

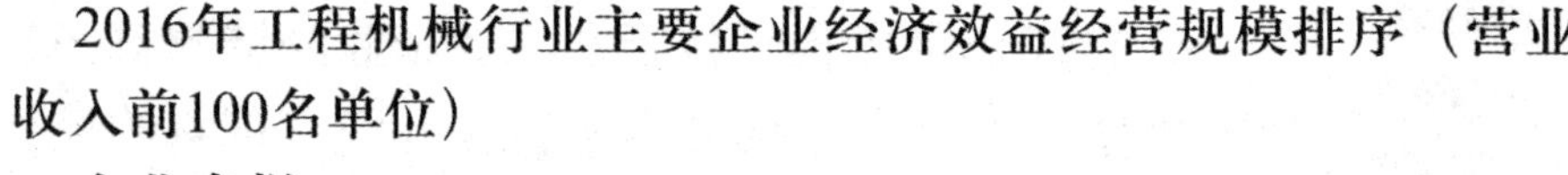

2016年工程机械行业主要企业经济效益经营规模排序（营业收入前100名单位）

企业专栏

2016年工程机械行业主要企业经济效益经营规模排序（营业收入前100名单位）

序号	企业名称	营业收入		利润总额	
		金额（万元）	排序	金额（万元）	排序
1	徐州工程机械集团有限公司	7 711 016	1	18 173	11
2	三一集团有限公司	6 375 794	2	−179 296	93
3	中联重科股份有限公司	5 026 920	3	−78 074	92
4	广西柳工集团有限公司	1 525 995	4	507	60
5	临沂临工机械集团	1 332 425	5	60 544	2
6	杭叉集团股份有限公司	803 583	6	60 454	3
7	安徽叉车集团有限责任公司	644 544	7	63 065	1
8	常林工程机械集团	584 710	8	−26 216	89
9	山东重工集团有限公司（工程机械板块）	582 885	9	−67 811	91
10	中国龙工控股有限公司	514 644	10	55 907	4
11	小松（中国）投资有限公司	410 563	11	31 971	6
12	江麓机电集团有限公司	408 296	12	15 684	12
13	厦门厦工机械股份有限公司	324 104	13	−278 130	94
14	山东鸿达建工集团有限公司	278 642	14	32 477	5
15	浙江银轮机械股份有限公司	229 412	15	23 112	7
16	山东云宇机械集团有限公司	229 290	16	18 343	10
17	成都神钢工程机械(集团)有限公司	202 515	17	−334 206	95
18	山河智能装备股份有限公司	176 949	18	7 551	18
19	柳州欧维姆机械股份有限公司	157 289	19	6 408	21
20	卡特彼勒（青州）有限公司	155 906	20	−8 054	87
21	方圆集团有限公司	151 799	21	19 552	9
22	青岛雷沃工程机械有限公司	145 151	22	5 080	24
23	河北御捷车业有限公司	139 933	23	7 451	19
24	郑州宇通重工有限公司	139 650	24	2 207	37
25	韶关比亚迪实业有限公司	129 459	25	4 406	27
26	杭州前进齿轮箱集团股份有限公司	128 505	26		
27	广州电力机车有限公司	126 207	27	1 576	44
28	山东蓬翔汽车有限公司	118 454	28	−2 451	79
29	中交天和机械设备制造有限公司	110 143	29	10 109	16
30	浙江诺力机械股份有限公司	108 515	30	13 540	14

（续）

序号	企业名称	营业收入		利润总额	
		金额（万元）	排序	金额（万元）	排序
31	内蒙古北方重型汽车股份有限公司	95 665	31	2 952	31
32	北京中车重工机械有限公司	89 520	32	2 536	35
33	宁波如意股份有限公司	75 513	33	13 785	13
34	徐州海伦哲专用车辆股份有限公司	73 816	34	2 848	32
35	浙江鼎力机械股份有限公司	67 817	35	20 200	8
36	贵州詹阳动力重工有限公司	65 945	36	1 085	50
37	中航力源液压股份有限公司	63 927	37	384	64
38	榆次液压集团有限公司	63 240	38	−5 007	86
39	抚顺永茂建筑机械有限公司	63 170	39	1 577	43
40	浙江省建设机械集团有限公司	61 910	40	2 585	34
41	利勃海尔机械（大连）有限公司	60 025	41	−2 949	82
42	广东玛西尔电动科技有限公司	56 900	42	4 630	26
43	北京华德液压工业集团有限责任公司	50 988	43	−4 434	85
44	苏州益高电动车辆制造有限公司	50 470	44	1 885	39
45	莱州市莱索制品有限公司	48 192	45	1 602	42
46	浙江美科斯叉车有限公司	46 020	46	4 965	25
47	陕西同力重工股份有限公司	44 724	47	1 452	45
48	广西建工集团建筑机械制造有限责任公司	40 064	48	357	65
49	天津建筑机械厂	38 244	49	7 835	17
50	山东中车同力达智能机械有限公司	38 001	50	419	62
51	三一帕尔菲格特种车辆装备有限公司	37 574	51	5 674	22
52	蚌埠液力机械有限公司	35 977	52	5 246	23
53	浙江吉鑫祥叉车制造有限公司	35 954	53	451	61
54	中交西安筑路机械有限公司	34 614	54	−1 519	76
55	桂林客车发展有限责任公司	34 580	55	174	69
56	浙江苏强格液压股份有限公司	34 159	56		
57	山东大汉建设机械有限公司	32 958	57	2 685	33
58	四川建设机械（集团）股份有限公司	32 198	58		
59	辽宁抚挖重工机械股份有限公司	31 729	59	1 843	40
60	德基科技控股有限公司全资子公司	29 422	60	4 074	29
61	河南森源鸿马电动汽车有限公司	29 319	61	552	59
62	四川成都成工工程机械股份有限公司	28 537	62	-32 854	90
63	赛克思液压科技股份有限公司	26 557	63	10 690	15
64	河北宣化工程机械股份有限公司	26 090	64	328	67
65	申锡机械有限公司	25 642	65	1 436	46

（续）

序号	企业名称	营业收入		利润总额	
		金额（万元）	排序	金额（万元）	排序
66	济宁市永生工程机械制造有限公司	24 790	66	164	70
67	意宁液压股份有限公司	24 786	67	3 242	30
68	江西中天机械有限公司	24 560	68	1 129	48
69	中际联合（北京）科技股份有限公司	22 431	69	7 189	20
70	东营蒙德金马机车有限公司	22 160	70		
71	杭州爱知工程车辆有限公司	21 525	71	2 311	36
72	浙江红五环掘进机械股份有限公司	21 500	72	337	66
73	陕西建设机械股份有限公司	21 129	73	−2 919	81
74	杰牌控股集团有限公司	20 611	74	34	71
75	江苏骏马压路机械有限公司	20 476	75	195	68
76	贵州枫阳液压有限责任公司	20 135	76	1 968	38
77	大连叉车有限责任公司	18 305	77	11	72
78	青岛前哨精密机械有限责任公司	18 018	78	780	53
79	中汽商用汽车有限公司（杭州）	17 377	79	408	63
80	烟台艾迪液压科技有限公司	17 317	80	4 147	28
81	沈阳三洋建筑机械有限公司	17 063	81	−396	74
82	本溪北方机械重汽有限责任公司	16 603	82	−1 831	78
83	四川长江工程起重机有限责任公司	14 764	83	−4 075	83
84	河南宏源车轮股份有限公司	14 292	84	658	58
85	上海宝达工程机械有限公司	13 698	85	733	56
86	河北冀工胶管有限公司	13 500	86	1 676	41
87	安徽合叉叉车有限公司	12 059	87	−2 492	80
88	四川强力建筑机械有限公司	11 581	88	923	52
89	杭州萧山红旗摩擦材料有限公司	10 539	89	700	57
90	长沙盛泓机械有限公司	10 397	90	1 111	49
91	上海普英特高层设备股份有限公司	10 331	91		
92	哈尔滨工程机械制造有限责任公司	10 082	92	927	51
93	泰安金城重工科技有限公司	9 761	93	−213	73
94	济南液压泵有限责任公司	9 672	94	−700	75
95	江苏八达重工机械股份有限公司	9 422	95	1 171	47
96	上海彭浦机器厂	9 324	96	−4 127	84
97	青岛力克川液压机械有限公司	9 235	97	766	54
98	山东腾飞建设机械工程有限公司	8 833	98	760	55
99	浙江衢州煤矿机械总厂股份有限公司	8 803	99	−1 664	77
100	福田雷萨重型机械公司	8 590	100	−22 085	88

〔供稿人：中国工程机械工业协会吕莹〕

企业专栏

品牌一体化　打造工程机械强力舰队

天工院是我国国家级工程机械研究院，常林是中国第一台木材装载机制造者，洛阳公司是中国第一台压路机的诞生地，鼎盛重工是中国第一台平地机的诞生地，长起是中国第一台液压汽车起重机的诞生地。

说起中国国机重工集团有限公司（以下简称国机重工）旗下的 31 家控股和参股企业，可谓历史悠久，声名远扬。正是这些有着悠久历史的老品牌，成就了一支拥有强劲战力的工程机械舰队。

一、力推品牌一体化，SINOMACH 声名鹊起

2011 年 1 月，国机集团旗下工程机械业务资源重组整合改制，成立国机重工。自此，所有子公司品牌一体化工作提上了议程。

2011 年 10 月 17 日，国机重工在人民大会堂举行了隆重的揭牌成立及 SINOMACH 品牌发布仪式，同年在北京 BICES 展上推出了以挖掘机为代表的 SINOMACH 产品。从那以后，5 年多的时间里，国机重工一直在为早日实现品牌一体化而精心布局、稳步推进。

五年里，国机重工编制了国机重工 SINOMAH 品牌发展战略，将实施精品工程、培育卓越品牌、提升集团整体的品牌形象作为企业发展的核心战略之一，制定了品牌一体化实施方案，颁布了 SINOMACH 产品标准，开展了质量提升专项活动，进行了 SINOMACH 产品品牌的内部认证。在国内市场推进使用联合品牌过渡，在国际市场统一使用 SINOMACH 品牌；对外加大宣传力度，累计投入近亿元进行 SINOMACH 品牌的宣传推广，加大 SINOMACH 品牌文化建设，塑造品牌形象。

五年多的工作，让国机重工和 SINOMACH 品牌在行业内外和国际上逐步声名鹊起，国机重工 SINOMACH 品牌的认知度和影响力在行业内逐步提升。这一切为后来的品牌一体化打下了良好的基础。

2016 年 11 月，上海宝马展期间，国机重工面向全球进行了品牌一体化发布活动，此举也标志着公司围绕“国机重工 SINOMACH”为核心的品牌一体化战略进入全面实施阶段。接下来，国机重工进一步全面实施品牌一体化，整合品牌资源，形成品牌合力，提升 SINOMACH 品牌价值，力争到“十三五”末期，将 SINOMACH 打造成为行业一流品牌。

二、“改革、发展、稳定”，重塑市场竞争优势

国机重工的重组适逢行业断崖式下滑的大环境，似乎很“不得其时”，然而，恰是这种大规模下滑，给国机重工的改革调整再出发提供了时间和空间。当时，面对‘内忧外困’的艰难形势，国机重工必须同时兼顾‘改革、发展、稳定’三大问题。

为此，国机重工一方面不断加快产品结构、产业结构和资产结构调整，进行内部资源整合、共享和抱团取暖；另一方面，积极巩固国内市场并大力开拓海外业务，通过坚持瘦身健体和解决历史遗留问题两手抓，逐步从物理融合向化学融合转变，从形合资合逐步向人合情合迈进，重组带来的正面效应不断显现。

经过 6 年多的努力，国机重工不仅保住了在工程机械行业的一席之地，而且在全球工程机械制造商 50 强榜单上从 2011 年之前的榜上无名提升到近几年始终位列前 40 位左右。

与此同时，国机重工三大业务格局也初步形成：工程装备及相关重工领域的研发制造、服务、工程承包与贸易等三大主业结构调整取得积极进展。产品梯队上，除混凝土机械、工业车辆和电梯外，工程机械全产品链已经基本具备，且各类产品的发展方向和打造的拳头产品基本明晰；产品质量水平得到明显提升，六大主导产品用户满意度逐年提升。

三、变革转型，拥抱又一个春天

2016 年，工程机械行业逐步回暖，当前形势依然看好。国机重工将继续坚持、坚守、发展好工程机械这一核心业务。同时，还将围绕工程机械这一核心业务，进行上下游产业链的扩展和延伸。比如，公司确定的另外两大业务——工程承包与贸易和服务业务，均是与工程机械产业密切相关的，目的是通过装备促进工贸项目的落地，通过工贸项目进一步拉动装备业务的发展。

与此同时，国机重工还在积极谋求市场转型。在巩固国内市场的基础上，重点拓展海外市场。未来，“国际化”将是国机重工市场布局的重点。通过两条腿走路，既要自力更生，也要借船出海，加强自身的海外布局，将市场、服务甚至制造资源逐步迁移到第一线，同时，紧抓国机集团“再造海外新国机”的战略机遇，加强集团内部与央企间的协同合作，不断突破。

工程机械行业调整仍在继续，产能过剩的局面没有根本性改变，转型升级仍任重道远。国机重工将继续苦练内功，增强抗击倒春寒的能力。以充足的准备，推动我国从工程机械制造大国向制造强国转变。

中联重科：全景化创新　培育“中国制造力量”

中联重科股份有限公司（简称中联重科）是全球领先的集工程机械、农业机械、金融服务等多位一体的装备制造业龙头企业。近年来，在全球经济放缓、国内工程机械遭遇寒冬的状况下，中联重科致力于全景化科技创新，深度布局“一带一路”市场，成功实现有质量的增长。

一、智能化产品与服务打造4.0产品

数据显示，中联重科在2017年第一季度实现营业收入52.75亿元，同比增长74.5%，其中，工程机械板块增幅超过100%。

装备制造业是科技密集型产业，对技术和智力要素要求极高。中联重科作为工程机械龙头企业，集中优势科研和制造力量，全力推出4.0产品，以创新精神继续领跑行业技术发展。

中联重科4.0产品核心为“模块化平台+智能化产品”，产品的各个子系统均以模块形式进行标准化的设计和生产。由于当前市场广泛存在的定制化服务需求，对4.0产品的研发设计理念进行了有针对性的升级。对于当今“去产能”的产业大背景，中联重科通过在产品智能化、完善“产品+服务”体系化建设等方面的全面提升，提前进入工程机械制造的新时代，从而掌握产业发展的制高点，为未来的发展做好准备。

单纯的设备智能化已不能面对日益激烈的市场竞争，必须同时实现服务智能化。4.0产品已经脱离了原来仅仅拘泥于产品本身升级的模式，转而建立起智能化条件下的“产品+服务”的立体化新模式。中联重科建立了强大的物联网云平台ZoomCloud，为客户提供“实时、在线、主动”的服务，完成从“做设备”到“做设备、管设备、养设备”的全新转变，从而实现“产品在网上、数据在云上、服务在掌上”的构想。

2017年5月底，历时近70天、途经7个大区的“中联重科4.0产品全国巡展”落下帷幕。在巡展期间，中联重科首次提出以“共赢发展”为理念的“客户联盟计划”，邀约行业内优质的施工企业和租赁公司共同组建客户联盟，目的是促进联盟成员之间的合作、联系和交流，为联盟成员提供合作平台并创造商业机会，维护共同利益。中联重科通过智能化服务将客户和未来的市场紧紧与企业自身捆绑起来，提前布局市场的未来发展。

二、创新驱动农业机械迈向高端

进入2017年以来，农业机械行业的整体下滑幅度很大，农业机械市场出现阶段性深度调整。中联重科农业机械板块依靠科技创新实现逆势上扬。拖拉机、小麦收割机、水稻收割机等产品实现了全面升级，市场占有率进一步提高；烘干机销量多年来始终保持行业领跑地位。

拖拉机在农业生产中有着广泛的应用，拖拉机正在向着节能、高效的大马力拖拉机发展。当前国内大马力拖拉机生产基本被跨国公司所主导，中联重科作为国内大型农业装备企业，加大研发投入，开发出世界标准、行业领先的PL2304大马力拖拉机，实现了我国高端大马力拖拉机产品设计技术与产品制造技术的重大突破。

PL2304拖拉机在整体应用性、智能化创新和大马力三个方面，拥有突出优势。PL2304拖拉机采用整车CAN总线控制技术，大大提升了拖拉机智能化操作水平，整车实现全电液控制，拥有故障自诊断功能、定速巡航、自动驾驶等电子功能，配置动力发动机管理系统，可控制发动机多种工作模式，可节省燃油5%左右，动力强劲，扭矩储备达35%，可在田间恶劣工作条件下运行无阻。它配置动力换挡变速器，挡位40+40，适应不同作业需求，历经国内新疆、东北等地2 000h、2 666.7万m^2（40 000多亩）无故障实地作业验证。

PL2304大马力拖拉机的研制成功和上市，对于加快我国农业机械产业转型升级、提升国际竞争力具有重要意义。2017年5月8日，在中联重科开封工业园，李克强总理亲自登上了230马力的拖拉机，这也是对中联重科农业机械方面创新的重大认可。

近年来，农作物秸秆成为农村面源污染的新源头。当前国家正在推动秸秆向农用为主、多元利用的方向发展。作为国内大型装备制造企业，中联重科充分依托装备制造技术优势，大力发展以秸秆资源化利用为基础的现代环保产业，推动秸秆资源多途径、多层级、高附加值利用。

2017年以来，中联重科面向市场推出30余款秸秆处理装备。设备针对秸秆“收获、打捆、运输、储藏、加工利用”等环节，一站式实现秸秆粉碎还田、秸秆收集离田、秸秆生物复合肥制备等各个领域的流程化、体系化操作。而太阳能热源系统、5LLS-45生物质热风炉等热源装备，则为整体流程提供了优质稳定的全天候热源保障。当前，中联重科秸秆处理装备所粉碎后的秸秆，通过加料、杀菌、发酵等一系列流程，可做到直接还田，这使得秸秆处理进入了统筹使用的新时代。

近年来，国家对“镰刀弯”地区进行玉米种植结构调整，“粮改饲”成为重要举措。中联重科充分结合政策导向与用户需求，推出全新升级的FL3000A青贮机。该机型采用加长往复式割台和高强度对辊式籽粒破碎装置，达到国际先进水平。FL3000A青贮机在增加农民收入的同时，兼顾生产和环保，保持可持续性的和谐、科学发展。

三、深入布局“一带一路”，借船出海走向国际化

自“一带一路”国家战略提出以来，在国家各部委、湖南省（市）各级部门的支持下，中联重科积极行动，在央企的有力带动下，抱团出海，国际化布局加速完善。

一是在海外构建了“两横两纵”的大格局。中联重科分布于 70 多个国家地区的海外机构，从英、法、德到俄罗斯贯穿欧亚大陆，从中东、中亚、印度到东南亚贯穿亚洲新兴市场，形成“两横”；从北美到巴西、智利贯穿南北美洲，从北非到南非贯穿非洲大陆，形成“两纵”。

二是在“一带一路”沿线地区，资源重点倾斜。沿着“一带一路”地区，中联重科已打造了 9 个生产基地、20 个贸易平台、10 个备件中心库，产品覆盖沿线 31 个国家。

三是在重点项目上，实现与当地企业协同。在白俄罗斯，中联重科与有 70 多年历史的老牌重卡企业 MAZ 集团成立合资公司，采用 MAZ 的底盘生产多类产品，借助 MAZ 的网络销售产品，实现了产品对整个俄语区及东欧区的辐射。

央企是“一带一路”建设的先行者和主力军，在资金、技术、管理等各方面有很强的优势，担负着国家使命。中联重科先后与中铁、中建、中水、中交建等多家央企在基础设施建设领域紧密合作，与进出口银行、国家开发银行等多家金融机构在海外产融合作方面密切配合，在“一带一路”沿线实现了重点突破、多方共赢。在央企和金融机构的带动下，中联重科国际化的路越走越宽。

在市场风云变幻的今天，中联重科时刻牢记以创新为基础，以创新的思路和技术，为自己增加更多的优势，锻造更显著的“长板”，创造更多的奇迹，实现“中国制造”和“中国力量”在世界舞台上的全面崛起。

抓住机遇　创新驱动　转型升级

中交天和机械设备制造有限公司（简称中交天和）是从事隧道掘进机(盾构机)的生产和盾构产品的整修、改造、翻新以及海洋船舶的设计制造和地下通道管理与养护等业务的机械公司，是当前国内超大型盾构制造商。

中交天和始终坚定信念，勇往直前，从创业初期的无市场、无规模、无品牌，发展到位列国内盾构制造行业前三位。2016 年，公司走上快速稳健发展的轨道，整体运营水平提高，年签约盾构机 100 台，出厂 60 余台，盈利能力大大提升，业内品牌效益集聚。

随着国家宏观经济调控和市场环境的变化，尤其是面临工程机械行业持续低迷的局面，公司立足根本，分析国际形势，进行规划调整，实施转型升级，坚持走创新发展之路。2016 年，公司完成营业收入 11 亿元，实现利润总额 1 亿多元，创造了自公司成立以来最好的经营业绩。

一、抓住市场机遇，创新经营模式

只有创新市场机制，才能占领市场“制高点”。近年来，中交天和以“产品多元营销，延伸产业链”为经营指导思想，转变商业模式。

根据市场需求，中交天和创新营销模式，实施多元模式的盾构机市场营销，除直接销售、租赁外，进一步开展以租代售、备件销售、设备维修、安装、加工服务等模式，满足客户的需求，在业内形成有营销特色的品牌效应。

中交天和坚持走商业模式创新之路，将工程服务纳入经营体系进行推广，成为企业新的经济增长点。成立南京分公司，在做好售后服务工作的同时，充实售后服务配套岗位和人员，打造一支包含售后服务、推进操作、现场备配件管理、能够独立承担盾构施工、具有专业操作水平的工程服务队伍。中交天和逐渐由单一装备制造商向产品和服务综合服务商转变。

随着国家“一带一路”战略的推进，公司迎来了中亚、西亚、北非、东南亚、欧洲、中南美洲等区域城市轨道交通建设的发展契机，水利输水管网、市政电力、排水管网等基础设施建设力度加大。为此，中交天和专门成立海外部，借助中国交建“一体两翼”海外平台优势，依托中国交建在全球各地的办事处，完善销售网络，创新合作方式，积极“走出去”，开拓海外市场。当前，中交天和盾构产品已成功进入日本、新加坡和孟加拉国等海外市场。

二、加强科技创新，延伸产业链

中交天和与时俱进，加强自主创新，成功研发出多种类型的盾构机，涵盖了市政管网改造、地铁隧道、城际轨道隧道、公路隧道、核电站取水口等多个建设领域。公司自主研发的“天和号”超大直径泥水气压复合式平衡盾构机，打破了国外垄断，填补了国内空白，在南京纬三路过江隧道成功施工。在制造、研发和施工过程中，还首创了多项国家发明专利，获得多项科技进步奖。

中交天和不断完善产品结构，除了研发超大直径盾构外，还相继开发包括 TBM(全断面硬岩盾构机)在内的、适应各种不同地质条件的盾构机。中交天和延伸产品链，于 2016 年 10 月成功研制出两艘国内首创的 DCM 双处理机深层搅拌船，现已交付施工。

三、加大科研投入，健全激励机制

中交天和加大科研投入，积极培养自有技术团队，建立健全创新激励机制，营造鼓励创新的氛围，激发科技创新源动力，取得了良好的成绩。

2016 年，公司投入研发费用 3 500 万元，占年销售收入的 3.2%。公司出台“技术发明、学术论文奖励办法”等文件，鼓励引导技术发明创新；参与制定国家标准 5 项，新增企业标准 2 项；新获得授权专利 13 项，授权实用新型专利 11 项；第二批省工程中心通过验收，获批江苏省发改委技术工程中心。“超高水压复合地层超大直径泥水盾构施工关键技术”和“复杂地质超大断面长距离穿江隧道掘进机关键技术研究及应用”获得中交集团科学技术奖一等奖，公司获得江苏省创新型企业称号，副总经理兼总工程师周骏获得 2016 年苏州市市长奖。

中交天和正在实施推进重点创新项目：智能机器人焊接项目已进入试生产阶段，DCM船已交付施工，首台自主研发的TBM盾构机即将验收；盾构掘进超前地质预报系统、海上垂直盾构机、电气成柜技术进入设计研发阶段；管片自动化安装研发已进入试验阶段。

四、创新管理模式，推进信息化建设

管理创新是中交天和持续发展的内在需求，只有不断提高管理水平，才能满足中交天和转型升级的需要。公司逐步建立起“追求卓越创新，创造卓越绩效”的管理模式，丰富了企业文化内涵，促进了企业管理水平的全面提升。2016年，中交天和重新修订完善了劳动、人事、分配及其他基础管理制度，大力推进管理制度创新，制定并实施新的生产考核管理制度，实行模块化考核管理，大幅提高了公司运作效能，降低了各类生产成本和费用。

当前，中交天和信息化建设稳步推进，助推管理工作创新，将实现集约管理、移动应用平台以及大数据分析，服务平台高效适配，把人力资源、信息资源和各种物资、装备工具有机整合，形成高效运行和人性化服务的信息化综合运营服务体系，全面融入公司管理、生产和运营活动，提升中交天和的综合竞争能力。

中交天和始终秉持“拼搏、创新、诚信、和谐”的理念，抓住发展机遇，坚持创新驱动，努力打造成为跨国型掘进机生产服务性厂商。

〔撰稿人：中交天和机械设备制造有限公司王涛〕

坚持“绿色、智能”研发　打造高附加值产品

一、企业介绍

江苏八达重工机械股份有限公司的前身是新沂市交通运输及装备服务公司，始建于1986年，最初主要从事特种货物运输、装卸和特种车辆改装业务。1995年与徐工集团合资，成立徐州八达特种工程机械有限公司，专门开展油电“双动力”流动式抓料机等特种工程机械产品的设计制造业务。公司于2006年重组为江苏八达重工机械股份有限公司，专门从事油电“双动力”新能源工程机械、新兴物流机械，以及大型抢险救援机器人产品研发、制造及销售等业务。2012年9月完成股份制改制，注册资本5 573万元，并于当年10月31日在天津股权交易所挂牌上市。

公司的创始人、董事长兼总经理陈利明是中国应急救援技术研究及产业联盟常务理事，中国交通运输协会物流技术与装备委员会常务理事、特聘专家，某军区特聘科技专家，国家“十二五”科技支撑计划项目——大型救援机器人研制工作总指挥。1994年，陈利明发明了一种油电“双动力”汽车抓斗起重机，获得中国有关油电混合动力的第一项专利技术，成为这项技术产品的原始发明人。曾当选为江苏省科技型企业家，国家“万人计划”领军人才，是“尤里卡”世界发明博览会载货汽车“金奖”、中国“发明创业奖”的获得者，被中国机械工业联合会授予“全国机械工业优秀企业家”称号。

二、研发实力

公司是国家火炬计划重点高新技术企业、江苏省创新型企业，是国内唯一研发、制造、销售“双动力”特种工程物流机械、大型抢险救援机器人的厂家。公司建有国家级博士后科研工作站、江苏省企业院士工作站、江苏省机电混合动力工程机械工程技术研究中心、江苏省企业技术中心等科技平台。

当前，公司主要产品有“双动力”全液压轮胎式、履带式抓斗起重机和抓料机，以及大型装卸、拆除、抢险救援机器人等，共有八大类、90多种规格。其中，油、电“双动力”驱动的主导产品具有核心的自主知识产权，多次被认定为国家级新产品和江苏省高新技术产品，并连续多年出口欧美及东南亚等国际市场。

公司研制的6～20t“双动力”液压轮胎式抓料机、12～50t液压轮胎式桁架臂（抓斗）起重机、WYS40-60型全液压履带式抓料机、12～50t“双动力”液压轮胎式伸缩臂（抓斗）起重机、8～20t抓运机、12～35t港口固定式抓斗起重机等产品均已形成系列化。公司为新加坡裕廊港研制的双臂装卸机器人产品，用于替代两台叉车装卸螺纹钢。公司还自主研发了近200种液压抓具、机械手等产品。

三、重点科研项目

1.“双动力”双臂手大型系列化救援机器人

该项目是由江苏八达重工机械有限公司牵头，联合浙江大学、北京航空航天大学、大连理工大学、西北工业大学、机械科学研究总院及山河智能装备集团共同承担的国家“十二五”科技支撑计划重点项目，于2016年8月通过科技部立项批准。该项目研发的大型抢险救援机器人技术已获得国家多项发明专利。在各种自然灾害和重大事故现场，机器人可以轮履复合切换行驶，快捷及时地到达现场；可以油、电双动力切换驱动双臂、双手协调作业，在坍塌废墟实现剪切、破碎、切割、扩张、抓取等10项抢险任务作业，并能进行生命探测、图像传输及故障自诊等。2014年5月，经科技部组织的联合验收表明：项目总投资近6 000万元，大中小三种不同行走方式的救援机器人产品全部达到设计目标要求，顺利通过国家验收。

该救援机器人在雅安大地震以及深圳特大滑坡事故救援过程中发挥了不可替代的作用，被称之为“麻辣小龙虾救援机器人”，受到国务院、武警部队领导和灾区人民的高度赞誉。当前，“麻辣小龙虾救援机器人”已列装到武警交通部队，并且正在组织实施项目产业化工作，项目建

设完成后，可实现年销售收入 12 亿～ 15 亿元，创利税 2 亿～ 3 亿元。产品社会意义重大，市场前景广阔。

2.“双动力”重型汽车研制暨高速公路电气化系统项目

研制“双动力”重型汽车，推行高速公路运输电气化，目的是为了降低载货汽车的油耗成本，减少石油消耗及其所造成的环境污染。为此，公司于 2008 年提出了高速公路电气化战略方案，申报相关技术并获得国家专利保护。当前，公司已将相关建议书呈报到国家发改委、工信部和国务院节能环保办公室，受到了各部门的高度认可。

当前，该项目正在寻求示范应用落地，一旦完成示范应用及项目验收，其发展前景十分广阔，社会意义非常重大。

2016 年，公司围绕高端用户、国际市场、军方市场，抓质量、抓技术进步，打造精品，生产绿色、高附加值产品，实现了企业的转型升级，取得了近几年来最好的成绩。今后，公司将坚持“绿色、智能”的研发与制造方向，尽快将具有完全自主知识产权的油电“双动力”新能源工程机械、大型系列化救援机器人产品实现高新技术产业化，为我国的节能环保事业以及应急救援事业做出重要贡献。

〔供稿单位：江苏八达重工机械股份有限公司〕

二次创业　重新出发　共创未来

浙江高宇液压机电有限公司始创于 2006 年，是一家以提供液压零部件、系统集成及服务为主的股份制高新技术企业。公司主要生产配套于工程机械、农业机械、工业车辆等多路换向阀、变速操纵阀、流量放大阀、转向控制阀等液压零部件产品，共 30 多个系列、200 多种产品规格。

十年来，企业从初创阶段的一无市场、二无规模、三无品牌的情况下，始终坚定信念，勇往直前，在国内装载机液压阀细分市场中坚持下来，且占有一席之地。装载机用多路换向阀产品连续几年国内市场占有率达 42% 左右，在国内装载机液压阀领域树立起良好的品牌形象。十年是一段历史的见证，也是一个新的起点。2017 年，公司确立了“二次创业”的目标，重新审视市场，以创业的激情和勇气去开辟新的未知领域。

一、立足市场需求，坚持科技创新

针对国内轮式装载机液压系统工作压力偏低且不稳定，已不能适应国内主机工作液压系统更新换代及技术改造的要求，公司充分运用现有研发力量，并与高校合作，采用先进的液压比例控制技术，研发了具有自主知识产权的 GLV25 比例流量分配阀。结合主机工作液压系统其他元件承受能力，可将液压系统等级提升，从而使主机液压系统的控制精度得以全面提高，能量损失降至最低，解决了国内工程机械系统工作控制原理及各项技术参数向国际先进水平靠近的技术核心问题，符合国内工程机械行业主机高效、节能、环保、多功能一体化的产品更新换代的需求。与 4THF5 先导阀组成高压多路换向阀组，可用于 5 ～ 10t 中大型装载机液压工作系统。通过与主泵匹配，控制装载机的各个动作，性能达到国际同类产品水平，具有操作功效高、节能、高性价比等显著优点。产品填补了我国高压多路换向阀系统的技术空白，实现了自主创新开发和国产化。

公司立足市场需求，根据对未来市场的需求分析，制定并实施产品研发战略规划，实现由单一装载机产品配套向工程机械、农业机械、矿山机械、物流搬运机械及市政设备等领域液压阀的突破。

二、利用创新平台，进行成果转化

作为“浙江省企业技术中心”“高宇液压元件省级高新技术企业研究开发中心”和台州市重点企业技术创新团队等创新平台，公司聚集了以教授级高工、高级工程师、高级技师、工程师为核心的创新研发队伍。通过几年的运行，取得了多项科研成果和应用成果，获得近 20 项国家专利。近年来，公司先后有 10 多项新产品项目荣获浙江省新产品鉴定、科技进步奖或成果转化奖。其中，ZLF25 中位卸荷型流量放大阀获得 2017 年浙江省科技进步奖三等奖。另外，公司还主持或参与了 JB/T 11303—2013 等 6 项行业标准的制修订工作。

公司始终秉承前瞻性、针对性、有效性的理念，以市场需求和发展为导向研发每一款产品，使产品能够尽可能满足客户的需求，实现产业化生产，形成新的市场增长点，保持竞争优势。

三、优化内部结构，提升运营能力

面对当前高效与可靠、节能与环保、精确与智能的液压技术发展趋势，公司建立了快速反应机制，有效整合内外部资源，加强对供应商的管理和支持，打造优质供应链，以提高供应商快速应对市场变化的能力。

公司树立了以零缺陷为目标的全员质量意识，执行产品质量先期策划和控制计划，加快企业“机器换人”的步伐和智能制造水平，配备先进的检测设备，全面推进信息化建设步伐，旨在提升精益化制造能力和制造过程质量控制能力，实现质量与制造的全融合。

四、培育卓越文化，保持核心竞争力

自 2015 年起，公司导入卓越绩效模式，通过对企业内、外部环境的梳理，发掘优势，弥补劣势，建立“以追求卓越过程，创造卓越绩效”的管理模式，丰富了企业文化内涵，促进了企业管理水平的全面提升。

2016 年，以“高品卓创　开疆拓宇”为主题的企业宣传片在上海宝马展上首次亮相，吸引了无数国内外展商驻足观看，有效宣传了“”品牌。公司生产的先导阀产品入选“全国机械工业用户满意产品名录”，这不仅是一项荣誉，更是市场的选择。

高品已久来，宇内树新碑；液传万方动，压出天地宽。公司已踏上“二次创业”的新征程，始终以“专心、专注、专业，致力用品质和服务为客户创造价值，努力实现客户、员工、股东和社会等利益相关方的和谐共赢”为使命，勇于创新、善于积淀，不断追求卓越，为实现“国内领先的液压零部件、系统集成及服务供应商”这一目标而不懈努力。

中国工程机械工业年鉴2017

系统论述及分析国内外工程机械市场总体状况和发展趋势，概述工程机械行业上市公司的发展动向，对2016年工程机械产品进出口贸易情况进行分析

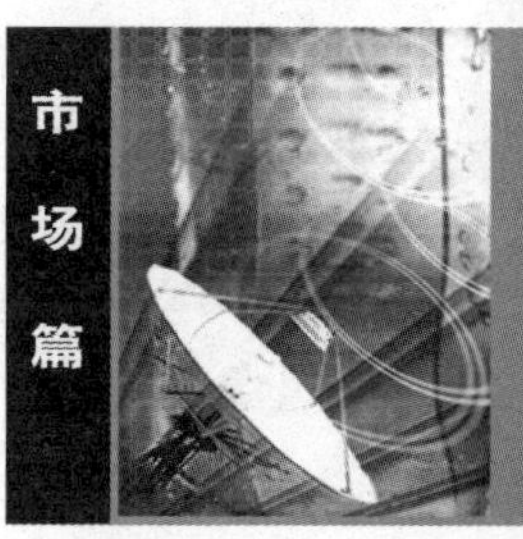

综述篇

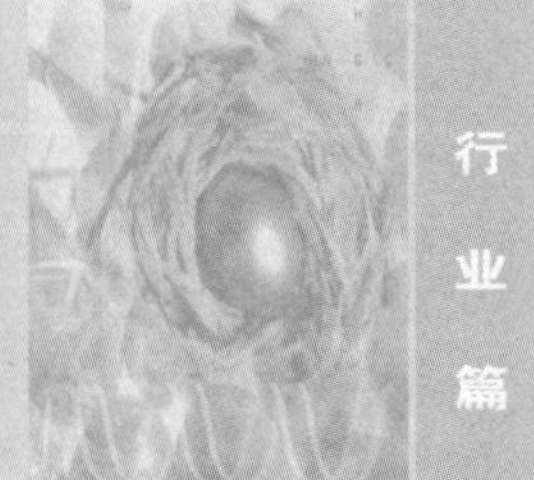
行业篇

企业篇

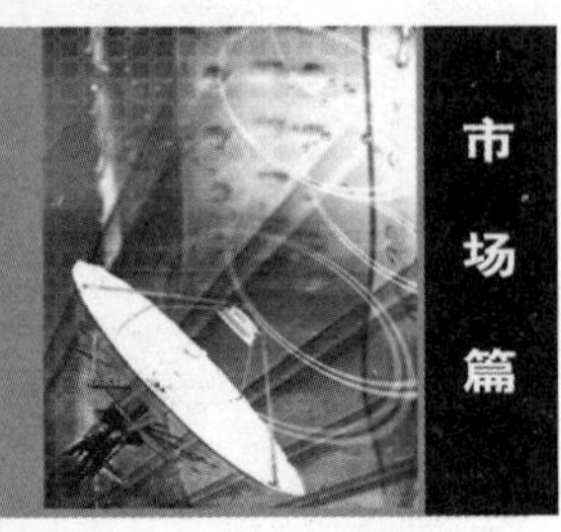
市场篇

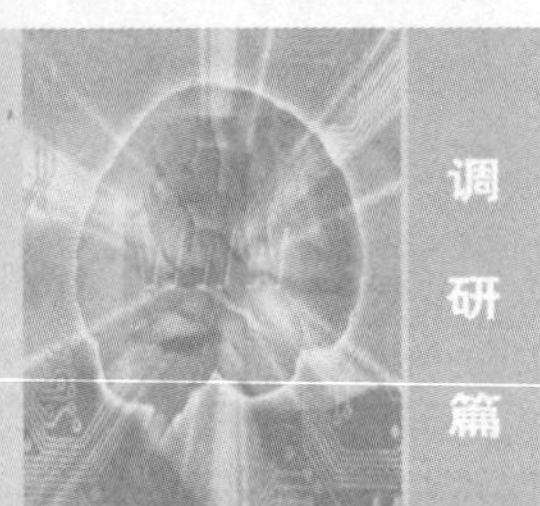
调研篇

统计资料

标准篇

大事记

市场篇

2016 年工程机械产品进出口贸易情况分析

据海关总署数据统计，2016 年我国工程机械进出口贸易额为 202.77 亿美元，同比下降 9.26%。其中进口金额 33.17 亿美元，同比下降 1.50%；出口金额 169.60 亿美元，同比下降 10.6%，贸易顺差 136.43 亿美元，同比缩小 19.68 亿美元。2016 年工程机械产品各月进出口情况见表 1。

表 1　2016 年工程机械产品各月进出口情况

月份	进口				出口				进出口合计	
	当月进口额（万美元）	当月同比增长（%）	累计进口额（万美元）	累计同比增长（%）	当月出口额（万美元）	当月同比增长（%）	累计出口额（万美元）	累计同比增长（%）	金额（万美元）	同比增长（%）
1	21 314	-43.2			141 453	-19.0			162 767	-23.2
2	18 914	-9.0	40 228	-31.0	114 708	-25.6	256 161	-22.1	296 389	-23.4
3	32 188	-11.3	72 416	-23.4	140 634	1.7	396 793	-15.0	469 210	-16.5
4	28 395	-17.6	100 811	-21.9	138 884	-18.1	535 539	-15.9	636 350	-16.9
5	31 900	5.4	132 711	-16.7	148 070	-10.5	683 607	-14.8	816 318	-15.1
6	28 270	2.6	160 906	-13.9	143 560	-18.5	822 758	-15.9	983 664	-15.5
7	27 373	1.9	188 280	-11.9	137 287	-12.4	959 367	-15.5	1 147 647	-14.9
8	24 687	-9.4	213 015	-11.6	157 294	1.2	1 116 030	-13.5	1 329 046	-13.2
9	42 967	72.9	255 979	-3.71	135 145	-18.6	1 249 380	-14.2	1 505 359	-12.6
10	22 909	22.8	278 886	-2.0	124 459	-10.1	1 369 885	-14.1	1 648 770	-12.2
11	26 805	9.8	305 165	-1.2	151 343	7.8	1 520 787	-12.3	1 825 952	-10.6
12	26 089	-6.1	331 653	-1.5	175 990	7.6	1 696 004	-10.6	2 027 657	-9.3

一、国际市场需求不旺，我国工程机械产品出口降幅呈高位

2016 年我国工程机械产品出口降幅为 1998 年以来，除国际金融危机导致 2009 年我国工程机械产品出口额大幅度下降外的最高降幅。

从分月情况看，4 个月增长，8 个月下降，且增长月份增幅均为个位数，尤其是 3 月、8 月增幅不到 2%，下降月份均以两位数幅度下降，除 8 月、11 月、12 月三个月外各月出口额均不超过 15 亿美元，与 2015 年除 3 月、10 月、11 月三个月外均在 15 亿美元以上形成对照。

分季度看，一季度出口 39.68 亿美元，同比下降 15.0%；二季度出口 42.6 亿美元，同比下降 16.6%；三季度出口 42.66 亿美元，同比下降 10.7%；四季度出口 44.66 亿美元，同比增长 1.01%，四季度出口额最高，且出现同比增长，与 2015 年四季度出口额为四个季度中最低形成对比，同样，2015 年出口额最高出现在 6 月为 17.62 亿美元，而 2016 年出现在 12 月为 17.6 亿美元，映衬出 2016 年末国际市场需求出现回暖苗头。2013—2016 年工程机械产品各月出口额见图 1。

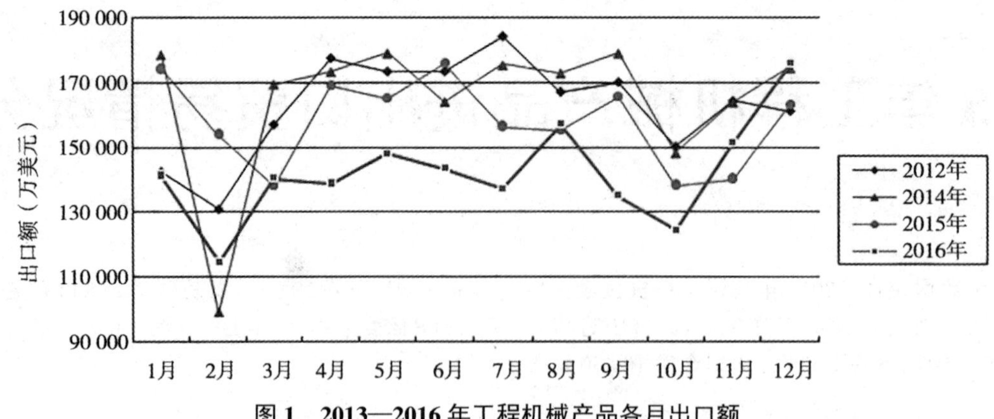

图 1　2013—2016 年工程机械产品各月出口额

二、国内市场需求出现积极变化，进口逐步见底趋稳

2016 年进口总体呈现降幅单边收窄态势，全年仅下降 1.5%，为 2011 年以后降幅最小年份。

分月情况看，前 4 个月以下降为主，此后各月以增长为主，且 9 月进口额达到 4.3 亿美元，同比增长 72.9%，10 月和 11 月也出现较高的增幅，与 2015 年各月降幅均超 20% 的局面相比，明显改观。

分季度看，一季度进口 7.24 亿美元，同比下降 23.4%；二季度进口 8.85 亿美元，同比下降 4.06%；三季度进口 9.51 亿美元，同比增长 20.3%；四季度进口 7.57 亿美元，同比增长 6.81%。下半年两个季度均为增长，与上半年两个季度均同比下降呈两重天现象，国内市场出现见底趋稳的征兆。2013—2016 年工程机械产品各月进口额见图 2。

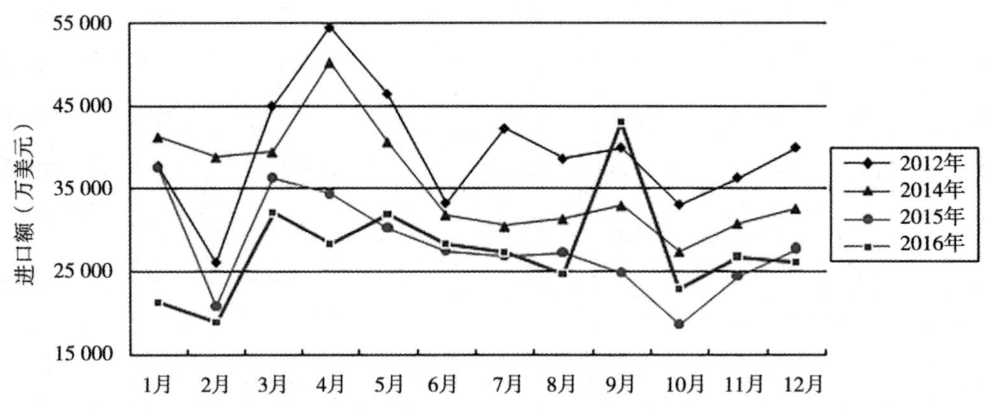

图 2　2013—2016 年工程机械产品各月进口额

三、主要大类产品下降，部分高端产品出口增长

主要大类产品中，按出口数量统计：挖掘机、摊铺机、100t 以上汽车起重机、叉车、混凝土机械、隧道掘进机、电梯及扶梯、凿岩机械和风动工具出口数量增长，装载机、推土机、其他路面机械、工程起重机及建筑起重机、非公路用自卸车同比下降。按出口金额统计：摊铺机、叉车增长，其余大类产品出口额均下降。叉车中，电动叉车出口量值分别增长 31.9% 和 20.2%，内燃叉车出口量同比增长 14.4%，出口额同比下降 2.70%。电动叉车、大吨位汽车起重机等产品出口形势较好。2016 年主要大类工程机械产品出口情况见表 2。

表 2　2016 年主要大类工程机械产品出口情况

产品名称	单位	出口量		出口额		
		数量	同比增长（%）	金额（万美元）	同比增长（%）	占比（%）
挖掘机	台	13 902	3.8	109 112	−11.0	6.43
装载机	台	28 468	−6.8	99 691	−20.2	5.88
推土机	台	1 627	−16.5	16 048	−15.4	0.95

（续）

产品名称	单位	出口量		出口额		
		数量	同比增长（%）	金额（万美元）	同比增长（%）	占比（%）
压路机	台	12 928	9.3	28 506	-4.1	1.68
摊铺机	台	730	34.9	2 896	5.0	0.17
其他路面机械	台	10 877	-13.3	33 369	-11.3	1.97
汽车起重机	辆	2 449	-27.8	36 646	-32.3	2.16
履带起重机	台	744	-4.1	23 244	-2.8	1.37
随车起重机	台	435	-26.5	1 048	-47.3	0.06
塔式起重机	台	2 565	-22.5	31 753	-24.9	1.87
叉车	台	166 789	24.1	166 054	5.5	9.79
混凝土机械	台 / 套	719 399	22.3	77 962	-21.6	4.60
凿岩机械和风动工具	台	15 465 650	0.7	32 911	-4.5	1.94
隧道掘进机	台	66	13.8	24 468	-19.5	1.44
非公路用货运自卸车	辆	3 242	-31.5	16 104	-58.6	0.95
电梯及扶梯	台	76 380	3.1	194 720	-8.2	11.5
零部件	t			606 462	-5.8	35.8
其他				195 012	-12.4	11.5

2016 年，工程机械零部件出口 60.64 亿美元，同比下降 5.79%，占出口总额的 35.8%。出口整机 108.95 亿美元，同比下降 13.1%，占出口总额的 64.2%。装载机（同比减少 2.52 亿美元）、非公路自卸车（同比减少 2.27 亿美元）、电梯及扶梯（同比减少 1.73 亿美元）、其他汽车起重机（同比减少 1.61 亿美元）、履带挖掘机（同比减少 1.46 亿美元）、塔式起重机（同比减少 1.05 亿美元）等出口额都比 2015 年减少 1 亿美元以上，为出口额同比下降较大的产品。

四、进口情况好转，部分高附加值产品进口增长

2016 年进口额增长的主要产品包括：挖掘机、摊铺机、其他路面机械、电梯及扶梯等。其中：履带挖掘机同比增加 1.56 亿美元，同比增长 35.3%。

进口下降较多的产品主要有：其他起重机、履带式起重机、电动叉车、内燃叉车、凿岩机械和风动工具、隧道掘进机、混凝土搅拌机械、塔式起重机、随车起重机等。2016 年工程机械产品进出口分类汇总见表 3。

表 3　2016 年工程机械产品进出口分类汇总　（金额单位：万美元）

序号	货品名称	单位	出口				进口			
			数量	同比增长（%）	金额	同比增长（%）	数量	同比增长（%）	金额	同比增长（%）
1	履带式挖掘机	台	13 192	3.24	102 621	-12.5	13 370	33.6	59 622	35.3
2	轮胎式挖掘机	台	643	29.4	5 916	27.8	135	8.9	801	-0.31
3	其他挖掘机	台	67	-46.4	575	-23.8	6	100.0	1 062	446.4
4	装载机	台	28 468	-6.8	99 691	-20.2	419	-11.0	2 405	-28.4
5	320 马力（1 马力 =735.5W）以上推土机	台	156	60.8	2 331	77.7	27	-28.9	1 877	-22.8
6	其他推土机	台	1 471	-20.5	13 717	-22.3	32	-39.6	355	-57.8
7	筑路机及平地机	台	3 117	3.6	23 461	-6.6	9	80.0	256	173.6
8	铲运机	台	1 310	135.6	2 204	-10.7	17	-39.3	791	-48.9
9	非公路用货运自卸车	辆	3 242	-31.5	16 104	-58.6	27	-30.8	761	-44.7
10	压路机	台	12 928	9.3	28 506	-4.1	402	-21.6	973	-15.9

（续）

序号	货品名称	单位	出口				进口			
			数量	同比增长（%）	金额	同比增长（%）	数量	同比增长（%）	金额	同比增长（%）
11	其他压实机械	台	7 165	-19.3	1 062	-4.2	4	33.3	3	2.5
12	摊铺机	台	730	34.9	2 896	5.0	515	62.5	7 518	38.8
13	沥青搅拌设备	台	595	-8.6	8 845	-22.3	8 054	24 306	391	4.3
14	100t 以上全路面起重机	辆	35	-20.5	2 563	-21.5	4		630	-20.2
15	其他全路面汽车起重机	辆	519	-4.6	5 816	-3.5				
16	100t 以上汽车起重机	辆	40	8.1	1 732	-23.6				
17	其他汽车起重机	辆	1 855	-32.9	26 536	-37.7				
18	履带式起重机	台	744	-4.1	23 244	-2.8	8	-46.7	480	-90.4
19	塔式起重机	台	2 565	-22.5	31 753	-24.9	23	-37.8	482	-74.6
20	随车起重机	台	435	-26.5	1 048	-47.3	315	-38.0	548	-67.3
21	其他起重机	台	30 945	102.4	49 519	55.8	1 305	-21.6	10 682	-50.3
22	堆垛机	台	1 320	18.9	6 691	46.7	757	-10.73	4 956	4.4
23	电动叉车	台	97 873	31.9	56 100	20.2	7 506	-9.2	10 845	-23.9
24	内燃叉车	台	67 280	14.4	99 071	-2.7	832	-14.0	5 306	-36.8
25	集装箱叉车	台	316	4.0	4 193	-3.9	7	600.0	140	10 440.0
26	手动搬运车	台	1 561 250	-1.3	29 573	-6.6	2543	-0.12	530	-46.5
27	牵引车	台	15 211	-24.8	5 232	1.3	1143	-46.4	1 643	-31.4
28	凿岩机械和风动工具	台	15 465 650	0.7	32 911	-4.5	1 003 790	4.96	9 718	-20.7
29	隧道掘进机	台	66	13.8	24 468	-19.5	4	-63.6	1 342	-65.2
30	打桩机及工程钻机	台	25 886	10.7	14 714	-13.7	159	52.9	2 653	27.1
31	混凝土泵	台	1 799	-19.4	4 143	-39.9	417	87.8	1 104	105.9
32	混凝土泵车	辆	644	-4.9	12 159	-24.1		-100.0		-100.0
33	混凝土搅拌机械	辆	710 659	22.8	30 991	-18.8	1 895	-47.6	6 278	-25.1
34	混凝土搅拌车	台	6 297	-2.9	30 668	-20.2		-100.0		-100.0
35	电梯及扶梯	台	76 380	3.1	194 720	-8.2	2 097	20.6	14 607	7.39
36	其他工程车辆	台	4 721	-20.5	38 594	-19.5	169	5.6	6 488	-13.8
37	其他	台	1 177 332	-10.9	55 177	-36.2	6 861	19.1	35 688	97.1
38	零部件	t			606 462	-5.8			140 718	-4.25
	合计				1 696 004	-10.6			331 653	-1.50

五、区域市场格局出现变化，部分亚洲国家市场需求滞缓

各主要区域经济体中，对欧盟、韩国、印度和中国香港出口分别增长 4.12%、7.66%、18.29%、12.01%。对美国、日本、东盟、俄罗斯和非洲拉美出口分别下降 5.58%、8.88%、13.9%、2.43%、22.8%。对欧盟的出口额超过美国，欧盟和美国在我国工程机械产品出口市场中位次互换。同时出口东盟占比超过 20%，超过出口非洲拉美，两大区域市场位次互换，东盟成为我国工程机械的第一大市场。2016 年工程机械进出口全球区域市场分布见表 4。

表 4　2016 年工程机械进出口全球区域市场分布

全球区域市场	出口			进口		
	出口额（万美元）	同比增长（%）	占出口额比重（%）	进口额（万美元）	同比增长（%）	占进口额比重（%）
美国	182 449	-5.58	10.8	29 931	-26.11	9.02
欧盟合计	189 844	4.12	11.2	145 460	-1.10	43.86
中国香港	45 319	12.01	2.67	33.56	-81.57	0.01
日本	90 575	-8.88	5.34	95 094	20.79	28.67
韩国	54 256	7.66	3.20	31 112	2.93	9.38
东盟合计	351 790	-13.88	20.7	8 438	-31.09	2.54
俄罗斯联邦	45 088	-2.43	2.66	422	5 253	0.13
印度	60 959	18.29	3.59	2 266	-9.39	0.68
非洲拉美	297 881	-22.79	17.6	655	-35.20	0.20
其他	377 843	-14.11	22.3	18 242	-24.63	5.50

在进出口贸易主要国家中，与美国进、出口及贸易总额均下降；从日本进口增长较多，对日本出口也有明显下降；与韩国进、出口及贸易总额均增长；与德国出口增长，进口下降；2015 年对越南出口高速增长（67.6%）后出现较高基数，2016 年出现明显下降；对印度、泰国、澳大利亚出口均有增长，尤其印度市场 2016 年需求增长，我国对其出口增长较多；我国对俄罗斯出口额从 2015 年的 53% 降到 2016 年的 2.43%，使其出口位次得以保持在第十二位；“一带一路”沿线国家中，巴基斯坦由于其基础设施进展加快，而成为出口增长最多的主要市场。2016 年我国工程机械进出口国别（地区）前 20 位见表 5。

表 5　2016 年我国工程机械进出口国别（地区）前 20 位

序号	出口			进口			进出口		
	国家（地区）	出口额（万美元）	同比增长（%）	国家（地区）	进口额（万美元）	同比增长（%）	国家（地区）	进出口额（万美元）	同比增长（%）
1	美国	182 449	-5.58	日本	95 094	20.79	美国	212 380	-9.14
2	日本	90 575	-8.88	德国	59 617	-7.33	日本	185 668	4.23
3	越南	70 430	-7.87	韩国	31 112	2.93	德国	91 495	-3.87
4	印度	60 959	18.29	美国	29 931	-26.11	韩国	85 368	5.89
5	泰国	57 708	2.67	荷兰	27 658	228.25	越南	70 799	-7.84
6	澳大利亚	57 565	7.73	意大利	12 918	-19.15	印度	63 225	17.01
7	韩国	54 256	7.66	奥地利	11 642	-14.75	马来西亚	60 337	-16.67
8	马来西亚	53 825	-14.82	瑞典	9 772	-23.25	澳大利亚	59 335	4.87
9	印尼	52 674	-11.14	法国	7 875	8.91	泰国	58 266	2.26
10	菲律宾	46 856	4.20	马来西亚	6 512	-29.35	荷兰	53 557	61.10
11	中国香港	45 319	12.01	中国台湾省	4 661	-25.96	印尼	53 225	-10.89
12	俄罗斯	45 088	-2.43	加拿大	4 274	55.25	菲律宾	46 933	4.03
13	新加坡	38 909	-33.90	芬兰	3 075	-39.35	俄罗斯	45 510	-1.53
14	土耳其	32 530	0.80	英国	2 868	-40.71	中国香港	45 352	11.59
15	阿拉伯联合酋长国	32 112	-12.68	捷克	2 432	-38.16	新加坡	39 281	-34.69
16	德国	31 878	3.35	西班牙	2 305	2.14	土耳其	33 158	-0.57
17	巴基斯坦	31 315	180.70	印度	2 266	-9.39	意大利	32 351	-9.60
18	阿尔及利亚	28 193	23.60	挪威	2 258	-29.61	阿拉伯联合酋长国	32 156	-12.58
19	沙特	26 898	-54.97	瑞士	2 227	-39.55	巴基斯坦	31 315	180.70
20	英国	26 298	-1.83	中国	2 105	-44.84	英国	29 166	-7.78

六、对欧洲地区出口平稳，从日本进口增长明显

在出口方面，我国工程机械对非洲、南美洲及亚洲等传统重点市场出口下降较多，而对欧洲出口略有增长。

在进口方面，主要是从日本进口增长较多，导致从亚洲进口出现 6.8% 的增长，从欧洲进口相对稳定，仅下降 2.25%，其余各洲均下降较大。因此可见，之所以出现全年进口仅下降 1.50% 的历史较高水平，以日本所占之比重作用最大。2016 年我国工程机械各大洲进出口分布见表 6。

表 6　2016 年我国工程机械各大洲进出口分布

地区	出口			进口		
	金额（万美元）	同比增长（%）	占比（%）	金额（万美元）	同比增长（%）	占比（%）
亚洲	875 989	-11.1	51.7	144 454	6.8	43.60
非洲	172 053	-19.6	10.1	128	-51.7	0.04
欧洲	249 268	2.5	14.7	150 517	-2.3	45.40
南美洲	125 811	-26.7	7.4	528	-30.3	0.16
北美洲	205 183	-6.0	12.1	34 205	-20.9	10.30
大洋洲	67 701	4.5	4.0	1 822	-42.5	0.55

七、整机产品主要出口到欧、美、日、韩、澳以外的国家（地区），而美、日、澳、韩成为我国工程机械零部件的主要市场

出口美、日、澳、韩的零部件出口额分别占出口总额的 58.8%、91.7%、44% 和 45.3%。此外印度零部件进口占比也较高，已达到 35%。

挖掘机产品主要出口到泰国和菲律宾，其后是美国、印尼、巴基斯坦、比利时和印度；装载机主要出口到俄罗斯、阿尔及利亚、印尼、土耳其、菲律宾、越南；推土机主要出口到俄罗斯、巴基斯坦和菲律宾；压路机主要出口到美国、印尼、巴基斯坦、泰国和菲律宾；工程起重机主要出口到越南、阿尔及利亚、印度、巴基斯坦、印尼和阿拉伯联合酋长国；塔式起重机主要销往韩国、越南、马来西亚、阿拉伯联合酋长国；叉车主要销往美国、澳大利亚、荷兰、韩国、比利时、泰国和土耳其；混凝土机械主要销到越南、菲律宾、印尼和巴基斯坦；隧道掘进机主要出口到新加坡、巴西、伊朗和中国香港。2016 年出口额前 10 位国家出口的产品类别见表 7。

表 7　2016 年出口额前 10 位国家出口的产品类别　（单位：万美元）

货品名称	美国	日本	越南	印度	泰国	澳大利亚	韩国	马来西亚	印尼	菲律宾
挖掘机	5 523	47	2 695	3 784	11 000	543	27	1 845	4 708	7 494
装载机	2 720	1 405	3 606	3 160	2 372	2 356	17	1 146	4 404	3 958
推土机	249	1	211	64	296	122		36	242	1 058
压路机	3 510	465	493	97	1 703	397	148	582	1 928	1 685
摊铺机	272		63	48	140	52	2	4	30	69
其他路面机械	253	3	382	4 367	1 730	277	104	623	2 473	1 870
汽车起重机	54	94	3 009	1 479	1 078	50	3	862	1 855	946
履带起重机	530		1 884	2 199	294	9	646	791	1 179	831
随车起重机	81		55	144	77	18		6	26	28
塔式起重机	750		3 753	488	1 598	517	7 864	2 490	1 117	1 139
叉车	18 122	3 233	3 049	2 748	6 053	13 298	7 692	3 577	4 433	4 317
混凝土机械	2 026	223	20 089	1 544	1 821	705	297	2 904	3 447	6 825
凿岩机械及风动工具	15 244	314	1 093	413	517	798	302	298	266	97
隧道掘进机				1 280	772			5	55	40
非公路用自卸车	38		1 912	396	1 624	852	25	1 445	253	159
电梯及扶梯	4 104	156	5 786	12 134	5 956	8 635	7 572	17 990	9 194	5 402
零部件	107 295	83 094	14 816	21 325	15 415	25 353	24 603	12 209	12 875	6 479
其他	21 677	1 540	7 537	5 293	5 261	3 584	4 954	7 013	4 188	4 458
合计	182 449	90 575	70 430	60 959	57 708	57 565	54 256	53 825	52 674	46 856

八、外资企业与私人企业出口比重较大

2016 年按企业类别划分的出口情况见表 8。其中，私人企业出口占 36.06%，外商独资企业出口占 29.96%，国有企业出口占 15.76%，中外合资企业出口占 12.35%。

表 8　2016 年按企业类别划分的出口情况　（单位：万美元）

产品名称	个体工商户	国有企业	集体企业	私人企业	外商独资企业	中外合资企业	中外合作企业	总计
挖掘机		21 663	325	23 865	59 591	2 402	1 266	109 112
装载机		26 936	1 124	27 313	24 764	9 291	10 263	99 691
推土机		10 820	85	4 079	135	917	12	16 048
压路机		6 809	197	3 130	17 691	328	351	28 506
摊铺机		1 159	54	838	714	132		2 896
其他路面机械		11 372	500	8 265	11 826	1 529	2 082	35 573
汽车起重机		11 961	63	18 718	534	5 370		36 646
履带起重机		7 432	255	9 074	265	6 212	6	23 244
随车起重机		223	57	707	12	48		1 048
塔式起重机		4 239	979	11 917	10 772	3 846	2	31 753
叉车	15.55	6 625	13 508	51 833	81 061	7 206	5 806	166 054
混凝土机械	48.84	18 506	389	46 090	5 914	7 013	1	77 962
凿岩机械及风动工具	0.22	2 249	624	15 544	11 687	2 741	66	32 911
隧道掘进机		11 253		5 711	1 679	5 824		24 468
非公路用自卸车		5 489	804	6 135	2 553	942	180	16 104
电梯及扶梯		2 228	542	37 569	66 775	49 507	38 099	194 720
零部件	617.99	69 810	7 107	260 806	186 989	70 039	11 093	606 462
其他	11.13	48 554	1 590	80 019	25 170	36 080	1 384	192 808
合计	694	267 327	28 201	611 611	508 131	209 429	70 611	1 696 004

九、一般贸易占较大比重，部分产品贸易方式多样

2016 年，工程机械产品一般贸易出口占总出口额的 71%，占据较高比重。进料加工出口占 19.7%，对外承包工程出口占 5.07%，边境小额贸易占 1.80%，保税区仓储转口占 1.35%。租赁贸易仅占 0.1%。

在一般贸易中，电梯及扶梯、零部件、随车起重机等产品一般贸易占该类产品出口额的 80% 以上；混凝土机械、凿岩机械及风动工具、塔式起重机、非公路自卸车、推土机一般贸易占比为 70% ～ 80%；装载机、履带起重机等一般贸易占比为 60% ～ 70%；汽车起重机及其他路面机械一般贸易占比为 50%~60%；摊铺机、压路机、挖掘机、叉车、隧道掘进机等产品一般贸易占比不足 50%。

进料加工贸易出口占比较高的产品主要有：隧道掘进机、叉车、压路机、挖掘机等，分别占该类产品出口额比重的 65.2%、62.3%、58.5% 和 56.5%。

对外承包工程出口占比较高的产品主要有：摊铺机、推土机、履带起重机等，分别占该类产品出口额比重的 29.7%、22.3%、20%。2016 年工程机械产品出口额按贸易方式分类见表 9。

表 9　2016 年工程机械产品出口额按贸易方式分类　（单位 : 万美元）

产品名称	保税仓库出境	保税区仓储转口	边境小额贸易	对外承包工程出口	援助和赠送	其他	其中：进料加工	来料加工装配	一般贸易	租赁贸易	总计
挖掘机	807.6	2 481	3 027	8 333	425.8	41.6	61 621		32 295	80.1	109 112
装载机	26.6	920 .1	3 480	3 641	105.9	60.1	21 830		69 608	18.8	99 691
推土机		13.6	864.6	3 575	131.9	18.0	29		11 397	18.8	16 048

（续）

产品名称	保税仓库出境	保税区仓储转口	边境小额贸易	对外承包工程出口	援助和赠送	其他	其中：进料加工	来料加工装配	一般贸易	租赁贸易	总计
压路机	0.7	8.1	267.2	3 375	40.4	17.7	16 665		8 122	9.8	28 506
摊铺机		33.0	64.9	859	21.5	0.1	654		1 256	7.4	2 896
其他路面机械	0.3	600.9	205.1	3 749.1	16.6	114.7	11 136		19 751		35 573
汽车起重机			2 422	3 399	389.4		9 082		21 326	28.4	36 646
履带起重机			1 541.1	4 639	16.4	9.9	1 274	229.8	15 443	90.3	23 244
随车起重机			48.3	143.5	17.3				838		1 048
塔式起重机	5.3		723.7	1 232	35.9	14.6	6 395		23 190	156.1	31 753
叉车	99.8	529.6	340.8	458.6	41.1	274.4	103 447		60 860	3.0	166 054
混凝土机械	43.8	140.5	11 030	5 743	201.7	173.1	650	83.3	59 886	11.1	77 962
凿岩机械及风动工具	77.0	618.6	693	283	1.8	421.4	5 808	105.7	24 692	211.8	32 911
隧道掘进机			1.1	76.1			15 952	325.8	7 781	331.9	24 468
非公路自卸车	4.45	15.4	946.6	1 523	8.4	81.6	1 934		11 548	42.7	16 104
电梯及扶梯	18.9	1 197.2	334.0	537.9	60.8	54.9	3 444		189 072		194 720
零部件	3 862	15 211	3 363	25 353	20.6	4 188	27 561	1 161	525 704	37.0	606 462
其他	234.7	1 136	1 218	19 090	2 327.8	230.2	46 235	621	121 022	692	192 808
合计	5 181	22 905	30 570	86 011	3 863	5 700	333 717	2 527	1 203 790	1 739	1 696 004

说明：海关进出口统计数据中包含外资品牌的出口，同时考虑外贸企业报关税目及贸易方式分类等不确定因素，所以只能以此做定性分析。

十、趋势与建议

根据上述分析，我国工程机械出口面临的环境将更加严峻，国际市场低迷的总体态势未有根本改变，今后出口将难以出现前几年大幅度增长的局面。

从以往我国工程机械出口发展变化的情况看，国际市场结构调整趋势明显，传统产品出口下降，适应市场变化的高技术产品出口增长。在此情况下，我国工程机械企业应加快供给侧结构性改革，紧紧跟踪国际市场变化趋势，调整出口产品结构，提高出口产品质量和性能水平，不断扩大适应市场变化的高技术产品出口，以对冲传统产品的出口下降的影响；同时下大力气弥补售后服务短板，逐步改变我国工程机械产品的市场地位和品牌美誉度。

近几年，随着我国改革开放的深化，政治经济环境出现了积极的变化，我们应借助国家“一带一路”战略和国际产能及装备制造合作的政策东风，加大政策研究力度，加快市场布局调整步伐，扩大我国工程机械国际市场占有率。

为保持我国进出口的稳定增长，国家近两年出台了一系列促使进出口稳定增长的有关文件和政策措施，我们要认真贯彻落实，加快出口方式转变，大力开展国际租赁业务，加快构建完整的海外服务体系和备件供应网络进程，提升我国产品国际市场适应能力，实现我国工程机械出口稳定增长。

〔撰稿人：中国工程机械工业协会吕莹〕

2016年全球工程机械市场趋势与分析

一、全球市场概观

2012—2016年全球工程机械市场销售量见表1，2012—2016年全球工程机械市场销售额见表2。

表 1　2012—2016 年全球工程机械市场销售量　　（单位：台）

年份	西欧	北美	日本	中国	印度	其他国家和地区	合计
2012	118 928	147 590	64 860	289 940	50 792	247 745	919 855
2013	112 124	157 176	90 830	273 416	42 708	192 292	868 546
2014	125 108	171 970	84 225	209 562	36 828	195 034	822 727
2015	127 797	172 273	74 843	118 957	37 707	158 855	690 432
2016	140 725	156 846	59 700	119 325	52 578	168 495	697 669

注：1. 产品范围：沥青混凝土摊铺机、挖掘装载机、履带式推土机、履带式装载机、液压挖掘机、小型挖掘机、平地机、铲运机、非公路自卸车、越野叉车、滑移－转向装载机、轮式装载机。

2. 资料来源：英国工程机械咨询有限公司。

表 2　2012—2016 年全球工程机械市场销售额　　（单位：百万美元）

年份	西欧	北美	日本	中国	印度	其他国家和地区	合计
2012	11 978.8	24 976.3	4 345.8	23 346.8	2 330.1	32 067.3	99 045.1
2013	11 983.6	26 560.4	5 713.0	20 985.4	2 000.9	25 403.5	92 646.7
2014	12 321.8	28 627.9	6 676.0	18 545.8	1 833.2	25 545.6	93 550.2
2015	12 585.0	29 835.3	5 092.5	9 881.0	1 888.4	19 451.7	78 733.9
2016	12 305.6	26 301.8	4 224.6	9 962.4	2 375.6	14 950.4	70 120.4

注：1. 产品范围：沥青混凝土摊铺机、挖掘装载机、履带式推土机、履带式装载机、液压挖掘机、小型挖掘机、平地机、铲运机、非公路自卸车、越野叉车、滑移－转向装载机、轮式装载机。

2. 资料来源：英国工程机械咨询有限公司。

2016 年，全球工程机械市场呈现了从前期谷底回升的态势，以台量计算的销售量较上年增长 1%。西欧市场在徘徊数年之后，终于出现了比较明显的攀升；印度市场在政府投资的驱动下，销售量迅速回到 50 000 台以上；中国和其他新兴市场也回到上升轨道。尽管美国和日本市场回落，但并不能改变全球市场的回升态势。欧洲、美国、日本三大传统发达市场占全球市场销售量的比重有所下降，但仍然超过 50%。

然而，由于美元在 2016 年对其他货币升值幅度较大，特别是欧洲货币相对贬值幅度较大，以美元价值计算的全球工程机械市场规模表现为缩减，特别是“西欧”和“其他国家和地区”的市场价值减少，与销售量增长趋势相反。总的来看，以美元计算的全球市场价值缩减了 11% 之多。

二、主要地区市场情况

1. 中国

中国工程机械市场在经过四年的深幅下滑后，终于在 2016 年底触底回升，同比增长 1%。尽管 2016 年上半年市场仍然十分低迷，但由于中央政府在公路、铁路、公用设施和水利项目等多个重点领域开展的大规模基础设施建设投资，而且由于融资渠道扩大使项目资金到位情况大大改善，市场在第三季度开始复苏。尽管全年增幅仍十分有限，但是这被认为是整个市场持续回暖的开端。

中国市场结构在 2016 年出现历史性变化，各类挖掘机合计销售量的比重达到 46%，首次超过轮式装载机。此外，其他与基础设施建设密切相关的产品门类如履带式推土机和各类道路机械销售量都出现了大幅度回升。在小型机械中，除占有主导地位的小型挖掘机外，滑移—转向装载机的需求量在道路和公用设施领域需求增长推动下达到了历史最高点。

另一方面，在矿山市场需求低迷的影响下，轮式装载机市场仍继续下降，全年销售量不足 50 000 台，仅相当于五年前市场水平的 30%。此外，挖掘机对装载机的替代和“经济型”小农装对轮式装载机市场的巨大冲击，使得轮式装载机占整个市场的比重减少到 35%。

2016 年出口量仍保持在低位，其中，液压挖掘机、小型挖掘机和道路机械同比增长，而挖掘装载机、履带式推土机、非公路自卸车和滑移—转向装载机等产品出现较大幅度下滑。轮式装载机仍然是出口最多的产品，2016 年其占总出口量的比重达 39%。液压挖掘机和小型挖掘机的合计占比不断增长，达到 30%。总的来看，自 2015 年以后工程机械产品出口量出现了比较明显的下降，2016 年出口占国内总产量的比重为 23%。对出口企业的分析显示，在国际制造商出口较多的产品领域总出口量保持增长，而在中国企业主导的产品领域则出口几乎都出现下降。

2. 西欧国家

西欧国家工程机械市场连续四年保持增长，2016 年销售量增长 10%，达到近 141 000 台。这是西欧市场自全球金融危机以来达到的最高水平。除爱尔兰、荷兰和英国外，西欧大部分国家的工程机械销售量均实现增长。英国下降幅度达 6%，是拉低整个西欧市场的最大因素。

在增长方面，除英国之外的三大主要市场法国、德国和意大利增长强劲，完全抵消了下滑国家的影响。德国重新超过英国成为西欧最大的工程机械市场，鉴于其人口较多，国土面积较大，因此有望长期保持领先地位。芬兰、西班牙和瑞典等较小的市场也发挥了支撑作用，这两个国家的销售量都实现了两位数的增长。西班牙市场尽管实现增长，但与经济危机前相比仍然十分疲软；葡萄牙和意大利也大致如此，这主要是由于南欧地区经济持续低迷而致。

西欧市场的增长主要由小型设备推动，其中，小型挖掘机、滑移—转向装载机和小型轮式装载机的增速均超过履带式推土机、履带式挖掘机、平地机和刚性自卸车。但是挖掘装载机是一个例外，它在西欧市场的销售量持续下降，因为买家和用户转向购买其他品种设备；叉装机则由于农业市场低迷而承受压力。在重型设备方面，轮式挖掘机销售量大幅增长，这主要是由于德国市场的大幅增长而致；铰接式自卸车的销售也出现了不错的增长，这或许是由于主要供应商们推出了较大机型，使铰接式自卸车得以在部分应用中取代刚性自卸车。

2016 年西欧地区工程机械产量仅增长 3%，而当地销售量增长了 10%。这表明出口占产量的比重进一步下降，这种情况已经持续了几年。2016 年出口量仅为 7 622 台，占产量的比重为 5%。随着全球市场的普遍增长强劲，预计西欧的产量有望继续回升。但是，由于一些制造商关闭在西欧的工厂或将其转移到世界其他地区，目前对欧洲能否长期保持其作为全球出口重要中心的地位是有很大疑问的。除铰接式自卸车、沥青混凝土摊铺机等产品品种外，多数产品产量的下降很可能导致其在未来几年成为纯进口地区，而北美在 20 世纪 90 年代也出现过同样的转变。

3. 北美

北美工程机械需求在 2015—2016 年连续下降，这应归因于两个主要因素：2016 年 11 月美国总统大选前的不确定性；全球大宗商品价格下跌，对采矿设备的销售和整个经济形势产生了间接影响。特朗普当选总统被认为将对工程机械市场产生积极影响。他将自己定位为一位重视产业界的总统，并表示将高度重视基础设施投资。虽然对于具体投资领域和实施时间框架尚有待观察，但市场总体情况十分乐观，这从在 2017 年 Conexpo 展览会期间的较好反映中可以得到证实。预计 2017 年北美市场将恢复增长，并且增长趋势可能偏向对较大型设备的需求，表明推动市场回升的是土建工程和基础设施建设，而非小型住宅和非住宅建筑项目。

北美工程机械产量一般取决于本土市场需求，而不是国际市场需求，近两年来一直处于下降趋势。北美地区保持净出口量占产量比重较大的产品仅有滑移 - 转向装载机，尽管刚性自卸车产量中的出口比例也比较高，而铰接式自卸车、小型挖掘机以及某些小众产品如履带式装载机和轮式挖掘机主要来自进口。

4. 日本

日本工程机械市场在 2016 年遭遇重创，销售量大幅下降至 59 700 台，为五年来低点，这是由于前期推动市场的两大积极因素不复存在。日本 2011 年大地震和海啸的灾后重建工作已经结束；自 2012 年以来推行的包括财政支出刺激和宽松货币政策的“安倍经济学”效应已经衰竭。这些因素曾推动日本工程机械销售激增，这在 2013 年尤为明显，并使 2014 年和 2015 年市场达到了历史高峰。但是，这些积极经济因素的影响已经消退，而且伴随着日元升值，使出口受到影响，导致其国内制造和生产水平受到冲击。

不过，随着经济增长势头增强，2017 年市场有望好转。与北美和欧洲相比，日本市场的主导产品品种相对集中，95% 以上的需求集中在小型和履带式挖掘机以及轮式装载机上。因此，这些产品将在市场复苏中实现最大增长，不过部分其他品种设备 —— 在日本通常被定义为小众产品也将实现一定程度的增长。其中最主要的将是平地机和刚性自卸车。由于 2017 年 4 月实施消费税上调，即从原来的 8% 上调至 10%，会导致产品涨价。

影响日本工程机械产量增长的主要因素是国外市场，而不是国内市场。2016 年其产量规模达到 170 295 台，即出口量比国内市场高出 165%。其中，主要产品是小型挖掘机和液压挖掘机，2016 年产量分别为 90 000 台和 62 000 台。它们相比 2015 年均出现下降，也正是这一点导致日本的产量整体同比下降。2016 年产量的下降在很大程度上要归因于全球工程机械市场的需求持平，而且，中国作为全球范围内的另一个主要出口国在 2016 年实现产量增长，其中包括履带式挖掘机和小型挖掘机，这意味着日本在这些重要产品领域可能丧失部分国际市场。

5. 印度

印度工程机械需求在 2016 年的增幅大大超出预期，达到 39%。印度市场在 2012—2014 年出现了前所未有的 32% 的深度下滑，到 2015 年才回升 2%。政府致力于基础设施建设的政策现在已见成效；尽管社会、政治和法律等方面的各种制约因素仍然存在，但消除发展障碍和加快项目实施的进展是十分显著的。公路建设是推动其市场增长的主要领域，并且使所有相关设备的销售都出现增长：平地机需求同比增长 53%，履带式挖掘机增长了 50%，小型挖掘机和挖掘装载机则分别增加了 47% 和 41%。

除公路项目外，铁路、港口、机场和城市基础设施等领域的建设也将加快，农村地区发展及其基础设施建设也是重点投资方向。此外，政府推出了一系列期望值很高的发展计划，包括“清洁印度运动”“智能城市”“恒河治理工程”、高速公路网、“钻石四边形”高速铁路网、专用货运走廊、工业走廊开发、河道连接和航道建设等，为此还将新增一系列工程项目。在一系列改革措施影响下，项目融资条件在逐步改善。政府还努力吸引更多的国内外投资进入基础设施领域，并利用已建成项目融资以获得资金。考虑到印度国内市场的巨大潜力，其工程机械销售量将很快超过 60 000 台，进入预期已久的高速增长期。

印度工程机械产量在 2016 年随着国内销售量的增长

实现了 31% 的突出增长，一举达到 55 000 台以上。其国内产业以往的特点是进口和出口都较少，但是通过建立新的生产设施和扩大现有产能，印度正在逐步向全球工程机械重要生产基地的方向发展，其生产增长将受到国内需求扩大和各家制造商努力发展出口的双重推动。

三、未来预期

在多数主要市场的工程机械需求回升或预计回升的影响下，全球整个工程机械市场正在走出周期运行的底部，未来五年很可能出现一个稳步回升的过程。这一预期是建立在各主要市场——包括中国市场和传统发达市场的需求向市场运行的中枢水平回归的前提下；此外，一些新兴市场的加速增长将发挥越来越显著的作用。但是很明显，对于市场的具体走势仍然存在着许多不确定性因素，包括政治、经济、地区安全等多方面。从经济周期的角度来看，在用户购买信心增强之下所导致的超预期高速增长很可能难以持续，调整在所难免。因此，对于市场增长的任何过于乐观的估计都是不现实甚至是危险的。

就中国工程机械产业来说，加快供给侧改革，使企业进入良性发展轨道仍然是一个紧迫的问题。近年来整个市场的增长为此创造了有利的条件，制造商在降低库存压力的同时，应继续大力加强财务风险控制。为提高产能利用率，一些企业已经进入新的产品领域，并努力开拓包括发达国家在内的出口市场。整个行业需要着眼于未来市场结构的变化，盘活现有资产，去除过剩产能，减轻亏损压力，以求利用新的市场机会实现扭亏为盈。从长远发展角度来看，企业仍然必须充分认识市场波动所带来的潜在风险，重新审视在未来新的市场周期中的生存和发展之道。总之，在市场经历下滑期、重新进入增长期之际，制造企业应立足于更长远的发展方向，从长期结果来评价自身的调整和增长目标，促进全行业实现健康持续发展。

〔撰稿人：英国工程机械咨询有限公司史杨〕

2016 年工程机械上市公司总体表现分析

一、上市公司基本情况

截至 2016 年 12 月 31 日，我国以工程机械整机为主营业务的上市公司有 21 家，其中 A 股市场 19 家，香港市场 2 家（中联重科在内地、香港两地上市）。其中以土方机械为主的主要有柳工、厦工股份、徐工机械、中国龙工、*ST 常林、山推股份、河北宣工、山河智能；以建筑机械为主的包括三一重工、中联重科和建设机械共 3 家；专业叉车企业安徽合力、杭叉集团 2 家；路面机械企业达刚路机、森远股份 2 家；施工起重运输设备企业天业通联 1 家；高空作业车企业海伦哲 1 家；矿山机械企业北方股份 1 家；路桥机械企业新筑股份 1 家；专业油缸生产企业恒立液压 1 家；机械密封件生产企业日机密封 1 家。2016 年 12 月 31 日，19 家工程机械公司年末总市值 2 151.38 亿元，比年初开盘 2 380.37 亿元减少了 9.62%。工程机械上市公司主要产品见表 1。

表 1　工程机械上市公司主要产品

股票代码	股票名称	地址	上市时间	主要产品
000157.SZ 1157.HK	中联重科	长沙市	2000-10-12 2010-12-23	混凝土机械（混凝土泵车、拖泵、混凝土搅拌站、搅拌车）、起重机械、环卫机械、路面及桩工机械、土方机械、物料输送机械和系统、融资租赁等
000425.SZ	徐工机械	徐州市	1996-08-28	装载机、起重机械、铲运机械、工程机械备件、混凝土机械、压实机械、路面机械、消防机械
000528.SZ	柳工	柳州市	1993-11-18	轮式装载机、履带式液压挖掘机、压路机、路面机械、工程机械备件
000680.SZ	山推股份	济宁市	1997-01-22	推土机、压路机、挖掘机、平地机、工程机械配套件
000923.SZ	河北宣工	张家口市	1999-07-14	装载机、推土机、挖掘机、松土器等
002097.SZ	山河智能	长沙市	2006-12-22	挖掘机、旋挖钻机、计算机控制凿岩台车、液压静力压桩机、液压破碎锤、一体化液压潜孔钻机、配件及阀门
002459.SZ	天业通联	秦皇岛市	2010-08-10	铁路、公路桥梁架运设备，非公路运输设备，起重设备，无砟轨道铺装设备，隧道掘进设备
002480.SZ	新筑股份	成都市	2010-09-21	桥梁支座、预应力锚具、桥梁伸缩装置，多功能道路材料摊铺机、搅拌设备

（续）

股票代码	股票名称	地址	上市时间	主要产品
300103.SZ	达刚路机	西安市	2010-08-12	沥青脱桶设备、沥青运输车、智能型沥青洒布车、同步封层车、稀浆封层车、沥青改性设备、乳化沥青设备
300201.SZ	海伦哲	徐州市	2011-04-07	高空作业车、电源车、工程抢修车、军用抢修车
300210.SZ	森远股份	鞍山市	2011-04-26	路面除雪和清洁设备、沥青路面就地再生设备、预防性养护设备
600031.SH	三一重工	长沙市	2003-07-03	混凝土机械（混凝土泵车、拖泵、混凝土搅拌站、搅拌车）、挖掘机、汽车起重机、履带起重机、旋挖钻、桩工机械、路面机械、融资租赁等
600262.SH	北方股份	包头市	2000-06-30	侧卸式混凝土运输车、铰接式自卸车、矿用洒水车、履带式破碎机、煤斗型自卸车、挖掘装载机、越野货车、岩斗型自卸车、自行式铲运机
600710.SH	*ST 常林	常州市	1996-07-01	平地机、扫路车、随车吊、摊铺机、挖掘机结构件、挖掘装载机、压路机、装载机
600761.SH	安徽合力	合肥市	1996-10-09	蓄电池叉车、内燃叉车、牵引车、托盘叉车、阳极运输车、堆垛车、堆高机、叉车配套件、铸件、装载机等
600815.SH	厦工股份	厦门市	1994-01-28	装载机、叉车、挖掘机、路面机械等
600984.SH	建设机械	西安市	2004-07-07	摊铺机、稳拌机、翻斗车、结构件等
601100.SH	恒立液压	常州市	2011-10-28	叉车油缸、车辆油缸、大型油缸、多级液压缸、工程油缸、工业拉杆油缸、海事油缸、千斤顶油缸、挖掘机油缸、冶金油缸
300470.SZ	日机密封	成都市	2015-06-02	机械密封件等
3339.HK	中国龙工	龙岩市	2005-11-17	轮式装载机、压路机、挖掘机、起重叉车、驱动桥、变速器、齿轮、液压缸、管道
603298.SH	杭叉集团	上海市	2016/12/27	电动叉车、内燃叉车

截至 2016 年 12 月 31 日，21 家上市公司总资产和净资产总额分别为 3 287.03 亿元和 1 350.75 亿元，比上年同期分别增长了 12.57% 和 2.18%。其中中联重科、三一重工、徐工机械总资产规模分别为 936.83 亿元、612.23 亿元和 427.08 亿元，分列行业总资产前三名；净资产列前三名的亦为中联重科、三一重工和徐工机械，分别为 377.95 亿元、234.53 亿元和 204.82 亿元。工程机械上市公司 2016 年资产规模及变化见表 2。

表 2 工程机械上市公司 2016 年资产规模及变化

证券代码	证券简称	总资产（万元）			净资产（万元）		
		2016 年	2015 年	同比增长（%）	2016 年	2015 年	同比增长（%）
000157.SZ	中联重科	8 914 102.35	9 368 300.00	-4.85	3 779 496.05	4 056 900.00	-6.84
000425.SZ	徐工机械	4 397 705.37	4 270 794.42	2.97	2 048 158.24	2 060 413.75	-0.59
000528.SZ	柳工	2 058 410.12	2 038 440.68	0.98	884 739.09	890 646.47	-0.66
000680.SZ	山推股份	926 204.13	939 884.53	-1.46	351 248.35	349 214.58	0.58
000923.SZ	河北宣工	140 914.60	146 080.35	-3.54	40 794.41	42 121.20	-3.15
002097.SZ	山河智能	1 017 248.14	631 916.31	60.98	314 608.32	242 415.87	29.78
002459.SZ	天业通联	134 210.52	135 284.15	-0.79	123 638.13	121 462.19	1.79
002480.SZ	新筑股份	480 102.46	511 891.25	-6.21	244 228.26	242 927.63	0.54
300103.SZ	达刚路机	99 774.79	101 066.70	-1.28	85 433.57	83 854.04	1.88
300201.SZ	海伦哲	257 550.63	131 855.56	95.33	136 222.39	78 765.47	72.95
300210.SZ	森远股份	207 355.83	174 373.39	18.91	124 765.17	117 696.42	6.01
600031.SH	三一重工	6 155 496.70	6 122 774.00	0.53	2 345 270.30	2 363 072.40	-0.75
600262.SH	北方股份	209 201.25	271 368.55	-22.91	91 224.02	89 294.28	2.16
600710.SH	*ST 常林	3 702 167.23	190 034.08	1 848.16	655 084.70	119 673.45	447.39

（续）

证券代码	证券简称	总资产（万元）			净资产（万元）		
		2016 年	2015 年	同比增长（%）	2016 年	2015 年	同比增长（%）
600761.SH	安徽合力	638 065.96	573 204.07	11.32	450 322.70	420 027.89	7.21
600815.SH	厦工股份	766 300.12	951 785.71	-19.49	49 528.88	317 678.45	-84.41
600984.SH	建设机械	552 434.06	512 920.47	7.70	319 410.93	310 789.15	2.77
601100.SH	恒立液压	519 906.53	470 071.61	10.60	353 461.16	350 551.10	0.83
300470.SZ	日机密封	114 292.39	91 326.04	25.15	89 288.49	80 722.66	10.61
3339.HK	中国龙工	1 120 765.00	1 251 561.10	-10.45	671 971.00	662 14.20	1.44
603298.SH	杭叉集团	458 043.44	314 291.73	45.74	348 640.49	218 736.03	59.39
合计 / 平均		32 870 251.63	29 199 224.70	12.57	13 507 534.65	13 219 377.23	2.18

二、工程机械上市公司经营业绩

1. 上市公司收入普遍减少

2016 年，21 家上市公司完成营业收入 1 518.87 亿元，同比增长 55.78%；实现营业利润 -7.82 亿元，同比下降 132.30%；整体亏损达到 10.88 亿元，行业继续上年出现整体亏损现象。

行业整体情况不佳，大部分企业出现收入下滑，竞争趋于激烈，多数上市公司利润增长低于收入增长水平。21 家上市公司中有 11 家公司归属母公司的净利润增长，其中徐工机械、河北宣工、海伦哲、建设机械、厦工股份、中国龙工和柳工的同比增速超过 100%。我们可以看到，在行业出现调整的时期，工程机械行业分化持续加剧，整体利润大幅下降。工程机械上市公司 2016 年业绩增长情况见表 3。

表 3　工程机械行业上市公司 2016 年业绩增长情况

证券代码	证券简称	营业收入（万元）	同比增长（%）	营业利润（万元）	同比增长（%）	归属母公司股东净利润（万元）	同比增长（%）
000157.SZ	中联重科	2 002 251.67	-3.71	-180 345.12	-425.53	-93 369.75	-1 149.10
000425.SZ	徐工机械	1 689 122.99	2.18	11 915.64	-80.07	20 858.32	312.23
000528.SZ	柳工	700 539.54	5.94	-7 564.44	-178.11	4 926.01	131.13
000680.SZ	山推股份	440 446.11	17.30	-15 059.68	-78.56	4 345.54	
000923.SZ	河北宣工	26 090.38	2.92	-58.94	-93.57	209.16	199.83
002097.SZ	山河智能	199 160.37	37.51	3 960.77	1.58	6 692.10	
002459.SZ	天业通联	32 276.28	1.29	1 782.29	-106.53	2 011.21	-106.25
002480.SZ	新筑股份	151 955.55	45.71	-9 430.75	-17.53	1 870.23	
300103.SZ	达刚路机	21 970.72	-2.69	2 733.74	74.12	2 364.37	-37.20
300201.SZ	海伦哲	141 639.79	73.67	10 140.69	144.08	8 838.28	245.67
300210.SZ	森远股份	45 771.57	15.08	8 224.21	7.67	7 647.10	-14.76
600031.SH	三一重工	2 328 007.20	0.15	119 552.20	-30.77	20 345.70	46.81
600262.SH	北方股份	88 304.78	-10.02	-1 445.85	-139.41	1 737.09	
600710.SH	*ST 常林	5 017 273.29	5 601.53	116 416.57	-542.55	20 665.56	
600761.SH	安徽合力	620 061.90	9.87	50 986.69	32.93	39 568.40	-0.45
600815.SH	厦工股份	324 103.98	5.97	-285 218.28	615.11	-268 988.29	169.05
600984.SH	建设机械	137 558.09	97.63	-5 361.50	-248.06	8 220.04	1 250.60
601100.SH	恒立液压	137 010.03	27.02	7 043.33	-244.19	7 035.18	10.77
300470.SZ	日机密封	33 406.05	4.57	10 403.00	28.29	9 775.56	19.08
3339.HK	中国龙工	483 135.40	-34.98	8 195.10	-87.69	11 655.60	-72.04
603298.SH	杭叉集团	537 079.04	17.42	54 040.49	14.92	40 261.41	12.64
合计 / 平均		15 188 672.83	55.78	-78 184.94	-132.20	-108 810.38	-31.88

从经营效率来看，2016 年工程机械上市公司整体水平与上年相比相差不大，平均基本每股收益从 -0.035 元回升到 0.04 元，净资产收益率从 -3.28% 下降到 -3.45%。21 家上市公司 2016 年净资产收益率超过 10% 的公司只有日机密封和新上市的杭叉集团 2 家公司，与上年持平，并且没有公司超过 20%。可见公司运营效率持续维持在低位。工程机械上市公司 2016 年经营效率情况见表 4。

表 4　工程机械上市公司 2016 年经营效率情况

股票代码	股票名称	总股本（万股）		基本每股收益（元）		净资产收益率（%）	
		2016 年	2015 年	2016 年	2015 年	2016 年	2015 年
000157.SZ	中联重科	766 413.23	766 413.23	-0.12	0.01	-2.43	0.21
000425.SZ	徐工机械	700 772.77	708 428.77	0.03	0.01	1.02	0.25
000528.SZ	柳工	112 524.21	112 524.21	0.04	0.02	0.56	0.24
000680.SZ	山推股份	124 078.76	124 078.76	0.04	-0.71	1.36	-24.14
000923.SZ	河北宣工	19 800.00	19 800.00	0.01	0	0.50	0.16
002097.SZ	山河智能	75 532.50	75 532.50	0.09	-0.04	2.76	-1.22
002459.SZ	天业通联	38 868.94	38 868.94	0.05	-0.83	1.64	-23.55
002480.SZ	新筑股份	64 536.83	64 536.83	0.03	-0.24	0.81	-6.61
300103.SZ	达刚路机	21 173.40	21 173.40	0.11	0.18	2.79	4.58
300201.SZ	海伦哲	102 856.28	36 492.52	0.09	0.07	8.30	3.54
300210.SZ	森远股份	26 901.11	26 901.11	0.28	0.36	6.31	8.80
600031.SH	三一重工	761 086.85	761 650.40	0.03	0.02	0.90	0.60
600262.SH	北方股份	17 000.00	17 000.00	0.10	-0.95	1.73	-14.79
600710.SH	*ST 常林	130 674.94	64 028.40	0.20	-0.82	8.47	-36.94
600761.SH	安徽合力	61 681.73	61 681.73	0.64	0.64	9.48	10.10
600815.SH	厦工股份	95 897.00	95 897.00	-2.80	-1.04	-155.45	-27.97
600984.SH	建设机械	63 676.42	63 676.42	0.13	0.02	2.61	0.33
601100.SH	恒立液压	63 000.00	63 000.00	0.11	0.10	2.02	1.84
300470.SZ	日机密封	10 668.00	5 334.00	0.92	1.76	11.53	14.32
3339.HK	中国龙工	428 010.00	428 010.00	0.11	0.03	6.92	1.71
603298.SH	杭叉集团	61 885.42	0.00	0.76	0.67	15.71	19.65
合计 / 平均		178 430	177 751	0.040	-0.035	-3.45	-3.28

2. 工程机械出口有压力

欧美经济将缓慢复苏，工程机械市场相对饱和，增长潜力有限；全球工程机械市场需求增长点主要来自俄罗斯、巴西、印度、越南、泰国等新兴经济国家及非洲市场基础设施的投资增长。

3. 毛利率下降，三项费用比率上升

受宏观经济增速回落、固定资产投资持续放缓的影响，工程机械产品市场需求不振，国内工程机械行业连续下滑和调整。工程机械行业总体需求不足，行业产能过剩、洗牌加剧。由于早先我国基础设施建设较快，工程机械产品需求旺盛，各生产企业纷纷扩大产能，国内工程机械产量大幅上升，在自 2012 年以来宏观需求不振的背景下，工程机械行业整体产能利用率降低，市场竞争压力增大。规模效益大大减弱，盈利能力已降至历史低位，未来行业或面临增收不增利的局面。2016 年 21 家工程机械上市公司的平均毛利率为 24.59%，比上年的 23.58% 下降了 1.01 个百分点。

21 家工程机械上市公司的平均净利率为 1.50%，由负转正，比上年的 -7.7% 大幅上升了 9.20 个百分点；三项费用率为 20.71%，比 2015 年的 24.95% 下降了 4.24%。

在行业景气不佳的背景下，有 11 家公司毛利率同比上升，其中只有 2 家较明显上升，毛利率增长超过 5%。有 14 家公司净利率同比上升，其中扭亏的有 7 家，天业联通增长最快；仅有日机密封净利率仍维持在 20% 以上，盈利能力仍然处于高位。工程机械 2016 年利润率与费用比率见表 5。

表 5　工程机械 2016 年利润率与费用比率

股票代码	股票名称	毛利率（%）		净利率（%）		三项费用比率（%）	
		2016 年	2015 年	2016 年	2015 年	2016 年	2015 年
000157.SZ	中联重科	23.86	27.02	-4.52	0.44	26.05	26.34
000425.SZ	徐工机械	19.44	20.50	1.28	-0.38	16.13	22.50
000528.SZ	柳工	24.87	25.53	0.68	0.31	21.53	24.58
000680.SZ	山推股份	17.48	4.84	0.40	-25.68	20.01	26.56
000923.SZ	河北宣工	10.56	21.79	0.80	0.27	34.28	35.83
002097.SZ	山河智能	33.39	28.25	4.73	-2.42	26.29	36.40
002459.SZ	天业通联	25.44	10.88	6.23	-100.25	27.20	34.49
002480.SZ	新筑股份	19.37	20.32	1.18	-16.31	28.29	40.17
300103.SZ	达刚路机	25.20	28.39	10.76	16.60	14.21	10.80
300201.SZ	海伦哲	30.08	26.93	6.13	3.02	19.88	22.72
300210.SZ	森远股份	45.38	44.73	16.53	22.18	23.58	22.67
600031.SH	三一重工	26.21	24.78	0.70	0.59	23.00	22.52
600262.SH	北方股份	22.40	19.45	1.95	-23.88	19.51	22.59
600710.SH	*ST 常林	7.17	2.81	2.05	-59.86	4.05	19.44
600761.SH	安徽合力	22.51	22.14	7.41	7.53	13.41	13.81
600815.SH	厦工股份	6.59	7.49	-82.40	-31.94	28.91	26.41
600984.SH	建设机械	28.20	28.68	5.98	0.87	20.42	26.76
601100.SH	恒立液压	22.02	21.23	4.92	5.57	17.48	20.36
300470.SZ	日机密封	58.51	57.83	29.23	25.37	24.80	29.00
3339.HK	中国龙工	24.22	27.02	8.93	7.63	12.88	26.34
603298.SH	杭叉集团	23.60	24.50	8.41	8.69	12.95	13.64
	平均	24.59	23.58	1.50	-7.70	20.71	24.95

4. 资产营运效率下降

2016 年，应收账款有小幅度下降，21 家上市公司应收账款比率由 2015 年的 82.49% 下降至 62.81%，下降了 19.68 个百分点，反映出下游客户付款能力的上升。

21 家上市公司存货比率由 2015 年的 63.61% 下降到 55.33%，整体存货控制在与前一年同期相比有所改善，但库存问题仍然需要持续重视。21 家公司中有 14 家公司存货比例下降，但总体下降幅度不大。

21 家上市公司固定资产比率从 2015 年的 22.30% 下降至 4.45%，下降了 17.85 个百分点，21 家公司中仅有 1 家公司固定资产比率上升。上市公司资产质量见表 6。

表 6　上市公司资产质量

股票代码	股票名称	应收账款比率（%）		存货比率（%）		固定资产比率（%）	
		2016 年	2015 年	2016 年	2015 年	2016 年	2015 年
000157.SZ	中联重科	150.41	130.65	83.77	92.98	8.36	9.09
000425.SZ	徐工机械	91.25	121.19	48.83	43.41	8.47	14.55
000528.SZ	柳工	37.39	52.96	54.52	53.87	2.77	13.85
000680.SZ	山推股份	41.99	52.95	42.10	42.37	2.32	27.75
000923.SZ	河北宣工	87.45	136.96	136.92	197.84	0.47	30.00
002097.SZ	山河智能	130.37	146.21	121.20	112.86	3.83	17.75

（续）

股票代码	股票名称	应收账款比率（%）		存货比率（%）		固定资产比率（%）	
		2016 年	2015 年	2016 年	2015 年	2016 年	2015 年
002459.SZ	天业通联	77.05	80.00	53.18	54.46	0.39	27.60
002480.SZ	新筑股份	60.52	104.93	39.55	68.38	1.67	31.18
300103.SZ	达刚路机	37.51	41.34	59.55	70.88	0.12	11.13
300201.SZ	海伦哲	63.49	46.31	30.96	33.77	0.26	17.04
300210.SZ	森远股份	97.31	91.18	102.09	79.75	0.31	18.28
600031.SH	三一重工	77.68	92.53	36.21	31.41	15.72	26.65
600262.SH	北方股份	44.44	69.65	77.12	105.82	0.43	15.36
600710.SH	*ST 常林	11.64	62.01	7.30	26.62	6.29	29.18
600761.SH	安徽合力	13.98	18.68	19.43	20.65	1.68	30.57
600815.SH	厦工股份	75.16	138.92	42.66	69.10	1.10	13.91
600984.SH	建设机械	101.05	188.82	29.75	60.37	2.64	41.63
601100.SH	恒立液压	25.52	37.83	55.26	50.85	2.18	44.26
300470.SZ	日机密封	51.25	70.38	64.42	67.04	0.05	8.20
3339.HK	中国龙工	35.72	39.97	38.66	34.34	21.99	22.61
603298.SH	杭叉集团	7.87	8.85	18.47	19.10	12.33	17.61
平均		62.81	82.49	55.33	63.61	4.45	22.30

注：应收账款比率为应收账款占营业收入的比率；存货比率是存货占当年营销成本的比率；固定资产比率为固定资产占总资产的比率。

和资产质量相关的指标是公司的经营效率指标。从存货周转率、应收账款周转率以及经营活动现金流等指标来看，在行业景气下行，需求萎缩的背景下，2016 年工程机械上市公司较高的应收账款问题有所缓解，21 家公司平均应收账款周转天数为 226.26 天，比 2015 年的 265.09 天下降了 38.83 天；存货积压问题略有改善，21 家公司平均存货周转天数为 201.13 天，比 2015 年的 241.35 天下降了 40.22 天；21 家公司的现金流状况有所好转，每股经营活动现金流从 2015 年的 0.20 元上升至 0.34 元。

21 家公司中，应收账款周转天数大幅下降的有新筑股份、*ST 常林、厦工股份，都下降了 100 天以上；应收账款周转天数在 100 天以下的只有恒立液压、*ST 常林、安徽合力和新上市公司杭叉集团。存货周转天数下降的共 19 家，河北宣工下降最多，*ST 常林的存货周转天数最短。每股经营活动现金流上升的有 12 家，经营活动现金流为负的有 5 家，分别为天业通联、海伦哲、森远股份、*ST 常林和建设机械。上市公司经营效率见表 7。

表 7　上市公司经营效率

股票代码	股票名称	应收账款周转天数		存货周转天数		每股经营活动现金流（元）	
		2016 年	2015 年	2016 年	2015 年	2016 年	2015 年
000157.SZ	中联重科	538.12	521.97	317.07	290.67	0.28	−0.44
000425.SZ	徐工机械	356.40	411.29	163.92	182.98	0.32	0.02
000528.SZ	柳工	148.25	179.03	189.45	225.08	1.22	0.13
000680.SZ	山推股份	148.06	189.18	151.06	183.08	0.22	0.20
000923.SZ	河北宣工	394.78	427.30	550.63	731.11	0.75	−0.43
002097.SZ	山河智能	405.36	451.75	378.15	402.82	0.26	0.20
002459.SZ	天业通联	276.77	303.85	212.74	288.95	−0.01	−0.19
002480.SZ	新筑股份	237.25	358.17	155.55	223.37	0.30	−0.07

（续）

股票代码	股票名称	应收账款周转天数		存货周转天数		每股经营活动现金流（元）	
		2016 年	2015 年	2016 年	2015 年	2016 年	2015 年
300103.SZ	达刚路机	141.25	168.08	233.30	234.96	0.18	0.24
300201.SZ	海伦哲	160.81	129.90	92.58	122.01	-0.07	0.25
300210.SZ	森远股份	317.77	307.53	312.12	324.12	-0.12	-0.01
600031.SH	三一重工	301.91	314.38	123.02	130.98	0.42	0.28
600262.SH	北方股份	148.34	179.31	360.54	414.46	1.82	0.78
600710.SH	*ST 常林	22.88	248.76	14.02	118.75	-1.43	-0.11
600761.SH	安徽合力	49.23	52.24	69.22	78.77	1.27	0.89
600815.SH	厦工股份	358.71	489.66	193.39	290.39	0.15	0.22
600984.SH	建设机械	352.42	441.18	108.58	210.50	-0.07	-0.05
601100.SH	恒立液压	76.40	71.15	172.85	187.88	0.01	0.25
300470.SZ	日机密封	173.78	160.79	234.73	225.92	0.66	0.47
3339.HK	中国龙工	115.29	128.27	128.71	134.62	0.46	0.46
603298.SH	杭叉集团	27.74	33.03	62.17	67.01	0.61	1.14
行业平均		226.26	265.09	201.13	241.35	0.34	0.20

5. 企业偿债能力下降

21 家上市公司平均资产负债率为 48.20%，比 2015 年的 44.08% 下降了 4.12 个百分点。2016 年企业整体负债水平仍然处于较为危险的境地，前期信用销售激进扩张导致的资产负债率状况堪忧，短期内难以明显改变这一困局。

21 家上市公司平均流动比率为 2.64，比 2015 年的 2.51 的水平上升了 0.13。平均速动比率为 2.18，比 2015 年的 2.01 水平上升了 0.17。上市公司偿债能力见表 8。

表 8　上市公司偿债能力

股票代码	股票名称	流动比率		速动比率		资产负债率（%）	
		2016 年	2015 年	2016 年	2015 年	2016 年	2015 年
000157.SZ	中联重科	2.56	2.35	2.09	1.89	57.60	56.70
000425.SZ	徐工机械	1.56	1.70	1.22	1.40	53.43	51.76
000528.SZ	柳工	1.45	1.84	1.14	1.48	57.02	56.31
000680.SZ	山推股份	1.04	1.07	0.73	0.75	62.08	62.84
000923.SZ	河北宣工	0.84	0.81	0.51	0.43	71.05	71.17
002097.SZ	山河智能	1.14	1.22	0.83	0.91	69.07	61.64
002459.SZ	天业通联	8.98	6.73	7.73	5.57	7.88	10.22
002480.SZ	新筑股份	1.57	1.16	1.26	0.90	49.13	52.54
300103.SZ	达刚路机	6.19	5.03	5.48	4.36	14.37	17.03
300201.SZ	海伦哲	1.63	1.64	1.34	1.24	47.11	40.26
300210.SZ	森远股份	1.44	2.18	1.11	1.81	39.83	32.50
600031.SH	三一重工	1.60	1.34	1.33	1.14	61.90	61.41
600262.SH	北方股份	1.34	1.23	0.85	0.72	56.39	67.09
600710.SH	*ST 常林	1.07	1.47	0.95	1.14	82.31	37.03
600761.SH	安徽合力	2.70	2.50	2.10	1.86	29.42	26.72

（续）

股票代码	股票名称	流动比率		速动比率		资产负债率（%）	
		2016 年	2015 年	2016 年	2015 年	2016 年	2015 年
600815.SH	厦工股份	0.80	1.85	0.61	1.33	93.54	66.62
600984.SH	建设机械	1.04	1.15	0.91	0.99	42.18	39.41
601100.SH	恒立液压	2.16	2.60	1.61	2.06	32.01	25.43
300470.SZ	日机密封	9.96	8.44	8.95	7.44	21.88	11.61
3339.HK	中国龙工	3.04	3.92	2.37	3.16	40.04	47.07
603298.SH	杭叉集团	3.36	2.40	2.66	1.69	23.88	30.40
行业平均		2.64	2.51	2.18	2.01	48.20	44.08

三、市场表现与市场预测

2016 年上证综合指数从年初开盘的 3 936.59 点至年底收盘的 3 103.64 点，下跌了 21.18%，深圳成分指数从年初开盘的 12 650.72 点至年底收盘的 10 177.14 点，下跌了 19.55%。香港恒生指数从年初开盘的 21 786.62 点至年底收盘的 22 000.56 点，上升了 0.98%。同期，工程机械上市公司表现弱于深证成指，21 家工程机械公司年末总市值 2 301.64 亿元，比年初开盘 2 380.37 亿元下降了 3.31%。2016 年工程机械市值变化见表 9。

表 9　2016 年工程机械市值变化

证券简称	总股本（万股）		年初开盘价（前复权）（元）	年末收盘价（前复权）（元）	总市值（亿元）		市值变化（%）
	2016-1-1	2016-12-31			2016-1-1	2016-12-31	
中联重科	766 413.23	766 413.23	5.17	4.54	369.37	327.27	-11.40
徐工机械	708 428.77	700 772.77	4.26	3.38	301.08	236.86	-21.33
柳工	112 524.21	112 524.21	8.16	7.31	93.28	82.26	-11.82
山推股份	124 078.76	124 078.76	7.71	5.53	94.92	68.62	-27.71
河北宣工	19 800.00	19 800.00	18.19	23.95	35.90	47.42	32.10
山河智能	75 532.50	75 532.50	10.71	8.95	81.88	67.60	-17.44
天业通联	38 868.94	38 868.94	19.64	17.69	76.34	68.76	-9.93
新筑股份	64 536.83	64 536.83	12.77	11.35	82.61	73.25	-11.33
达刚路机	21 173.40	21 173.40	26.23	22.16	56.30	46.92	-16.66
海伦哲	36 492.52	102 856.28	8.47	8.09	73.09	83.21	13.84
森远股份	26 901.11	26 901.11	18.16	21.83	49.26	58.73	19.22
三一重工	761 650.40	761 086.85	6.44	6.10	501.17	464.26	-7.36
北方股份	17 000.00	17 000.00	42.11	30.17	71.91	51.29	-28.68
*ST 常林	64 028.40	130 674.94	5.44	9.36	34.83	59.93	72.06
安徽合力	61 681.73	61 681.73	13.05	12.72	82.35	78.46	-4.72
厦工股份	95 897.00	95 897.00	9.36	6.44	89.57	61.76	-31.05
建设机械	63 676.42	63 676.42	11.50	8.74	73.36	55.65	-24.13
恒立液压	63 000.00	63 000.00	16.50	16.06	104.58	101.18	-3.25
日机密封	5 334.00	10 668.00	54.98	43.97	60.22	46.91	-22.11
中国龙工	428 010.00	428 010.00	1.08	1.66	48.37	71.05	46.90
杭叉集团		61 885.14		24.28		150.26	
合计 / 平均	3 555 028.22	3 685 152.97			2 380.37	2 301.64	-3.31

2016年工程机械上市公司跟随着指数的波动，同时由于业绩的大幅下滑导致估值大幅提升。按当年业绩计算，21家上市公司2016年底平均市盈率为302.06倍，比2016年初的63.34倍提高了238.75倍；2016年底平均市净率为3.61倍，比2016年初的4.05倍下降了10.86%。2016年上市公司市场表现见表10。

表10　2016年上市公司市场表现

股票代码	股票名称	市盈率（倍）		市净率（倍）	
		2016-1-1	2016-12-31	2016-1-1	2016-12-31
000157.SZ	中联重科	-44.36	-173.44	1.04	0.93
000425.SZ	徐工机械	-73.07	116.33	1.42	1.16
000528.SZ	柳工	224.26	1 614.25	1.05	0.93
000680.SZ	山推股份	-20.91	-13.87	2.64	2.21
000923.SZ	河北宣工	-34.05	3 289.93	9.24	12.21
002097.SZ	山河智能	-422.63	346.29	3.43	2.80
002459.SZ	天业通联	961.51	-27.58	5.24	5.61
002480.SZ	新筑股份	-91.62	-99.23	3.46	3.17
300103.SZ	达刚路机	143.11	181.83	6.79	5.53
300201.SZ	海伦哲	376.89	155.35	9.76	6.42
300210.SZ	森远股份	48.63	71.12	4.30	4.82
600031.SH	三一重工	-59.33	169.01	2.21	1.99
600262.SH	北方股份	120.68	-32.63	6.26	5.16
600710.SH	*ST常林	-8.10	0.00	2.58	0.00
600761.SH	安徽合力	21.84	19.19	2.09	1.86
600815.SH	厦工股份	-51.27	-5.00	2.37	2.42
600984.SH	建设机械	-92.69	75.28	2.37	1.75
601100.SH	恒立液压	126.75	260.49	3.01	2.91
300470.SZ	日机密封	77.83	51.82	7.75	5.51
3339.HK	中国龙工	-44.36	-173.44	1.04	0.93
603298.SH	杭叉集团		42.04		4.83
行业平均		63.34	302.06	4.05	3.61

与2011年的高峰期相比，中国工程机械市场虽然出现了下滑，受国内经济转型，产能过剩等因素影响，中国工程机械行业告别十年黄金发展期，进入L型底部的平稳盘整期，但市场容量依旧可观。从全球来看，依然是一个很大、很好的市场。

2016年，国家继续实施积极的财政政策与稳健的货币政策，在区域开发、京津冀协同发展、长江经济带建设以及由此派生出的高铁、城轨、地铁等基础设施建设推动下，国内工程机械产业有望获得稳定的发展空间；但受国内供给侧结构性改革、行业产能过剩、终端设备保有量高企等因素影响，中国工程机械行业仍处于“三期叠加”的消化阶段。海外市场方面，人民币“入篮”“一带一路”国家战略，将提振工程机械出口，工程机械企业将通过中资外带、援外项目、本地化工厂等多种方式，加强对东亚、东南亚、中亚、非洲、南美等市场需求强劲地区的拓展，提前布局“一带一路”的企业将在竞争中脱颖而出。

中国工程机械行业具有明显的技术优势和产业优势，行业相关企业对当前经济下行压力加大有充分的估计，积极做好了应对准备。加上中国发展潜力大、韧性大、回旋余地大，特别是国际产能合作、《中国制造2025》、长江经济带建设、京津冀协同发展和国家出台的一系列稳增长的政策措施和相关举措将协同拉动经济发展，更将受益于工程机械业。同时我国政府力推的“一带一路”战略将加速优势产能“走出去”步伐，我国工程机械行业发展前景向好。

尽管未来工程机械行业总体上长期仍将保持较稳健的需求，但是，从短期来看，工程机械行业市场的走势取决于多种因素，一定时期内会出现与整体形势相背离的局面。

不论是国际还是国内市场，政策红利的释放在时间和空间上都需要有个逐步落地的过程；行业投资形成的大量产能的释放带来了产品结构性过剩，社会高饱和度的存量设备抑制了短期需求；加之国内工程机械核心零部件对外依存度较高，制约了行业效益的提升；此外，世界经济复苏的不确定性及地缘政治复杂性，工程机械行业年内仍面临较大的需求压力，市场竞争环境更加激烈。工程机械行业竞争日趋激烈，市场出清加快，市场份额向龙头企业集中将成为未来几年行业整合的发展趋势，市场份额较小的企业越来越难以生存，这些企业将加速退出市场。2016 年工程机械上市公司（A 股）市场表现见图 1。

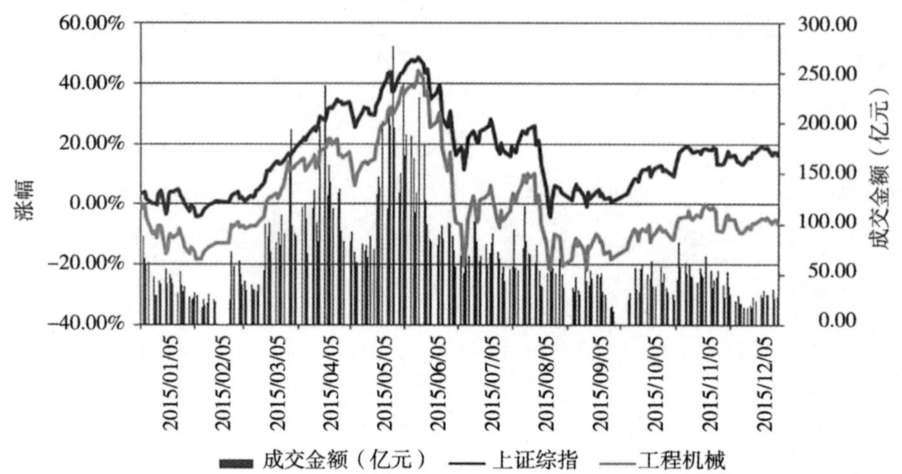

图 1　2016 年工程机械上市公司（A 股）市场表现

数据来源：Wind 资讯，上市公司年度报告，国金证券研究所。

〔撰稿人：润晖投资咨询有限公司郑贤玲〕

（本栏目编辑：张珂玲）

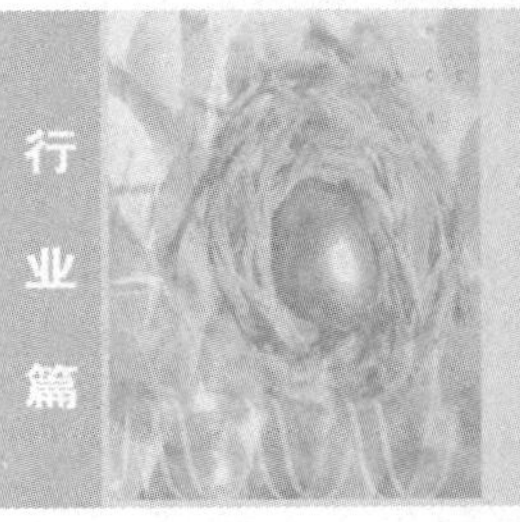

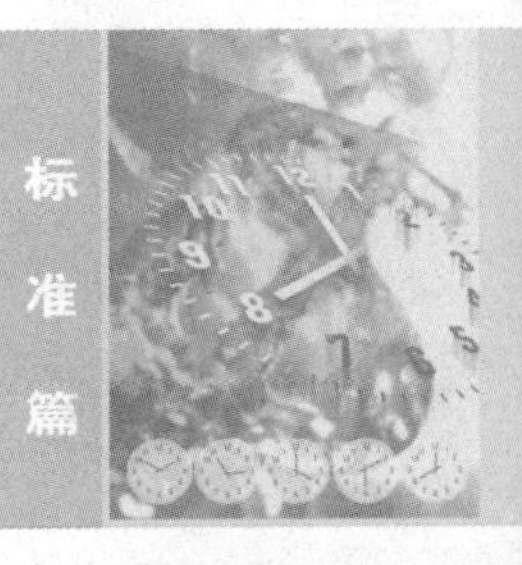

公布2016年工程机械行业用户需求部分调查结果

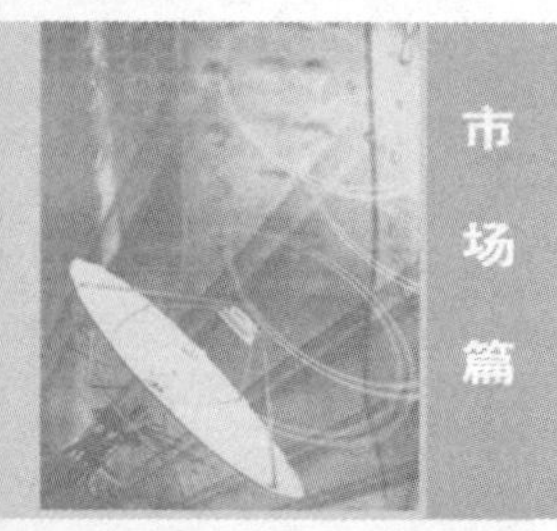

调研篇

2016 年工程机械用户需求调查报告（摘要）

2016 年中国工程机械工业协会用户工作委员会坚持以《质量发展纲要 2011—2020》《贯彻实施质量发展纲要 2016 年行动计划》为指导，贯彻“鼓励行业协会开展重点工业产品质量评价工作”的指示精神，落实工业和信息化部《关于做好 2016 年工业质量品牌建设工作的通知》要求，持续在工程机械行业中推动实施用户满意工程，倡导以用户需求为导向的市场质量观念，观测产品经过用户使用体验的评价结果，反映出产品的市场表现，汇总用户建议和意见信息指导制造企业进行改进提升，以先进科学的测量方法开展用户满意度测量，客观评价企业产品的品牌形象、产品质量、服务质量、产品价值感、用户满意度、用户抱怨率、用户忠诚度等指标，描绘出产品在用户群中的形象，探知用户需求端变化趋势，指引制造企业进行改善提升。实施用户满意工程已成为有效指导工程机械企业实现供给侧改革的重要方法，对促进工程机械企业持续改进供给侧质量，实现提质增效，不断满足用户需求，赢得持续健康发展，起到了积极的推动作用。

从市场质量观念来看，工程机械制造企业依存于用户需求而存在，没有用户需求就失去了企业存在的价值。工程机械市场已经进入了质量竞争时代，用户满意经营是企业持续发展的战略方向，企业在竞争中主要是争夺用户，常规工程机械产品已经能够充分供应市场，为从事建设施工的广大用户提供了充足、自由的选择机会，用户成为企业竞争和服务的焦点。由于用户不断提出新的要求，促进了工程机械制造企业的研发创新、质量改善、服务升级行动，也导致市场竞争日益加剧，因此，不断研发出用户满意的产品才能满足用户不断增长的需求、个性化需求、快速需求，才能使企业在实施用户满意经营中获得持续发展。用户工作委员会始终贯彻“质量是企业生命，用户是企业生存的根本”的市场质量观念，为企业提供有效的服务，聚焦于提高质量、提升服务、节能减排、安全环保的用户需求方向，以深入推广先进质量方法为抓手，积极发挥用户工作委员会的专业职能，努力帮助工程机械企业不断提升用户满意水平。

一、2016 年行业部分产品测评工作情况

以第三方测评为实施用户满意工程的推手，按照 GB/T 19038—2009《顾客满意度测评模型和方法指南》、GB/T 19039—2009《顾客满意度测评通则》国家标准开展测评工作，行业企业自愿参加，做到客观、公正、科学、持续地开展用户满意度评价调查工作，观测工程机械产品的市场评价，发现用户需求变化趋势，帮助企业探知产品改进方向，带动行业企业不断改进提升质量和服务水平。

2016 年用户工作委员会先后开展了装载机、挖掘机、平地机、推土机、汽车起重机、履带起重机、塔式起重机、施工升降机、叉车九大类工程机械产品的用户满意度评价调查工作，历时 8 个月，受访用户遍布国内 31 个省区市，受访对象为使用以上九大类工程机械的单位领导 / 老板 / 机主、机械管理人员、操作司机以及维修服务人员，收集的样本共涉及各类产品 16 928 台，测评结果反映了产品的市场表现。

1. 2016 年接受访问的用户区域分布情况

2016 年用户所在地区分布见图 1。2016 年接受访问的用户类型见图 2。

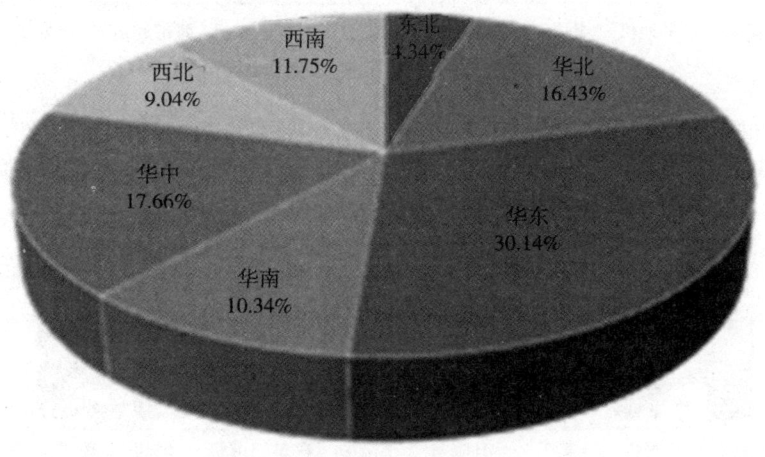

图 1　2016 年用户所在地区分布

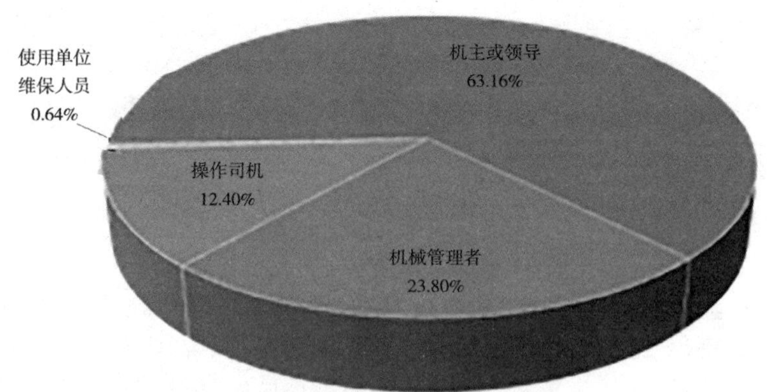

图 2　2016 年接受访问的用户类型

2. 2016 年各类产品的用户评价结果

（1）各类产品的用户满意度评价结果的横向比较。施工升降机的用户满意度评价相对较高，其次是平地机，再次是叉车，而推土机的用户满意度评价相对较低。2016 年各类产品满意度评价结果见图 3。

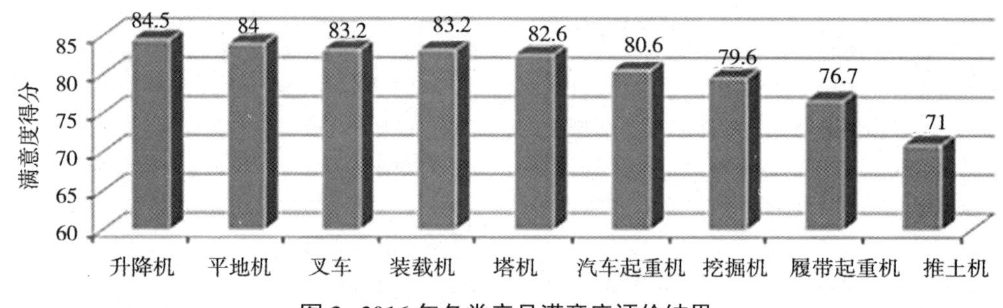

图 3　2016 年各类产品满意度评价结果

（2）各类产品的感知产品质量评价结果的横向比较。用户使用体验的产品质量评价，施工升降机的评价结果相对较高，其次是平地机，再次是塔式起重机，而推土机的用户满意度评价相对较低。2016 年各类产品感知质量评价结果见图 4。

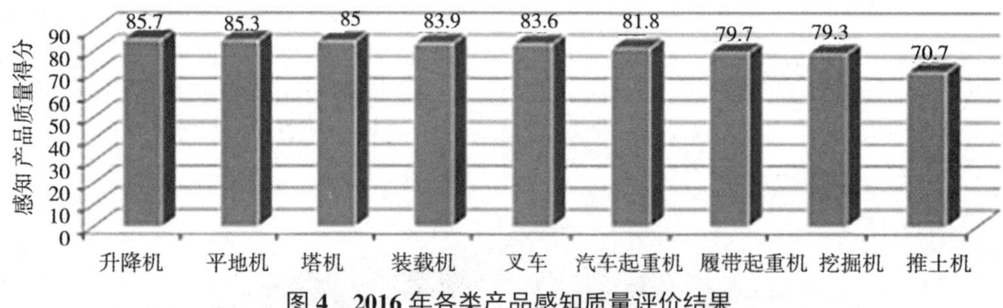

图 4　2016 年各类产品感知质量评价结果

（3）各类产品的感知服务质量评价结果的横向比较。用户使用体验的服务质量评价，平地机的评价结果相对较高，其次是装载机，再次是叉车，而推土机的用户满意度评价相对较低。2016 年各类产品感知服务评价结果见图 5。

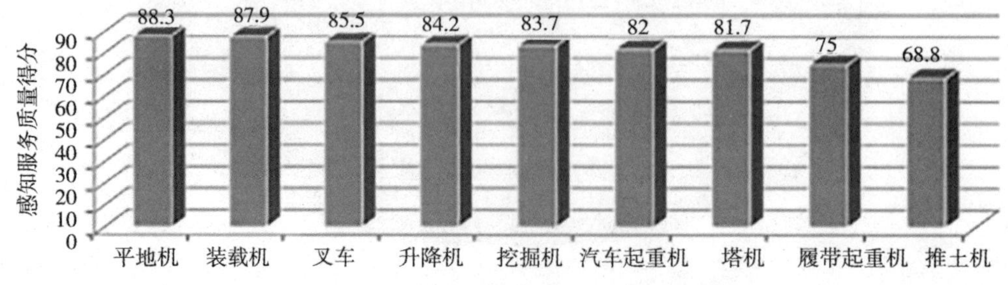

图 5　2016 年各类产品感知服务评价结果

二、2016 年装载机产品用户满意度评价分析

1. 装载机满意度各项指标评价结果

装载机产品总体满意度为 83.2 分，处于优秀水平，表示装载机产品能够较好地满足国内用户需求；用户忠诚度为 82.6 分，处于优秀水平，表示用户再次选购的可能性较高。在装载机各项指标评价中，品牌形象评价为 86.5 分，处于优秀水平，中国装载机品牌的市场形象很好；感知产品质量为 83.9 分，处于优秀水平，但是用户体验到的实物质量仍然低于预期水平；感知服务质量为 87.9 分，处于优秀水平，评价相对较高，表示用户对装载机的服务普遍很满意；性能价格比为 80.3 分，处于优秀水平，评价相对较低，表示用户对装载机的价值感受相对其他指标表现为较差；用户抱怨率约为 19.97%，抱怨处于较低水平。2016 年装载机用户满意度的各项指标评价结果见图 6。

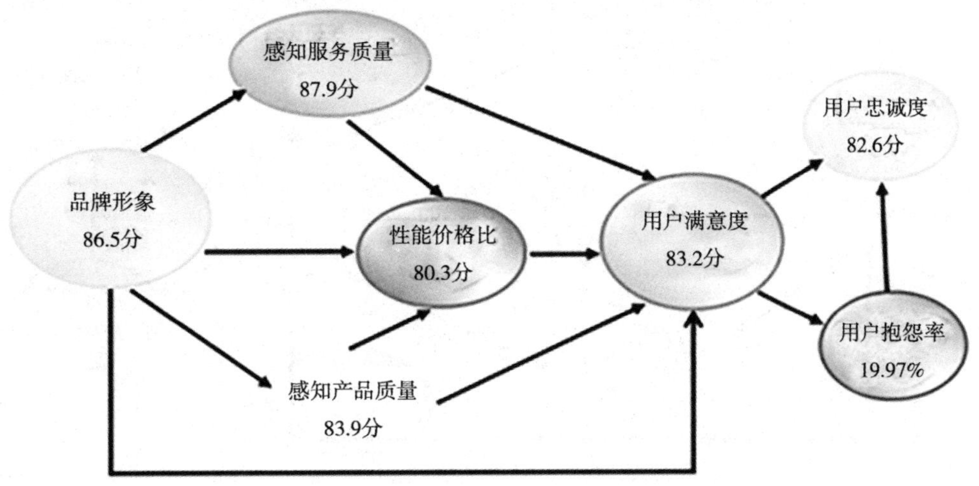

图 6　2016 年装载机用户满意度的各项指标评价结果

2. 装载机产品质量评价结果对比

2014 年和 2016 年的两次测评结果相比较，2016 年装载机的外观质量、液压系统质量、电气系统质量的评价低于 2014 年，三包外配件质量评价好于 2014 年测评。2014 年和 2016 年装载机产品的质量评价结果比较见图 7。

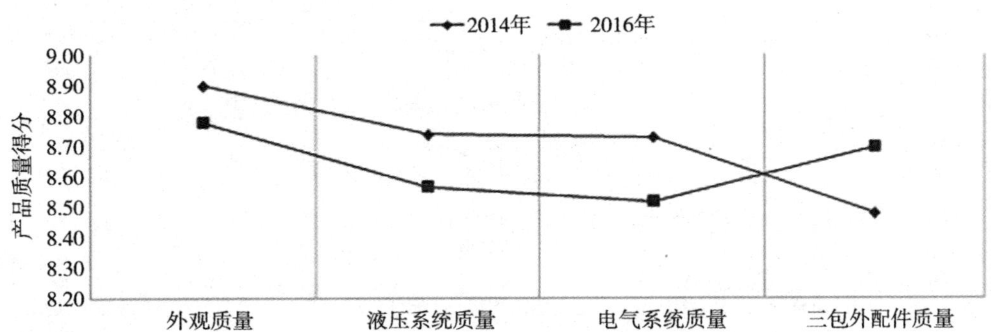

图 7　2014 年和 2016 年装载机产品的质量评价结果比较

3. 装载机产品用户满意度评价较高的企业

装载机产品用户满意度评价较高的企业见表 1。

表 1　装载机产品用户满意度评价较高的企业

企业名称	装载机
广西柳工机械股份有限公司	CLG856H、CLG855、CLG855N、ZL50CN、CLG836、CLG820C
徐工集团工程机械股份有限公司科技分公司	LW500KN、LW300FN
国机重工集团常林有限公司	933、955N
山东临工工程机械有限公司	LG953、LG933L、LG955N
厦门厦工机械股份有限公司	XG932H、XG951H、XG953H、XG955H、XG956H
中国龙工控股有限公司	ZL50NC、LG855N
四川成都成工工程机械股份有限公司	ZL50E

三、2016 年挖掘机产品用户满意度评价分析

1. 挖掘机满意度各项指标评价结果

挖掘机产品总体满意度为 79.6 分，处于比较满意水平，表示挖掘机产品基本上能够满足用户需求；用户忠诚度为 70.4 分，处于比较满意水平，评价相对较低，表示用户再次选购的可能性较低。在挖掘机产品各项指标评价中，品牌形象评价为 78.8 分，处于比较满意水平；感知产品质量为 79.3 分，处于比较满意水平；感知服务质量为 83.7 分，处于优秀水平，评价相对较高；性能价格比为 76.8 分，处于比较满意水平；用户抱怨率较高为 29.03%，有抱怨的用户约占三成，仍然有较大改进空间。2016 年挖掘机产品用户满意度评价结果见图 8。

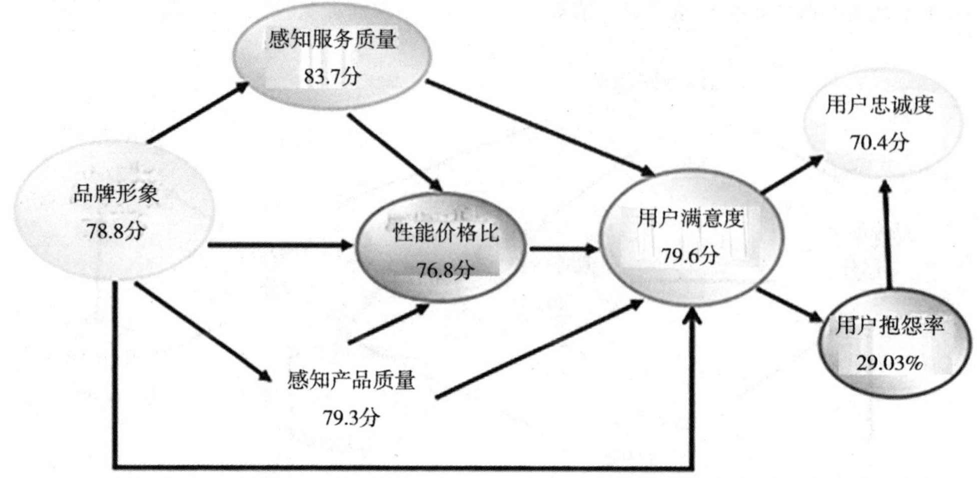

图 8　2016 年挖掘机产品用户满意度评价结果

2. 挖掘机产品质量评价结果对比

2014 年和 2016 年的两次测评结果相比较，2016 年挖掘机的结构件质量、外观质量、电气系统质量、配件质量、液压系统质量的评价低于 2014 年，底盘质量评价好于 2014 年测评。2014 年和 2016 年挖掘机产品的质量评价比较见图 9。

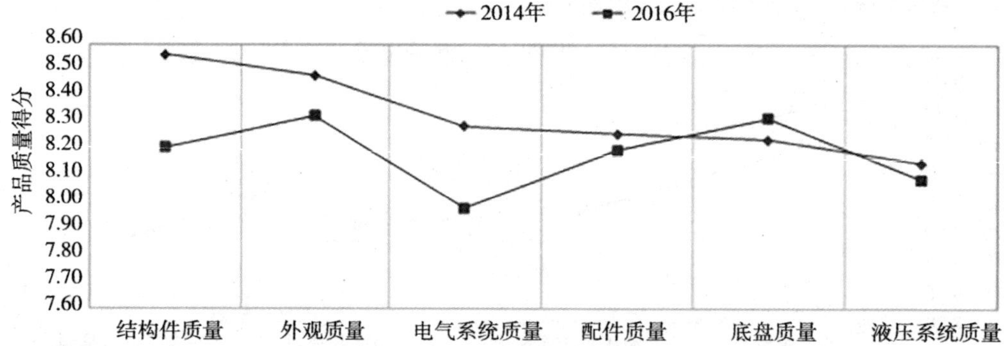

图 9　2014 年和 2016 年挖掘机产品的质量评价比较

3. 挖掘机产品用户满意度评价较高的企业

挖掘机产品用户满意度评价较高的企业见表 2。

表 2　挖掘机产品用户满意度评价较高的企业

企业名称	挖掘机
广西柳工机械股份有限公司	CLG906D、CLG915D、CLG922D、CLG922E、CLG936D、CLG939DH、CLG933E、CLG950E、CLG948E
三一重工股份有限公司	SY65、SY75、SY215
徐州徐工挖掘机械有限公司	XE60D、XE75D、XE135D、XE150D、XE215D、XE235D、XE370D、XE470D、XE700D、XE900D
山河智能机械股份有限公司	SWE50E、SWE70E
国机重工（常州）挖掘机有限公司	ZG3210-9C、ZG3150-9C、ZG3065-9B、ZG3235-9C、ZG3255LC-9C、GE210H、GE380H、GE150H、GE65H
山东临工工程机械有限公司	E660F、LG6210、LG660E、LG665、LG685
厦门厦工机械股份有限公司	XG806、XG808、XG815EL、XG822EL、XG822LC
中联重科股份有限公司	ZE85、ZE230
福田雷沃国际重工有限公司	FR65-7

四、2016 年汽车起重机产品用户满意度评价分析

1. 汽车起重机满意度各项指标评价结果

汽车起重机产品总体满意度为 80.6 分，处于优秀水平，表示汽车起重机产品质量能够满足用户需求；用户忠诚度 76.3 分，处于比较满意水平，评价相对较低，表示用户再次选购的可能性较低。在汽车起重机产品各项指标评价中，品牌形象评价为 84.7 分，处于优秀水平，评价相对较高；感知产品质量为 81.8 分，处于优秀水平；感知服务质量为 82.0 分，处于优秀水平；性能价格比 77.5 分，处于比较满意水平；用户抱怨率为 35.03%，超过三成不满意，用户抱怨率很高，改善空间较大。2016 年汽车起重机产品用户满意度评价结果见图 10。

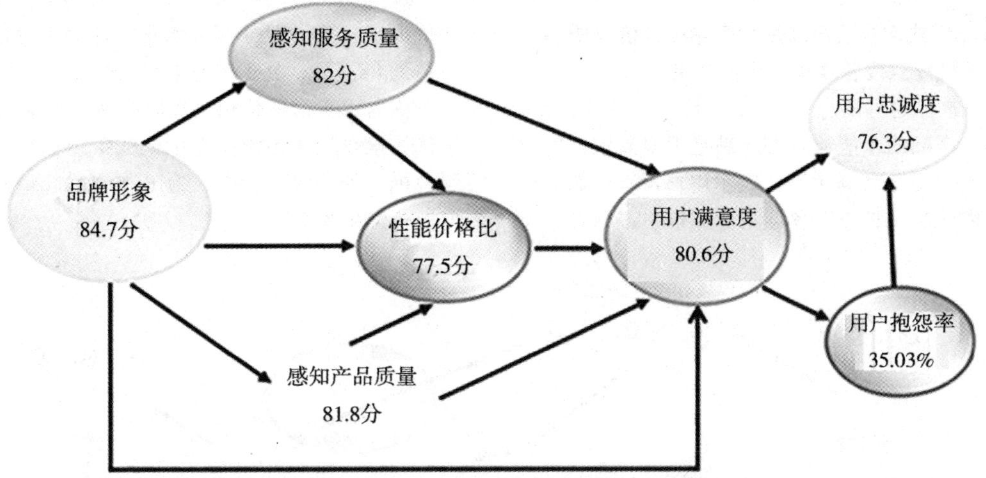

图 10　2016 年汽车起重机产品用户满意度评价结果

2. 汽车起重机产品质量评价结果对比

2014 年和 2016 年的两次测评结果相比较，2016 年汽车起重机的液压系统、安全保护装置、底盘（下车）质量的评价低于 2014 年，起重臂质量、电控系统、配件质量的评价好于 2014 年测评。2014 年和 2016 年汽车起重机产品的质量评价比较见图 11。

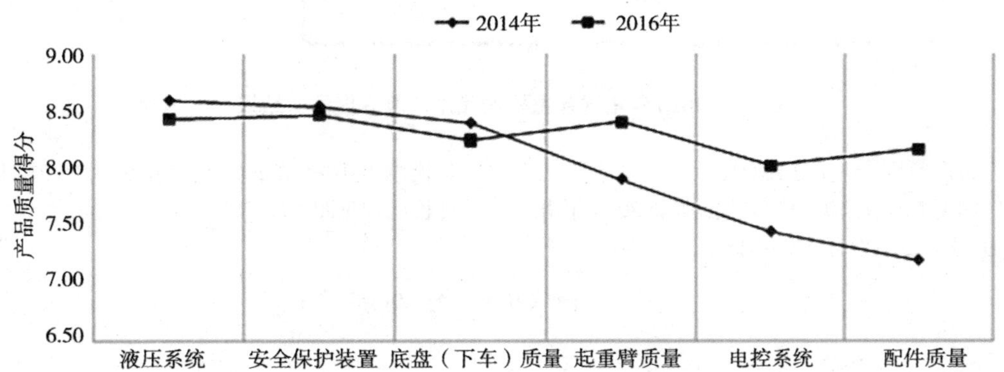

图 11　2014 年和 2016 年汽车起重机产品的质量评价比较

3. 汽车起重机用户满意度评价较高的企业

汽车起重机用户满意度评价较高的企业见表 3。

表 3　汽车起重机用户满意度评价较高的企业

企业名称	汽车起重机
徐工集团徐州重型机械有限公司	QY25KA、QY50KA、QAY500A、QAY1000
中联重科股份有限公司	QY25、QY50
三一重工股份有限公司	STC250、STC750
利勃海尔机械服务（上海）有限公司	LTM-1200、LTM-1250
广西柳工机械股份有限公司	TC80A4、TC100A、TC200A、TC250A4、TC250A5、TC250、TC250-4、TC500
四川长江工程起重机有限责任公司	TTC008、TTC012、TTC025G、TTC055G

（续）

企业名称	汽车起重机
北起多田野（北京）起重机有限公司	GT-250E
加藤（中国）工程机械有限公司	NK-300VR、NK-500VR

五、2016 年塔式起重机产品用户满意度评价分析

1. 塔式起重机满意度各项指标评价结果

塔式起重机产品总体满意度为 82.6 分，处于优秀水平，表示塔式起重机产品质量能够较好地满足用户需求；用户忠诚度为 82.0 分，处于优秀水平，表示用户再次选购的可能性较高。在塔式起重机产品各项指标评价中，品牌形象评价为 86.7 分，处于优秀水平，评价相对较高；感知产品质量为 85.0 分，处于优秀水平；感知服务质量为 81.7 分，处于优秀水平，评价相对较低；性能价格比为 80.9 分，处于优秀水平；用户抱怨率为 27.82%，约有三成用户不满意，用户抱怨处于较高状态。2016 年塔式起重机产品用户满意度评价结果见图 12。

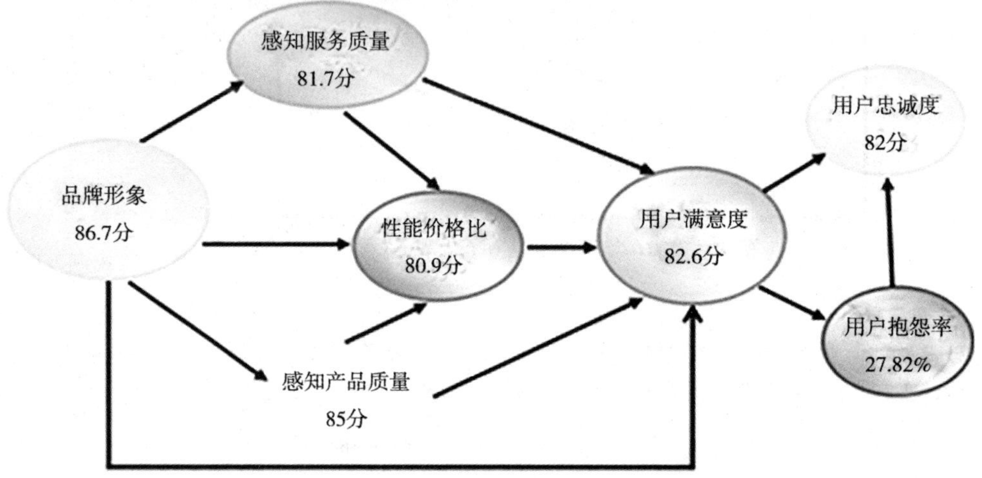

图 12　2016 年塔式起重机产品用户满意度评价结果

2. 塔式起重机产品质量评价结果对比

2014 年和 2016 年的两次测评结果相比较，2016 年塔式起重机产品质量的各项指标评价均低于 2014 年，表明整体满意度下降。2014 年和 2016 年塔式起重机产品的质量评价比较见图 13。

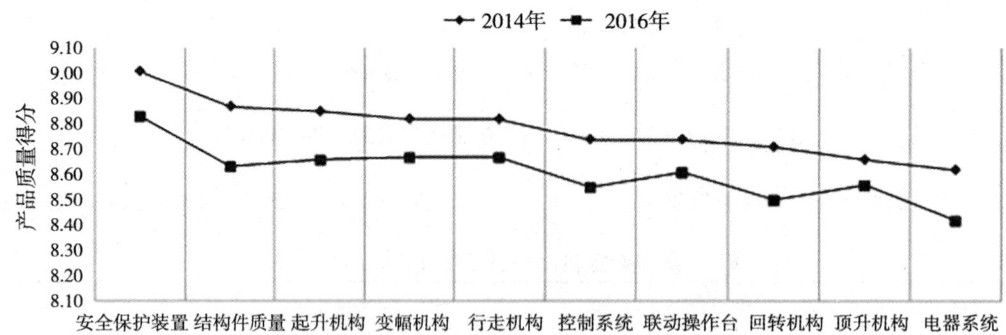

图 13　2014 年和 2016 年塔式起重机产品的质量评价比较

3. 塔式起重机用户满意度评价较高的企业

塔式起重机用户满意度评价较高的企业见表 4。

表 4　塔式起重机用户满意度评价较高的企业

企业名称	塔式起重机
抚顺永茂建筑机械有限公司	ST55/13、ST60/15、ST70/30、STT153、STT200、STT293、STT403、STT553、ST80/116、STL720、STL1000C、STT2200
四川建设机械（集团）股份有限公司	C7022、C7050、C7030、P7527
沈阳三洋建筑机械有限公司	S315K16、S1200M64
广西建工集团建筑机械制造有限责任公司	QTZ5512、QTZ6015、QTZ6513、TCT5512、TCT6012
北京永茂建工机械制造有限公司	STT153、STT293
浙江省建设机械集团有限公司	ZJ5910、ZJ6010
徐州建机工程机械有限公司	QTZ63、QTZ80
方圆集团有限公司	TC5510、TC4208、TC5013、TC5013A、TC5510A
廊坊中建机械有限公司	QTZ6018、QTZ6013、QTZ7015、QTZ5610、QTZ6520
湖北江汉建筑工程机械有限公司	TC5610、TC6012、TC5713A、TC5710、TC6012A
浙江虎霸建设机械有限公司	H5810、H6010、T6010
重庆建工工业有限公司	QTZ63、QTZ80
江苏正兴建设机械有限公司	QTZ63、QTZ80
山东大汉建设机械有限公司	5610、4810、6010
江西中天机械有限公司	ZTT7020-10、ZTT7527-18、ZTT7530-20

六、2016 年施工升降机产品用户满意度评价分析

1. 施工升降机满意度各项指标评价结果

施工升降机产品总体满意度为 84.5 分，处于优秀水平，表示施工升降机产品能够很好地满足用户需求；用户忠诚度为 80.2 分，处于优秀水平，表示用户再次选购的可能性较高。在施工升降机产品各项指标评价中，品牌形象评价为 87.1 分，处于优秀水平，评价相对较高；感知产品质量为 85.7 分，处于优秀水平；感知服务质量为 84.2 分，处于优秀水平；性能价格比为 79.7 分，处于比较满意水平，评价相对较低；用户抱怨率为 24.63%，处于较高状态。2016 年施工升降机产品用户满意度评价结果见图 14。

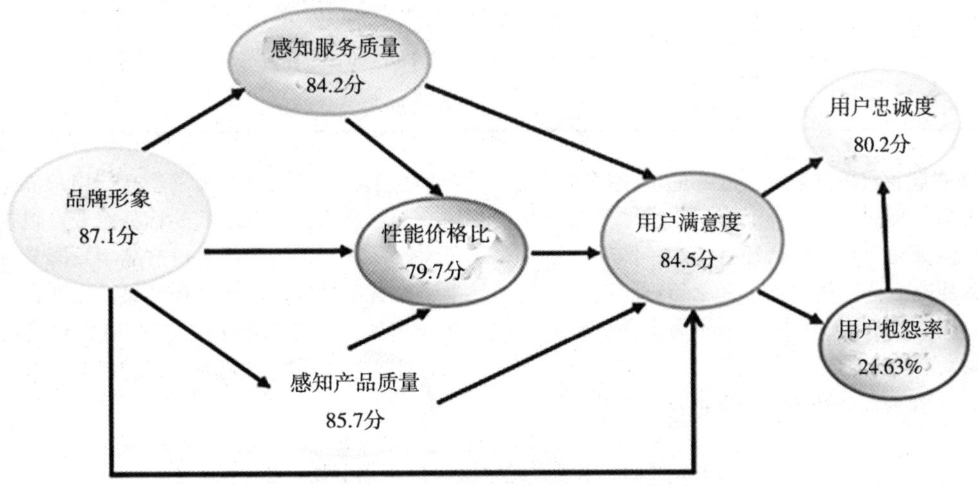

图 14　2016 年施工升降机产品用户满意度评价结果

2. 施工升降机产品质量评价结果对比

2014 年和 2016 年的两次测评结果相比较，2016 年施工升降机产品质量的各项指标评价均低于 2014 年，表明整体满意度下降。2014 年和 2016 年施工升降机产品的质量评价比较见图 15。

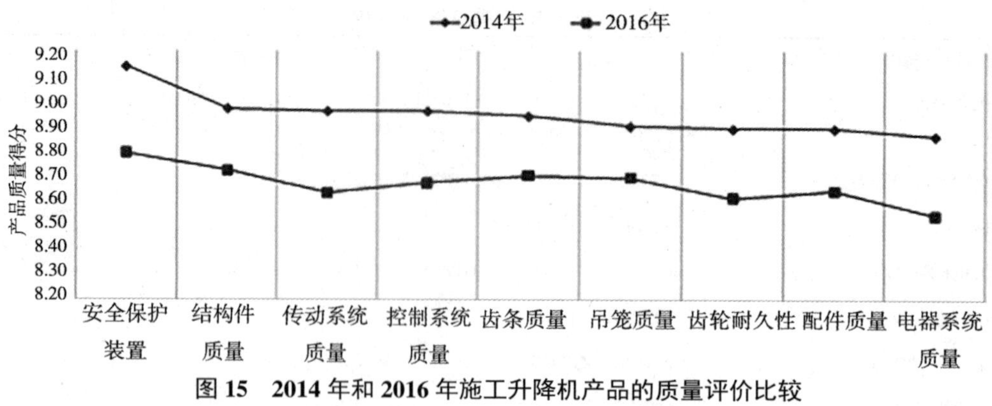

图 15　2014 年和 2016 年施工升降机产品的质量评价比较

3. 施工升降机用户满意度评价较高的企业

施工升降机用户满意度评价较高的企业见表 5。

表 5　施工升降机用户满意度评价较高的企业

企业名称	施工升降机
广州市特威工程机械有限公司	SC200/200、SC200/200G
广州京龙工程机械有限公司	SC200/200、SCD200/200
湖北江汉建筑工程机械有限公司	SC200/200B、SCD200/200
上海宝达工程机械有限公司	SC200/200V、SCD200/200
厦门康柏机械集团有限公司	SC200
广西建工集团建筑机械制造有限责任公司	SC200/200
浙江省建设机械集团有限公司	SC200/200TP1、SCD200/200E
山东大汉建设机械有限公司	SC200/200
徐州建机工程机械有限公司	SC200/200
四川建设机械（集团）股份有限公司	SC200/200W
方圆集团有限公司	SC200/200、SCD200/200
浙江虎霸建设机械有限公司	SC200/200J、SCD200
重庆建工工业有限公司	SC200/200

七、2016 塔式起重机用户满意度较高的 10 家企业

实施用户满意工程的宗旨是：促使工程机械行业企业积极实践以用户为关注焦点的生产经营活动，推动企业实施用户满意经营战略，关注用户需求变化趋势，及时发现企业经营中不适应市场需求的问题，组织力量进行改进，不断提升用户满意度的经营绩效。

2016 年用户工作委员会在塔式起重机行业中以实施用户满意工程为抓手，开展了创建“用户满意十强活动”，树立起实施用户满意工程的标杆企业，以带动提升整体质量水平。在全国塔式起重机产品用户满意度评价调查基础上，结合上次用户满意评价结果，企业自愿参加，经过评审专家评审，推选出 2016 年度塔式起重机用户满意度十强企业。2016 年塔式起重机用户满意十强企业见表 6。

表 6　2016 年塔式起重机用户满意十强企业

序号	企业名称	序号	企业名称
1	抚顺永茂建筑机械有限公司	6	浙江省建设机械集团有限公司
2	四川建设机械（集团）股份有限公司	7	徐州建机工程机械有限公司
3	沈阳三洋建筑机械有限公司	8	方圆集团有限公司
4	广西建工集团建筑机械制造有限责任公司	9	廊坊中建机械有限公司
5	北京永茂建工机械制造有限公司	10	湖北江汉建筑工程机械有限公司

八、创建用户满意服务明星活动

在深入推进用户满意工程实践中，关注产品售后服务质量提升，为广大一线服务人员树立学习标杆，通过开展创建“用户满意服务明星”活动，对长期辛勤工作在服务一线的优秀服务人才给予客观公正的评价，肯定其成绩、弘扬其业绩，鼓励一线服务人员为用户提供更加优质高效、诚挚贴心、保障有力的服务，持续开展创建“用户满意服务明星”活动，得到了广大企业和用户的积极支持，为行业发展提供了正能量。

以基层为标杆的服务创新，树立为用户服务的新高度。2016 年经过企业推荐，用户工作委员会组织调查评价和专家审查，评选出实施用户满意工程的“用户满意服务明星”有：中国一冶集团有限公司机械化施工分公司起重技师芦胜辉，方圆集团有限公司售后服务高级技师潘玉广，康力电梯股份有限公司售后服务部长王新荣，柳州柳工叉车有限公司高级服务专员潘世乐，广西建工集团建筑机械制造有限责任公司金华办事处经理黄光永、新疆分公司经理黎杰、泰国办事处经理杨志军，徐工集团徐工道路机械事业部压路机服务工程师胡永安、铣刨机服务工程师解旭瑞、摊铺机服务工程师任伏友、平地机服务工程师孙浩、养护机械服务部服务工程师张宝龙和程磊，河北东方富达机械有限公司销售公司副经理王保恩，廊坊中建机械有限公司售后服务部房建伟，柳州柳工挖掘机有限公司服务经理张有鑫，广州广日电梯工业有限公司营业部售前技术主管谭鑑文，抚顺永茂建筑机械有限公司售后服务部副部长韩庆和 18 名同志为用户满意服务明星。

以基层组织服务区域用户，树立卓越服务形象。2016 年评选出实施用户满意工程的“用户满意服务明星班组”有：方圆集团有限公司混凝土搅拌站服务二组，柳州柳工叉车有限公司后市场管理部，广西建工集团建筑机械制造有限责任公司广西办事处，徐工集团徐工道路机械事业部铣刨机、冷再生售后服务组，上海冀菱电梯部件有限公司售后服务部，柳州柳工挖掘机有限公司江苏嘉天利柳工机械服务部，广州广日电梯工业有限公司客服中心，抚顺永茂建筑机械有限公司售后服务一班 8 个企业基层服务班组。

以企业高管为牵头推动者，在企业内部贯彻用户满意服务意识。2016 年评选出实施用户满意工程的“用户满意杰出管理者”有：方圆集团有限公司党委书记、总经理刘长城，柳工副总裁、柳州柳工叉车有限公司总经理王太平，抚顺永茂建筑机械有限公司执行总裁孙田，河北东方富达机械有限公司副总经理王永革，广州广日电梯工业有限公司总工程师张研，柳州柳工挖掘机有限公司副总经理黎汉驰，徐工集团徐工道路机械事业部服务配件中心总监朱本生 7 名企业高层管理者。

九、以需求为导向推动绿色施工机械发展

贯彻落实绿色发展新理念，推动绿色建筑施工发展。用户工作委员会牵头组织开展了建筑施工机械绿色性能评价技术研究，由中国工程机械工业协会发布实施了 8 项社团标准，GXB/TY0025—2014《轮胎式装载机燃油消耗试验方法》、GXB/TY0026—2014《液压挖掘机燃油消耗试验方法》、GXB/TY 0030—2015《旋挖钻机燃油消耗试验方法》、GXB/TY 0036—2015《塔式起重机能效测试方法》、GXB/TY 0037—2015《施工升降机能效测试方法》、GXB/TY 0038—2015《钢筋调直切断机能效测试方法》、GXB/TY 0042—2016《臂架式混凝土泵车能效测试方法》、GXB/TY 0043—2016《拖式混凝土泵能效测试方法》。在行业中，首次以标准规定了试验工况、试验方法，试验结果关注于工作时间、作业量、油耗量、电耗，以单位燃油量与作业生产率比值为能效评价指标，为工程机械行业开展能效测试提供了统一、规范的试验方法，为推动施工机械向节能减排、高效可靠方向发展起到了积极促进作用。

〔供稿单位：中国工程机械工业协会用户工作委员会〕

（本栏目编辑：张珂玲）

公布2016年工程机械行业主要统计数据，准确、系统、全面地反映工程机械行业的主要经济指标

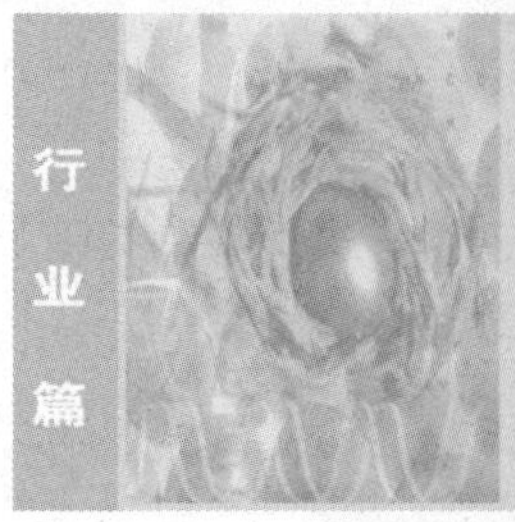

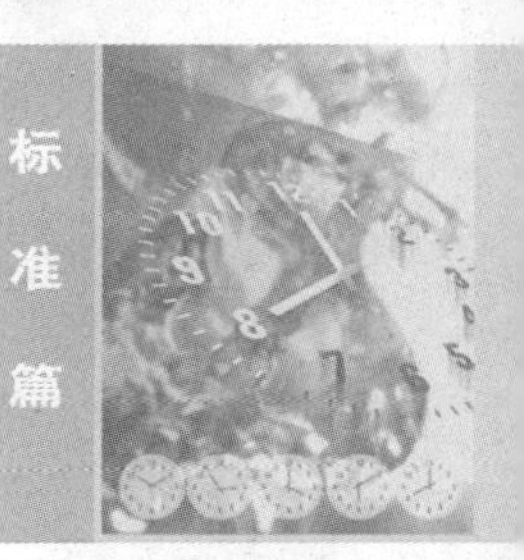

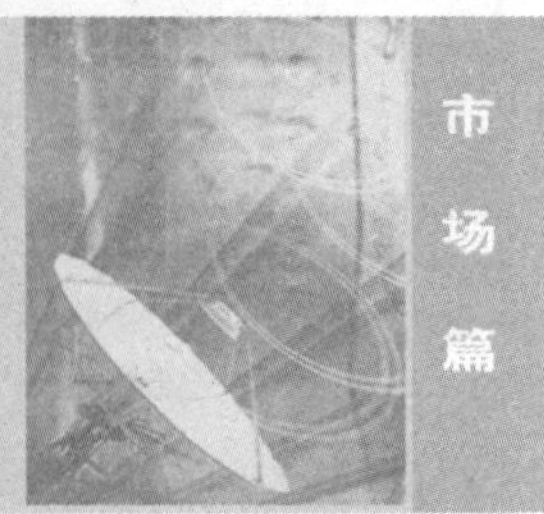

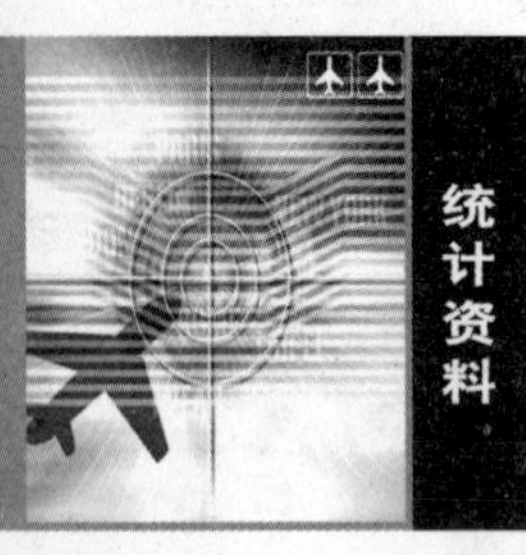

统计资料

2016 年工程机械行业主要企业产品产销存情况

1. 挖掘机械

企业名称	产品类别	单位	产量	销量	库存
山河智能装备股份有限公司	履带式液压挖掘机	台	1 966	1 755	710
河北宣化工程机械股份有限公司	履带式液压挖掘机	台	1	1	1
临沂临工机械集团	履带式液压挖掘机	台	2 505	2 648	889
小松（中国）投资有限公司	履带式液压挖掘机	台	4 927	4 927	
广西柳工机械股份有限公司	履带式液压挖掘机	台	3 823	3 535	
成都神钢工程机械(集团)有限公司	履带式液压挖掘机	台	2 955	2 961	709
广西开元机器制造有限责任公司	履带式液压挖掘机	台	155	40	115
贵州詹阳动力重工有限公司	履带式液压挖掘机	台	138	257	176
日立建机（中国）有限公司	履带式液压挖掘机	台	3 963	3 963	
厦门厦工机械股份有限公司	履带式液压挖掘机	台	481	1 321	276
中联重科股份有限公司	履带式液压挖掘机	台	440	704	
中国龙工控股有限公司	履带式液压挖掘机	台	1 743	1 715	677
常林工程机械集团	履带式液压挖掘机	台	2 199	2 191	321
青岛雷沃工程机械有限公司	履带式液压挖掘机	台	1 641	1 685	522
山重建机有限公司	履带式液压挖掘机	台	733	897	243
广西玉柴重工有限公司	履带式液压挖掘机	台	1 409	1 409	532
约翰迪尔(中国)投资有限公司	履带式液压挖掘机	台	201	158	
卡特彼勒(中国)投资有限公司	履带式液压挖掘机	台	9 801	9 801	
沃尔沃建筑设备(中国)有限公司	履带式液压挖掘机	台	1 806	1 806	
三一集团有限公司	履带式液压挖掘机	台	14 730	14 720	877
现代重工(中国)投资有限公司	履带式液压挖掘机	台	1 761	1 761	
斗山工程机械(中国)有限公司	履带式液压挖掘机	台	4 407	4 407	
徐工集团挖掘机有限公司	履带式液压挖掘机	台	5 215	5 215	
卡特彼勒(中国)投资有限公司	轮胎挖掘机	台	192	192	
沃尔沃建筑设备(中国)有限公司	轮胎挖掘机	台	61	61	
现代重工(中国)投资有限公司	轮胎挖掘机	台	195	195	
斗山工程机械(中国)有限公司	轮胎挖掘机	台	242	242	
徐工集团挖掘机有限公司	轮胎挖掘机	台	62	62	
广西柳工机械股份有限公司	挖掘装载机	台	131	112	
国机重工集团常林有限公司	挖掘装载机	台	34	45	7
贵州詹阳动力重工有限公司	其他挖掘机械	台	89	86	22

2. 铲土运输机械

企业名称	产品类别	单位	产量	销量	库存
卡特彼勒（青州）有限公司	履带式推土机	台	141	165	38
河北宣化工程机械股份有限公司	履带式推土机	台	355	420	54
广西柳工机械股份有限公司	履带式推土机	台	320	368	
内蒙古一机集团大地工程机械有限公司	履带式推土机	台	14	67	78
上海彭浦机器厂有限公司	履带式推土机	台	50	77	27
天津建筑机械厂	履带式推土机	台	230	324	94
厦门厦工机械股份有限公司	履带式推土机	台	64	93	3
山推工程机械股份有限公司	履带式推土机	台	2 469	2 380	501
山推工程机械股份有限公司	推耙机	台	17	8	15
卡特彼勒（青州）有限公司	轮胎式装载机	台	4 341	4 117	658
临沂临工机械集团	轮胎式装载机	台	11 256	11 284	2 743
国机重工集团常林有限公司	轮胎式装载机	台	1 416	1 741	374
小松（中国）投资有限公司	轮胎式装载机	台	93	93	
广西柳工机械股份有限公司	轮胎式装载机	台	10 230	10 048	
日立建机（中国）有限公司	轮胎式装载机	台	3	3	
四川成都成工工程机械股份有限公司	轮胎式装载机	台	414	1 157	123
厦门厦工机械股份有限公司	轮胎式装载机	台	5 027	6 586	864
中国龙工控股有限公司	轮胎式装载机	台	14 784	14 258	4 189
山东云宇机械集团有限公司	轮胎式装载机	台	2 436	2 376	232
利勃海尔机械(大连)有限公司	轮胎式装载机	台	279	280	49
青岛雷沃工程机械有限公司	轮胎式装载机	台	3 716	3 658	58
山推工程机械股份有限公司	轮胎式装载机	台	898	1 021	187
广西柳工机械股份有限公司	滑移装载机	台	348	280	
国机重工集团常林有限公司	滑移装载机	台	16	15	3
卡特彼勒（青州）有限公司	平地机	台	198	181	34
国机重工集团常林有限公司	平地机	台	376	385	41
广西柳工机械股份有限公司	平地机	台	428	451	
厦门厦工机械股份有限公司	平地机	台	82	101	9
山推工程机械股份有限公司	平地机	台	238	175	120
湘电集团有限公司	非公路自卸车	台	1		1
广州电力机车有限公司	电传动自卸车	台	15		15
内蒙古北方重型汽车股份有限公司	矿用自卸车	台	61	149	62
三一重型装备有限公司	矿用自卸车	台	5	8	18
山东蓬翔汽车有限公司	矿用自卸车	台	145	145	
陕西同力重工股份有限公司	非公路自卸车	台	1 100	980	120
泰安航天特种车有限公司	宽体自卸车	台		74	224
中车北京二七机车有限公司	非公路自卸车	台	5	3	33
山推工程机械股份有限公司	吊管机	台	10		17

3. 工程起重机械

企业名称	产品类别	单位	产量	销量	库存
北京京城重工机械有限责任公司	汽车起重机	台	18	20	13
北起多田野（北京）起重机有限公司	汽车起重机	台	29	29	46
福田雷萨重型机械公司	汽车起重机	台	438	438	
三一汽车起重机械有限公司	汽车起重机	台	1 799	1 797	26
韶关市起重机厂有限责任公司	汽车起重机	台	22	19	6
四川长江工程起重机有限责任公司	汽车起重机	台	161	168	109
泰安东岳重工有限公司	汽车起重机	台	231	285	15
安徽柳工起重机有限公司	汽车起重机	台	323	347	60
徐工徐州重型机械有限公司	汽车起重机	台	4 740	4 625	348
中联重科股份有限公司	汽车起重机	台	1 696	1 727	121
北京京城重工机械有限责任公司	全地面起重机	台			3
三一汽车起重机械有限公司	全地面起重机	台	28	26	5
徐工徐州重型机械有限公司	全地面起重机	台	60	63	2
中联重科股份有限公司	全地面起重机	台	11	10	1
北京京城重工机械有限责任公司	轮胎起重机	台		3	
哈尔滨工程机械制造有限责任公司	轮胎起重机	台	47	49	5
江苏八达重工机械股份有限公司	轮胎起重机	台	37	37	7
山推抚起机械有限公司	轮胎起重机	台		1	
三一汽车起重机械有限公司	轮胎起重机	台	174	167	9
北京中车重工机械有限公司	履带起重机	台	1	9	11
郑州宇通重工有限公司	履带起重机	台	7	9	1
安徽柳工起重机有限公司	履带起重机	台	3	4	4
福田雷萨重型机械公司	履带起重机	台	23	23	
江苏八达重工机械股份有限公司	履带起重机	台	38	38	7
辽宁抚挖重工机械股份有限公司	履带起重机	台	96	96	20
神钢起重机(上海）有限公司	履带起重机	台	1	9	
浙江三一装备有限公司	履带起重机	台	264	264	13
徐工徐州重型机械有限公司	履带起重机	台	284	286	2
中联重科股份有限公司	履带起重机	台	114	118	10
安徽柳工起重机有限公司	随车起重机	台	11	9	5
国机重工集团常林有限公司	随车起重机	台	60	60	
海沃机械（扬州）有限公司	随车起重机	台	142	127	15
湖北帕菲特工程机械有限公司	随车起重机	台	107	67	34
湖南飞涛专用汽车制造有限公司	随车起重机	台	310	310	221
辽宁青山重工机械股份有限公司	随车起重机	台	122	133	
牡丹江专用汽车制造有限公司	随车起重机	台	89	103	29
山推抚起机械有限公司	随车起重机	台			1
韶关市起重机厂有限责任公司	随车起重机	台	54	54	29

（续）

企业名称	产品类别	单位	产量	销量	库存
石家庄煤矿机械有限责任公司随车起重机分公司	随车起重机	台	1 062	1 110	151
泰安古河随车起重机有限公司	随车起重机	台	244	259	292
徐州徐工随车起重机有限公司	随车起重机	台	4 139	4 194	299
长春市神骏专用车制造有限公司	随车起重机	台	263	285	75
三一帕尔菲格特种车辆装备有限公司	随车起重机	台	1 165	1 089	84
郑州宇通重工有限公司	强夯机	台	32	32	
辽宁抚挖重工机械股份有限公司	强夯机	台			4
浙江三一装备有限公司	强夯机	台	8	9	1
中联重科股份有限公司	强夯机	台	16	15	1

4. 建筑起重机械

企业名称	产品类别	单位	产量	销量	库存
江苏腾发建筑机械有限公司	塔式起重机	台	154	162	4
山东天元建设机械有限公司	塔式起重机	台	198	178	21
方圆集团有限公司	塔式起重机	台	288	287	10
抚顺永茂建筑机械有限公司	塔式起重机	台	256	256	
广西建工集团建筑机械制造有限责任公司	塔式起重机	台	499	439	60
广州五羊建设机械有限公司	塔式起重机	台	18	18	
哈尔滨东建机械制造有限公司	塔式起重机	台	10	17	18
湖南江麓建筑工程机械有限公司	塔式起重机	台	38	38	
济南建筑机械厂有限公司	塔式起重机	台	69	68	19
江苏正兴建设机械有限公司	塔式起重机	台	101	87	14
江西中天机械有限公司	塔式起重机	台	198	198	
山东鸿达建工集团有限公司	塔式起重机	台	293	280	13
山东腾飞建设机械工程有限公司	塔式起重机	台	115	88	27
上海宝达工程机械有限公司	塔式起重机	台	28	15	13
沈阳三洋建筑机械有限公司	塔式起重机	台	140	133	57
四川建设机械（集团）股份有限公司	塔式起重机	台	200	187	13
四川强力建筑机械有限公司	塔式起重机	台	148	176	26
张家港浮山建设机械有限公司	塔式起重机	台	77	65	12
浙江虎霸建设机械有限公司	塔式起重机	台	277	253	24
浙江省建设机械集团有限公司	塔式起重机	台	1 176	794	
江麓机电集团有限公司	塔式起重机	台	40	64	55
山东鸿达建工集团有限公司	塔式起重机	台	1 320	1 298	22
山东大汉建设机械有限公司	塔式起重机	台	673	673	
江苏腾发建筑机械有限公司	施工升降机	台	17	18	2
山东天元建设机械有限公司	施工升降机	台	145	120	25
方圆集团有限公司	施工升降机	台	190	188	26

（续）

企业名称	产品类别	单位	产量	销量	库存
广西建工集团建筑机械制造有限责任公司	施工升降机	台	671	661	10
哈尔滨东建机械制造有限公司	施工升降机	台	8	8	1
湖南江麓建筑工程机械有限公司	施工升降机	台	65	65	
济南建筑机械厂有限公司	施工升降机	台	22	24	3
重庆红岩建设机械制造有限责任公司	施工升降机	台	25	23	15
江苏正兴建设机械有限公司	施工升降机	台	12	9	3
江西中天机械有限公司	施工升降机	台	131	131	
山东鸿达建工集团有限公司	施工升降机	台	108	102	4
山东腾飞建设机械工程有限公司	施工升降机	台	60	50	10
上海宝达工程机械有限公司	施工升降机	台	682	644	38
四川建设机械(集团)股份有限公司	施工升降机	台	54	46	8
徐州万都机械科技有限公司	施工升降机	台	191	170	28
浙江虎霸建设机械有限公司	施工升降机	台	130	112	18
浙江省建设机械集团有限公司	施工升降机	台	235	172	
山东鸿达建工集团有限公司	施工升降机	台	242	238	4
山东大汉建设机械有限公司	施工升降机	台	920	920	

5. 工业车辆

企业名称	产品类别	单位	产量	销量	库存
安徽叉车集团有限责任公司	电动平衡重乘驾式叉车	台	7 761	7 786	894
浙江美科斯叉车有限公司	电动平衡重乘驾式叉车	台	676	655	49
大连叉车有限责任公司	电动平衡重乘驾式叉车	台	155	168	22
杭叉集团股份有限公司	电动平衡重乘驾式叉车	台	8 446	8 422	452
龙工（上海）叉车有限公司	电动平衡重乘驾式叉车	台	1 010	980	122
韶关比亚迪实业有限公司	电动平衡重乘驾式叉车	台	1 792	1 792	
台励福机器设备(青岛)有限公司	电动平衡重乘驾式叉车	台	1 072	1 072	
浙江吉鑫祥叉车制造有限公司	电动平衡重乘驾式叉车	台	498	319	179
安徽合叉叉车有限公司	电动平衡重乘驾式叉车	台	173	220	5
广西柳工机械股份有限公司	电动平衡重乘驾式叉车	台	397	415	
浙江诺力机械股份有限公司	电动平衡重乘驾式叉车	台	631	631	
厦门厦工机械股份有限公司	电动平衡重乘驾式叉车	台	158	120	238
安徽叉车集团有限责任公司	电动乘驾式仓储叉车	台	802	833	111
浙江美科斯叉车有限公司	电动乘驾式仓储叉车	台	102	103	1
杭叉集团股份有限公司	电动乘驾式仓储叉车	台	487	472	29
广西柳工机械股份有限公司	电动乘驾式仓储叉车	台	215	217	
浙江诺力机械股份有限公司	电动乘驾式仓储叉车	台	143	143	
安徽叉车集团有限责任公司	电动步行式仓储叉车	台	11 894	12 422	
浙江美科斯叉车有限公司	电动步行式仓储叉车	台	153	151	4

（续）

企业名称	产品类别	单位	产量	销量	库存
杭叉集团股份有限公司	电动步行式仓储叉车	台	9 185	9 141	504
宁波如意股份有限公司	电动步行式仓储叉车	台	8 729	8 729	
台励福机器设备(青岛)有限公司	电动步行式仓储叉车	台	737	737	
浙江吉鑫祥叉车制造有限公司	电动步行式仓储叉车	台	157	158	
安徽合叉叉车有限公司	电动步行式仓储叉车	台	22	22	1
广西柳工机械股份有限公司	电动步行式仓储叉车	台	20	20	
浙江诺力机械股份有限公司	电动步行式仓储叉车	台	19 306	19 306	
广西柳工机械股份有限公司	内燃平衡重式叉车(实心轮胎)	台	1 046	1 055	
安徽叉车集团有限责任公司	内燃平衡重式叉车(其他轮胎)	台	66 276	65 584	3 165
浙江美科斯叉车有限公司	内燃平衡重式叉车(其他轮胎)	台	4 919	4 761	358
大连叉车有限责任公司	内燃平衡重式叉车(其他轮胎)	台	1 312	1 573	128
杭叉集团股份有限公司	内燃平衡重式叉车(其他轮胎)	台	63 638	63 568	1 950
龙工（上海）叉车有限公司	内燃平衡重式叉车(其他轮胎)	台	27 278	25 139	4 713
宁波如意股份有限公司	内燃平衡重式叉车(其他轮胎)	台	85	85	
台励福机器设备(青岛)有限公司	内燃平衡重式叉车(其他轮胎)	台	6 022	6 022	
浙江吉鑫祥叉车制造有限公司	内燃平衡重式叉车(其他轮胎)	台	7 904	6 715	1 189
广西柳工机械股份有限公司	内燃平衡重式叉车(其他轮胎)	台	5 102	5 159	
浙江诺力机械股份有限公司	内燃平衡重式叉车(其他轮胎)	台	55	55	
厦门厦工机械股份有限公司	内燃平衡重式叉车(其他轮胎)	台	2 611	2 441	713
中联重科股份有限公司	内燃平衡重式叉车(其他轮胎)	台	4 940	5 038	
广州朗晴电动车有限公司	牵引车	辆	16	16	
大连叉车有限责任公司	牵引车	辆	43	86	5
龙工（上海）叉车有限公司	牵引车	辆			1
宁波如意股份有限公司	牵引车	辆	422	422	
韶关比亚迪实业有限公司	牵引车	辆	61	61	
浙江吉鑫祥叉车制造有限公司	牵引车	辆	15	13	2
广西柳工机械股份有限公司	牵引车	辆	42	47	
浙江美科斯叉车有限公司	越野叉车	台	289	283	15
杭叉集团股份有限公司	越野叉车	台	7	9	
浙江诺力机械股份有限公司	越野叉车	台	170	170	
宁波如意股份有限公司	手动和半电动车辆	台	477 316	477 316	
安徽合叉叉车有限公司	手动和半电动车辆	台	28	28	128
广西柳工机械股份有限公司	手动和半电动车辆	台	506	494	
浙江诺力机械股份有限公司	手动和半电动车辆	台	570 129	570 129	
广州朗晴电动车有限公司	其他工业车辆	台	294	257	37
杭叉集团股份有限公司	其他工业车辆	台	326	324	9
龙工（上海）叉车有限公司	其他工业车辆	台	62	64	
韶关比亚迪实业有限公司	其他工业车辆	台	331	331	

6. 路面与压实机械

企业名称	产品类别	单位	产量	销量	库存
广西柳工机械股份有限公司	静碾压路机	台	59	55	
国机重工集团常林有限公司	静碾压路机	台	61	53	1
中国龙工控股有限公司	静碾压路机	台	18	17	15
江苏骏马压路机械有限公司	静碾压路机	台	18	14	4
山推工程机械股份有限公司	静碾压路机	台	16	17	6
徐工集团道路机械事业部	静碾压路机	台	128	128	
青岛科泰重工机械有限公司	轮胎压路机	台	135	135	
广西柳工机械股份有限公司	轮胎压路机	台	78	69	
国机重工集团常林有限公司	轮胎压路机	台	2	3	
厦工（三明）重型机器有限公司	轮胎压路机	台	49	51	5
山推工程机械股份有限公司	轮胎压路机	台	25	28	2
中国龙工控股有限公司	轮胎压路机	台	1	1	
三一重工股份有限公司	轮胎压路机	台	169	169	
徐工集团道路机械事业部	轮胎压路机	台	534	534	
广西柳工机械股份有限公司	机械式单钢轮压路机	台	545	528	
国机重工集团常林有限公司	机械式单钢轮压路机	台	109	189	16
江苏骏马压路机械有限公司	机械式单钢轮压路机	台	87	74	13
厦工（三明）重型机器有限公司	机械式单钢轮压路机	台	300	290	35
山推工程机械股份有限公司	机械式单钢轮压路机	台	403	414	30
中国龙工控股有限公司	机械式单钢轮压路机	台	278	272	70
徐工集团道路机械事业部	机械式单钢轮压路机	台	1 302	1 303	
卡特彼勒（青州）有限公司	液压单钢轮压路机	台	142	144	27
青岛科泰重工机械有限公司	液压单钢轮压路机	台	281	281	
广西柳工机械股份有限公司	液压单钢轮压路机	台	141	114	
国机重工集团常林有限公司	液压单钢轮压路机	台	37	40	7
厦工（三明）重型机器有限公司	液压单钢轮压路机	台	206	230	30
山推工程机械股份有限公司	液压单钢轮压路机	台	30	31	3
中国龙工控股有限公司	液压单钢轮压路机	台	15	15	3
徐工集团道路机械事业部	液压单钢轮压路机	台	383	383	
三一重工股份有限公司	液压单钢轮压路机	台	337	337	
青岛科泰重工机械有限公司	双钢轮压路机	台	34	34	
广西柳工机械股份有限公司	双钢轮压路机	台	14	14	
江苏骏马压路机械有限公司	双钢轮压路机	台	734	616	118
厦工（三明）重型机器有限公司	双钢轮压路机	台	53	59	8
山推工程机械股份有限公司	双钢轮压路机	台	12	15	
中国龙工控股有限公司	双钢轮压路机	台	5	5	1
徐工集团道路机械事业部	双钢轮压路机	台	231	231	
三一重工股份有限公司	双钢轮压路机	台	142	142	

（续）

企业名称	产品类别	单位	产量	销量	库存
广西柳工机械股份有限公司	轻型压路机	台	125	112	
江苏骏马压路机械有限公司	轻型压路机	台	421	414	23
厦工（三明）重型机器有限公司	轻型压路机	台	180	184	24
山推工程机械股份有限公司	轻型压路机	台	8	8	1
中国龙工控股有限公司	轻型压路机	台	33	33	3
徐工集团道路机械事业部	轻型压路机	台	447	447	
三一重工股份有限公司	轻型压路机	台	38	38	
国机重工（洛建）有限公司	轻型压路机	台	360	360	
广西柳工机械股份有限公司	垃圾压实机	台	1	1	
厦工（三明）重型机器有限公司	垃圾压实机	台	25	28	17
山推工程机械股份有限公司	垃圾压实机	台	32	32	
厦工（三明）重型机器有限公司	其他压路机	台	91	93	6
三一集团有限公司	沥青混凝土摊铺机	台	287	287	12
广西柳工机械股份有限公司	沥青混凝土摊铺机	台	14	13	
中联重科股份有限公司	沥青混凝土摊铺机	台	66	59	
陕西建设机械股份有限公司	沥青混凝土摊铺机	台	94	101	31
中交西安筑路机械有限公司	沥青混凝土摊铺机	台	18	41	
徐工集团道路机械事业部	沥青混凝土摊铺机	台	491	491	
德基科技控股有限公司	沥青拌合机	套	32	35	
中交西安筑路机械有限公司	沥青拌合机	套	38	56	
方圆集团有限公司	稳定土厂拌站	套	108	109	
广西柳工机械股份有限公司	铣刨机	台	3	4	
三一重工股份有限公司	铣刨机	台	33	35	2
徐州徐工筑路机械有限公司	铣刨机	台	158	159	13
中汽商用汽车有限公司（杭州）	路面养护车	辆	87	87	
中交西安筑路机械有限公司	路面养护设备	台	55	38	
广西柳工机械股份有限公司	其他路面机械	台	14	67	

7. 混凝土机械

企业名称	产品类别	单位	产量	销量	库存
方圆集团有限公司	混凝土搅拌机	台	982	984	8
方圆集团有限公司	混凝土搅拌站	套	798	791	3
广西柳工集团有限公司	混凝土搅拌站	套	11	10	1
长沙盛泓机械有限公司	混凝土搅拌站	套	8	8	
山东鸿达建工集团有限公司	混凝土搅拌站	套	85	82	3
山推工程机械股份有限公司	混凝土搅拌站	套	341	340	6
方圆集团有限公司	混凝土搅拌输送车	台	28	28	
广西柳工集团有限公司	混凝土搅拌输送车	台	22	23	1

（续）

企业名称	产品类别	单位	产量	销量	库存
山东鸿达建工集团有限公司	混凝土搅拌输送车	台	198	193	5
山推工程机械股份有限公司	混凝土搅拌输送车	台	74	85	23
方圆集团有限公司	混凝土泵	台	30	30	2
山推工程机械股份有限公司	混凝土泵	台	5	13	3
广西柳工集团有限公司	混凝土泵车	台	12	14	17
山东鸿达建工集团有限公司	混凝土泵车	台	32	30	2
山推工程机械股份有限公司	混凝土泵车	台	6	13	66
广西柳工集团有限公司	车载混凝土泵	台	20	26	7
长沙盛泓机械有限公司	混凝土配料站	台	568	566	2
三一集团有限公司	其他混凝土机械	台	21 956	21 517	1 417
长沙盛泓机械有限公司	其他混凝土机械	套	28	22	6
中联重科股份有限公司	其他混凝土机械	台	4 170	4 217	

8. 掘进机械

企业名称	产品类别	单位	产量	销量	库存
海瑞克(广州)隧道设备有限公司	盾构机	台	12	12	
广州海瑞克隧道机械有限公司	盾构机	台	11	11	
中铁山河工程装备股份有限公司	盾构机	台	1	1	
济南中铁重工轨道装备有限公司	盾构机	台	10	10	
杭州杭锅通用设备有限公司	盾构机	台	1	1	
上海力行工程技术发展有限公司	盾构机	台	5	5	
上海隧道工程有限公司机械制造分公司	盾构机	台	8	8	
中国铁建重工集团有限公司	盾构机	台	91	91	
小松（中国）投资有限公司	盾构机	台	10	10	
北方重工集团有限公司隧道掘进装备分公司	盾构机	台	15	15	
中交天和机械设备制造有限公司	盾构机	台	58	58	
中船重型装备有限公司	盾构机	台	7	7	
辽宁三三工业有限公司	盾构机	台	44	44	
中船重工(青岛)轨道交通装备有限公司	盾构机	台	4	4	
中铁工程装备集团有限公司	盾构机	台	99	99	
北京市三一重机有限公司	硬岩掘进机	台	1	1	
中国铁建重工集团有限公司	硬岩掘进机	台	6	6	
北方重工集团有限公司隧道掘进装备分公司	硬岩掘进机	台	1	1	
中船重工（青岛）轨道交通装备有限公司	硬岩掘进机	台	2	2	
中铁工程装备集团有限公司	硬岩掘进机	台	5	5	
徐州徐工基础工程机械有限公司	水平定向钻	台	417	417	
徐州徐工基础工程机械有限公司	顶管机	台	6	6	
海瑞克(广州)隧道设备有限公司	顶管机	台	12	12	

（续）

企业名称	产品类别	单位	产量	销量	库存
杭州杭锅通用设备有限公司	顶管机	台	1	1	
中船重型装备有限公司	顶管机	台	2	2	
中铁工程装备集团有限公司	顶管机	台	8	8	

9. 桩工机械

企业名称	产品类别	单位	产量	销量	库存
方圆集团有限公司	液压打桩机	台	10	11	1
上海振中机械制造有限公司	振动打桩锤	台	36	36	7
浙江振中工程机械有限公司	振动打桩锤	台	80	72	8
上海工程机械厂有限公司	振动打桩锤	台	39	39	
东台市巨力机械制造有限公司	振动打桩锤	台	72	72	
浙江永安机械有限公司	振动打桩锤	台	168	168	
东台市康达工程机械有限公司	振动打桩锤	台	105	105	
温州市志达工程机械有限公司	振动打桩锤	台	212	212	
山东卓力桩机有限公司	履带式打桩机	台	47	27	20
徐州海格力斯机械制造有限公司	打桩架	台	95	95	
浙江振中工程机械有限公司	打桩架	台	17	14	3
郑州宇通重工有限公司	打桩机	台	2	2	
山河智能装备股份有限公司	静力压桩机	台	97	56	20
湖南山河智能机械有限公司	静力压桩机	台	145	145	
上海工程机械厂有限公司	静力压桩机	台	19	19	
恒天九五重工有限公司	静力压桩机	台	5	5	
山河智能装备股份有限公司	旋挖钻机	台	203	243	78
北京中车重工机械有限公司	旋挖钻机	台	97	85	38
上海金泰工程机械有限公司	旋挖钻机	台	49	49	
上海中联重科桩工机械有限公司	旋挖钻机	台	97	98	8
徐州徐工基础工程机械有限公司	旋挖钻机	台	464	538	87
浙江振中工程机械有限公司	旋挖钻机	台	3	3	
郑州宇通重工有限公司	旋挖钻机	台	28	25	3
北京市三一重机有限公司	旋挖钻机	台	502	502	
湖南山河智能机械有限公司	旋挖钻机	台	300	300	
宝娥机械设备(上海)有限公司	旋挖钻机	台	42	42	
恒天九五重工有限公司	旋挖钻机	台	54	54	
湖南奥盛特重工公司	旋挖钻机	台	8	8	
郑州富岛机械设备有限公司	旋挖钻机	台	33	33	
福田雷沃国际重工股份有限公司重型装备工厂	旋挖钻机	台	49	49	
辽宁建华重工有限公司	旋挖钻机	台	5	5	
内蒙古北方重型汽车股份有限公司	旋挖钻机	台	6	6	

（续）

企业名称	产品类别	单位	产量	销量	库存
河北新钻钻机有限公司	其他钻机	台	43	42	4
上海金泰工程机械有限公司	其他钻机	台	25	25	
徐州海格力斯机械制造有限公司	其他钻机	台	37	37	2
徐州徐工基础工程机械有限公司	其他钻机	台	4	4	
浙江振中工程机械有限公司	其他钻机	套	8	7	1
郑州勘察机械有限公司	其他钻机	台	12	12	5
郑州宇通重工有限公司	其他钻机	台	2	2	
恒天九五重工有限公司	其他钻机	台	17	17	
广西柳工集团有限公司	其他钻机	台	147	157	51
徐州徐工基础工程机械有限公司	地下连续墙成槽机	台	9	4	9
上海金泰工程机械有限公司	地下连续墙成槽机	台	51	51	
上海金泰工程机械有限公司	其他桩工机械	台	30	30	
浙江振中工程机械有限公司	动力头	台	14	11	3
上海工程机械厂有限公司	多轴钻	台	30	30	
宝娥机械设备（上海）有限公司	液压抓斗	台	30	30	
重庆顺亚金属制造有限公司	动力头减速机	台	273	273	
北京北标三环机械公司	动力头减速机	台	265	265	

10. 市政与环卫机械

企业名称	产品类别	单位	产量	销量	库存
中汽商用汽车有限公司（杭州）	路面清扫车	辆	52	52	
中汽商用汽车有限公司（杭州）	洒水车	辆	54	54	
中汽商用汽车有限公司（杭州）	垃圾车	辆	514	507	7
中汽商用汽车有限公司（杭州）	垃圾处理设备	台	132	132	
长沙盛泓机械有限公司	垃圾处理设备	台	281	260	21
扬州五环龙电动车有限公司	环卫车	台	126	114	12
中汽商用汽车有限公司（杭州）	其他市政机械	辆	58	58	
徐州徐工随车起重机有限公司	其他市政机械	台	82	79	9
中联重科股份有限公司	其他市政机械	台	15 672	15 413	

11. 混凝土制品机械

企业名称	产品类别	单位	产量	销量	库存
西安银马实业发展有限公司	砌块成型机	套	24	21	3

12. 装修与高空作业机械

企业名称	产品类别	单位	产量	销量	库存
徐州海伦哲专用车辆股份有限公司	高空作业车	辆	1 162	1 158	4
中汽商用汽车有限公司（杭州）	高空作业车	辆	280	280	
广西柳工机械股份有限公司	高空作业车	台	9	1	

（续）

企业名称	产品类别	单位	产量	销量	库存
山推抚起机械有限公司	高空作业车	台			1
徐州徐工随车起重机有限公司	高空作业车	台	396	388	37
中联重科股份有限公司	高空作业车	台	392	394	
杭州爱知工程车辆有限公司	高空作业车	台	472	471	47
浙江鼎力机械股份有限公司	高空作业平台	台	11 010	10 838	1 442
安锐（北京）高空作业机械有限公司	高空作业平台	台	327	327	
湖南飞涛专用汽车制造有限公司	高空作业平台	台	4	4	
山推工程机械股份有限公司	消防车	台	28	30	40
申锡机械有限公司	高空作业吊篮	台	14 164	13 882	282
江阴市路达机械制造有限公司	高空作业吊篮	台	500	320	180
法适达（上海）机械设备有限公司	高空作业吊篮	台	180	178	2
上海万润达机电科技发展有限公司	高空作业吊篮	台	30	27	3
无锡市小天鹅建筑机械有限公司	高空作业吊篮	台	3 406	3 163	312
申锡机械有限公司	其他高空作业机械	台	425	422	3
上海普英特高层设备股份有限公司	其他高空作业机械	台	103	100	3
中际联合（北京）科技股份有限公司	其他高空作业机械	台	10 451	11 359	1 327

13. 钢筋及预应力机械

企业名称	产品类别	单位	产量	销量	库存
北京五隆兴科技发展有限公司	钢筋切断机	台	1	1	
柳州欧维姆机械股份有限公司	锚具	万孔	3 123.66	3 079.58	307.68
柳州欧维姆机械股份有限公司	索	t	27 500	29 725	2 970
柳州欧维姆机械股份有限公司	减隔震	件	264 716	259 264	30 549
北京五隆兴科技发展有限公司	滚丝机	台	4	4	

14. 凿岩机械与气动工具

企业名称	产品类别	单位	产量	销量	库存
天水风动机械股份有限公司	手持式气动凿岩机	台	1 100	935	462
浙江衢州煤矿机械总厂股份有限公司	手持式气动凿岩机	台	139	389	304
天水风动机械股份有限公司	气腿式气动凿岩机	台	19 740	26 910	3 646
浙江衢州煤矿机械总厂股份有限公司	气腿式气动凿岩机	台	1 518	2 045	1 044
天水风动机械股份有限公司	向上式气动凿岩机	台	540	380	86
天水风动机械股份有限公司	导轨式气动凿岩机	台	620	700	26
洛阳风动工具有限公司	内燃凿岩机	台	11 274	11 100	1 723
浙江红五环掘进机械有限公司	内燃凿岩机	台	31 000	29 300	1 700
洛阳风动工具有限公司	电动凿岩机	台	731	732	27
天水风动机械股份有限公司	凿岩钻车	台	90	130	72
浙江红五环掘进机械有限公司	凿岩钻车	台	3 650	3 580	70
湖北首开机械有限公司	锚固钻机	台	340	315	25

（续）

企业名称	产品类别	单位	产量	销量	库存
天水风动机械股份有限公司	冲击钻	台	120	100	230
南京工程机械厂有限公司	其他凿岩机械	台	60	56	72
沈阳风动工具厂有限公司	其他凿岩机械	台	2 201	1 155	1 093
天水风动机械配件有限公司	弹簧（凿岩机）	t/ 万件	5/40	5/40	6.5/52
天水风动机械股份有限公司	气腿	台	20 856	21 578	1 166
浙江衢州煤矿机械总厂股份有限公司	气腿	台	1 256	3 045	2 115
浙江衢州煤矿机械总厂股份有限公司	单体液压支柱	根	149 165	177 807	16 756
浙江衢州煤矿机械总厂股份有限公司	三用阀	套	136 545	137 366	5 043
天水风动机械股份有限公司	气钻	台	1 200	1 538	792
青岛前哨精密机械有限责任公司	气钻	台	9 924	12 280	1 208
天水风动机械配件有限公司	叶片（气动工具）	t/ 万件	2/20	2/20	3.4/35
湖北首开机械有限公司	潜孔钻机	台	4 200	3 800	400
湖北首开机械有限公司	履带式钻车	台	250	233	17
天水风动机械股份有限公司	气砂轮	台	4 700	5 401	2 404
青岛前哨精密机械有限责任公司	气砂轮	台	4 920	4 955	381
上海气动工具厂	气砂轮	台	12 622	12 872	208
镇江丹凤机械有限公司	气砂轮	台	5 925	6 396	2 600
山东中车同力达智能机械有限公司	气砂轮	台	29 560	29 560	3 100
天水风动机械股份有限公司	气板机	台	1 123	1 235	2 024
青岛前哨精密机械有限责任公司	气扳机	台	8 661	8 888	2 880
上海民生电器有限公司	气扳机	台	780	751	222
上海骏马气动工具有限公司	气扳机	台	500	450	300
青岛前哨精密机械有限责任公司	气剪刀	台	578	578	
青岛前哨精密机械有限责任公司	气螺刀	台	4 472	6 653	4 039
青岛前哨精密机械有限责任公司	铆钉机	台	3 189	3 167	390
上海骏马气动工具有限公司	铆钉机	台	3 000	1 400	2 300
天水风动机械股份有限公司	捣固机	台	150	180	76
上海气动工具厂	捣固机	台	938	942	144
义乌市风动工具有限公司	捣固机	台	1 916	1 924	3
宁波市鄞州甬盾风动工具制造有限公司	捣固机	台	1 067	1 085	473
天水风动机械股份有限公司	气镐	台	4 531	3 518	1 930
洛阳风动工具有限公司	气镐	台		2	32
义乌市风动工具有限公司	气镐	台	49 566	49 594	10
宁波市鄞州甬盾风动工具制造有限公司	气镐	台	29 550	29 214	2 860
浙江红五环掘进机械股份有限公司	气镐	台	47 600	46 100	1 500
通化市风动工具有限责任公司	气镐	台	680	719	320
天水风动机械股份有限公司	气铲	台	150	168	30
青岛前哨精密机械有限责任公司	气铲	台	300	895	102

（续）

企业名称	产品类别	单位	产量	销量	库存
上海气动工具厂	气铲	台	1 495	1 528	135
义乌市风动工具有限公司	气铲	台	2 445	2 464	2
山东中车同力达智能机械有限公司	气铲	台	3 910	3 910	430
宁波市鄞州甬盾风动工具制造有限公司	气铲	台	1 100	1 151	737
上海骏马气动工具有限公司	气铲	台	8 000	6 000	5 000
通化市风动工具有限责任公司	气铲	台	890	960	216
烟台市石油机械有限公司	气动绞车	台	184	172	24
天水风动机械股份有限公司	气马达	台	220	182	89
烟台市石油机械有限公司	气马达	台	4 686	5 366	842
天水风动机械股份有限公司	其他气动器具	台	658	506	325
南京工程机械厂有限公司	其他气动器具	台	2 533	4 051	5 905
青岛前哨精密机械有限责任公司	其他气动器具	台	7 861	10 008	4 139
洛阳风动工具有限公司	冲击夯	台			38
上海气动工具厂	除锈器	台	1 101	1 072	161
镇江丹凤机械有限公司	气缸	只	12 406	12 406	
山东中车同力达智能机械有限公司	风扳机	台	10 453	10 453	1 620
山东中车同力达智能机械有限公司	角向磨光机	台	21 230	21 230	3 460
天水风动机械配件有限公司	塑料包装箱	万件	4.5	4.5	
山东春龙风动机械有限公司	气动工具	台	64 092	60 156	25 212
山东春龙风动机械有限公司	定值拧紧工具	轴	334	550	242
宁波市鄞州甬盾风动工具制造有限公司	镐纤	支	164 300	164 413	22 674
上海骏马气动工具有限公司	振动器	台	3 000	2 600	2 000
天水风动机械股份有限公司	配件	t	172	162	555
浙江衢州煤矿机械总厂股份有限公司	工矿配件	t	39		
洛阳风动工具有限公司	工矿配件	t	83.7	99.4	25.4
通化市风动工具有限责任公司	配件	台	1 350	1 210	1 055

15. 观光车

企业名称	产品类别	单位	产量	销量	库存
桂林客车发展有限责任公司	内燃观光车	辆	523	523	
河南森源鸿马电动汽车有限公司	内燃观光车	辆	143	134	94
柳州五菱汽车工业有限公司	内燃观光车	辆	2 100	2 100	
南京路宝电动车船有限公司	内燃观光车	辆	15	15	

（续）

企业名称	产品类别	单位	产量	销量	库存
苏州益高电动车辆制造有限公司	内燃观光车	辆	108	107	1
常州奥联电动车辆制造有限公司	蓄电池观光车	辆	105	78	27
广东玛西尔电动科技有限公司	蓄电池观光车	辆	6 200	6 300	240
广州朗晴电动车有限公司	蓄电池观光车	辆	1 019	843	177
河南森源鸿马电动汽车有限公司	蓄电池观光车	辆	1 494	1 057	180
江苏新日电动车股份有限公司	蓄电池观光车	辆	300	300	10
荆州鑫威电动车有限公司	蓄电池观光车	辆	382	356	26
柳州五菱汽车工业有限公司	蓄电池观光车	辆	2 400	2 400	
南京路宝电动车船有限公司	蓄电池观光车	辆	296	283	13
苏州益高电动车辆制造有限公司	蓄电池观光车	辆	6 217	6 092	125
扬州五环龙电动车有限公司	蓄电池观光车	辆	260	254	6
英格索兰（中国）工业设备制造有限公司	蓄电池观光车	辆	357	357	
郑州嘉骏电动车有限公司	蓄电池观光车	辆	210	192	18
苏州傲威电动车辆制造有限公司	蓄电池观光车	辆	396	396	
乐山华发科技(集团)股份有限公司	低速电动车	辆	1 200	800	400
厦门奇富电动车辆有限公司	低速电动车	辆	68	29	39
东营蒙德金马机车有限公司	低速电动车	辆	128	117	11
广东玛西尔电动科技有限公司	低速电动车	辆	2 152	2 100	182
广州朗晴电动车有限公司	低速电动车	辆	599	547	52
河北御捷车业有限公司	低速电动车	辆	65 091	65 423	4 162
河南森源鸿马电动汽车有限公司	低速电动车	辆	773	719	71
江苏新日电动车股份有限公司	低速电动车	辆	830	830	
苏州益高电动车辆制造有限公司	低速电动车	辆	11 730	11 520	210
苏州傲威电动车辆制造有限公司	低速电动车	辆	524	524	
英格索兰(中国)工业设备制造有限公司	低速电动车	辆	1 309	1 309	
常州奥联电动车辆制造有限公司	其他观光车辆	辆	44	38	6
广州朗晴电动车有限公司	其他观光车辆	辆	4	4	
江苏新日电动车股份有限公司	其他观光车辆	辆	3 000	3 000	
荆州鑫威电动车有限公司	其他观光车辆	辆	273	258	15
南京大陆鸽新能源车船有限公司	其他观光车辆	辆	25	24	1
南京路宝电动车船有限公司	其他观光车辆	辆	50	48	2
苏州益高电动车辆制造有限公司	其他观光车辆	辆	230	230	
扬州五环龙电动车有限公司	其他观光车辆	辆	1 245	1 221	24
苏州傲威电动车辆制造有限公司	其他观光车辆	辆	654	654	

16. 工程机械配套件

企业名称	产品类别	单位	产量	销量	库存
芜湖盛力科技股份有限公司	离合器	只	1 000	1 000	1 000
浙江临海机械有限公司	液力变矩器	台	2 244	2 244	
蚌埠液力机械有限公司	液力变矩器	台	64 398	65 883	1 098
泰安金城重工科技有限公司	液力变矩器	台	54	50	25
山推工程机械股份有限公司	液力变矩器	台	24 184	21 008	1 322
杭州前进齿轮箱集团股份有限公司	变速器	台	12 648	12 927	3 667
泰安金城重工科技有限公司	变速器	台	1 088	1 054	235
泰安金城重工科技有限公司	驱动桥	台	5 573	5 534	1 003
山东云宇机械集团有限公司	驱动桥	条	56 350	55 870	3 094
泰安金城重工科技有限公司	转向桥	台	150	145	54
芜湖盛力科技股份有限公司	制动器	只	3 800	3 700	100
浙江苏强格液压股份有限公司	制动器	个	4 970	3 696	1 574
山东云宇机械集团有限公司	制动器	套	572 612	568 143	10 893
莱州市莱索制品有限公司	油缸	万件	80	79.8	0 .3
榆次液压集团有限公司	油缸	件	2 318	2 918	310
蚌埠液力机械有限公司	油缸	根	510 324	499 249	31 139
徐州徐工液压件有限公司	液压缸	件	129 734	136 920	13 466
浙江苏强格液压股份有限公司	油缸	个	6 382	7 090	120
榆次液压集团有限公司	齿轮泵	件	150 060	157 954	25 623
济南液压泵有限责任公司	齿轮泵	台	132 816	132 060	30 393
赛克思液压科技股份有限公司	齿轮泵	台	5 565	2 819	4 191
天津岛津液压有限公司	齿轮泵	台	103 220	100 603	10 675
榆次液压集团有限公司	叶片泵	件	104 392	104 969	38 855
北京华德液压工业集团有限责任公司	柱塞泵	台	5 767	6 511	1 022
榆次液压集团有限公司	柱塞泵	件	260	298	67
赛克思液压科技股份有限公司	柱塞泵	台	7 335	7 420	892
烟台艾迪液压科技有限公司	柱塞泵	个	18 547	17 795	2 525
中航力源液压股份有限公司	液压泵	台	36 087	40 219	17 365
北京华德液压工业集团有限责任公司	液压马达	台	8 400	12 732	2 974
意宁液压股份有限公司	液压马达	台	12 784	12 838	3 461
榆次液压集团有限公司	液压马达	件	145	150	25
济南液压泵有限责任公司	液压马达	台	872	682	782
赛克思液压科技股份有限公司	柱塞马达	台	101	114	75

（续）

企业名称	产品类别	单位	产量	销量	库存
烟台艾迪液压科技有限公司	液压马达	个	8 138	8 235	515
中航力源液压股份有限公司	液压马达	台	9 949	9 221	885
青岛力克川液压机械有限公司	液压马达	台	23 462	18 325	5 137
浙江高宇液压机电有限公司	液压多路换向阀	个	32 562	30 757	3 323
济南液压泵有限责任公司	液压多路换向阀	台	888	1 340	647
天津岛津液压有限公司	液压多路换向阀	台	30 004	30 179	4 103
徐州徐工液压件有限公司	液压多路换向阀	件	45 082	6 007	25 433
烟台艾迪液压科技有限公司	液压多路换向阀	个	198	227	28
北京华德液压工业集团有限责任公司	液压控制阀	件	753 113	656 582	69 229
浙江高宇液压机电有限公司	液压阀	件	38 855	37 581	5 710
赛克思液压科技股份有限公司	压力控制阀	台	13 559	5 354	17 383
浙江苏强格液压股份有限公司	其他液压阀	个	125 756	122 216	47 249
意宁液压股份有限公司	行走减速机	台	12 491	12 117	3 666
烟台市石油机械有限公司	行走减速箱	台	84	67	6
意宁液压股份有限公司	回转减速机	台	3 812	2 900	912
烟台市石油机械有限公司	回转减速机	台	16	22	2
济南液压泵有限责任公司	回转减速机	台	579	685	477
徐州徐工液压件有限公司	液压胶管总成	件	686 610	686 300	59 193
浙江苏强格液压股份有限公司	液压胶管总成	个	895 525	870 658	10 862
河北冀工胶管有限公司	胶管	万 m	580	575	5
徐州徐工液压件有限公司	液压金属连接管总成	件	154 162	141 654	103 503
徐州徐工液压件有限公司	液压管接头	件	556 919	575 862	69 522
浙江苏强格液压股份有限公司	液压管接头	个	25 378 812	28 729 971	4 986 668
莱州市莱索制品有限公司	密封件	万件	199	199.5	1.1
浙江苏强格液压股份有限公司	密封件	万件	1 187.8	1 067.6	155.9
北京华德液压工业集团有限责任公司	液压系统	万元	4 254.9	4 254.9	
榆次液压集团有限公司	液压系统	套	12 016	11 962	2 412
徐州徐工液压件有限公司	液压系统	件	149	2 253	80
莱州市莱索制品有限公司	履带链轨总成	万件	308	307.5	0.8
中策橡胶集团有限公司	履带链轨总成	万条	4.5	4	0.5
烟台富野机械集团有限公司	履带链轨总成	万条	1.0	1.2	0.2
山推工程机械股份有限公司	履带链轨总成	万条	5.5	5.3	0.5

（续）

企业名称	产品类别	单位	产量	销量	库存
莱州市莱索制品有限公司	支重轮总成	万只	203.2	203	0.5
济宁市永生工程机械制造有限公司	支重轮、托轮、引导轮、驱动轮	只	292 075	289 483	74 645
烟台富野机械集团有限公司	支重轮总成	只	26 938	29 633	6 942
烟台富野机械集团有限公司	托链轮总成	只	2 920	3 362	962
烟台富野机械集团有限公司	引导轮总成	只	959	840	448
烟台富野机械集团有限公司	履带板	件	1 819	2 233	410
广西柳工集团有限公司	暖风	套	1 609	1 580	199
广西柳工集团有限公司	空调	套	7 150	6 199	1 772
广西柳工集团有限公司	换热器	套	7 292	4 140	3 591
马鞍山统力回转支承有限公司	回转支承	套	22 265	22 471	2 569
莱州市莱索制品有限公司	斗齿、刀角板等耐磨件	万件	1.1	1.08	0.2
无锡市小天鹅建筑机械有限公司	组装部件	台	21 684	20 782	1 033
北京华德液压工业集团有限责任公司	液压件	万件	77	68	7
贵州枫阳液压有限责任公司	液压件	套	10 975	13 588	11 516
杭州萧山红旗摩擦材料有限公司	摩擦片	万片	9 046	9 242	333
天津津裕电业股份有限公司	电线束	束	766 815	1 058 702	51 498
烟台富野机械集团有限公司	其他	件	41 517	43 177	2 120
浙江银轮机械股份有限公司	板翅式产品	万只	294.5	293.6	51.0
浙江银轮机械股份有限公司	水空中冷器	万只	7.3	7.6	1.2
浙江银轮机械股份有限公司	冷却模块	万只	15.5	9.9	5.1
浙江银轮机械股份有限公司	铝油冷器	万只	706.9	728.9	151.2
广西柳工集团有限公司	工矿配件	t	7 890	6 578	6 460
广西柳工集团有限公司	机械设备零部件	件	3 535 892	3 535 892	701 746
河南宏源车轮股份有限公司	型钢	t	36 381	34 458	2 441
河南宏源车轮股份有限公司	成品圈	件	366 145	126 231	253 956
山东云宇机械集团有限公司	钢圈总成	只	12 706	12 323	1 977
山东云宇机械集团有限公司	川液油缸总成	套	4 873	4 814	327
杰牌控股集团有限公司	减速机	台	164 486	161 312	3 174
杰牌控股集团有限公司	减速机电动机	台	18 615	18 615	

〔供稿人：中国工程机械工业协会廖志〕

2016年工程机械行业主要企业主要经济指标完成情况

序号	项　目	指标代码	单位	2015年	2016年	同比增长（%）
1	工业总产值（现价）	A09	亿元	2 550.15	2 723.31	6.79
2	出口交货值	A111	亿元	238.88	229.21	-4.05
3	全年从业人员平均人数	B29	人	188 551.00	200 639.00	6.41
4	全年从业人员工资总额	B30	亿元	184.76	136.68	-26.02
5	生产中应用工业机器人数量	F40	台	1 759.00	1 782.00	1.31
6	固定资产净额	J19	亿元	702.45	742.66	5.72
7	流动资产余额	J06	亿元	3 109.18	3 120.47	0.36
8	应收账款	J08	亿元	1 225.47	1 209.03	-1.34
9	年末负债合计	J65	亿元	2 799.21	3 024.08	8.03
10	累计完成固定资产投资	E08	亿元	39.06	49.92	27.80
11	年末资产总计	J63	亿元	4 704.68	4 831.90	2.70
12	营业收入	J301	亿元	3 018.50	3 112.37	3.11
13	营业税金及附加	J33	亿元	12.63	14.56	15.30
14	利息支出	J40	亿元	67.47	69.71	3.31
15	利润总额	J45	亿元	8.02	-51.28	-739.38
16	统计企业数		家	223	231	3.59

〔供稿人：中国工程机械工业协会吕莹〕

2016年工程机械行业10大类主机产品产销存情况

序号	产品名称	产、销、存	完成数（台）		同比增长（%）
			2015年	2016年	
1	挖掘机（含轮胎式）	生产量	46 791	67 823	44.95
		销售量	49 580	68 700	38.56
		年末库存	6 799	6 068	-10.75
2	装载机	生产量	45 109	54 893	21.69
		销售量	55 478	56 622	2.06
		年末库存	10 969	9 477	-13.60

（续）

序号	产品名称	产、销、存	完成数（台）		同比增长（%）
			2015 年	2016 年	
3	推土机（含轮式）	生产量	4 442	3 643	-17.99
		销售量	4 917	3 894	-20.81
		年末库存	1 152	795	-30.99
4	平地机	生产量	1 664	1 322	-20.55
		销售量	1 740	1 293	-25.69
		年末库存	405	204	-49.63
5	压路机	生产量	8 125	8 875	9.23
		销售量	8 088	8 785	8.62
		年末库存	414	468	13.04
6	摊铺机	生产量	867	970	11.88
		销售量	1 050	992	-5.52
		年末库存	69	43	-37.68
7	轮式起重机（汽车起 重机、轮胎起重机）	生产量	9 226	9 814	6.37
		销售量	9 556	9 811	2.67
		年末库存	835	776	-7.07
8	履带起重机	生产量	1 045	887	-15.12
		销售量	1 056	912	-13.64
		年末库存	89	74	-16.85
9	塔式起重机	生产量	7 237	6 359	-12.13
		销售量	7 431	5 813	-21.77
		年末库存	521	409	-21.50
10	叉车（内燃及电动）	生产量	206 901	265 909	28.52
		销售量	215 203	262 229	21.85
		年末库存	12 619	14 827	17.50

〔供稿人：中国工程机械工业协会吕莹〕

2016 年工程机械行业产品出口价格指数（GCCK-PPI）

月份	内容	工程机械行业	工程机械整机	工程机械零部件	主要产品							
					塔式起重机	履带起重机	电动叉车	内燃叉车	手动搬运车	装载机	履带挖掘机	混凝土搅拌车
1 月	指数	337.66	523.28	144.47	128.79	196.63	74.48	135.12	145.58	107.20	160.83	98.38
	同比增长（%）	2.95	7.18	-10.37	9.01	16.48	-25.55	0.23	-8.96	-65.71	241.46	-25.24
	环比增长（%）	-10.45	-10.58	-9.93	-0.66	1.51	-16.21	5.64	7.66	-4.71	2.32	-27.38

（续）

月份	内容	工程机械行业	工程机械整机	工程机械零部件	主要产品							
					塔式起重机	履带起重机	电动叉车	内燃叉车	手动搬运车	装载机	履带挖掘机	混凝土搅拌车
2月	指数	449.14	735.54	151.05	82.43	21.25	9.36	12.68	14.87	14.46	16.83	8.58
	同比增长（%）	5.76	9.15	-8.63	-25.22	-89.20	-90.17	-89.81	-90.66	-93.30	-84.77	-91.92
	环比增长（%）	33.01	40.56	4.55	-83.50	-95.24	-82.97	-89.00	-90.06	-76.29	-95.98	-100.00
3月	指数	458.73	752.90	152.56	115.04	138.14	84.29	124.00	152.86	115.23	172.50	105.48
	同比增长（%）	-18.93	-21.13	-5.38	7.62	-2.72	-21.98	-6.78	0.48	-10.48	-15.02	-21.55
	环比增长（%）	2.14	2.36	1.00	39.55	550.08	800.36	877.90	928.21	696.69	925.12	1 129.98
4月	指数	372.01	587.37	147.85	119.82	178.85	93.81	121.41	141.63	108.10	151.51	103.54
	同比增长（%）	-10.23	-22.73	-8.33	12.85	-23.47	8.65	-10.88	-7.73	-16.86	-20.02	-12.19
	环比增长（%）	-8.66	-21.99	-3.08	4.15	29.47	11.29	-2.08	-7.35	-6.19	-12.17	-1.84
5月	指数	343.57	530.99	148.51	115.91	191.59	78.80	121.11	149.56	110.14	155.62	99.95
	同比增长（%）	-14.55	-15.71	-9.90	5.55	2.79	-8.35	-17.41	1.03	-17.41	-18.16	-15.69
	环比增长（%）	-18.00	-9.60	0.45	-3.26	7.12	-16.00	-0.25	5.60	1.89	2.72	-3.47
6月	指数	327.45	494.41	153.67	117.82	137.91	79.70	74.98	149.62	114.31	175.96	94.95
	同比增长（%）	-22.04	-25.05	-9.92	-5.49	-41.52	-17.55	-44.25	-6.74	-4.23	-9.74	-8.46
	环比增长（%）	-4.69	-6.89	3.47	1.65	-28.02	1.14	-38.09	0.04	3.78	13.07	-5.00
7月	指数	258.55	365.62	147.11	124.16	268.78	77.97	114.00	155.91	103.86	159.38	104.30
	同比增长（%）	-27.64	-33.01	-8.69	-2.48	18.33	-12.25	-11.74	1.59	-19.23	-15.85	-11.06
	环比增长（%）	-21.04	-26.05	-4.27	5.38	94.89	-2.18	52.05	4.20	-9.14	-9.42	9.85
8月	指数	335.62	511.75	152.31	122.04	379.95	75.61	110.21	146.37	117.48	166.1	86.13
	同比增长（%）	-11.65	-13.06	-6.35	-4.26	42.98	-9.08	-22.17	-0.5	-16.91	-23.55	-27.64
	环比增长（%）	29.81	39.97	3.53	-1.71	41.36	-3.02	-3.33	-6.11	13.11	4.21	-17.43
9月	指数	347.83	536.60	151.35	97.78	142.75	90.64	110.77	132.68	108.80	160.28	94.65
	同比增长（%）	2.31	-11.80	-3.57	-3.33	-36.34	5.84	-21.74	-12.23	-25.87	-19.69	-29.61
	环比增长（%）	3.64	4.86	-0.63	-19.88	-62.43	19.88	0.51	-9.35	-7.39	-3.51	9.89
10月	指数	365.46	570.58	151.97	107.81	216.15	79.36	108.68	141.30	98.53	140.11	92.47
	同比增长（%）	-5.61	-6.21	-3.18	-30.21	15.89	-7.93	-13.89	-11.12	-22.15	-15.15	-17.28
	环比增长（%）	5.07	6.33	0.41	10.25	51.42	-12.45	-1.89	6.49	-9.44	-12.58	-2.30
11月	指数	385.35	612.97	148.43	100.81	176.03	86.05	114.53	133.06	109.00	150.70	87.12
	同比增长（%）	50.47	77.30	-8.82	-22.25	-9.13	-3.19	-10.46	-1.60	-3.11	-4.13	-35.69
	环比增长（%）	5.44	7.43	-2.32	-6.49	-18.56	8.42	5.38	-5.83	10.62	7.56	-5.79
12月	指数	382.65	590.72	166.08	115.64	208.92	103.48	121.16	134.35	112.17	158.28	89.88
	同比增长（%）	1.48	0.94	3.54	-10.80	7.85	16.42	-5.28	-0.65	-0.29	0.70	-33.65
	环比增长（%）	-0.70	-3.63	11.89	14.72	18.68	20.26	5.79	0.97	2.91	5.03	3.17

〔供稿人：中国工程机械工业协会吕莹〕

2016年工程机械

序号	税号	商品名称	单位	1月进口		2月进口		3月进口		4月进口		5月进口	
				数量	金额	数量	金额	数量	金额	数量	金额	数量	金额
1	84134000	混凝土泵	台	20	59	26	74	17	39	9	44	29	59
2	84262000	塔式起重机	台	1	5	0	0	8	417	0	0	4	22
3	84264110	轮胎式自推进起重机	台	1	38	0	0	0	0	0	0	0	0
4	84264190	带胶轮的其他自推进起重机械	台	2	5	1	1	3	3	2	1	0	0
5	84264910	履带式起重机	台	0	0			3	244	1	204	0	0
6	84264990	不带胶轮的其他自推进起重机械	台							1	0	0	0
7	84269100	供装于公路车辆的其他起重机	台	54	114	18	28	19	29	47	55	6	8
8	84269900	未列名起重机	台	59	736	30	2 503	63	581	50	187	24	84
9	84271010	电动机推进的有轨巷道堆垛机	台	20	148	10	59	11	252	25	129	15	1 771
10	84271020	电动机推进的无轨巷道堆垛机	台	44	202	68	88	56	72	66	74	22	82
11	84271090	其他电动叉车及装有升降或搬运装置的工作车	台	657	1 074	690	931	616	841	736	940	647	1 775
12	84272010	集装箱叉车	台	0	0							1	23
13	84272090	其他机动叉车、其他装有升降或搬运装置的工作车	台	81	540	43	295	57	472	53	508	56	705
14	84279000	未列名叉车等装有升降或搬运装置的工作车	台	292	57	54	34	129	35	575	33	297	40
15	84281010	载客电梯	台	114	668	141	1 093	240	1 759	158	2 081	166	775
16	84281090	其他升降机及倒卸式起重机	台	47	464	35	261	91	927	45	1 011	53	106
17	84284000	自动梯及自动人行道	台	2	0	0	0	0	0	0	0	0	0
18	84291110	履带式推土机，$P>235.36kW$（320马力）	台	0	0			2	69	3	178	4	502
19	84291190	其他履带式推土机	台	1	7	1	10	1	23	2	34	2	5

进口月报

（单位：万美元）

6月进口		7月进口		8月进口		9月进口		10月进口		11月进口		12月进口	
数量	金额	数量	金额	数量	金额	数量	金额	数量	金额	数量	金额	数量	金额
16	37	36	70	50	136	37	112	17	54	90	225	70	196
1	5	0	0	4	22	0	0	0	0	1	2	4	9
0	0	0	0	0	0	0	0	0	0	1	8	0	0
1	30	0	0	0	0	1	30	8	119	6	90	4	60
0	0	0	0	0	0	0	0	2	15	0	0	2	17
4	21	0	0	0	0	0	0	0	0	0	0	0	0
18	37	11	11	28	95	6	11	21	40	19	33	68	88
30	248	31	352	64	194	71	84	32	128	53	204	31	108
21	277	29	321	16	198	8	70	21	229	46	294	38	257
36	85	19	41	58	119	39	51	27	67	23	96	41	53
595	791	561	589	608	836	511	646	436	566	693	843	754	1 013
1	22	0	0	4	79	0	0	1	17	0	0	0	0
71	335	124	684	77	271	76	321	65	371	57	385	72	419
181	53	412	23	79	77	98	33	71	48	166	48	191	50
155	938	227	1 674	194	944	183	1 645	134	952	209	977	172	1 080
66	496	38	347	77	265	61	243	3 329	439	60	234	34	84
0	0	0	0	0	0	0	0	2	10	0	0	0	0
4	238	4	238	1	59	1	59	4	238	1	59	2	119
11	113	4	46	0	0	2	19	4	46	2	46	2	14

序号	税号	商品名称	单位	1月进口		2月进口		3月进口		4月进口		5月进口	
				数量	金额	数量	金额	数量	金额	数量	金额	数量	金额
20	84291910	其他推土机，$P>235.36$kW（320马力）	台	0	0								
21	84291990	未列名推土机	台	0	0								
22	84292010	筑路机及平地机，$P>235.36$kW（320马力）	台	0	0							1	181
23	84292090	其他筑路机及平地机	台	0	0	1	3	0	0	3	32	0	0
24	84293090	其他铲运机	台	0	0	4	261	1	44	2	88	1	34
25	84294011	机重18t及以上的振动压路机	台	1	9	0	0	0	0	3	17	3	41
26	84294019	其他机动压路机	台	21	59	17	33	77	176	35	77	9	25
27	84294090	未列名捣固机械及压路机	台	0	0	3	2	0	0	0	0	0	0
28	84295100	前铲装载机	台	23	364	11	99	39	495	21	46	30	114
29	84295211	上部360°旋转的轮胎式挖掘机	台	5	22	1	4	1	4	23	117	10	45
30	84295212	上部360°旋转的履带式挖掘机	台	730	2 667	403	1 560	1 022	4 316	1 136	5 501	1 479	6 637
31	84295219	上部360°旋转的其他挖掘机	台	0	0			1		0	0	0	0
32	84295290	上部360°旋转的机械铲、装载机	台	1	295	0	0	0	0	0	0	0	0
33	84295900	其他机械铲、挖掘机及机铲装载机	台	3	37	0	0	2	9	0	0	13	71
34	84301000	打桩机及拔桩机	台	0	0			16	71	15	395	8	7
35	84302000	扫雪机及吹雪机	台	82	178	29	117	17	48	6	12	12	53
36	84303120	自推进的凿岩机	台	5	21	2	157	9	22	6	22	2	7
37	84303130	自推进的隧道掘进机	台	1	404	0	0	0	0	0	0	0	0
38	84303900	非自推进的截煤机、凿岩机及隧道掘进机	台	5	589	12	50	5	16	3	10	5	855
39	84305020	矿用电铲	台										
40	84306100	非自推进的捣固或压实机械	台	12	115	52	106	301	97	17	205	479	314
41	84306911	钻筒直径在3m以上的非自推进工程钻机	台									1	89
42	84306919	其他非自推进工程钻机	台	2		2	21	1		3	8	0	0
43	84306920	非自推进的铲运机	台	0	0			3	122	0	0	0	0

（续）

6月进口		7月进口		8月进口		9月进口		10月进口		11月进口		12月进口	
数量	金额	数量	金额	数量	金额	数量	金额	数量	金额	数量	金额	数量	金额
1	118	0	0	0	0	0	0	0	0	0	0	0	0
0	0	0	0	0	0	0	0	0	0	0	0	0	0
0	0	1	13	0	0	1	6	2	22	0	0	0	0
2	77	1	35	3	118	1	44	0	0	1	43	1	47
0	0	0	0	1	13	1	11	1	11	1	11	0	0
38	87	31	74	16	28	55	127	37	69	6	21	51	86
0	0	0	0	0	0	0	0	0	0	0	0	0	0
18	258	51	128	35	189	40	123	19	72	40	108	53	201
31	246	0	0	3	15	0	0	6	25	28	163	27	161
1 287	5 909	1 237	5 941	1 445	5 428	1 091	5 030	1 175	5 543	1 310	5 514	1 056	5 577
0	0	0	0	0	0	0	0	0	0	0	0	0	0
0	0	1	447	1	297	0	0	0	0	1	17	0	0
0	0	0	0	12	51	6	24	1	6	0	0	2	9
9	264	7	18	6	140	7	106	6	8	16	3	27	826
50	61	5	5	718	58	322	88	112	51	215	246	96	115
8	163	0	0	1	1	0	0	0	0	1	79	0	0
3	938	0	0	0	0	0	0	0	0	0	0	0	0
24	77	19	51	28	93	21	59	12	9	23	343	16	43
										145	145		
94	62	113	116	134	60	352	251	82	50			77	145
0	0	0	0	0	0	0	0	0	0	0	0	0	0
6	202	8	375	2	64	8	19	2	21	8	1	1	1
0	0	0	0	0	0	0	0	0	0	0	0	0	0

序号	税号	商品名称	单位	1月进口		2月进口		3月进口		4月进口		5月进口	
				数量	金额	数量	金额	数量	金额	数量	金额	数量	金额
44	84306990	未列名非自推进泥土、矿等运送、平整等机械	台	14	443	14	109	13	3 470	16	578	48	2 913
45	84312010	品目 8427 所列机械用装有差速器的驱动桥及其零件 不论是否装有其他传动部件	t	245 246	226	309 539	288	244 066	204	257 353	215	244 607	196
46	84312090	品目 8427 所列机械的其他零件	t	1 086 220	923	928 150	901	1 504 469	1 305	1 133 164	1 417	1 160 203	1 099
47	84313100	升降机、倒卸式起重机或自动梯的零件	t	617 205	605	888 557	625	980 161	856	1 601 576	978	717 139	729
48	84313900	其他 8428 所列机械的零件	t	803 572	1 849	585 786	1 797	1 162 101	3 298	943 260	2 398	703 421	1 916
49	84314100	戽斗、铲斗、抓斗及夹斗	个	217 840	151	129 829	81	126 656	71	92 966	101	242 739	129
50	84314200	推土机或侧铲推土机用铲	个	2 593	3	250	1	2 878	4	0	0	403	1
51	84314390	凿井机械的零件	t	222	1	305	6	210	1	23 997	24	4 213	10
52	84314920	品目 8426、8429 及 8430 机械用装有差速器的驱动桥及其零件 不论是否装有其他传动部件	t	607 806	428	226 210	175	632 811	421	533 351	369	400 487	270
53	84314991	矿用电铲用零件	t	31 526	92	529	4	30 721	78	40 712	27	10 222	8
54	84314999	品目 8426、8429 及 8430 所列机械的未列名零件	t	5 406 208	4 538	5 097 322	4 405	8 900 950	6 710	8 901 728	6 036	7 276 028	6 641
55	84671100	旋转式（包括旋转冲击式的）手提风动工具	台	44 397	308	26 127	217	74 024	410	52 252	331	63 393	335
56	84671900	其他手提式风动工具	台	23 253	231	14 348	168	25 831	273	31 813	292	42 056	269
57	84679200	手提式风动工具用的零件	t	28 289	140	20 967	115	32 381	135	25 387	139	37 249	162
58	84743100	混凝土或砂浆混合机器	台	56	136	6	47	78	132	33	73	12	33
59	84743200	矿物与沥青的混合机器	台	3	16	5	6	7	41	3	19	3	27
60	84743900	固体矿物质的其他混合或搅拌机器	台	59	160	75	181	101	344	82	296	136	358
61	84749000	8474 所列机器的零件	t	542 327	465	851 400	532	1 144 701	902	603 301	605	692 544	650
62	84791021	沥青混凝土摊铺机	台	17	221	39	601	64	944	54	836	41	732
63	84791022	稳定土摊铺机	台	0	0								
64	84791029	其他摊铺机	台	4	75	0	0	2	32	4	36	4	58
65	84791090	其他公共工程用机器	台	138	350	103	534	137	321	125	525	51	378

（续）

6月进口		7月进口		8月进口		9月进口		10月进口		11月进口		12月进口	
数量	金额	数量	金额	数量	金额	数量	金额	数量	金额	数量	金额	数量	金额
16	63	57	219	71	143	13	1 883	18	233	24	41	44	98
238 627	176	278 514	237	221 197	167	155 744	116	240 821	164	178 150	130	190 379	132
1 302 095	1 400	1 384 039	1 541	1 235 446	1 474	1 202 723	1 310	827 575	798	1 220 687	1 075	1 053 463	909
975 945	851	1 222 840	975	832 012	757	833 468	932	850 369	646	953 298	834	1 387 081	918
949 700	2 614	848 112	2 380	1 223 688	2 757	1 588 601	2 933	1 524 551	3 301	1 308 524	2 667	840 472	2 041
233 445	412	142 441	84	109 501	101	154 297	125	151 218	103	162 744	130	215 609	102
550	0	0	0	0	0	2 106	5	7 742	11	4 454	7	11 926	12
1 382	11	1 960	13	5 622	6	1 534	12	13 599	52	3 436	10	6 384	19
397 025	283	415 282	285	332 634	268	357 626	225	405 813	296	276 373	179	429 835	286
55 183	35	31 866	37	12 757	41	2 089	8	8 057	14	37 940	171	19 837	36
9 573 053	5 246	6 315 803	5 910	8 448 252	5 077	7 408 127	5 208	7 671 704	4 825	11 503 364	7 069	12 503 128	7 306
50 987	341	44 402	348	43 822	287	45 926	305	44 993	292	75 143	346	56 271	365
38 795	340	39 556	275	37 514	251	31 915	250	28 153	256	33 475	281	35 398	280
24 160	122	33 607	151	34 974	185	27 473	155	29 795	154	26 431	160	29 842	154
21	607	23	25	40	178	40	130	30	85	29	179	47	192
2	13	14	126	8 004	23	2	9	2	19	7	81	2	11
196	549	78	322	141	602	117	234	131	396	193	603	173	492
834 768	819	573 743	601	787 158	615	835 723	571	527 843	467	704 800	926	736 835	510
46	580	37	494	50	653	47	629	24	257	34	506	25	395
				1	2	0	0	0	0	0	0	0	0
3	78	3	48	3	34	3	72	4	97	2	32	3	62
97	423	89	607	153	475	235	320	156	424	1 578	326	126	231

序号	税号	商品名称	单位	1月进口		2月进口		3月进口		4月进口		5月进口	
				数量	金额	数量	金额	数量	金额	数量	金额	数量	金额
66	87041030	电动轮非公路用货运自卸车	辆	0	0								
67	87041090	其他非公路用货运机动自卸车	辆	5	170	1	25	11	277	0	0	0	0
68	87051021	最大起重量≤50t全路面起重车	辆	0	0								
69	87051022	50t＜最大起重量≤100t全路面起重车	辆	0	0								
70	87051023	最大起重量＞100t全路面起重车	辆	0	0	1	124	1	148	0	0	0	0
71	87051091	最大起重量≤50t其他起重车	辆	0	0								
72	87051092	50t＜最大起重量≤100t其他起重车	辆	0	0								
73	87051093	最大起重量＞100t其他起重车	辆	0	0								
74	87053010	装有云梯的救火车	辆	0	0								
75	87053090	其他机动救火车	辆	7	469	0	0	2	135	0	0	2	119
76	87054000	机动混凝土搅拌车	辆	0	0								
77	87059060	飞机加油车、调温车、除冰车	辆	1	30	4	106	1	30	9	395	6	151
78	87059070	道路（包括跑道）扫雪车	辆	6	263	0	0	3	104	12	430	2	58
79	87059091	混凝土泵车	辆	0	0								
80	87059099	未列名特殊用途的机动车辆	辆	5	71	1	20	2	38	5	168	5	98
81	87091110	电动牵引车	辆	37	39	31	25	136	121	80	70	58	41
82	87091190	其他电动的短距离运货车辆	辆	51	14	7	5	21	50	2	7	8	49
83	87091910	其他机动牵引车	辆	0	0	2	5	2	12	1	0	0	0
84	87091990	其他短距离运货机动车辆	辆	33	1	9	7	2	83	3	2	8	6
85	87099000	短距离运货的机动车辆及站台牵引车的零件	t	10 459	24	3 727	15	22 027	55	9 805	17	22 770	35
86	89051000	挖泥船	艘	0	0								
87	总计				21 314		18 914		32 188		28 395		31 900

〔供稿人：中国工程机械工业协会吕莹〕

（续）

6月进口		7月进口		8月进口		9月进口		10月进口		11月进口		12月进口	
数量	金额	数量	金额	数量	金额	数量	金额	数量	金额	数量	金额	数量	金额
0	0	0	0	0	0	0	0	0	0	0	0	10	289
2	358	0	0	0	0	0	0	0	0	0	0	0	0
1	17	9	628	5	321	1	59	0	0	4	251	0	0
3	225	0	0	4	120	1	61	14	527	3	56	6	253
10	355	0	0	0	0	5	197	3	94	4	170	0	0
3	76	5	68	4	138	3	64	3	25	3	75	2	24
79	76	39	27	48	44	111	94	37	56	53	63	83	107
5	7	2	1	2	11	2	6	5	8	2	5	13	7
0	0	10	19	13	26	21	38	10	17	19	38	5	10
3	2	26	337	1	1	4	7	1	0	59	103	1	0
1 651	7	13 769	15	49 176	78	26 066	45	39 089	67	30 665	54	37 323	71
						1	17 756	0	0	0	0	0	0
	28 270		27 373		24 687		42 967		22 909		26 805		26 089

2016 年工程机械

序号	税号	商品名称	单位	1月出口		2月出口		3月出口		4月出口		5月出口	
				数量	金额	数量	金额	数量	金额	数量	金额	数量	金额
1	84134000	混凝土泵	台	203	344	63	170	178	379	204	597	209	422
2	84262000	塔式起重机	台	193	2 702	203	1 819	240	3 002	238	3 100	297	3 743
3	84264110	轮胎式自推进起重机	台	18	356	14	292	25	789	18	362	14	197
4	84264190	带胶轮的其他自推进起重机械	台	21	622	15	420	17	488	35	1 140	21	599
5	84264910	履带式起重机	台	58	1 751	35	1 142	81	1 717	78	2 141	72	2 117
6	84264990	不带胶轮的其他自推进起重机械	台					2	86	0	0	0	0
7	84269100	供装于公路车辆的其他起重机	台	21	93	29	140	20	46	26	79	37	124
8	84269900	未列名起重机	台	1 524	496	405	388	283	376	1 847	561	4 937	525
9	84271010	电动机推进的有轨巷道堆垛机	台	10	982	4	12	4	598	19	654	10	958
10	84271020	电动机推进的无轨巷道堆垛机	台	176	57	68	37	66	28	107	68	114	66
11	84271090	其他电动叉车及装有升降或搬运装置的工作车	台	7 273	3 775	4 856	3 168	7 487	4 398	7 781	5 086	8 226	4 517
12	84272010	集装箱叉车	台	27	335	25	252	21	245	31	429	15	236
13	84272090	其他机动叉车、其他装有升降或搬运装置的工作车	台	4 043	7 120	4 184	6 915	4 966	8 074	5 185	8 205	6 011	9 488
14	84279000	未列名叉车等装有升降或搬运装置的工作车	台	133 379	2 544	84 807	1 652	114 400	2 292	133 041	2 469	149 132	2 923
15	84281010	载客电梯	台	4 396	12 683	2 968	7 650	5 041	10 890	4 782	11 075	4 872	11 466
16	84281090	其他升降机及倒卸式起重机	台	574	653	380	512	330	756	8 598	810	968	710
17	84284000	自动梯及自动人行道	台	1 663	5 829	1 258	3 924	1 482	4 775	1 680	5 632	1 826	6 093

出口月报

（单位：万美元）

6月出口		7月出口		8月出口		9月出口		10月出口		11月出口		12月出口	
数量	金额	数量	金额	数量	金额	数量	金额	数量	金额	数量	金额	数量	金额
237	428	132	278	113	371	130	293	152	282	227	469	129	242
223	2 856	212	2 862	227	3 012	198	2 105	166	1 946	216	2 367	189	2 376
19	787	12	162	21	686	24	376	9	109	22	356	28	1 257
20	601	20	542	26	752	35	1 117	20	539	40	1 053	27	578
86	1 820	56	2 310	60	3 499	49	1 074	67	2 223	52	1 405	66	2 116
0	0	0	0	0	0	0	0	0	0	0	0	1	3
57	75	75	89	47	109	25	55	20	100	27	58	79	81
6 061	274	2 485	333	1 512	320	3 410	434	2 544	345	3 209	556	5 656	21 659
4	613	6	641	1	0	5	663	9	3	4	658	2	276
107	50	99	55	68	41	91	44	141	52	137	90	72	52
8 830	4 904	8 673	4 712	9 712	5 117	6 968	4 401	8 975	4 964	9 477	5 683	10 186	5 441
21	296	21	330	27	279	35	442	32	326	37	598	32	454
8 462	8 269	5 660	8 410	7 087	10 180	5 038	7 274	5 002	7 085	6 458	9 640	5 457	8 617
134 042	2 628	136 350	2 786	153 452	2 943	131 481	2 286	105 881	1 960	150 293	2 621	148 205	2 609
4 329	10 671	4 873	11 271	5 900	12 789	5 092	11 074	4 637	9 956	4 658	10 622	5 259	12 342
751	816	497	984	370	676	849	920	807	694	813	770	622	1 002
1 744	5 824	1 736	5 226	1 870	5 607	1 623	4 814	1 342	3 734	1 623	5 019	1 804	5 836

序号	税号	商品名称	单位	1月出口		2月出口		3月出口		4月出口		5月出口	
				数量	金额	数量	金额	数量	金额	数量	金额	数量	金额
18	84291110	履带式推土机，$P>235.36$ kW（320马力）	台	12	164	12	120	5	85	5	89	11	209
19	84291190	其他履带式推土机	台	116	1 454	86	917	124	1 031	90	789	143	1 496
20	84291910	其他推土机，$P>235.36$kW（320马力）	台	5	15	0	0	0	0	0	0	1	29
21	84291990	未列名推土机	台	2	20	64	39	0	0	5	37	3	23
22	84292010	筑路机及平地机，$P>235.36$ kW（320马力）	台	0	0	3	4	0	0	2	5	1	13
23	84292090	其他筑路机及平地机	台	212	1 448	197	1 616	306	2 317	373	2 419	364	2 242
24	84293090	其他铲运机	台	32	100	11	129	18	54	78	60	34	262
25	84294011	机重18t及以上的振动压路机	台	55	408	32	210	76	505	64	399	84	493
26	84294019	其他机动压路机	台	898	1 850	737	2 074	1 033	2 226	1 253	1 859	1 298	2 097
27	84294090	未列名捣固机械及压路机	台	550	90	205	14	583	53	534	28	716	27
28	84295100	前铲装载机	台	1 641	5 681	1 522	7 109	2 308	8 589	2 064	7 205	2 313	8 227
29	84295211	上部360°旋转的轮胎式挖掘机	台	29	142	27	348	54	569	91	948	64	673
30	84295212	上部360°旋转的履带式挖掘机	台	910	7 072	811	6 594	1 111	9 261	1 040	7 614	1 230	9 250
31	84295219	上部360°旋转的其他挖掘机	台	5	5	5	24	3	12	7	17	16	25
32	84295290	上部360°旋转的机械铲、装载机	台	1	15	2	3	3	129	0	0	0	0
33	84295900	其他机械铲、挖掘机及装载机	台	242	1 202	120	158	201	347	209	366	196	312
34	84301000	打桩机及拔桩机	台	1 105	884	89	647	222	1 058	122	1 134	2 695	1 056
35	84302000	扫雪机及吹雪机	台	14 306	149	3 797	51	1 068	124	3 036	60	13 425	34
36	84303120	自推进的凿岩机	台	110	96	124	94	166	406	30	36	159	107

（续）

6月出口		7月出口		8月出口		9月出口		10月出口		11月出口		12月出口	
数量	金额	数量	金额	数量	金额	数量	金额	数量	金额	数量	金额	数量	金额
11	169	11	182	14	260	22	342	22	261	6	165	14	239
118	1 247	131	1 190	126	1 232	139	1 253	81	650	115	1 110	125	1 037
6	1	0	0	0	0	0	0	0	0	2	1	0	0
6	62	4	43	5	4	3	22	2	25	17	128	0	0
3	18	4	41	0	0	2	10	1	2	0	0	1	7
311	2 341	261	1 814	223	1 649	220	1 760	304	1 487	293	2 334	341	2 044
16	172	28	201	32	369	14	219	24	125	19	121	36	386
99	715	85	464	57	358	111	674	60	407	117	624	85	494
1 063	2 165	787	1 816	1 266	2 403	726	1 555	701	1 034	1 323	2 218	1 027	1 571
1 727	80	1 325	119	623	23	381	74	468	87	1 473	56	1 781	462
2 056	7 590	2 079	6 973	2 341	8 881	2 388	8 391	2 171	6 908	2 906	10 229	2 478	8 977
54	604	53	343	69	333	47	744	49	400	49	492	60	409
1 188	10 101	1 069	8 233	1 321	10 603	1 158	8 969	1 049	7 102	1 386	10 093	1 123	8 589
6	30	13	54	11	149	2	26	12	92	5	5	3	3
0	0	1	39	2	6	0	0	0	0	0	0	0	0
156	257	175	388	163	199	223	881	127	249	228	457	277	323
2 618	814	84	591	107	761	169	713	2 527	713	2 564	786	2 857	746
59 108	454	70 810	887	104 942	1 765	80 750	1 638	55 549	1 402	29 751	601	14 949	348
154	378	167	111	174	130	107	139	319	293	425	131	151	47

序号	税号	商品名称	单位	1月出口		2月出口		3月出口		4月出口		5月出口	
				数量	金额	数量	金额	数量	金额	数量	金额	数量	金额
37	84303130	自推进的隧道掘进机	台	7	3 636	5	1 883	5	3 305	7	3 121	4	2 669
38	84303900	非自推进的截煤机、凿岩机及隧道掘进机	台	2 620	171	1 520	76	2 293	134	2 106	89	2 967	105
39	84305020	矿用电铲	台					2	662	0	0	0	0
40	84306100	非自推进的捣固或压实机械	台	35 474	590	19 620	444	24 133	482	32 026	1 141	42 105	653
41	84306911	钻筒直径在3m以上的非自推进工程钻机	台					1	318	25	91	0	0
42	84306919	其他非自推进工程钻机	台	1 402	287	677	416	1 256	267	2 860	450	1 414	346
43	84306920	非自推进的铲运机	台	13	3	18	30	30	16	68	15	36	11
44	84306990	未列名非自推进泥土、矿等运送、平整等机械	台	10 545	778	8 354	947	6 519	439	8 360	386	5 390	295
45	84312010	品目8427所列机械用装有差速器的驱动桥及其零件，不论是否装有其他传动部件	t	93 919	62	68 857	43	91 615	74	74 439	68	86 653	60
46	84312090	品目8427所列机械的其他零件	t	37 520 734	4 521	26 042 241	3 332	35 345 518	4 501	35 397 154	4 543	37 761 858	4 645
47	84313100	升降机、倒卸式起重机或自动梯的零件	t	42 582 806	6 966	25 639 270	4 710	40 066 232	6 488	40 085 455	6 705	40 146 675	6 773
48	84313900	其他8428所列机械的零件	t	18 857 149	6 276	10 738 543	3 378	12 192 731	4 026	17 294 991	4 909	14 619 056	4 842
49	84314100	戽斗、铲斗、抓斗及夹斗	个	3 274 685	744	3 433 121	809	3 670 208	777	3 777 401	767	4 869 924	1 003
50	84314200	推土机或侧铲推土机用铲	个	314 271	48	113 439	19	94 389	22	112 263	26	63 780	13
51	84314390	凿井机械的零件	t	847 830	272	623 853	265	1 095 852	419	510 010	180	568 671	230
52	84314920	品目8426、8429及8430机械用装有差速器的驱动桥及其零件，不论是否装有其他传动部件	t	567 030	274	790 295	404	767 156	383	951 088	412	935 091	451
53	84314991	矿用电铲用零件	t	588 127	251	298 563	114	520 015	213	1 110 760	411	758 049	315

（续）

6月出口		7月出口		8月出口		9月出口		10月出口		11月出口		12月出口	
数量	金额	数量	金额	数量	金额	数量	金额	数量	金额	数量	金额	数量	金额
2	1 284	1	31	11	2 744	6	2 718	0	0	13	2 377	5	699
1 641	114	1 583	99	1 193	169	1 791	51	492	87	1 731	132	1 279	42
1	529	0	0	2	3	0	0	0	0	3	2 596	0	0
31 960	532	53 499	565	22 640	461	26 568	419	22 183	405	30 520	449	39 328	677
3	89	1	2	4	1	1		0	0	5	82	6	198
2 972	286	2 096	215	1 565	539	1 821	349	1 375	122	2 113	220	2 217	585
66	148	85	61	68	45	51	17	27	6	96	7	58	20
7 051	439	8 212	759	6 588	631	3 434	848	4 352	702	8 781	589	4 509	955
79 012	62	85 582	54	94 083	71	117 806	86	75 189	37	123 505	64	81 632	41
32 353 900	4 340	35 209 578	4 515	38 281 566	5 099	34 904 613	4 586	33 383 742	4 215	36 175 500	4 673	42 862 750	5 457
38 642 035	6 685	38 568 394	6 318	44 917 765	7 428	34 065 061	5 690	32 009 092	6 078	40 474 414	6 931	45 577 199	9 144
14 901 914	4 578	14 763 964	4 856	14 635 390	5 718	13 481 274	4 311	12 648 125	4 603	15 815 416	5 151	17 982 542	7 812
3 725 500	925	4 316 027	904	4 469 563	935	3 554 174	753	3 232 925	673	4 130 005	885	4 601 788	1 097
119 273	23	202 110	35	150 047	31	338 490	63	194 596	26	212 120	31	82 833	18
1 074 807	453	593 437	216	435 425	253	482 642	173	628 178	178	361 592	157	1 269 730	1 334
734 474	353	587 358	276	971 088	455	746 311	323	401 212	207	475 288	203	806 005	271
1 122 113	411	680 701	243	480 053	158	519 600	204	979 908	310	569 537	255	628 445	275

序号	税号	商品名称	单位	1月出口		2月出口		3月出口		4月出口		5月出口	
				数量	金额	数量	金额	数量	金额	数量	金额	数量	金额
54	84314999	品目 8426、8429 及 8430 所列机械的未列名零件	t	116 082 718	23 632	91 536 633	19 828	113 746 206	24 715	115 840 208	23 818	128 823 191	26 847
55	84671100	旋转式（包括旋转冲击式的）手提风动工具	台	460 310	939	246 761	653	323 771	793	430 532	910	474 406	1 014
56	84671900	其他手提式风动工具	台	884 233	1 677	544 348	1 110	627 175	1 291	744 224	1 485	920 782	1 629
57	84679200	手提式风动工具用的零件	t	439 745	466	342 156	511	397 348	440	486 687	489	446 683	471
58	84743100	混凝土或砂浆混合机器	台	63 030	1 854	42 510	1 459	47 449	1 662	60 012	2 294	61 865	2 063
59	84743200	矿物与沥青的混合机器	台	43	542	39	373	99	678	50	935	56	1 149
60	84743900	固体矿物质的其他混合或搅拌机器	台	7 245	1 091	6 941	623	6 050	495	8 307	756	16 318	576
61	84749000	8474 所列机器的零件	t	27 151 434	8 763	23 780 748	6 467	21 422 997	6 356	26 062 106	7 267	28 137 438	7 431
62	84791021	沥青混凝土摊铺机	台	27	127	15	189	25	153	30	167	37	297
63	84791022	稳定土摊铺机	台	3	57	0	0	0	0	56	19	3	20
64	84791029	其他摊铺机	台	12	10	18	20	26	37	5	2	12	12
65	84791090	其他公共工程用机器	台	24 645	828	13 702	765	14 516	684	20 869	952	19 248	1 027
66	87041030	电动轮非公路用货运自卸车	辆	62	34	10	6	54	30	31	15	20	12
67	87041090	其他非公路用货运机动自卸车	辆	118	593	155	1 349	120	636	175	1 214	2 279	901
68	87051021	最大起重量≤50t 全路面起重车	辆	21	233	34	331	46	509	38	290	31	345
69	87051022	50t＜最大起重量≤100t 全路面起重车	辆	7	200	7	158	7	149	4	46	7	120
70	87051023	最大起重量＞100t 全路面起重车	辆	1	81	3	257	4	231	0	0	2	141
71	87051091	最大起重量≤50t 其他起重车	辆	132	1 605	111	1 257	97	1 017	98	903	136	1 400

（续）

6月出口		7月出口		8月出口		9月出口		10月出口		11月出口		12月出口	
数量	金额	数量	金额	数量	金额	数量	金额	数量	金额	数量	金额	数量	金额
120 163 095	25 664	121 438 140	24 788	130 425 997	27 327	113 624 587	24 105	110 270 871	22 896	130 991 521	26 810	128 851 178	27 361
554 490	924	984 079	1 519	394 015	990	372 827	894	349 153	810	359 157	811	433 409	936
900 571	1 502	959 865	1 782	1 115 427	1 924	873 092	1 696	719 165	1 457	859 040	1 530	1 073 961	1 683
503 025	459	564 556	479	553 071	531	437 019	491	347 132	354	584 233	557	466 799	573
46 762	2 031	58 226	2 154	41 602	2 264	26 815	1 251	26 416	1 550	28 220	1 705	59 931	1 857
74	1 124	60	930	43	627	41	709	25	568	44	857	73	531
17 447	741	21 401	979	14 813	822	14 347	755	9 828	652	15 219	737	13 754	959
28 364 641	7 541	25 999 035	6 924	33 739 965	8 929	26 136 740	7 187	25 553 071	6 695	30 163 401	7 802	32 027 626	9 951
24	144	20	100	30	273	44	207	47	79	54	396	65	186
0	0	3		0	0	1		0	0	1	21	0	0
57	89	19	78	15	48	20	116	32	32	16	8	16	9
20 150	890	21 045	1 059	25 089	1 071	23 902	965	13 520	764	34 620	1 041	30 155	924
35	33	32	16	62	848	81	36	48	24	64	41	29	18
242	966	227	1 124	341	1 591	290	1 681	240	1 564	368	1 546	316	2 039
37	354	45	407	41	298	66	464	35	307	39	265	37	371
9	162	9	161	7	175	6	116	8	148	7	167	2	37
3	111	2	162	3	86	4	378	4	409	4	340	6	368
95	1 051	178	2 293	118	1 333	129	1 113	93	1 016	147	1 625	118	1 406

序号	税号	商品名称	单位	1月出口		2月出口		3月出口		4月出口		5月出口	
				数量	金额	数量	金额	数量	金额	数量	金额	数量	金额
72	87051092	50t＜最大起重量≤100t 其他起重车	辆	45	1 109	34	801	69	1 668	17	353	54	1 548
73	87051093	最大起重量＞100t 其他起重车	辆	2	3	1	3	0	0	5	250	9	479
74	87053010	装有云梯的救火车	辆	0	0	1	12	3	65	1	34	1	4
75	87053090	其他机动救火车	辆	21	147	99	672	117	687	8	56	128	679
76	87054000	机动混凝土搅拌车	辆	519	2 545	241	1 030	732	3 849	616	3 180	697	3 473
77	87059060	飞机加油车、调温车、除冰车	辆	0	0	9	322	0	0	3	41	4	146
78	87059070	道路（包括跑道）扫雪车	辆	1	4	22	38	0	0	0	0	0	0
79	87059091	混凝土泵车	辆	38	876	28	523	50	1 227	68	1 333	42	763
80	87059099	未列名特殊用途的机动车辆	辆	310	1 821	559	6 815	329	4 432	330	2 589	305	1 457
81	87091110	电动牵引车	辆	141	44	106	44	128	61	99	34	94	35
82	87091190	其他电动的短距离运货车辆	辆	780	79	850	65	290	71	541	83	869	108
83	87091910	其他机动牵引车	辆	25	50	14	23	80	191	35	102	55	225
84	87091990	其他短距离运货机动车辆	辆	509	180	646	616	398	58	1 114	62	349	30
85	87099000	短距离运货的机动车辆及站台牵引车的零件	t	134 341	46	159 529	39	171 172	28	262 155	96	128 304	36
86	89051000	挖泥船	艘	9	5 799	8	2 836	13	193	9	326	13	463
		总计			141 453		114 708		140 634		138 884		148 070

〔供稿人：中国工程机械工业协会吕莹〕

（续）

6月出口		7月出口		8月出口		9月出口		10月出口		11月出口		12月出口	
数量	金额	数量	金额	数量	金额	数量	金额	数量	金额	数量	金额	数量	金额
37	933	38	921	23	309	25	570	42	953	37	833	27	619
3	204	2	108	2	2	0	0	7	242	6	233	5	219
0	0	0	0	0	0	5	48	0	0	0	0	0	0
10	73	10	55	14	135	10	55	5	28	8	118	35	108
521	2 466	708	3 682	340	1 460	564	2 661	404	1 862	598	2 597	559	2 505
10	155	1	34	1	4	3	32	2	37	4	99	2	68
0	0	0	0	0	0	0	0	1	1	8	189	1	47
68	1 233	72	1 238	65	1 247	48	719	49	853	74	1 254	67	1 040
373	4 136	263	1 158	321	3 017	330	2 605	338	3 388	358	2 333	367	2 129
134	56	96	88	272	120	95	195	118	97	295	493	215	69
680	85	655	58	601	91	204	55	669	108	399	126	336	105
79	194	33	106	85	188	60	132	54	206	133	137	43	128
870	50	479	53	333	24	444	45	774	32	357	33	478	65
226 270	67	251 669	57	153 405	31	106 130	23	180 547	45	181 455	36	225 330	59
10	759	16	1 145	17	1 281	20	467	22	4 078	7	287	9	376
	143 560		137 287		157 294		135 145		124 459		151 343		175 990

2016 年工程机械进出口量值

序号	税号	货品名称	单位	出口				进口			
				数量	数量同比增长（%）	金额（万美元）	金额同比增长（%）	数量	数量同比增长（%）	金额（万美元）	金额同比增长（%）
1	84134000	混凝土泵	台	1 799	-19.40	4 143.36	-39.89	417	87.84	1 104.26	105.91
2	84262000	塔式起重机	台	2 565	-22.46	31 753.08	-24.87	23	-37.84	481.52	-74.59
3	84264110	轮胎式自推进起重机	台	220	-18.22	5 727.47	-23.65	2	-88.89	45.70	-88.45
4	84264190	带胶轮的其他自推进起重机械	台	295	-10.88	8 424.20	-15.62	28	300.00	337.96	681.77
5	84264910	履带式起重机	台	744	-4.12	23 243.65	-2.81	8	-46.67	479.88	-90.40
6	84264990	不带胶轮的其他自推进起重机械	台	3	-88.00	89.38	49.89	5	66.67	21.73	-81.76
7	84269100	供装于公路车辆的其他起重机	台	435	-26.52	1 047.54	-47.31	315	-37.99	547.61	-67.30
8	84269900	未列名起重机	台	16 039	63.10	26 121.90	379.49	529	-6.54	5 419.28	-50.11
9	84271010	电动机推进的有轨巷道堆垛机	台	77	-11.49	6 051.28	55.41	259	14.10	3 926.14	15.69
10	84271020	电动机推进的无轨巷道堆垛机	台	1 243	21.51	639.24	-4.22	498	-19.81	1 030.16	-24.03
11	84271090	其他电动叉车及装有升降或搬运装置的工作车	台	97 873	31.94	56 099.55	20.21	7 506	-9.24	10 844.57	-23.93
12	84272010	集装箱叉车	台	316	3.95	4 193.45	-3.92	7	600.00	140.18	10 439.85
13	84272090	其他机动叉车、其他装有升降或搬运装置的工作车	台	67 280	14.42	99 070.76	-2.70	832	-13.96	5 305.75	-36.79
14	84279000	未列名叉车等装有升降或搬运装置的工作车	台	1 561 250	-1.34	29 573.06	-6.59	2 543	-0.12	530.33	-46.52
15	84281010	载客电梯	台	56 736	5.93	132 420.97	-4.29	2 093	23.12	14 597.33	8.06
16	84281090	其他升降机及倒卸式起重机	台	14 388	198.07	9 156.00	4.04	741	-30.81	4 856.84	-51.84
17	84284000	自动梯及自动人行道	台	19 644	-4.38	62 299.09	-15.43	4	-89.74	9.60	-89.71
18	84291110	履带式推土机，$P>235.36kW$（320 马力）	台	143	66.28	2 285.86	91.33	26	-29.73	1 759.25	-25.98
19	84291190	其他履带式推土机	台	1 361	-20.55	13 315.13	-24.03	32	-39.62	355.01	-57.83
20	84291910	其他推土机，$P>235.36kW$（320 马力）	台	13	18.18	45.41	-61.18	1	0.00	117.58	110.98
21	84291990	未列名推土机	台	110	-20.29	401.41	216.82				
22	84292010	筑路机及平地机，$P>235.36kW$（320 马力）	台	13	62.50	84.22	-17.26	1		181.34	
23	84292090	其他筑路机及平地机	台	3 104	3.43	23 377.01	-6.57	8	60.00	74.64	-20.23

（续）

序号	税号	货品名称	单位	出口				进口			
				数量	数量同比增长（%）	金额（万美元）	金额同比增长（%）	数量	数量同比增长（%）	金额（万美元）	金额同比增长（%）
24	84293090	其他铲运机	台	1 310	135.61	2 204.24	-10.70	17	-39.29	790.59	-48.91
25	84294011	机重 18t 及以上的振动压路机	台	917	32.90	5 730.62	14.22	11	-21.43	112.62	-15.69
26	84294019	其他机动压路机	台	12 011	7.82	22 775.46	-7.85	391	-21.64	860.71	-15.92
27	84294090	未列名捣固机械及压路机	台	7 165	-19.31	1 062.26	-4.23	4	33.33	2.51	2.45
28	84295100	前铲装载机	台	26 168	-3.86	94 472.62	-18.27	380	-0.52	2 197.11	-24.59
29	84295211	轮胎式挖掘机	台	643	29.38	5 915.51	27.76	135	8.87	801.48	-0.31
30	84295212	履带式挖掘机	台	13 192	3.24	102 620.96	-12.48	13 370	33.63	59 622.49	35.33
31	84295219	其他挖掘机	台	59	-49.57	397.77	-38.34	1		0.32	
32	84295290	上部 360° 旋转的机械铲、装载机	台	8	0.00	177.41	61.68	5	66.67	1 061.33	446.20
33	84295900	其他机械铲、挖掘机及装载机	台	2 300	-31.14	5 218.55	-43.94	39	-56.18	208.32	-53.13
34	84301000	打桩机及拔桩机	台	4 111	154.87	9 824.47	-26.05	115	82.54	1 852.70	55.44
35	84302000	扫雪机及吹雪机	台	451 488	-32.20	7 512.98	-18.06	1 664	21.82	1 031.51	-26.94
36	84303120	自推进的凿岩机	台	1 907	-11.75	1 951.44	95.75	34	-20.93	471.77	-62.86
37	84303130	自推进的隧道掘进机	台	66	13.79	24 467.57	-19.49	4	-63.64	1 342.00	-65.16
38	84303900	非自推进的截煤机、凿岩机及隧道掘进机	台	18 302	-33.73	1 178.06	-34.93	173	-83.66	2 194.62	-40.16
39	84305020	矿用电铲	台	8	-20.00	3 790.56	189.23	0	-100.00	0.00	-100.00
40	84306100	非自推进的捣固或压实机械	台	369 072	1.51	6 801.98	0.57	1 858	-19.18	1 667.24	14.62
41	84306911	钻筒直径在 3m 以上的非自推进工程钻机	台	46	283.33	780.89	329.34	1	0.00	88.74	-26.59
42	84306919	其他非自推进工程钻机	台	21 729	-0.18	4 108.32	14.67	43	7.50	712.05	-8.12
43	84306920	非自推进的铲运机	台	614	49.76	378.00	75.18	3	200.00	122.36	7 140.24
44	84306990	未列名非自推进泥土、矿等运送、平整等机械	台	95 393	24.36	7 832.80	-48.05	346	51.09	10 194.79	19.04
45	84312010	8427 所列机械用装有差速器的驱动桥及其零件	t	1 071	2.24	699.72	-15.98	2 804	16.05	2 251.67	4.72
46	84312090	8427 所列机械的其他零件	t	425 141	3.22	54 251.32	-4.56	14 033	-8.06	14 127.76	-1.32
47	84313100	升降机、倒卸式起重机或自动梯的零件	t	462 311	5.67	79 503.47	0.48	11 860	-12.41	9 703.69	-32.99
48	84313900	其他 8428 所列机械的零件	t	177 124	-19.01	59 889.14	-13.34	12 127	8.44	29 576.70	0.88
49	84314100	戽斗、铲斗、抓斗及夹斗	个	46 652 326	-9.30	10 136.17	-13.40	1 969 285	-43.16	1 588.65	-32.64

（续）

序号	税号	货品名称	单位	出口				进口			
				数量	数量同比增长（%）	金额（万美元）	金额同比增长（%）	数量	数量同比增长（%）	金额（万美元）	金额同比增长（%）
50	84314200	推土机或侧铲推土机用铲	个	1 994 611	-21.14	354.14	-28.34	32 902	-32.78	43.50	-31.38
51	84314390	凿井机械的零件	t	8 479	11.16	4 056.19	-26.65	63	46.56	164.09	-27.68
52	84314920	品目 8426、8429 及 8430 机械用装有差速器的驱动桥及其零件	t	8 713	-13.13	3 949.97	-17.79	5 015	2.17	3 482.92	-4.76
53	84314991	矿用电铲用零件	t	8 259	-18.35	3 155.17	-20.42	281	34.86	552.84	7.73
54	84314999	品目 8426、8429 及 8430 所列机械的未列名零件	t	1 416 124	2.52	294 281.18	-5.28	99 064	28.39	69 306.14	3.30
55	84671100	旋转式（包括旋转冲击式的）手提风动工具	台	5 370 565	10.54	11 152.97	2.46	621 474	23.70	3 885.77	-5.44
56	84671900	其他手提式风动工具	台	10 074 876	-3.74	18 628.78	-10.30	382 109	-15.62	3 166.07	-1.20
57	84679200	手提式风动工具用的零件	t	5 522	12.34	5 802.27	7.00	351	-27.94	1 771.69	-15.68
58	84743100	混凝土或砂浆混合机器	台	561 220	6.43	21 971.73	-13.92	415	-69.69	1 816.85	8.30
59	84743200	矿物与沥青的混合机器	台	595	-8.60	8 845.46	-22.29	8 054	24 306.06	390.51	4.32
60	84743900	固体矿物质的其他混合或搅拌机器	台	149 439	190.16	9 018.94	-28.52	1 480	-34.05	4 460.74	-33.49
61	84749000	8474 所列机器的零件	t	325 252	4.54	89 845.43	-4.86	8 837	-13.30	7 665.78	-24.98
62	84791021	沥青混凝土摊铺机	台	415	36.51	2 318.12	39.19	479	62.37	6 898.04	40.33
63	84791022	稳定土摊铺机	台	67	168.00	117.32	-65.50	1	0.00	1.86	50.00
64	84791029	其他摊铺机	台	248	16.98	460.56	-38.90	35	66.67	618.07	23.40
65	84791090	其他公共工程用机器	台	260 618	21.07	10 981.22	-4.11	2 989	60.70	4 916.14	-17.90
66	87041030	电动轮非公路用货运自卸车	辆	512	8.02	1 104.73	-44.54				
67	87041090	其他非公路用货运机动自卸车	辆	2 730	-35.95	14 998.99	-59.31	27	-30.77	761.34	-44.69
68	87051021	最大起重量≤ 50t 全路面起重车	辆	445	-0.89	4 193.94	1.92				
69	87051022	50t ＜ 最 大 起 重 量 ≤ 100t 全路面起重车	辆	74	-22.11	1 621.61	-15.25				
70	87051023	最大起重量＞ 100t 全路面起重车	辆	35	-20.45	2 562.79	-21.50	4	0.00	630.03	-20.16
71	87051091	最大起重量≤ 50t 其他起重车	辆	1 413	-33.00	15 955.58	-39.36				
72	87051092	50t ＜ 最 大 起 重 量 ≤ 100t 其他起重车	辆	442	-32.72	10 580.02	-35.03				
73	87051093	最大起重量＞ 100t 其他起重车	辆	40	8.11	1 731.74	-23.65				
74	87053010	装有云梯的救火车	辆	11	37.50	163.94	290.71	0	-100.00	0.00	-100.00
75	87053090	其他机动救火车	辆	465	-58.41	2 813.43	-48.70	31	55.00	1 999.52	62.74

（续）

序号	税号	货品名称	单位	出口				进口			
				数量	数量同比增长（%）	金额（万美元）	金额同比增长（%）	数量	数量同比增长（%）	金额（万美元）	金额同比增长（%）
76	87054000	机动混凝土搅拌车	辆	6 297	-2.87	30 668.34	-20.23	0	-100.00	0.00	-100.00
77	87059060	飞机加油车、调温车、除冰车	辆	39	-25.00	937.73	-17.62	52	20.93	1 953.38	22.19
78	87059070	道路（包括跑道）扫雪车	辆	33	371.43	279.92	2 035.16	45	12.50	1 670.27	10.11
79	87059091	混凝土泵车	辆	644	-4.87	12 159.33	-24.08	0	-100.00	0.00	-100.00
80	87059099	未列名特殊用途的机动车辆	辆	4 173	-12.26	34 398.68	-16.61	41	-16.33	865.13	-61.97
81	87091110	电动牵引车	辆	1 793	34.41	1 337.07	156.98	790	-35.03	760.92	-29.38
82	87091190	其他电动的短距离运货车辆	辆	6 599	-42.17	992.32	-19.76	120	-79.42	170.80	-80.73
83	87091910	其他机动牵引车	辆	584	-9.60	1 667.65	-34.53	83	-34.13	164.72	-45.42
84	87091990	其他短距离运货机动车辆	辆	6 235	-8.96	1 235.01	43.34	150	-27.88	546.94	324.61
85	87099000	短距离运货的机动车辆及站台牵引车的零件	t	2 128	-51.86	537.51	-30.36	267	4.62	483.05	3.85
86	89051000	挖泥船	艘	139	-14.72	17 879.18	-57.90	1		17 755.65	
		合计				1 696 004.27	-10.63			331 653.15	-1.50

〔供稿人：中国工程机械工业协会吕莹〕

2016年工程机械进出口按国别（地区）统计

代码	国家(地区)名称	出口			进口		
		金额（万美元）	同比增长（%）	占比（%）	金额（万美元）	同比增长（%）	占比（%）
100	**亚洲**	**875 989.00**	**-11.13**	**51.650 1**	**144 454**	**6.80**	**43.555 7**
101	阿富汗	192.55	38.90	0.011 4			
102	巴林	2 044.82	4.44	0.120 6			
103	孟加拉国	15 278.18	15.40	0.900 8			
104	不丹	3.68	-43.47	0.000 2			
105	文莱	2 519.68	116.41	0.148 6	0.2		0.000 06
106	缅甸	16 402.38	-56.38	0.967 1			
107	柬埔寨	5 954.02	36.84	0.351 1	0.1		0.000 03

（续）

代码	国家（地区）名称	出口			进口		
		金额（万美元）	同比增长（%）	占比（%）	金额（万美元）	同比增长（%）	占比（%）
108	塞浦路斯	177.82	123.90	0.010 5			
109	朝鲜	3 888.87	−19.38	0.229 3			
110	中国香港	45 318.61	12.01	2.672 1	33.56	−81.57	0.010 12
111	印度	60 959.22	18.29	3.594 3	2 265.72	−9.39	0.683 16
112	印度尼西亚	52 674.04	−11.14	3.105 8	550.72	22.02	0.166 05
113	伊朗	20 290.79	−37.32	1.196 4	0.09	28.57	0.000 03
114	伊拉克	2 618.11	−80.23	0.154 4			
115	以色列	8 548.72	25.34	0.504 1	5.43	−32.63	0.001 64
116	日本	90 574.82	−8.88	5.340 5	95 093.58	20.79	28.672 60
117	约旦	1 641.76	−8.20	0.096 8			
118	科威特	7 392.98	−26.44	0.435 9	0.09		0.000 03
119	老挝	6 511.70	1.22	0.383 9			
120	黎巴嫩	3 471.76	141.10	0.204 7			
121	中国澳门	3 904.48	−35.28	0.230 2			
122	马来西亚	53 824.81	−14.82	3.173 6	6 511.76	−29.35	1.963 42
123	马尔代夫	2 214.06	201.33	0.130 5			
124	蒙古	7 325.39	−18.43	0.431 9			
125	尼泊尔	865.23	292.72	0.051 0			
126	阿曼	9 969.95	−7.51	0.587 8			
127	巴基斯坦	31 314.56	180.72	1.846 4	0.07	−83.33	0.000 02
128	巴勒斯坦	275.57	−1.83	0.016 2			
129	菲律宾	46 856.10	4.20	2.762 7	77.05	−48.21	0.023 23
130	卡塔尔	10 573.75	−44.79	0.623 5	0.27		0.000 08
131	沙特阿拉伯	26 898.06	−54.97	1.586 0	3.6	−83.57	0.001 09
132	新加坡	38 908.99	−33.90	2.294 2	371.89	−70.95	0.112 13
133	韩国	54 256.42	7.66	3.199 1	31 111.83	2.93	9.380 83
134	斯里兰卡	6 966.45	−11.58	0.410 8	60.79	−24.11	0.018 33
135	叙利亚	416.29	−21.89	0.024 5			
136	泰国	57 707.95	2.67	3.402 6	558.15	−27.71	0.168 29
137	土耳其	32 529.50	0.80	1.918 0	628.82	−41.57	0.189 60
138	阿拉伯联合酋长国	32 111.94	−12.68	1.893 4	43.67	328.56	0.013 17
139	也门共和国	286.26	−66.03	0.016 9			
141	越南	70 430.19	−7.87	4.152 7	368.77	−1.71	0.111 19
142	中华人民共和国				2 104.56	−44.86	0.634 57
143	中国台湾省	13 151.48	−7.87	0.775 4	4 660.65	−25.96	1.405 28

（续）

代码	国家(地区)名称	出口			进口		
		金额（万美元）	同比增长（%）	占比（%）	金额（万美元）	同比增长（%）	占比（%）
144	东帝汶	2 068.94	83.87	0.122 0			
145	哈萨克斯坦	10 152.81	−42.81	0.598 6	2.61		0.000 79
146	吉尔吉斯斯坦	3 085.06	−32.20	0.181 9			
147	塔吉克斯坦	3 986.79	−29.05	0.235 1			
148	土库曼斯坦	2 331.80	−35.08	0.137 5			
149	乌兹别克斯坦	7 111.34	−0.23	0.419 3			
200	**非洲**	**172 053.00**	**-19.64**	**10.144 6**	**127.71**	**-51.69**	**0.038 5**
201	阿尔及利亚	28 192.76	23.61	1.662 3			
202	安哥拉	4 364.95	−39.27	0.257 4			
203	贝宁	702.17	33.04	0.041 4			
204	博茨瓦那	203.89	3.99	0.012 0			
205	布隆迪	18.56	−74.96	0.0011			
206	喀麦隆	4 938.23	28.90	0.291 2			
207	加那利群岛	0.01	−90.91	0.000 0			
208	佛得角	7.02	2.63	0.000 4			
209	中非	17.16	43.72	0.001 0			
211	乍得	88.38	−60.15	0.005 2			
212	科摩罗	40.31	151.62	0.002 4			
213	刚果	2 009.08	−44.77	0.118 5			
214	吉布提	5 511.57	−20.46	0.325 0			
215	埃及	6 128.49	−12.46	0.361 3	0.36	56.52	0.000 11
216	赤道几内亚	894.34	−43.28	0.052 7			
217	埃塞俄比亚	8 459.39	−34.47	0.498 8			
218	加蓬	2 158.20	5.04	0.127 3			
219	冈比亚	67.78	256.17	0.004 0			
220	加纳	13 644.99	25.86	0.804 5			
221	几内亚	3 040.21	7.20	0.179 3			
222	几内亚(比绍)	14.49		0.000 9			
223	科特迪瓦共和国	2 022.15	−48.32	0.119 2			
224	肯尼亚	10 988.29	−17.09	0.647 9	0.03	-90.91	0.000 01
225	利比里亚	1 380.65	57.81	0.081 4			
226	利比亚	353.33	−46.30	0.020 8			
227	马达加斯加	1 184.94	52.11	0.069 9			
228	马拉维	196.20	20.70	0.011 6			
229	马里	687.41	18.58	0.040 5			

（续）

代码	国家（地区）名称	出口			进口		
		金额（万美元）	同比增长（%）	占比（%）	金额（万美元）	同比增长（%）	占比（%）
230	毛里塔尼亚	558.10	18.57	0.032 9			
231	毛里求斯	567.91	0.68	0.033 5	0.06	-25.00	0.000 02
232	摩洛哥	5 031.64	69.93	0.296 7			
233	莫桑比克	4 316.41	-22.36	0.254 5			
234	纳米比亚	1 169.01	-77.33	0.068 9	0.12		0.000 04
235	尼日尔	55.90	-89.31	0.003 3	0.02		0.000 01
236	尼日利亚	5 906.19	-47.83	0.348 2			
237	留尼汪	111.47	-22.26	0.006 6			
238	卢旺达	589.78	10.90	0.034 8			
239	圣多美和普林西比	1.00	9.89	0.000 1			
240	塞内加尔	1 940.09	-46.99	0.114 4			
241	塞舌尔	658.29	1 108.54	0.038 8			
242	塞拉利昂	740.61	8.24	0.043 7			
243	索马里	362.22	-15.36	0.021 4			
244	南非	24 919.07	-27.59	1.469 3	127.1	-51.36	0.038 32
246	苏丹	3 435.19	-19.25	0.202 5			
247	坦桑尼亚	5 338.06	-3.67	0.314 7	0.02		0.000 01
248	多哥	912.33	2.44	0.053 8			
249	突尼斯	4 198.09	-20.67	0.247 5			
250	乌干达	3 544.55	-22.15	0.209 0			
251	布基纳法索	327.34	-10.02	0.019 3			
252	民主刚果	4 388.94	-12.56	0.258 8			
253	赞比亚	4 160.61	-51.81	0.245 3			
254	津巴布韦	960.47	-61.57	0.056 6			
255	莱索托	55.20	-9.15	0.003 3			
257	斯威士兰	9.33	-34.85	0.000 6			
258	厄立特里亚	72.67	-98.12	0.004 3			
259	马约特岛	21.02	711.58	0.001 2			
260	南苏丹共和国	386.12	-89.64	0.022 8			
300	欧洲	**249 268.00**	**2.48**	**14.697 3**	**150 517**	**-2.25**	**45.383 8**
301	比利时	22 658.03	16.59	1.336 0	469.29	-52.23	0.141 50
302	丹麦	4 316.32	11.66	0.254 5	1176.58	-11.02	0.354 76
303	英国	26 298.30	-1.83	1.550 6	2 867.92	-40.71	0.864 73
304	德国	31 878.07	3.35	1.879 6	59 616.75	-7.33	17.975 63
305	法国	13 814.61	16.09	0.814 5	7 875.12	8.91	2.374 50

（续）

代码	国家（地区）名称	出口			进口		
		金额（万美元）	同比增长（%）	占比（%）	金额（万美元）	同比增长（%）	占比（%）
306	爱尔兰	2 305.80	−28.22	0.136 0	200.85	−15.41	0.060 56
307	意大利	19 433.23	−1.88	1.145 8	12 917.96	−19.15	3.895 02
308	卢森堡	5.29	−58.64	0.000 3	43.16	6.88	0.013 01
309	荷兰	25 899.21	4.39	1.527 1	27 657.91	228.26	8.339 41
310	希腊	1 651.82	24.27	0.097 4	40.48	19.27	0.012 21
311	葡萄牙	1 275.59	50.77	0.075 2	30.15	68.25	0.009 09
312	西班牙	8 084.58	−4.33	0.476 7	2 305.41	2.14	0.695 13
313	阿尔巴尼亚	311.61	40.19	0.018 4			
314	安道尔	0.56	−89.95				
315	奥地利	2 643.47	26.10	0.155 9	11 641.91	−14.75	3.510 27
316	保加利亚	554.07	−15.43	0.032 7	46.38	57.27	0.013 98
318	芬兰	3 959.39	−10.15	0.233 5	3 075.39	−39.34	0.927 29
320	直布罗陀	0.11	266.67				
321	匈牙利	596.64	17.25	0.035 2	753.11	−38.24	0.227 08
322	冰岛	75.52	17.45	0.004 5			
323	列支敦士登	0.41	−93.32		0.51	537.50	0.000 15
324	马耳他	369.85	72.99	0.021 8	0.58	−64.63	0.000 17
325	摩纳哥						
326	挪威	2 448.35	19.92	0.144 4	2 258.45	−29.60	0.680 97
327	波兰	5 816.03	1.90	0.342 9	1 134.53	−63.17	0.342 08
328	罗马尼亚	1 838.77	15.09	0.108 4	437.18	21.16	0.131 82
329	圣马力诺				38.24	9.01	0.011 53
330	瑞典	10 540.15	7.73	0.621 5	9 771.96	−23.25	2.946 44
331	瑞士	1 443.64	14.47	0.085 1	2 227.06	−39.52	0.671 50
334	爱沙尼亚	803.69	−16.08	0.047 4	357.74	−62.02	0.107 87
335	拉脱维亚	559.17	−23.53	0.033 0	53.68	308.52	0.016 19
336	立陶宛	638.57	−6.43	0.037 7	51.67	28 605.56	0.015 58
337	格鲁吉亚	1 714.70	0.32	0.101 1	0.08	−11.11	0.000 02
338	亚美尼亚	386.28	−44.18	0.022 8			
339	阿塞拜疆	1 495.83	3.60	0.088 2			
340	白俄罗斯	903.90	−62.74	0.053 3	0.09		0.000 03
343	摩尔多瓦	90.58	−15.41	0.005 3			
344	俄罗斯	45 087.70	−2.43	2.658 5	422.32	5 252.60	0.127 34
347	乌克兰	3 922.77	107.36	0.231 3	1.06	39.47	0.000 32
350	斯洛文尼亚	704.41	−17.57	0.041 5	166.61	9.50	0.050 24

（续）

代码	国家（地区）名称	出口			进口		
		金额（万美元）	同比增长（%）	占比（%）	金额（万美元）	同比增长（%）	占比（%）
351	克罗地亚	531.46	13.57	0.031 3	2.26	-87.51	0.000 68
352	捷克	1 915.81	3.02	0.113 0	2 431.64	-38.18	0.733 19
353	斯洛伐克	1 095.16	25.65	0.064 6	295.13	110.60	0.088 99
354	前南斯拉夫马其顿	48.21	-74.29	0.002 8	0.35	-37.50	0.000 11
355	波斯尼亚—黑塞哥维那	66.78	12.12	0.003 9	134.32		0.040 50
358	塞尔维亚	903.90	145.17	0.053 3	12.72	18.11	0.003 84
359	黑山	179.93	-90.24	0.010 6			
400	**南美洲**	**125 811.00**	**-26.74**	**7.418 1**	**527.99**	**-30.31**	**0.159 2**
401	安提瓜和巴布达	14.78	-49.44	0.000 9			
402	阿根廷	14 540.23	-31.62	0.857 3	1.06		0.000 32
403	阿鲁巴岛	35.80	-56.88	0.002 1			
404	巴哈马	149.80	86.06	0.0088			
405	巴巴多斯	68.95	114.60	0.004 1			
406	伯利兹	20.50	-53.01	0.001 2			
408	玻利维亚	4 279.71	30.14	0.252 3			
409	博奈尔岛	1.37		0.000 1			
410	巴西	18 381.67	-34.14	1.083 8	197.86	-63.83	0.059 66
411	开曼群岛	0.03		0.000 0			
412	智利	11 884.29	-14.00	0.700 7	9.36	-49.68	0.002 82
413	哥伦比亚	8 827.59	-18.48	0.520 5	0.08	-33.33	0.000 02
414	多米尼加	18.15	113.53	0.001 1			
415	哥斯达黎加	1 171.13	-12.84	0.069 1			
416	古巴	7 272.04	-16.11	0.428 8			
417	库腊索岛	25.19	569.95	0.001 5			
418	多米尼加共和国	1 360.34	29.46	0.080 2	0.04	-71.43	0.000 01
419	厄瓜多尔	1 718.35	-46.19	0.101 3			
420	法属圭亚那	6.54	399.24	0.000 4			
421	格林纳达	5.31	32.09	0.000 3			
422	瓜德罗普岛	30.23	55.58	0.001 8			
423	危地马拉	1 173.91	-37.90	0.069 2			
424	圭亚那	717.24	13.65	0.042 3			
425	海地	145.27	-32.66	0.008 6			
426	洪都拉斯	426.36	-62.90	0.025 1			
427	牙买加	405.07	8.54	0.023 9	0.08		0.000 02
428	马提尼克岛	3.61	161.59	0.000 2			

（续）

代码	国家（地区）名称	出口			进口		
		金额（万美元）	同比增长（%）	占比（%）	金额（万美元）	同比增长（%）	占比（%）
429	墨西哥	18 037.95	0.47	1.063 6	319.09	81.45	0.096 21
431	尼加拉瓜	543.31	−7.97	0.032 0			
432	巴拿马	3 611.15	−9.31	0.212 9			
433	巴拉圭	996.64	−33.77	0.058 8			
434	秘鲁	6 273.79	−33.43	0.369 9	0.3	−97.10	0.000 09
435	波多黎各	127.66	9.09	0.007 5	0.07		0.000 02
437	圣卢西亚	37.26	−75.97	0.002 2			
438	圣马丁岛	12.93	−28.21	0.000 8			
439	圣文森特和格林纳丁斯	1.96	−63.90	0.000 1			
440	萨尔瓦多	315.46	53.58	0.018 6	0.05	0.00	0.000 02
441	苏里南	202.25	−83.15	0.011 9			
442	特立尼达和多巴哥	269.02	−68.20	0.015 9			
444	乌拉圭	1 527.38	−18.86	0.090 1			
445	委内瑞拉	21 135.68	−44.18	1.246 2			
446	英属维尔京群岛	18.19	55.60	0.001 1			
447	圣其茨—尼维斯	7.70	−55.23	0.000 5			
449	荷属安地列斯群岛	9.29	−3.93	0.000 5			
500	**北美洲**	**205 183.00**	**-6.00**	**12.098 0**	**34 205**	**-20.94**	**10.313 5**
501	加拿大	22 716.29	−9.30	1.339 4	4 274.01	55.25	1.288 70
502	美国	182 448.91	−5.58	10.757 6	29 931.07	−26.11	9.024 81
504	百慕大群岛	17.69	275.58	0.001 0			
600	**大洋洲**	**67 701.00**	**4.48**	**3.991 8**	**1 821.84**	**-42.48**	**0.549 3**
601	澳大利亚	57 564.85	7.73	3.394 1	1 769.74	−43.73	0.533 61
602	库克群岛	3.54	856.76	0.000 2			
603	斐济	970.37	2.89	0.057 2			
606	瑙鲁	0.48	45.45	0.000 0			
607	新喀里多尼亚	135.38	−17.16	0.008 0			
608	瓦努阿图	362.76	−9.13	0.021 4			
609	新西兰	5 789.26	16.15	0.341 3	52.08	134.07	0.015 70
610	诺福克岛	32.12		0.001 9			
611	巴布亚新几内亚	1 964.90	−47.13	0.115 9	0.02		0.000 01
612	社会群岛	3.03	54.59	0.000 2			
613	所罗门群岛	513.69	−10.94	0.030 3			
614	汤加	43.65	−6.33	0.002 6			
617	萨摩亚	114.20	16.58	0.006 7			

（续）

代码	国家（地区）名称	出口			进口		
		金额（万美元）	同比增长（%）	占比（%）	金额（万美元）	同比增长（%）	占比（%）
618	基里巴斯	13.11	-61.79	0.000 8			
619	图瓦卢	2.49	-99.11	0.000 1			
620	密克罗尼西亚联邦	3.18	-59.85	0.000 2			
621	马绍尔群岛共和国	40.19	2.53	0.002 4			
622	帕劳共和国	37.64	132.92	0.002 2			
623	法属波利尼西亚	103.38	127.91	0.006 1			
699	大洋洲其他国家（地区）	2.57	-77.96	0.000 2			

〔供稿人：中国工程机械工业协会吕莹〕

2016 年工程机械产品进出口分类统计

序号	货品名称	单位	出口				进口			
			数量	数量同比增长（%）	金额（万美元）	金额同比增长（%）	数量	数量同比增长（%）	金额（万美元）	金额同比增长（%）
1	履带式挖掘机	台	13 192	3.24	102 621	-12.48	13 370	33.63	59 622.49	35.33
2	轮胎式挖掘机	台	643	29.38	5 916	27.76	135	8.87	801.48	-0.31
3	其他挖掘机	台	67	-46.40	575	-23.81	6	100.00	1 061.65	446.37
4	装载机	台	28 468	-6.84	99 691	-20.18	419	-11.04	2 405.43	-28.37
5	P＞235.36kW（320 马力）推土机	台	156	60.82	2 331	77.73	27	-28.95	1 876.83	-22.84
6	其他推土机	台	1 471	-20.53	13 717	-22.30	32	-39.62	355.01	-57.83
7	筑路机及平地机	台	3 117	3.59	23 461	-6.61	9	80.00	255.98	173.57
8	铲运机	台	1 310	135.61	2 204	-10.70	17	-39.29	790.59	-48.91
9	非公路用自卸车	辆	3 242	-31.55	16 104	-58.55	27	-30.77	761.34	-44.69
10	压路机	台	12 928	9.28	28 506	-4.13	402	-21.64	973.33	-15.89
11	其他压实机械	台	7 165	-19.31	1 062	-4.23	4	33.33	2.51	2.45
12	摊铺机	台	730	34.94	2 896	4.95	515	62.46	7 517.97	38.77
13	沥青搅拌设备	台	595	-8.60	8 845	-22.29	8 054	24 306.06	390.51	4.32
14	起重量＞100 t 全路面汽车起重机	辆	35	-20.45	2 563	-21.50	4	0.00	630.03	-20.16
15	其他全路面汽车起重机	辆	519	-4.60	5 816	-3.53				
16	起重量＞100 t 的汽车起重机	辆	40	8.11	1 732	-23.65				
17	其他汽车起重机	辆	1 855	-32.94	26 536	-37.71				

（续）

序号	货品名称	单位	出口				进口			
			数量	数量同比增长（%）	金额（万美元）	金额同比增长（%）	数量	数量同比增长（%）	金额（万美元）	金额同比增长（%）
18	履带式起重机	台	744	-4.12	23 244	-2.81	8	-46.67	479.88	-90.40
19	塔式起重机	台	2 565	-22.46	31 753	-24.87	23	-37.84	481.52	-74.59
20	随车起重机	台	435	-26.52	1 048	-47.31	315	-37.99	547.61	-67.30
21	其他起重机	台	30 945	102.44	49 519	55.76	1 305	-21.62	10 681.51	-50.33
22	堆垛机	台	1 320	18.92	6 691	46.68	757	-10.73	4 956.30	4.35
23	电动叉车	台	97 873	31.94	56 100	20.21	7 506	-9.24	10 844.57	-23.93
24	内燃叉车	台	67 280	14.42	99 071	-2.70	832	-13.96	5 305.75	-36.79
25	集装箱叉车	台	316	3.95	4 193	-3.92	7	600.00	140.18	10 439.85
26	手动搬运车	台	1 561 250	-1.34	29 573	-6.59	2 543	-0.12	530.33	-46.52
27	牵引车	台	15 211	-24.85	5 232	1.28	1 143	-46.41	1 643.38	-31.36
28	凿岩机械和风动工具	台	15 465 650	0.72	32 911	-4.50	1 003 790	4.96	9 718.23	-20.68
29	隧道掘进机	台	66	13.79	24 468	-19.49	4	-63.64	1 342.00	-65.16
30	打桩机及工程钻机	台	25 886	10.65	14 714	-13.70	159	52.88	2 653.49	27.10
31	混凝土泵	台	1 799	-19.40	4 143	-39.89	417	87.84	1 104.26	105.91
32	混凝土泵车	辆	644	-4.87	12 159	-24.08				
33	混凝土搅拌机械	辆	710 659	22.77	30 991	-18.75	1 895	-47.55	6 277.59	-25.12
34	混凝土搅拌车	台	6 297	-2.87	30 668	-20.23				
35	电梯及扶梯	台	76 380	3.08	194 720	-8.16	2 097	20.59	14 606.93	7.39
36	其他工程车辆	台	4 721	-20.54	38 594	-19.47	169	5.63	6 488.30	-13.81
37	其他	台	1 177 332	-10.95	55 177	-36.18	6 861	19.09	35 687.69	97.14
38	零部件	t			606 462	-5.79			140 718.48	-4.25
合 计					1 696 004	-10.63			331 653.15	-1.50

〔供稿人：中国工程机械工业协会吕莹〕

2016 年工程机械各国家（地区）进出口额排序情况

代码	国家（地区）	出口				进口				进出口			
		金额（万美元）	排序	同比增长（%）	占比（%）	金额（万美元）	排序	同比增长（%）	占比（%）	金额（万美元）	排序	同比增长（%）	占比（%）
502	美国	182 448.91	1	-5.58	10.76	29 931.07	4	-26.11	9.02	212 379.98	1	-9.14	10.47
116	日本	90 574.82	2	-8.88	5.34	95 093.58	1	20.79	28.67	185 668.40	2	4.23	9.16
304	德国	31 878.07	16	3.35	1.88	59 616.75	2	-7.33	17.98	91 494.82	3	-3.87	4.51

（续）

代码	国家（地区）	出口				进口				进出口			
		金额（万美元）	排序	同比增长（%）	占比（%）	金额（万美元）	排序	同比增长（%）	占比（%）	金额（万美元）	排序	同比增长（%）	占比（%）
133	韩国	54 256.42	7	7.66	3.20	31 111.83	3	2.93	9.38	85 368.25	4	5.89	4.21
141	越南	70 430.19	3	−7.87	4.15	368.77	32	−1.71	0.11	70 798.96	5	−7.84	3.49
111	印度	60 959.22	4	18.29	3.59	2 265.72	17	−9.39	0.68	63 224.94	6	17.01	3.12
122	马来西亚	53 824.81	8	−14.82	3.17	6 511.76	10	−29.35	1.96	60 336.57	7	−16.67	2.98
601	澳大利亚	57 564.85	6	7.73	3.39	1 769.74	21	−43.73	0.53	59 334.59	8	4.87	2.93
136	泰国	57 707.95	5	2.67	3.40	558.15	26	−27.71	0.17	58 266.10	9	2.26	2.87
309	荷兰	25 899.21	21	4.39	1.53	27 657.91	5	228.26	8.34	53 557.12	10	61.15	2.64
112	印度尼西亚	52 674.04	9	−11.14	3.11	550.72	27	22.02	0.17	53 224.76	11	−10.89	2.62
129	菲律宾	46 856.10	10	4.20	2.76	77.05	41	−48.21	0.02	46 933.15	12	4.03	2.31
344	俄罗斯	45 087.70	12	−2.43	2.66	422.32	30	5 252.60	0.13	45 510.02	13	−1.53	2.24
110	中国香港	45 318.61	11	12.01	2.67	33.56	51	−81.57	0.01	45 352.17	14	11.59	2.24
132	新加坡	38 908.99	13	−33.90	2.29	371.89	31	−70.95	0.11	39 280.88	15	−34.69	1.94
137	土耳其	32 529.50	14	0.80	1.92	628.82	25	−41.57	0.19	33 158.32	16	−0.57	1.64
307	意大利	19 433.23	27	−1.88	1.15	12 917.96	6	−19.15	3.90	32 351.19	17	−9.60	1.60
138	阿拉伯联合酋长国	32 111.94	15	−12.68	1.89	43.67	47	328.56	0.01	32 155.61	18	−12.58	1.59
127	巴基斯坦	31 314.56	17	180.72	1.85	0.07	76	−83.33		31 314.63	19	180.71	1.54
303	英国	26 298.30	20	−1.83	1.55	2 867.92	14	−40.71	0.86	29 166.22	20	−7.78	1.44
201	阿尔及利亚	28 192.76	18	23.61	1.66					28 192.76	21	23.61	1.39
501	加拿大	22 716.29	23	−9.30	1.34	4 274.01	12	55.25	1.29	26 990.30	22	−2.90	1.33
131	沙特阿拉伯	26 898.06	19	−54.97	1.59	3.60	56	−83.57		26 901.66	23	−54.99	1.33
244	南非	24 919.07	22	−27.59	1.47	127.10	40	−51.36	0.04	25 046.17	24	−27.77	1.24
301	比利时	22 658.03	24	16.59	1.34	469.29	28	−52.23	0.14	23 127.32	25	13.28	1.14
305	法国	13 814.61	33	16.09	0.81	7 875.12	9	8.91	2.37	21 689.73	26	13.38	1.07
445	委内瑞拉	21 135.68	25	−44.18	1.25					21 135.68	27	−44.18	1.04
330	瑞典	10 540.15	39	7.73	0.62	9 771.96	8	−23.25	2.95	20 312.11	28	−9.79	1.00
113	伊朗	20 290.79	26	−37.32	1.20	0.09	70	28.57		20 290.88	29	−37.32	1.00
410	巴西	18 381.67	28	−34.14	1.08	197.86	37	−63.83	0.06	18 579.53	30	−34.71	0.92
429	墨西哥	18 037.95	29	0.47	1.06	319.09	34	81.45	0.10	18 357.04	31	1.25	0.91
143	中国台湾省	13 151.48	35	−7.87	0.78	4 660.65	11	−25.96	1.41	17 812.13	32	−13.41	0.88
106	缅甸	16 402.38	30	−56.38	0.97					16 402.38	33	−56.38	0.81
103	孟加拉国	15 278.18	31	15.40	0.90					15 278.18	34	15.40	0.75
402	阿根廷	14 540.23	32	−31.62	0.86	1.06	60			14 541.29	35	−31.61	0.72
315	奥地利	2 643.47	80	26.10	0.16	11 641.91	7	−14.75	3.51	14 285.38	36	−9.32	0.70
220	加纳	13 644.99	34	25.86	0.80					13 644.99	37	25.86	0.67
412	智利	11 884.29	36	−14.00	0.70	9.36	54	−49.68		11 893.65	38	−14.05	0.59

（续）

代码	国家（地区）	出口				进口				进出口			
		金额（万美元）	排序	同比增长（%）	占比（%）	金额（万美元）	排序	同比增长（%）	占比（%）	金额（万美元）	排序	同比增长（%）	占比（%）
224	肯尼亚	10 988.29	37	-17.09	0.65	0.03	81	-90.91		10 988.32	39	-17.09	0.54
130	卡塔尔	10 573.75	38	-44.79	0.62	0.27	66			10 574.02	40	-44.78	0.52
312	西班牙	8 084.58	45	-4.33	0.48	2 305.41	16	2.14	0.70	10 389.99	41	-2.97	0.51
145	哈萨克斯坦	10 152.81	40	-42.81	0.60	2.61	57			10 155.42	42	-42.80	0.50
126	阿曼	9 969.95	41	-7.51	0.59					9 969.95	43	-7.51	0.49
413	哥伦比亚	8 827.59	42	-18.48	0.52	0.08	74	-33.33		8 827.67	44	-18.48	0.44
115	以色列	8 548.72	43	25.34	0.50	5.43	55	-32.63		8 554.15	45	25.27	0.42
217	埃塞俄比亚	8 459.39	44	-34.47	0.50					8 459.39	46	-34.47	0.42
118	科威特	7 392.98	46	-26.44	0.44	0.09	71			7 393.07	47	-26.44	0.36
124	蒙古	7 325.39	47	-18.43	0.43					7 325.39	48	-18.88	0.36
416	古巴	7 272.04	48	-16.11	0.43					7 272.04	49	-16.11	0.36
149	乌兹别克斯坦	7 111.34	49	-0.23	0.42					7 111.34	50	-0.23	0.35
318	芬兰	3 959.39	70	-10.15	0.23	3 075.39	13	-39.34	0.93	7 034.78	51	-25.77	0.35
134	斯里兰卡	6 966.45	50	-11.58	0.41	60.79	42	-24.11	0.02	7 027.24	52	-11.71	0.35
327	波兰	5 816.03	56	1.90	0.34	1 134.53	23	-63.17	0.34	6 950.56	53	-20.91	0.34
119	老挝	6 511.70	51	1.22	0.38					6 511.70	54	1.22	0.32
434	秘鲁	6 273.79	52	-33.43	0.37	0.30	65	-97.10		6 274.09	55	-33.50	0.31
215	埃及	6 128.49	53	-12.46	0.36	0.36	63	56.52		6 128.85	56	-12.46	0.30
107	柬埔寨	5 954.02	54	36.84	0.35	0.10	69			5 954.12	57	36.85	0.29
236	尼日利亚	5 906.19	55	-47.83	0.35					5 906.19	58	-47.83	0.29
609	新西兰	5 789.26	57	16.15	0.34	52.08	44	134.07	0.02	5 841.34	59	16.67	0.29
214	吉布提	5 511.57	58	-20.46	0.32					5 511.57	60	-20.46	0.27
302	丹麦	4 316.32	65	11.66	0.25	1 176.58	22	-11.02	0.35	5 492.90	61	5.88	0.27
247	坦桑尼亚	5 338.06	59	-3.67	0.31	0.02	83			5 338.08	62	-3.67	0.26
232	摩洛哥	5 031.64	60	69.93	0.30					5 031.64	63	69.93	0.25
206	喀麦隆	4 938.23	61	28.90	0.29					4 938.23	64	28.90	0.24
326	挪威	2 448.35	83	19.92	0.14	2 258.45	18	-29.60	0.68	4 706.80	65	-10.34	0.23
252	民主刚果	4 388.94	62	-12.56	0.26					4 388.94	66	-12.56	0.22
202	安哥拉	4 364.95	63	-39.27	0.26					4 364.95	67	-39.27	0.22
352	捷克	1 915.81	94	3.02	0.11	2 431.64	15	-38.18	0.73	4 347.45	68	-24.95	0.21
233	莫桑比克	4 316.41	64	-22.36	0.25					4 316.41	69	-22.36	0.21
408	玻利维亚	4 279.71	66	30.14	0.25					4 279.71	70	30.14	0.21
249	突尼斯	4 198.09	67	-20.67	0.25					4 198.09	71	-20.67	0.21
253	赞比亚	4 160.61	68	-51.81	0.25					4 160.61	72	-51.81	0.21
147	塔吉克斯坦	3 986.79	69	-29.05	0.24					3 986.79	73	-29.05	0.20

（续）

代码	国家（地区）	出口				进口				进出口			
		金额（万美元）	排序	同比增长（%）	占比（%）	金额（万美元）	排序	同比增长（%）	占比（%）	金额（万美元）	排序	同比增长（%）	占比（%）
347	乌克兰	3 922.77	71	107.36	0.23	1.06	59	39.47	0.00	3 923.83	74	107.34	0.19
121	中国澳门	3 904.48	72	−35.28	0.23					3 904.48	75	−35.28	0.19
109	朝鲜	3 888.87	73	−19.38	0.23					3 888.87	76	−19.56	0.19
331	瑞士	1 443.64	102	14.47	0.09	2 227.06	19	−39.52	0.67	3 670.70	77	−25.75	0.18
432	巴拿马	3 611.15	74	−9.31	0.21					3 611.15	78	−9.31	0.18
250	乌干达	3 544.55	75	−22.15	0.21					3 544.55	79	−22.15	0.17
120	黎巴嫩	3 471.76	76	141.10	0.20					3 471.76	80	141.10	0.17
246	苏丹	3 435.19	77	−19.25	0.20					3 435.19	81	−19.25	0.17
146	吉尔吉斯斯坦	3 085.06	78	−32.20	0.18					3 085.06	82	−32.20	0.15
221	几内亚	3 040.21	79	7.20	0.18					3 040.21	83	7.20	0.15
114	伊拉克	2 618.11	81	−80.23	0.15					2 618.11	84	−80.23	0.13
105	文莱	2 519.68	82	116.41	0.15	0.20	67			2 519.88	85	116.43	0.12
306	爱尔兰	2 305.80	85	−28.22	0.14	200.85	36	−15.41	0.06	2 506.65	86	−27.34	0.12
148	土库曼斯坦	2 331.80	84	−35.08	0.14					2 331.80	87	−35.08	0.11
328	罗马尼亚	1 838.77	95	15.09	0.11	437.18	29	21.16	0.13	2 275.95	88	16.21	0.11
123	马尔代夫	2 214.06	86	201.33	0.13					2 214.06	89	201.33	0.11
218	加蓬	2 158.20	87	5.04	0.13					2 158.20	90	5.04	0.11
142	中华人民共和国					2 104.56	20	−44.86	0.63	2 104.56	91	−44.86	0.10
144	东帝汶	2 068.94	88	83.87	0.12					2 068.94	92	83.87	0.10
102	巴林	2 044.82	89	4.44	0.12					2 044.82	93	4.43	0.10
223	科特迪瓦共和国	2 022.15	90	−48.32	0.12					2 022.15	94	−48.33	0.10
213	刚果	2 009.08	91	−44.77	0.12					2 009.08	95	−44.77	0.10
611	巴布亚新几内亚	1 964.90	92	−47.13	0.12	0.02	84			1 964.92	96	−47.13	0.10
240	塞内加尔	1 940.09	93	−46.99	0.11					1 940.09	97	−46.99	0.10
419	厄瓜多尔	1 718.35	96	−46.19	0.10					1 718.35	98	−46.28	0.08
337	格鲁吉亚	1 714.70	97	0.32	0.10	0.08	73	−11.11		1 714.78	99	0.32	0.08
310	希腊	1 651.82	98	24.27	0.10	40.48	49	19.27	0.01	1 692.30	100	24.14	0.08
117	约旦	1 641.76	99	−8.20	0.10					1 641.76	101	−8.20	0.08
444	乌拉圭	1 527.38	100	−18.86	0.09					1 527.38	102	−18.86	0.08
339	阿塞拜疆	1 495.83	101	3.60	0.09					1 495.83	103	3.60	0.07
353	斯洛伐克	1 095.16	110	25.65	0.06	295.13	35	110.60	0.09	1 390.29	104	37.42	0.07
225	利比里亚	1 380.65	103	57.81	0.08					1 380.65	105	57.81	0.07
418	多米尼加共和国	1 360.34	104	29.46	0.08	0.04	80	−71.43		1 360.38	106	29.45	0.07
321	匈牙利	596.64	127	17.25	0.04	753.11	24	−38.24	0.23	1 349.75	107	−21.90	0.07
311	葡萄牙	1 275.59	105	50.77	0.08	30.15	52	68.25	0.01	1 305.74	108	51.14	0.06

（续）

代码	国家（地区）	出口				进口				进出口			
		金额（万美元）	排序	同比增长（%）	占比（%）	金额（万美元）	排序	同比增长（%）	占比（%）	金额（万美元）	排序	同比增长（%）	占比（%）
227	马达加斯加	1 184.94	106	52.11	0.07					1 184.94	109	52.11	0.06
423	危地马拉	1 173.91	107	−37.90	0.07					1 173.91	110	−37.90	0.06
415	哥斯达黎加	1 171.13	108	−12.84	0.07					1 171.13	111	−12.84	0.06
234	纳米比亚	1 169.01	109	−77.33	0.07	0.12	68			1 169.13	112	−77.33	0.06
334	爱沙尼亚	803.69	119	−16.08	0.05	357.74	33	−62.02	0.11	1 161.43	113	−38.86	0.06
433	巴拉圭	996.64	111	−33.77	0.06					996.64	114	−33.77	0.05
603	斐济	970.37	112	2.89	0.06					970.37	115	2.89	0.05
254	津巴布韦	960.47	113	−61.57	0.06					960.47	116	−61.57	0.05
358	塞尔维亚	903.90	116	145.17	0.05	12.72	53	18.11		916.62	117	141.56	0.05
248	多哥	912.33	114	2.44	0.05					912.33	118	2.44	0.04
340	白俄罗斯	903.90	115	−62.74	0.05	0.09	72			903.99	119	−62.73	0.04
216	赤道几内亚	894.34	117	−43.28	0.05					894.34	120	−43.28	0.04
350	斯洛文尼亚	704.41	122	−17.57	0.04	166.61	38	9.50	0.05	871.02	121	−13.48	0.04
125	尼泊尔	865.23	118	292.72	0.05					865.23	122	292.72	0.04
242	塞拉利昂	740.61	120	8.24	0.04					740.61	123	8.23	0.04
424	圭亚那	717.24	121	13.65	0.04					717.24	124	13.65	0.04
203	贝宁	702.17	123	33.04	0.04					702.17	125	33.04	0.03
336	立陶宛	638.57	126	−6.43	0.04	51.67	45	28 605.56	0.02	690.24	126	1.11	0.03
229	马里	687.41	124	18.58	0.04					687.41	127	18.58	0.03
241	塞舌尔	658.29	125	1108.54	0.04					658.29	128	1108.54	0.03
335	拉脱维亚	559.17	130	−23.53	0.03	53.68	43	308.52	0.02	612.85	129	−17.67	0.03
316	保加利亚	554.07	132	−15.43	0.03	46.38	46	57.27	0.01	600.45	130	−12.29	0.03
238	卢旺达	589.78	128	10.90	0.03					589.78	131	10.90	0.03
231	毛里求斯	567.91	129	0.68	0.03	0.06	78	−25.00		567.97	132	0.67	0.03
230	毛里塔尼亚	558.10	131	18.57	0.03					558.10	133	18.57	0.03
431	尼加拉瓜	543.31	133	−7.97	0.03					543.31	134	−7.97	0.03
351	克罗地亚	531.46	134	13.57	0.03	2.26	58	−87.51		533.72	135	9.81	0.03
613	所罗门群岛	513.69	135	−10.94	0.03					513.69	136	−10.94	0.03
426	洪都拉斯	426.36	136	−62.90	0.03					426.36	137	−62.90	0.02
135	叙利亚	416.29	137	−21.89	0.02					416.29	138	−21.89	0.02
427	牙买加	405.07	138	8.54	0.02	0.08	75			405.15	139	8.56	0.02
338	亚美尼亚	386.28	139	−44.18	0.02					386.28	140	−44.18	0.02
260	南苏丹共和国	386.12	140	−89.64	0.02					386.12	141	−89.64	0.02
324	马耳他	369.85	141	72.99	0.02	0.58	61	−64.63		370.43	142	71.94	0.02
608	瓦努阿图	362.76	142	−9.13	0.02					362.76	143	−9.13	0.02

（续）

代码	国家（地区）	出口				进口				进出口			
		金额（万美元）	排序	同比增长（%）	占比（%）	金额（万美元）	排序	同比增长（%）	占比（%）	金额（万美元）	排序	同比增长（%）	占比（%）
243	索马里	362.22	143	-15.36	0.02					362.22	144	-15.36	0.02
226	利比亚	353.33	144	-46.30	0.02					353.33	145	-46.30	0.02
251	布基纳法索	327.34	145	-10.02	0.02					327.34	146	-10.02	0.02
440	萨尔瓦多	315.46	146	53.58	0.02	0.05	79			315.51	147	53.57	0.02
313	阿尔巴尼亚	311.61	147	40.19	0.02					311.61	148	40.19	0.02
139	也门共和国	286.26	148	-66.03	0.02					286.26	149	-66.03	0.01
128	巴勒斯坦	275.57	149	-1.83	0.02					275.57	150	-1.83	0.01
442	特立尼达和多巴哥	269.02	150	-68.20	0.02					269.02	151	-68.20	0.01
204	博茨瓦那	203.89	151	3.99	0.01					203.89	152	3.98	0.01
441	苏里南	202.25	152	-83.15	0.01					202.25	153	-83.15	0.01
355	波斯尼亚—黑塞哥维那	66.78	170	12.12		134.32	39		0.04	201.10	154	237.64	0.01
228	马拉维	196.20	153	20.70	0.01					196.20	155	20.70	0.01
101	阿富汗	192.55	154	38.90	0.01					192.55	156	38.90	0.01
359	黑山	179.93	155	-90.24	0.01					179.93	157	-90.24	0.01
108	塞浦路斯	177.82	156	123.90	0.01					177.82	158	121.64	0.01
404	巴哈马	149.80	157	86.06	0.01					149.80	159	86.06	0.01
425	海地	145.27	158	-32.66	0.01					145.27	160	-32.66	0.01
607	新喀里多尼亚	135.38	159	-17.16	0.01					135.38	161	-17.16	0.01
435	波多黎各	127.66	160	9.09	0.01	0.07	77			127.73	162	9.15	0.01
617	萨摩亚	114.20	161	16.58	0.01					114.20	163	16.58	0.01
237	留尼汪	111.47	162	-22.26	0.01					111.47	164	-22.26	0.01
623	法属波利尼西亚	103.38	163	127.91	0.01					103.38	165	127.91	0.01
343	摩尔多瓦	90.58	164	-15.41	0.01					90.58	166	-15.41	
211	乍得	88.38	165	-60.15	0.01					88.38	167	-60.15	
322	冰岛	75.52	166	17.45						75.52	168	17.45	
258	厄立特里亚	72.67	167	-98.12						72.67	169	-98.12	
405	巴巴多斯	68.95	168	114.60						68.95	170	114.60	
219	冈比亚	67.78	169	256.17						67.78	171	256.17	
235	尼日尔	55.90	171	-89.31		0.02	82			55.92	172	-89.31	
255	莱索托	55.20	172	-9.15						55.20	173	-9.15	
354	前南斯拉夫马其顿	48.21	173	-74.29		0.35	64	-37.50		48.56	174	-74.18	

（续）

代码	国家（地区）	出口				进口				进出口			
		金额（万美元）	排序	同比增长（%）	占比（%）	金额（万美元）	排序	同比增长（%）	占比（%）	金额（万美元）	排序	同比增长（%）	占比（%）
308	卢森堡	5.29	200	-58.64		43.16	48	6.88	0.01	48.45	175	-8.88	
614	汤加	43.65	174	-6.33						43.65	176	-6.33	
212	科摩罗	40.31	175	151.62						40.31	177	151.62	
621	马绍尔群岛共和国	40.19	176	2.53						40.19	178	2.53	
329	圣马力诺					38.24	50	9.01	0.01	38.24	179	9.01	
622	帕劳共和国	37.64	177	132.92						37.64	180	132.92	
437	圣卢西亚	37.26	178	-75.97						37.26	181	-75.97	
403	阿鲁巴岛	35.80	179	-56.88						35.80	182	-56.88	
610	诺福克岛	32.12	180							32.12	183		
422	瓜德罗普岛	30.23	181	55.58						30.23	184	55.58	
417	库腊索岛	25.19	182	569.95						25.19	185	569.95	
259	马约特岛	21.02	183	711.58						21.02	186	711.58	
406	伯利兹	20.50	184	-53.01						20.50	187	-53.01	
205	布隆迪	18.56	185	-74.96						18.56	188	-74.96	
446	英属维尔京群岛	18.19	186	55.60						18.19	189	55.60	
414	多米尼加	18.15	187	113.53						18.15	190	113.53	
504	百慕大群岛	17.69	188	275.58						17.69	191	275.58	
209	中非	17.16	189	43.72						17.16	192	43.72	
401	安提瓜和巴布达	14.78	190	-49.44						14.78	193	-49.44	
222	几内亚(比绍)	14.49	191							14.49	194	1 492.31	
618	基里巴斯	13.11	192	-61.79						13.11	195	-61.79	
438	圣马丁岛	12.93	193	-28.21						12.93	196	-28.21	
257	斯威士兰	9.33	194	-34.85						9.33	197	-35.83	
449	荷属安地列斯群岛	9.29	195	-3.93						9.29	198	-3.93	
447	圣其茨—尼维斯	7.70	196	-55.23						7.70	199	-55.23	
208	佛得角	7.02	197	2.63						7.02	200	2.63	
420	法属圭亚那	6.54	198	399.24						6.54	201	399.24	
421	格林纳达	5.31	199	32.09						5.31	202	32.09	
104	不丹	3.68	201	-43.47						3.68	203	-43.47	
428	马提尼克岛	3.61	202	161.59						3.61	204	161.59	
602	库克群岛	3.54	203	856.76						3.54	205	856.76	

（续）

代码	国家（地区）	出口				进口				进出口			
		金额（万美元）	排序	同比增长（%）	占比（%）	金额（万美元）	排序	同比增长（%）	占比（%）	金额（万美元）	排序	同比增长（%）	占比（%）
620	密克罗尼西亚联邦	3.18	204	-59.85						3.18	206	-59.85	
612	社会群岛	3.03	205	54.59						3.03	207	54.59	
699	大洋洲其他国家（地区）	2.57	206	-77.96						2.57	208	-77.96	
619	图瓦卢	2.49	207	-99.11						2.49	209	-99.11	
439	圣文森特和格林纳丁斯	1.96	208	-63.90						1.96	210	-63.90	
409	博奈尔岛	1.37	209							1.37	211		
239	圣多美和普林西比	1.00	210	9.89						1.00	212	9.89	
323	列支敦士登	0.41	213	-93.32		0.51	62	537.50		0.92	213	-85.21	
314	安道尔	0.56	211	-89.95						0.56	214	-89.95	
606	瑙鲁	0.48	212	45.45						0.48	215	37.14	
320	直布罗陀	0.11	214	266.67						0.11	216	266.67	
411	开曼群岛	0.03	215							0.03	217		
207	加那利群岛	0.01	216	-90.91						0.01	218	-90.91	

〔供稿人：中国工程机械工业协会吕莹〕

（本栏目编辑：张珂玲）

中国工程机械工业年鉴2017

介绍2016年工程机械行业团体标准的开展情况，公布工程机械产品国家标准

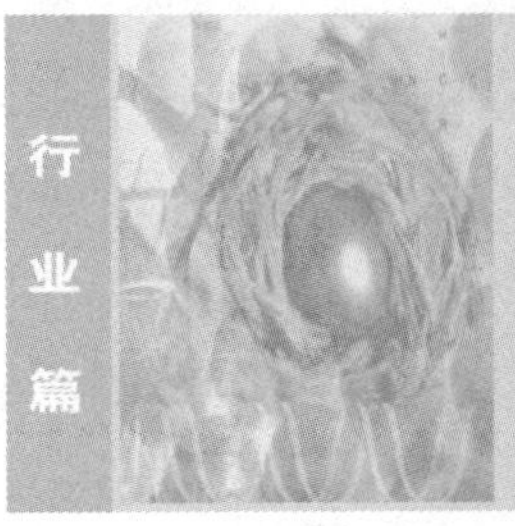

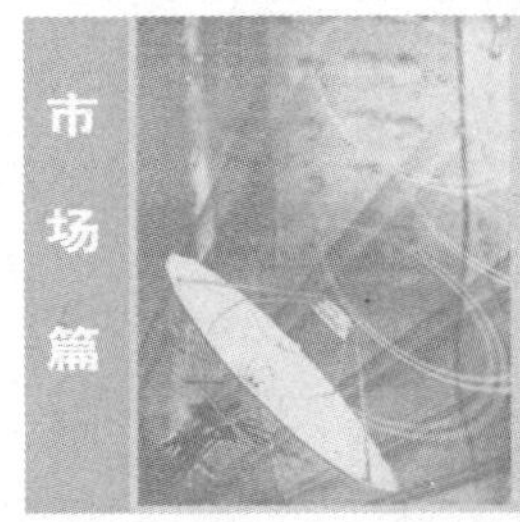

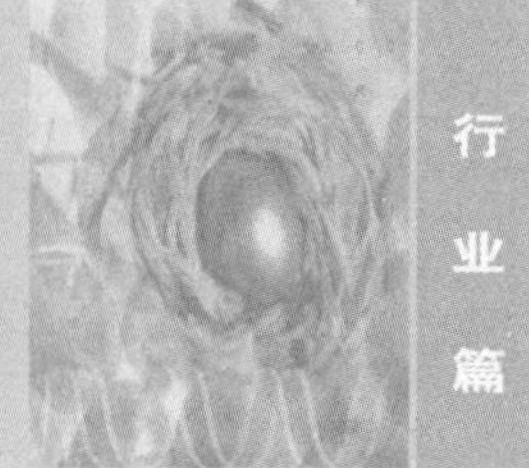

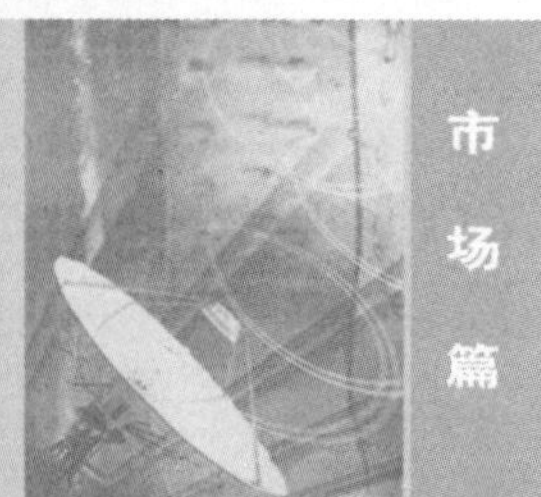

标准篇

2016年工程机械行业团体标准开展情况

自2015年6月5日国家标准化管理委员会（以下简称“国标委”）正式发文确认中国工程机械工业协会（以下简称“协会”）为团体标准试点单位以来，工程机械团体标准（即协会标准）试点工作已开展一年半。在试点工作过程中，在工程机械全行业的支持和努力下，各项标准化工作稳步推进。协会按照国标委的任务要求完成了建章立制工作计划，截至目前已发布了18项团体标准，还完成了国标委关于“中国装备‘走出去’工程机械标准需求研究”两期课题，体现了《深化标准化工作改革方案》中“要紧紧围绕使市场在资源配置中起决定性作用”的总体要求之一。

当前，我国正处于标准化工作的深化改革阶段，如何围绕“一带一路”、《中国制造2025》、国际产能和装备制造合作等战略，确定中国工程机械行业标准化工作发展方向，特别是如何把握团体标准的新机遇，开创团体标准的新局面，已然成为全行业面临的重要课题。协会通过深刻学习理解国务院《深化标准化工作改革方案》和质检总局、国标委《关于培育和发展团体标准的指导意见》，深入开展工程机械行业标准化工作，特别是发展适应市场经济的团体标准，推进工程机械行业产业升级，推动标准国际化交流，促进中国工程机械产业迈向高端水平。2016年，协会在团体标准试点工作中取得了一些成绩，总结了一些经验。

一、深入学习领会政策文件精神，提升对团体标准的认识

根据国务院《深化标准化工作改革方案》（国发〔2015〕13号）有关要求，2016年2月9日质检总局、国标委制定了《关于培育和发展团体标准的指导意见》，指出培育发展团体标准，是发挥市场在标准化资源配置中的决定性作用、加快构建国家新型标准体系的重要举措。为贯彻落实国务院《深化标准化工作改革方案》的要求，促进团体标准化工作健康有序发展，提出以下意见。

1. 指导思想

全面贯彻落实党的十八大和十八届二中、三中、四中、五中全会精神，按照党中央、国务院决策部署，以服务创新驱动发展和满足市场需求为出发点，以“放、管、服”为主线，激发社会团体制定标准、运用标准的活力，规范团体标准化工作，增加标准有效供给，推动大众创业、万众创新，支撑经济社会可持续发展。

2. 基本原则

市场主导。充分发挥市场竞争机制的优胜劣汰作用，团体标准由市场自主制定、自由选择、自愿采用。

政府引导。加快法律法规和制度建设，营造团体标准发展的良好政策环境，引导团体标准规范有序发展。

创新驱动。鼓励团体标准及时吸纳科技创新成果，促进科技成果产业化，提升产业、企业和产品核心竞争力。

统筹协调。统筹各方资源，发挥社会团体协调企业等市场主体的作用，促进团体标准与相关标准体系的协调配套发展。

3. 主要目标

到2020年，市场自主制定的团体标准发展较为成熟，更好满足市场竞争和创新发展的需求。

团体标准数量和竞争力稳步提升。社会团体在市场化程度高、技术创新活跃的领域制定一大批具有竞争力的团体标准。

团体标准制定机构影响力明显增强。团体标准化工作得到社会广泛认可，形成一批具有国际知名度和影响力的团体标准制定机构。

团体标准化工作机制基本完善。社会团体自主制定标准的运行机制更加规范，第三方评估、社会公众监督和政府事中事后监管的机制更加健全。

4. 明确制定主体

具有法人资格和相应专业技术能力的学会、协会、商会、联合会以及产业技术联盟等社会团体可协调相关市场主体自主制定发布团体标准，供社会自愿采用。社会团体应组建或依托相关技术机构，负责团体标准制定工作。

5. 明晰制定范围

社会团体可在没有国家标准、行业标准和地方标准的情况下，制定团体标准，快速响应创新和市场对标准的需求，填补现有标准空白。鼓励社会团体制定严于国家标准和行业标准的团体标准，引领产业和企业的发展，提升产品和服务的市场竞争力。

6. 建立基本信息公开制度

国务院标准化行政主管部门组织建立全国团体标准信息平台，加强信息公开和社会监督。各省级标准化行政主管部门可根据自身需要组织建立团体标准信息平台，并与全国团体标准信息平台相衔接。社会团体可在平台上公开本团体基本信息及标准制定程序等文件，接受社会公众提出的意见和评议。三十日内没有收到异议或经协商无异议的，社会团体可在平台上公布其标准的名称、编号、范围、专利信息、主要技术内容等信息。经协商未达成一致的，可由争议双方认可的第三方进行评估后，再确定是否可在平台上公开标准相关信息。社会团体应当加强诚信自律建设，对所公开的基本信息真实性负责。

7. 统一编号规则

团体标准编号依次由团体标准代号（T/）、社会团体代号、团体标准顺序号和年代号组成。团体标准编号中的社会团体代号应合法且唯一，不应与现有标准代号相重复，且不应与全国团体标准信息平台上已有的社会团体代号相重复。

8. 开展良好行为评价

制定团体标准化良好行为系列国家标准，明确团体标准制定程序和良好行为评价准则。开展第三方评价，向社会公开通过良好行为评价的社会团体名单，激励社会团体以高标准、严要求开展标准化工作。探索建立社会团体标准化良好行为规范信用记录制度。

9. 强化宣传和技术支持

全方位、多渠道、多维度宣传团体标准化成果，提升全社会对团体标准的认知度。鼓励在团体标准信息平台公开的团体标准参与中国标准创新贡献奖等各级各类奖项的评比。鼓励各部门、各地方、各类标准化研究机构以及专业标准化技术委员会向社会团体提供人员培训、标准编制、管理服务和标准化技术咨询等服务，不断提升社会团体的标准化能力。

10. 探索转化机制

建立团体标准转化为国家标准、行业标准和地方标准的机制，明确转化的条件和程序要求。对于通过良好行为评价、实施效果良好，且符合国家标准、行业标准或地方标准制定范围的团体标准，鼓励转化为国家标准、行业标准或地方标准。畅通社会团体参与国际标准化活动的渠道，鼓励社会团体基于团体标准提出国际标准提案，参与国际标准起草。

11. 促进标准实施

各地方、各部门要营造团体标准发展的良好政策环境，探索在产业政策制定以及行政管理、政府采购、认证认可、检验检测等工作中引用团体标准的机制，鼓励使用具有自主创新技术、具备竞争优势的团体标准。

质检总局、国家标准委制定的《关于培育和发展团体标准的指导意见》，提出了培育和发展团体标准工作的主要措施：积极营造团体标准宽松发展空间，努力促进团体标准有序规范发展，有力保障团体标准持续健康发展。表明团体标准在适应社会主义市场经济发展道路上将大有可为。

此外，国务院还出台了《〈深化标准化工作改革方案〉行动计划（2015—2016 年）》，协同有序推进标准化工作改革，确保各项任务落到实处。文件中指明了标准化工作改革的方向，明确了改革的进度，特别对团体标准试点工作，要求“在市场化程度高、技术创新活跃、产品类标准较多的领域”开展。同时强调要加快《中华人民共和国标准化法》的修订工作，并已明确将团体标准纳入到标准化法中。

二、以开展团体标准试点工作为契机，推动行业标准化工作的全面开展

（一）建章立制实施情况

协会在修订《中国工程机械工业协会标准管理办法》的基础上，为进一步规范协会标准的制定程序，2016 年协会制定了《中国工程机械工业协会标准管理实施细则》，本细则规定了协会标准的立项申报、核准和批复、起草、征求意见、审查、报送、审批、发布、实施、复审等标准程序。

另外，经过协会第四届七次理事会批准正式发布了《中国工程机械工业协会标准化工作领导小组章程》《中国工程机械工业协会标准化专家委员会章程》。

中国工程机械工业协会标准化工作领导小组（以下简称“领导小组”）负责指导行业协会标准工作，确立行业协会标准工作的大政方针，推动协会标准工作的国际交流，指导中国工程机械工业协会标准化专家委员会（以下简称“专家委员会”）的工作，批准专家委员会的组成及人员，以及对协会标准的立项核准工作。

专家委员会是工程机械行业协会标准的技术支撑机构，在领导小组的指导下开展工作，负责协会标准工作的总体规划、标准体系建立、年度计划和交叉标准的协调。

目前，已成立由 14 人组成的标准化工作领导小组，由 73 人组成的专家委员会。2016 年开始立项的协会标准，按照新的管理制度执行，目前已有 17 项协会标准通过领导小组立项核准。

（二）制定发布标准情况

协会申请团体标准试点之前，从 2011 年起开始协会标准的起草制订，在协会各分支机构的努力下，在有关企业的积极参与下取得了一定成果。现已经发布 47 项协会标准（中国工程机械工业协会标准发布目录见表 1），其中 2016 年制定并发布 6 项协会标准，还有 17 项协会标准已批准立项。

根据《关于培育和发展团体标准的指导意见》的统一编号规则要求，协会对《中国工程机械工业协会标准管理办法》中第十一条标准编号规则进行了修订，新的协会标准编号规则已在全国团体标准信息平台进行公示并通过。具体协会标准的编号由团体标准代号（T/）、协会英文简称（CCMA）、协会标准顺序号、协会标准年代号组成。协会发布协会标准的标准编号遵循以上编制规则，对已发布的协会标准的标准编号作了统一变更。

表 1　中国工程机械工业协会标准发布目录

序号	标准编号	标准名称	发布时间
1	T/CCMA 0001—2011	工程机械定义及类组划分	2011.6.1
2	T/CCMA 0002—2011	沥青搅拌设备装调维修工国家职业标准实施细则	2011.7.20
3	T/CCMA 0003—2011	沥青搅拌设备修理操作工国家职业标准实施细则	2011.7.20
4	T/CCMA 0004—2011	沥青混合料搅拌设备售后服务规则	2011.7.20
5	T/CCMA 0005—2011	沥青混合料搅拌设备验收规范	2011.7.20
6	T/CCMA 0006—2011	沥青混合料搅拌设备技术说明书编制规则	2011.7.20
7	T/CCMA 0007—2011	工程机械润滑剂选用标准　第 1 部分：液压油	2011.10.1
8	T/CCMA 0008—2011	工程机械润滑剂选用标准　第 2 部分：液力传动油	2011.10.1
9	T/CCMA 0009—2011	工程机械润滑剂选用标准　第 3 部分：柴油机油	2011.10.1
10	T/CCMA 0010—2011	工程机械润滑剂选用标准　第 4 部分：齿轮油	2011.10.1
11	T/CCMA 0011—2011	工程机械润滑剂选用标准　第 5 部分：润滑脂	2011.10.1
12	T/CCMA 0012—2011	工程机械零部件再制造　术语	2011.11.3
13	T/CCMA 0013—2011	工程机械零部件再制造　产品标识	2011.11.3
14	T/CCMA 0014—2011	工程机械零部件再制造　通用技术要求	2011.11.3
15	T/CCMA 0015—2011	高处作业吊篮和擦窗机 检查、维护保养与操作安全规则	2011.12.1
16	T/CCMA 0016—2011	外墙保温施工作业平台安装、拆卸和使用安全技术规程	2011.12.1
17	T/CCMA 0017—2011	L 型工作平台安装、拆卸和使用安全技术规程	2011.12.1
18	T/CCMA 0018—2011	圆弧型工作平台安装、拆卸和使用安全技术规程	2011.12.1
19	T/CCMA 0019—2011	钢结构安装无脚手架施工工法	2011.12.1
20	T/CCMA 0020—2014	低速电动乘用车通用技术条件	2014.1.20
21	T/CCMA 0021—2014	沥青搅拌设备用金属丝筛网	2014.4.18
22	T/CCMA 0022—2014	齿轮沥青泵	2014.4.18
23	T/CCMA 0023—2014	螺杆沥青泵	2014.4.18
24	T/CCMA 0024—2014	沥青乳化机	2014.4.18
25	T/CCMA 0025—2014	轮胎式装载机燃油消耗试验方法	2014.12.3
26	T/CCMA 0026—2014	液压挖掘机燃油消耗试验方法	2014.12.3
27	T/CCMA 0027—2015	装载机司机	2015.1.8
28	T/CCMA 0028—2015	挖掘机司机	2015.1.8
29	T/CCMA 0029—2015	叉车操作工	2015.1.8
30	T/CCMA 0030—2015	旋挖钻机燃油消耗试验方法	2015.6.1
31	T/CCMA 0031—2015	掘进机械　类组划分、术语和定义	2015.9.11
32	T/CCMA 0032—2015	液压挖掘机用双联轴向柱塞泵　试验室耐久性试验	2015.9.29
33	T/CCMA 0033—2015	液压挖掘机用整体式多路换向阀　试验室耐久性试验	2015.9.29
34	T/CCMA 0034—2015	液压挖掘机用回转马达　试验室耐久性试验	2015.9.29
35	T/CCMA 0035—2015	液压挖掘机　关键液压元件　装机可靠性试验方法、故障分类及评定	2015.9.29
36	T/CCMA 0036—2015	塔式起重机能效测试方法	2015.9.11
37	T/CCMA 0037—2015	施工升降机能效测试方法	2015.9.17
38	T/CCMA 0038—2015	钢筋调直切断机能效测试方法	2015.10.26

（续）

序号	标准编号	标准名称	发布时间
39	T/CCMA 0039—2015	双块式无砟轨道道床板混凝土浇筑机	2015.12.29
40	T/CCMA 0040—2015	钢筋锯切生产线	2015.12.21
41	T/CCMA 0041—2015	钢筋螺纹生产线	2015.12.21
42	T/CCMA 0042—2016	臂架式混凝土泵车能效测试方法	2016.3.1
43	T/CCMA 0043—2016	拖式混凝土泵能效测试方法	2016.3.1
44	T/CCMA 0044—2016	双护盾岩石掘进机	2016.3.1
45	T/CCMA 0045—2016	沥青混合料厂拌热再生设备	2016.4.1
46	T/CCMA 0046—2016	垂直振动压路机	2016.8.1
47	T/CCMA 0047—2016	盾构机操作工	2016.11.16

（三）协会组织标准工作会议

2016 年 7 月 6—7 日，由协会主办的“2016 年全国工程机械行业标准化工作会议”在天津召开。为了使工程机械行业同仁正确认识团体标准，促进团体标准化工作健康有序发展，这是协会召开的第三次全国工程机械行业标准化工作会议，本次会议以“适应市场、快速灵活、填补空白 —— 大力发展团体标准，助推工程机械标准化工作国际接轨”为主题，探讨工程机械行业团体标准如何快速响应创新升级和市场对标准的需求，如何运用团体标准的活力推动行业标准化工作，促进中国工程机械产业迈向高端水平。本届行业标准化工作会议，旨在深刻学习理解国务院《深化标准化工作改革方案》和质检总局、国标委《关于培育和发展团体标准的指导意见》，深入开展工程机械行业标准化工作，推动工程机械行业社会团体标准的宣贯落实和推广应用。

本次会议主要内容包括：国标委领导对团体标准相关国家政策进行解读；协会领导对行业标准化工作进行总结和未来展望；行业专家针对标准化工作、团体标准发展方向等方面进行解读；相关分支机构和企业针对团体标准工作的开展情况、宣贯实施、取得成果等方面进行经验介绍；通过对话论坛形式针对目前行业标准化工作中的热点话题进行广泛交流。

与会代表们针对各自领域团体标准的实施经验、过程、取得的成绩和心得体会以及提高质量效率，加快团体标准宣贯实施，助推工程机械标准走向国际等方面进行了沟通和交流。本次会议信息量大，参会人员积极响应，达到了预期效果，有效推动了工程机械行业团体标准化的未来工作。

（四）分支机构标准工作交流情况

2016 年，协会标准部门继续开展走访各分支机构进行标准工作调研，先后组织掘进机械分会、筑路机械分会、工程运输机械分会负责人进行座谈交流，并走访了质量工作委员会、观光车分会、工程起重机分会、代理商工作委员会、维修及再制造分会、工业车辆分会；与建筑起重机械分会、混凝土机械分会、路面与压实机械分会、市政与环卫机械分会、检测技术工作委员会共同交流。截至目前，协会下属 30 个分支机构中已走访调研了 21 个分支机构。在调研交流中，各分支机构领导对工程机械行业标准化工作特别是团体标准工作提出了建议和意见，对下一步协会开展标准化工作将发挥很好的借鉴作用。

（1）安全层面的标准，涉及制造、使用、管理几个方面，应从标准角度考虑和加强；安全、排放、噪声标准要求是与成本成正比的，要考虑市场接受程度，也要考虑法律法规要求。

（2）落实团体标准的实施主体和监督主体，保证团体标准的有效实施和使用。

（3）保证团体标准制修订过程的公开和公平；团体标准应具有行业广泛代表性；加强团体标准化培训工作；标准化工作委员会专家库应发挥作用。

（4）标准提升计划应以用户为关注焦点；团体标准实施应积极推动纳入施工招标文件中。

（5）混凝土制品侧重节能、减排、降噪、减污 - 粉尘方面标准；钢筋及预应力标准要侧重向智能化方向发展；掘进机械侧重安全、服务类等标准，要重点突出。

（6）团体标准要体现快速、灵活的特点；不作为盈利的手段，要妥善处理经费问题。

分支机构从不同层面和角度对行业标准化工作提出了建议和意见。协会将继续与分支机构、企业进行更广泛的交流，确立团体标准的发展方向和重点，使工程机械团体标准成为制定高效、使用有效的团体标准。

（五）协会标准实施情况调研

协会非常重视团体标准的贯彻实施情况，自 2015 年 10 月起到 2016 年协会持续对已发布的协会标准的实施、贯彻、宣传、使用和取得成果等方面进行书面调研工作，这对于改进协会标准的有效性和提高适应协会标准市场的能力，使协会标准在社会主义市场经济中更好地发挥作用具有重要意义。下面从几个具体案例分析协会标准的实施情况：

由协会和中国石化润滑油有限公司北京研究院共同编制的五项润滑油选用标准涉及液压油、液力传动油、柴油机油、齿轮油、润滑脂五个方面。五项标准的制定是在协会进行了大量的行业企业用油情况调研的基础上进行的，协会共向行业企业发送近千份调查表，回收了200多份调查表，并进行分析、总结、研究。调查结果表明行业用油比较混乱，用油油品级别普遍较低，规范性指导文件缺失。为解决上述问题，协会联合中石化润滑油有限公司北京研究院起草了这项标准。五项标准发布后，中国石化润滑油有限公司北京研究院广泛与企业交流，召开宣贯研讨会，走访企业等推动标准的实施。主要企业有三一集团、徐工集团、中联重科、龙工、厦工、山河智能等，目前在油品选用过程中，中国石化润滑油有限公司北京研究院推荐其使用该系列标准的关键技术内容，以更好地满足了设备的使用要求。五项标准的发布和使用，规范了我国工程机械行业润滑油的选油、用油和换油的程序、指标，能充分发挥油品的使用性能，保证设备有效润滑，降低设备的维护成本，为工程机械行业企业用油提供了重要的参考依据。

天津工程机械研究院负责牵头起草的四项团体标准为：《液压挖掘机用双联轴向柱塞泵 试验室耐久性试验》《液压挖掘机用整体式多路换向阀 试验室耐久性试验》《液压挖掘机用回转马达 试验室耐久性试验》和《液压挖掘机 关键液压元件 装机可靠性试验方法、故障分类及评定》。上述四项标准于2015年7月通过了专家评审，2015年9月29日作为工程机械行业协会标准正式发布、实施。2015年11月，中国工程机械高端液压元件及系统产业化协同工作平台（以下简称“高端平台”），委托机械工业工程机械及液压件产品质量监督检测中心（天津）（以下简称“检测中心”）按照上述标准对高端平台内成员单位的产品开展可靠性试验。截至2016年5月，检测中心根据《液压挖掘机用双联轴向柱塞泵 试验室耐久性试验》、《液压挖掘机用整体式多路换向阀 试验室耐久性试验》这两项标准规定的试验方法，已完成了安徽博一柱塞泵和换向阀、山东中川换向阀的性能试验和超载试验，目前正在对山东中川的柱塞泵进行超载试验。按照标准要求，下阶段将进入柱塞泵、换向阀和马达耐久性试验阶段。上述四项标准所涉及的试验方法之前在行业内属于空白，检测中心今后将做好数据采集、意见和建议的收集汇总和完善工作，便于后期标准的不断修订提升。

（六）参与各方团体标准活动

—— 协会为贯彻国标委《关于培育和发展团体标准的指导意见》和《团体标准化 第1部分：良好行为指南》的相关要求，积极参加团体标准评价监督机制和基本信息公开制度的建设工作，并于4月1日成为首批全国团体标准信息平台公示团体。

—— 积极参加国标委、中标院组织的团体标准试点单位工作研讨交流和标准讨论；参加中标协关于团体标准工作交流群的建设工作；加强与铸造协会等行业协会在团体标准方面的交流。

—— 参与掘进机械分会、筑路机械分会等分支机构组织的团体标准讨论会或审查会，加强协会与行业企业的广泛交流，推动团体标准的制定工作。

（七）分支机构组织标准制修订工作

—— 掘进机械分会组织审查通过了《盾构机操作工》团体标准。针对操作隧道掘进机（包含盾构机、岩石掘进机及顶管机等）进行隧道掘进施工作业的专业人员的工作性质与特点，从隧道施工行业发展的角度出发，并考虑与国际先进工法接轨的需要制定的。

—— 由用户工作委员会、施工机械化分会和中国建筑科学研究院建筑机械化研究分院共同组织制定的《臂架式混凝土泵车能效测试方法》《拖式混凝土泵能效测试方法》通过了标准审查并批准发布，对于推动工程机械产品向节能方向发展起到了促进作用。

—— 此外标准工作委员会组织了《双护盾岩石掘进机》制定、审查；筑路机械分会组织了《沥青混合料厂拌热再生设备》制定、审查；路面与压实机械分会组织了《垂直振动压路机》制定、审查。

2016年共有六项协会标准发布以及多项标准正处于制修订阶段，协会的团体标准按照计划有条不紊地开展，离不开各分支机构的努力工作，也离不开各相关企业、大专院校、研究机构的积极参与。

三、加强标准国际比对研究，促进标准化工作与国际接轨

协会近年来对国内标准与国外发达国家标准进行了比对研究。中国工程机械不论技术还是产品质量都有了极大提升，但是在标准方面，虽然取得了巨大进步，但是还比较偏向于产品标准，过于注重性能指标的优劣。国外工程机械强国，如欧盟、美国、日本重点放在安全、环保、健康等方面，产品的性能属于企业自身在市场竞争中不断提升的范畴。

美国、欧盟、日本等工程机械产品发达国家或地区的标准体系和标准内容与国际标准基本接轨；欧盟各国通过欧洲指令制定的安全、环保、健康相关配套的协调标准，对工程机械的安全、环保、人身健康做出了严格规定。

在处理技术法规和标准的关系方面，欧盟的立法体系相对完善。欧盟指令只规定产品在投放市场时必须满足的基本健康、安全和环保要求，并不对符合要求的具体途径做出强制性规定，只有完全符合这些基本要求的产品才能在欧盟境内销售和使用，并通过发布“协调标准”（EN标准）的方式为制造商和进口商提供指导。欧洲标准化机构的任务就是制定符合指令基本要求的相应技术规范，即“协调标准”。通过这种立法模式，使技术法规和标准成为一个既统一又紧密联系的体系，既满足了安全、健康、环保等方面的基本要求，又可促进技术发展。

具体到机械安全、污染物排放、人体健康（振动影响）、噪声、电磁兼容等方面，国内仅通过翻译转化国际标准或国外先进标准，深入研究的较少。

电磁兼容按照转化的标准进行测试的主要是挖掘机、

装载机、叉车，仅有出口欧盟的才试验，总共不足百台。

不论是司机位置噪声还是辐射噪声，与欧盟对噪声的要求还相差较多。

国内污染物排放 2015 年 10 月 1 日实施国Ⅲ排放，相当于欧盟排放的欧ⅢA 阶段水平。目前，欧盟已实施欧Ⅳ排放，我国与其相差两级。

关于振动对人体健康的影响，虽有转化的国家标准，但是目前国内进行工程机械产品测试的很少。

机械安全方面主要产品如土方机械、建筑施工机械与设备、工业车辆、凿岩机械均已转化国际标准为国家标准，但在实施的过程中还需要不断推进。

综上所述，国内工程机械标准化工作取得了不小进步，但是系统跟踪、研究国外相关指令（法规）、标准不够，缺乏统一和深度研究；除了噪声、污染物排放外，还缺乏基础的测试数据，缺乏验证，影响企业改进的方向和提升；国家没有统一的研究方向，没有相关规则指导，特别是涉及综合的、横向联系的和多行业影响的方面，这需要行业协会、相关企业、标委会、检测机构、大专院校共同出谋划策，制定标准研究方向，为提高我国工程机械行业标准整体水平，向着与国际先进水平接轨前行。

从工程机械行业来看，应当制定规划，重点针对涉及安全、环保、健康等方面进行系统研究。一方面收集现有数据进行验证，另一方面开展电磁兼容、振动方面的基础测试，对重要标准进行验证和分析，提供研究成果，便于企业改进、提升；加强国际交流，重视国外的先进经验和成果，掌握国际发展动态。

四、完成国标委标准研究课题，助推我国工程机械“走出去”

2016 年，国家主席习近平向第 39 届国际标准化组织（ISO）大会发来的贺信中强调，“标准是人类文明进步的成果。伴随着经济全球化深入发展，标准化在便利经贸往来、支撑产业发展、促进科技进步、规范社会治理中的作用日益凸显。标准已成为世界‘通用语言’。世界需要标准协同发展，标准促进世界互联互通。”

为落实国务院的文件精神，实施推动中国装备标准的推广实施，唱响中国装备品牌，在国标委的领导下，协会与相关全国标准化技术委员会一起开展工程机械“走出去”标准需求研究课题。国标委继 2015 年组织协会开展“中国装备”标准体系建设研究（一期）——中国装备走出去工程机械领域标准需求研究课题后，基于 2015 年的研究成果，本年度开展了中国工程机械在“一带一路”沿线重点国家的标准需求研究，围绕中国工程机械“走出去”，研究工程机械重点领域在“一带一路”沿线重点国家的现状，分析工程机械重点领域在“一带一路”沿线重点国家的标准需求，针对“一带一路”沿线重点国家提出中国工程机械走出去标准名录，促进中国工程机械标准在“一带一路”沿线重点国家的推广、互认、交流及培训，提升中国工程机械的国际品牌影响力。

通过 2016 年协会对以下五家工程机械企业：山推工程机械股份有限公司、徐工集团工程机械股份有限公司、广西柳工机械股份有限公司、中联重科股份有限公司、三一重工股份有限公司的调研，从一定程度上反映了行业产能合作中的标准使用需求及现有标准发挥的重要作用，对于今后中国标准走出去带动中国装备走出去提出了大量的意见和建议，同时提出了一些解决办法，供政府有关部门和行业企业参考。

从工程机械行业主要企业国际产能合作在巴西、印度、白俄罗斯、乌兹别克斯坦、缅甸的典型案例中可以看到，中国工程机械行业企业在“一带一路”国际产能合作布局中，推广中国标准应用取得了明显的效果。“一带一路”沿线重点国家已开始制定自己特色的相关标准，如俄白哈海关联盟标准，但均与国际标准有着相关性，因此，首先行业要加大国际标准的参与力度和广度。其次还要根据具体国家或地区的要求，跟踪、了解标准特色，服务行业企业。第三，还应加大我国标准外文版翻译工作，介绍我国标准体系和标准水平，特别是产品类的标准；第四加大支持企业国际产能合作的力度，从政策和资金等多方面支持鼓励国际产能合作企业及行业组织积极推动中国标准的海外宣传、推广、应用，开展相应的交流和培训活动。

政府目前推动的“一带一路”战略，将加快工程机械行业的国际化进程，通过加速我国标准外文版的翻译，可以推动我国与国外在标准交流方面的便利和提升公信力；通过加快我国标准与“一带一路”沿线相关国家在标准方面的互认，可以降低国际贸易的壁垒，推动贸易更加便利；通过加强我国标准化和认证工作的有效结合，可以推动我国标准的国际影响力；通过鼓励和支持企业、行业协会、标委会及科研院所等参与和主导国际标准制定，可以加快推广我国标准的国际化进程，推动唱响中国装备的国际品牌。课题得到了国标委各级领导的高度肯定。同时课题反映的问题也为行业标准化工作提出了新的要求。今后如何更有力地推广我国标准，最终实现中国标准走出去带动中国装备走出去，将是政府、企业、行业协会以及标委会共同奋斗的目标。其成果将有利于促进我国工程机械向“一带一路”沿线重点国家出口和合作。

经过两期中国工程机械走出去和国际产能合作课题研究，中国工程机械在国际市场的影响正逐步扩大。在这个过程中，不论是产品出口还是国际产能合作，中国标准都发挥着不可替代的作用。中国标准是中国工程机械国际化发展的基础保障、技术支撑和质量保证。

〔撰稿人：中国工程机械工业协会王金星、宋金云〕

工程机械国家标准目录

序号	标准号	标准名称
1	GB 5082—1985	起重吊运指挥信号
2	GB/T 6974.8—1986	起重机械名词术语 浮式起重机
3	GB/T 6974.12—1986	起重机械名词术语 桥式起重机
4	GB/T 6974.13—1986	起重机械名词术语 门式起重机
5	GB/T 6974.14—1986	起重机械名词术语 缆索起重机
6	GB/T 6974.15—1986	起重机械名词术语 悬挂单轨系统
7	GB/T 6974.16—1986	起重机械名词术语 冶金起重机
8	GB/T 6974.17—1986	起重机械名词术语 堆垛起重机
9	GB/T 6974.18—1986	起重机械名词术语 港口起重机
10	GB/T 6974.19—1986	起重机械名词术语 集装箱起重机
11	GB/T 8499—1987	土方机械 测定重心位置的方法
12	GB 3883.13—1992	手持式电动工具的安全 第二部分：不易燃液体电喷枪的专用要求
13	GB/T 13752—1992	塔式起重机设计规范
14	GB/T 14289—1993	土方机械 检测孔
15	GB/T 790—1995	电动桥式起重机跨度和起升高度系列
16	GB/T 7025.3—1997	电梯主参数及轿厢、井道、机房的形式与尺寸 第三部分：V类电梯
17	GB 12265.3—1997	机械安全 避免人体各部位挤压的最小间距
18	GB/T 17299—1998	土方机械 最小入口尺寸
19	GB/T 17301—1998	土方机械 操作和维修空间棱角倒钝
20	GB/T 17772—1999	土方机械 保护结构的实验室鉴定 挠曲极限量的规定
21	GB/T 17908—1999	起重机和起重机械 技术性能和验收文件
22	GB/T 17909.1—1999	起重机 起重机操作手册 第1部分：总则
23	GB/T 17910—1999	工业车辆 叉车货叉在使用中的检查和修复
24	GB/T 17920—1999	土方机械 提升臂支承装置
25	GB/T 8591—2000	土方机械 司机座椅标定点
26	GB/T 9142—2000	混凝土搅拌机
27	GB/T 8592—2001	土方机械 轮胎式机器转向尺寸的测定
28	GB/T 18453—2001	起重机 维护手册 第1部分：总则
29	GB/T 18576—2001	建筑施工机械与设备 术语和定义
30	GB/T 20001.1—2001	标准编写规则 第1部分：术语
31	GB 5226.2—2002	机械安全 机械电气设备 第32部分：起重机械技术条件
32	GB/T 18717.1—2002	用于机械安全的人类工效学设计 第1部分：全身进入机械的开口尺寸确定原则
33	GB/T 18717.2—2002	用于机械安全的人类工效学设计 第2部分：人体局部进入机械的开口尺寸确定原则

（续）

序号	标准号	标准名称
34	GB/T 18717.3—2002	用于机械安全的人类工效学设计 第 3 部分：人体测量数据
35	GB/T 18874.1—2002	起重机 供需双方应提供的资料 第 1 部分：总则
36	GB/T 18874.5—2002	起重机 供需双方应提供的资料 第 5 部分：桥式和门式起重机
37	GB/T 18875—2002	起重机 备件手册
38	GB 7588—2003	电梯制造与安装安全规范
39	GB/T 7920.5—2003	土方机械 压路机和回填压实机 术语和商业规格
40	GB/T 7920.8—2003	土方机械 铲运机 术语和商业规格
41	GB/T 7920.9—2003	土方机械 平地机 术语和商业规格
42	GB/T 7920.15—2003	沥青贮存、熔化和加热装置 术语
43	GB/T 8196—2003	机械安全 防护装置 固定式和活动式防护装置设计与制造一般要求
44	GB 13749—2003	柴油打桩机 安全操作规程
45	GB/T 16273.6—2003	设备用图形符号 第 6 部分：运输、车辆检测及装载机械通用符号
46	GB 19154—2003	擦窗机
47	GB 19155—2003	高处作业吊篮
48	GB/T 7920.14—2004	道路施工与养护设备 沥青洒布车 / 喷洒机 术语和商业规格
49	GB/T 7920.16—2004	道路施工与养护设备 石屑撒布机 术语和商业规格
50	GB/T 8910.1—2004	手持便携式动力工具 手柄振动测量方法 第 1 部分：总则
51	GB/T 8910.2—2004	手持便携式动力工具 手柄振动测量方法 第 2 部分：铲和铆钉机
52	GB/T 8910.3—2004	手持便携式动力工具 手柄振动测量方法 第 3 部分：凿岩机和回转锤
53	GB/T 13333—2004	混凝土泵
54	GB 13750—2004	振动沉拔桩机 安全操作规程
55	GB 3883.17—2005	手持式电动工具的安全 第二部分：木铣和修边机的专用要求
56	GB/T 4307—2005	起重吊钩 术语
57	GB/T 5140—2005	叉车 挂钩型货叉 术语
58	GB/T 5141—2005	平衡重式叉车 稳定性试验
59	GB/T 5142—2005	前移式和插腿式叉车 稳定性试验
60	GB/T 5183—2005	叉车 货叉 尺寸
61	GB 5226.3—2005	机械安全 机械电气设备 第 11 部分：电压高于 1000Va.c. 或 1500Vd.c. 但不超过 36kV 的高压设备的技术条件
62	GB/T 7920.6—2005	建筑施工机械与设备 打桩设备 术语和商业规格
63	GB/T 8511—2005	振动压路机
64	GB 8903—2005	电梯用钢丝绳
65	GB/T 10913—2005	土方机械 行驶速度测定
66	GB/T 13328—2005	压路机通用要求
67	GB/T 19924—2005	流动式起重机 稳定性的确定
68	GB/T 19928—2005	土方机械 吊管机和安装侧臂的轮胎式推土机或装载机的起重量
69	GB/T 19930—2005	土方机械 小型挖掘机倾翻保护结构的试验室试验和性能要求
70	GB/T 19931—2005	土方机械 挖沟机术语和商业规范
71	GB/T 19932—2005	土方机械 液压挖掘机司机防护装置的试验室试验和性能要求

（续）

序号	标准号	标准名称
72	GB/T 3787—2006	手持式电动工具的管理、使用、检查和维修安全技术规程
73	GB 5144—2006	塔式起重机安全规程
74	GB/T 5973—2006	钢丝绳用楔形接头
75	GB/T 5974.1—2006	钢丝绳用普通套环
76	GB/T 5974.2—2006	钢丝绳用重型套环
77	GB/T 5975—2006	钢丝绳用压板
78	GB/T 5976—2006	钢丝绳夹
79	GB/T 7920.10—2006	道路施工与养护设备 稳定土拌和机 术语和商业规格
80	GB/T 7920.11—2006	道路施工与养护设备 沥青混合料搅拌设备 术语和商业规格
81	GB/T 7920.13—2006	混凝土路面铺筑机械与设备 术语
82	GB/T 8706—2006	钢丝绳 术语、标记和分类
83	GB 8918—2006	重要用途钢丝绳
84	GB/T 8910.6—2006	手持便携式动力工具 手柄振动测量方法 第 6 部分：冲击钻
85	GB 20062—2006	流动式起重机作业噪声限值及测量方法
86	GB/T 20118—2006	一般用途钢丝绳
87	GB/T 20119—2006	平衡用扁钢丝绳
88	GB/T 20303.2—2006	起重机 司机室 第 2 部分：流动式起重机
89	GB/T 20303.4—2006	起重机 司机室 第 4 部分：臂架起重机
90	GB/T 20303.5—2006	起重机 司机室 第 5 部分：桥式和门式起重机
91	GB/T 20304—2006	塔式起重机 稳定性要求
92	GB/T 20305—2006	起重用钢制圆环校准链 正确使用和维护导则
93	GB/T 20315—2006	道路施工与养护设备 路面铣刨机 术语和商业规格
94	GB/T 20652—2006	M（4）、S（6）和 T（8）级焊接吊链
95	GB/T 20776—2006	起重机械分类
96	GB 3883.3—2007	手持式电动工具的安全 第二部分：砂轮机、抛光机和盘式砂光机的专用要求
97	GB 3883.5—2007	手持式电动工具的安全 第二部分：圆锯的专用要求
98	GB 3883.10—2007	手持式电动工具的安全 第二部分：电刨的专用要求
99	GB 3883.14—2007	手持式电动工具的安全 第二部分：链锯的专用要求
100	GB 3883.15—2007	手持式电动工具的安全 第二部分：修枝剪的专用要求
101	GB/T 8419—2007	土方机械 司机座椅振动的试验室评价
102	GB 10055—2007	施工升降机 安全规程
103	GB/T 20863.1—2007	起重机械分级 第 1 部分：总则
104	GB/T 20863.3—2007	起重机械分级 第 3 部分：塔式起重机
105	GB/T 20863.4—2007	起重机械分级 第 4 部分：臂架起重机
106	GB/T 20863.5—2007	起重机分级 第 5 部分：桥式和门式起重机
107	GB/T 20900—2007	电梯、自动扶梯和自动人行道 风险评价和降低的方法
108	GB 20904—2007	水平定向钻机 安全操作规程
109	GB/T 20946—2007	起重用短环链 验收总则

（续）

序号	标准号	标准名称
110	GB/T 20947—2007	起重用短环链 T 级（T、DAT 和 DT 型）高精度葫芦链
111	GB/T 20969.1—2007	特殊环境条件 高原机械 第 1 部分：高原对内燃动力机械的要求
112	GB/T 20969.2—2007	特殊环境条件 高原机械 第 2 部分：高原对工程机械的要求
113	GB/T 20969.3—2007	特殊环境条件 高原机械 第 3 部分：高原型工程机械选型、验收规范
114	GB/T 21014—2007	土方机械 计时表
115	GB/T 21152—2007	土方机械 轮胎式机器 制动系统的性能要求和试验方法
116	GB/T 21153—2007	土方机械 尺寸、性能和参数的单位与测量准确度
117	GB/T 21156.1—2007	特殊环境条件 沙漠机械 第 1 部分：干热沙漠内燃动力机械
118	GB/T 21156.2—2007	特殊环境条件 沙漠机械 第 2 部分：干热沙漠工程机械
119	GB 21240—2007	液压电梯制造与安装安全规范
120	GB/T 1955—2008	建筑卷扬机
121	GB 2893—2008	安全色
122	GB/T 2893.2—2008	图形符号 安全色和安全标志 第 2 部分：产品安全标签的设计原则
123	GB 2894—2008	安全标志及其使用导则
124	GB/T 3811—2008	起重机设计规范
125	GB 3883.1—2008	手持式电动工具的安全 第一部分：通用要求
126	GB 3883.16—2008	手持式电动工具的安全 第二部分：钉钉机的专用要求
127	GB 3883.22—2008	手持式电动工具的安全 第二部分：开槽机的专用要求
128	GB/T 5031—2008	塔式起重机
129	GB/T 5143—2008	工业车辆 护顶架 技术要求和试验方法
130	GB/T 5182—2008	叉车 货叉 技术要求和试验方法
131	GB 5226.1—2008	机械电气安全 机械电气设备 第 1 部分：通用技术条件
132	GB/T 5465.2—2008	电气设备用图形符号 第 2 部分：图形符号
133	GB/T 5898—2008	手持式非电类动力工具 噪声测量方法 工程法（2 级）
134	GB/T 6068—2008	汽车起重机和轮胎起重机试验规范
135	GB/T 6375—2008	土方机械 牵引力测试方法
136	GB/T 6946—2008	钢丝绳铝合金压制接头
137	GB/T 6974.1—2008	起重机 术语 第 1 部分：通用术语
138	GB/T 6974.3—2008	起重机 术语 第 3 部分：塔式起重机
139	GB/T 6974.5—2008	起重机 术语 第 5 部分：桥式和门式起重机
140	GB/T 7024—2008	电梯、自动扶梯、自动人行道术语
141	GB/T 7025.2—2008	电梯主参数及轿厢、井道、机房的型式与尺寸 第 2 部分：Ⅳ类电梯
142	GB/T 7025.1—2008	电梯主参数及轿厢、井道、机房的型式与尺寸 第 1 部分：Ⅰ、Ⅱ、Ⅲ、Ⅵ类电梯
143	GB/T 7586—2008	液压挖掘机 试验方法
144	GB/T 8498—2008	土方机械 基本类型 识别、术语和定义
145	GB/T 8506—2008	平地机 试验方法
146	GB/T 8533—2008	小型砌块成型机
147	GB/T 8595—2008	土方机械 司机的操纵装置

（续）

序号	标准号	标准名称
148	GB/T 8910.4—2008	手持便携式动力工具　手柄振动测量方法　第 4 部分：砂轮机
149	GB/T 8910.5—2008	手持便携式动力工具　手柄振动测量方法　第 5 部分：建筑工程用路面破碎机和镐
150	GB/T 9139—2008	液压挖掘机　技术条件
151	GB/T 9465—2008	高空作业车
152	GB/T 10168—2008	土方机械　挖掘装载机　术语和商业规格
153	GB/T 10175.1—2008	土方机械　装载机和挖掘装载机　第 1 部分：额定工作载荷的计算和验证倾翻载荷计算值的测试方法
154	GB/T 10175.2—2008	土方机械　装载机和挖掘装载机　第 2 部分：掘起力和最大提升高度提升能力的测试方法
155	GB/T 13332—2008	土方机械　液压挖掘机和挖掘装载机　挖掘力的测定方法
156	GB/T 13751—2008	挖掘装载机　试验方法
157	GB 14711—2013	中小型旋转电机通用安全要求
158	GB/T 14917—2008	土方机械　维修服务用仪器
159	GB/T 16277—2008	沥青混凝土摊铺机
160	GB/T 16273.1—2008	设备用图形符号　第 1 部分：通用符号
161	GB 16754—2008	机械安全　急停　设计原则
162	GB/T 16855.1—2008	机械安全　控制系统有关安全部件　第 1 部分：设计通则
163	GB/T 17047—2008	混凝土制品机械　术语
164	GB 17888.1—2008	机械安全　进入机械的固定设施　第 1 部分：进入两级平面之间的固定设施的选择
165	GB 17888.2—2008	机械安全　进入机械的固定设施　第 2 部分：工作平台和通道
166	GB 17888.3—2008	机械安全　进入机械的固定设施　第 3 部分：楼梯、阶梯和护栏
167	GB 17888.4—2008	机械安全　进入机械的固定设施　第 4 部分：固定式直梯
168	GB/T 18224—2008	桥式抓斗卸船机安全规程
169	GB/T 18577.1—2008	土方机械　尺寸与符号的定义　第 1 部分：主机
170	GB/T 18577.2—2008	土方机械　尺寸与符号的定义　第 2 部分：工作装置和附属装置
171	GB/T 20969.4—2008	特殊环境条件　高原机械　第 4 部分：高原自然环境试验导则　内燃动力机械
172	GB/T 20969.5—2008	特殊环境条件　高原机械　第 5 部分：高原自然环境试验导则　工程机械
173	GB/T 21457—2008	起重机和相关设备　试验中参数的测量精度要求
174	GB/T 21458—2008	流动式起重机　额定起重量图表
175	GB/T 21682—2008	旋挖钻机
176	GB/T 21739—2008	家用电梯制造与安装规范
177	GB/T 21934—2008	土方机械　沉头方颈螺栓
178	GB/T 21935—2008	土方机械　操纵的舒适区域与可及范围
179	GB/T 21936—2008	土方机械　安装在机器上的拖曳装置　性能要求
180	GB/T 21937—2008	土方机械　履带式和轮胎式推土机的推土铲　容量标定
181	GB/T 21938—2008	土方机械　液压挖掘机和挖掘装载机动臂下降控制装置　要求和试验
182	GB/T 21939—2008	土方机械　低速机器报警装置　超声波及其他系统
183	GB/T 21940—2008	土方机械　推土机、平地机和铲运机用刀片　主要形状和基本尺寸
184	GB/T 21941—2008	土方机械　液压挖掘机和挖掘装载机的反铲斗和抓铲斗　容量标定
185	GB/T 21942—2008	土方机械　装载机和正铲挖掘机的铲斗　容量标定

（续）

序号	标准号	标准名称
186	GB/T 22166—2008	非校准起重圆环链和吊链 使用和维护
187	GB/T 22242—2008	装修机械 术语
188	GB/T 22352—2008	土方机械 吊管机 术语和商业规格
189	GB/T 22353—2008	土方机械 电线和电缆 识别和标记通则
190	GB/T 22354—2008	土方机械 机器生产率 术语、符号和单位
191	GB/T 22355—2008	土方机械 铰接机架锁紧装置 性能要求
192	GB/T 22356—2008	土方机械 钥匙锁起动系统
193	GB/T 22357—2008	土方机械 机械挖掘机 术语
194	GB/T 22358—2008	土方机械 防护与贮存
195	GB/T 22359—2008	土方机械 电磁兼容性
196	GB 22361—2008	打桩设备安全规范
197	GB/T 22414—2008	起重机 速度和时间参数的测量
198	GB/T 22415—2008	起重机 对试验载荷的要求
199	GB/T 22416.1—2008	起重机 维护 第 1 部分：总则
200	GB/T 22417—2008	叉车 货叉叉套和伸缩式货叉 技术性能和强度要求
201	GB/T 22418—2008	工业车辆 车辆自动功能的附加要求
202	GB/T 22419—2008	工业车辆 集装箱吊具和抓臂操作用指示灯技术要求
203	GB/T 22437.1—2008	起重机 载荷与载荷组合的设计原则 第 1 部分：总则
204	GB/T 22437.3—2008	起重机 载荷与载荷组合的设计原则 第 3 部分：塔式起重机
205	GB/T 22437.5—2008	起重机 载荷与载荷组合的设计原则 第 5 部分：桥式和门式起重机
206	GB/T 22562—2008	电梯 T 型导轨
207	GB/T 22664—2008	手持式电动工具 石材切割机
208	GB/T 22665.1—2008	手持式电动工具手柄的振动测量方法 第 1 部分：电钻和冲击钻
209	GB/T 22665.2—2008	手持式电动工具手柄的振动测量方法 第 2 部分：螺丝刀和冲击扳手
210	GB/T 22665.3—2008	手持式电动工具手柄的振动测量方法 第 3 部分：砂轮机、抛光机和盘式砂光机
211	GB/T 22665.4—2008	手持式电动工具手柄的振动测量方法 第 4 部分：非盘式砂光机和抛光机
212	GB/T 22665.5—2008	手持式电动工具手柄的振动测量方法 第 5 部分：圆锯
213	GB/T 22665.6—2008	手持式电动工具手柄的振动测量方法 第 6 部分：锤类工具
214	GB 3883.18—2009	手持式电动工具的安全 第二部分：石材切割机的专用要求
215	GB 4053.1—2009	固定式钢梯及平台安全要求 第 1 部分：钢直梯
216	GB 4053.2—2009	固定式钢梯及平台安全要求 第 2 部分：钢斜梯
217	GB 4053.3—2009	固定式钢梯及平台安全要求 第 3 部分：工业防护栏杆及钢平台
218	GB/T 5465.1—2009	电气设备用图形符号 第 1 部分：概述与分类
219	GB/T 10058—2009	电梯技术条件
220	GB/T 10059—2009	电梯试验方法
221	GB 12602—2009	起重机械超载保护装置
222	GB/T 18775—2009	电梯、自动扶梯和自动人行道维修规范
223	GB/T 18874.3—2009	起重机 供需双方应提供的资料 第 3 部分：塔式起重机

（续）

序号	标准号	标准名称
224	GB/T 18874.4—2009	起重机 供需双方应提供的资料 第 4 部分：臂架起重机
225	GB/T 23577—2009	道路施工与养护机械设备 基本类型 识别与描述
226	GB/T 23578—2009	道路施工与养护机械设备 滑模摊铺机 术语和商业规格
227	GB/T 23579—2009	道路施工与养护机械设备 粉料撒布机 术语和商业规格
228	GB/T 23580—2009	连续搬运设备 安全规范 专用规则
229	GB/T 23720.1—2009	起重机 司机培训 第 1 部分：总则
230	GB/T 23721—2009	起重机 吊装工和指挥人员的培训
231	GB/T 23722—2009	起重机 司机（操作员）、吊装工、指挥人员和评审员的资格要求
232	GB/T 23723.1—2009	起重机 安全使用 第 1 部分：总则
233	GB/T 23725.1—2009	起重机 信息标牌 第 1 部分：总则
234	GB 23821—2009	机械安全 防止上下肢触及危险区的安全距离
235	GB/T 24474—2009	电梯乘运质量测量
236	GB/T 24475—2009	电梯远程报警系统
237	GB/T 24476—2009	电梯、自动扶梯和自动人行道数据监视和记录规范
238	GB/T 24477—2009	适用于残障人员的电梯附加要求
239	GB/T 24478—2009	电梯曳引机
240	GB/T 24479—2009	火灾情况下的电梯特性
241	GB/T 24480—2009	电梯层门耐火试验
242	GB 24803.1—2009	电梯安全要求 第 1 部分：电梯基本安全要求
243	GB 24804—2009	提高在用电梯安全性的规范
244	GB 24805—2009	行动不便人员使用的垂直升降平台
245	GB 24806—2009	行动不便人员使用的楼道升降机
246	GB/T 24807—2009	电磁兼容 电梯、自动扶梯和自动人行道的产品系列标准 发射
247	GB/T 24808—2009	电磁兼容 电梯、自动扶梯和自动人行道的产品系列标准 抗扰度
248	GB/T 24809.1—2009	起重机 对机构的要求 第 1 部分：总则
249	GB/T 24809.3—2009	起重机 对机构的要求 第 3 部分：塔式起重机
250	GB/T 24809.4—2009	起重机 对机构的要求 第 4 部分：臂架起重机
251	GB/T 24809.5—2009	起重机 对机构的要求 第 5 部分：桥式和门式起重机
252	GB/T 24810.1—2009	起重机 限制器和指示器 第 1 部分：总则
253	GB/T 24810.2—2009	起重机 限制器和指示器 第 2 部分：流动式起重机
254	GB/T 24810.3—2009	起重机 限制器和指示器 第 3 部分：塔式起重机
255	GB/T 24810.4—2009	起重机 限制器和指示器 第 4 部分：臂架起重机
256	GB/T 24810.5—2009	起重机 限制器和指示器 第 5 部分：桥式和门式起重机
257	GB/T 24811.1—2009	起重机和起重机械 钢丝绳选择 第 1 部分：总则
258	GB/T 24811.2—2009	起重机和起重机械 钢丝绳选择 第 2 部分：流动式起重机 利用系数
259	GB/T 24812—2009	4 级链条用锻造环眼吊钩
260	GB/T 24813—2009	8 级链条用锻造环眼吊钩
261	GB/T 24814—2009	起重用短环链 吊链等用 4 级普通精度链

（续）

序号	标准号	标准名称
262	GB/T 24815—2009	起重用短环链 吊链等用 6 级普通精度链
263	GB/T 24816—2009	起重用短环链 吊链等用 8 级普通精度链
264	GB/T 24817.4—2009	起重机械 控制装置布置形式和特性 第 4 部分：臂架起重机
265	GB/T 24817.5—2009	起重机械 控制装置布置形式和特性 第 5 部分：桥式和门式起重机
266	GB/T 24818.1—2009	起重机 通道及安全防护设施 第 1 部分：总则
267	GB/T 24818.3—2009	起重机 通道及安全防护设施 第 3 部分：塔式起重机
268	GB/T 24818.5—2009	起重机 通道及安全防护设施 第 5 部分：桥式和门式起重机
269	GB/T 2893.3—2010	图形符号 安全色和安全标志 第 3 部分：安全标志用图形符号设计原则
270	GB 6067.1—2010	起重机械安全规程 第 1 部分：总则
271	GB/T 6974.2—2010	起重机 术语 第 2 部分：流动式起重机
272	GB/T 8593.1—2010	土方机械 司机操纵装置和其他显示装置用符号 第 1 部分：通用符号
273	GB/T 8593.2—2010	土方机械 司机操纵装置和其他显示装置用符号 第 2 部分：机器、工作装置和附件的特殊符号
274	GB/T 10051.1—2010	起重吊钩 第 1 部分：力学性能、起重量、应力及材料
275	GB/T 10051.2—2010	起重吊钩 第 2 部分：锻造吊钩技术条件
276	GB/T 10051.3—2010	起重吊钩 第 3 部分：锻造吊钩使用检查
277	GB/T 10051.4—2010	起重吊钩 第 4 部分：直柄单钩毛坯件
278	GB/T 10051.5—2010	起重吊钩 第 5 部分：直柄单钩
279	GB/T 10051.6—2010	起重吊钩 第 6 部分：直柄双钩毛坯件
280	GB/T 10051.7—2010	起重吊钩 第 7 部分：直柄双钩
281	GB/T 10051.8—2010	起重吊钩 第 8 部分：吊钩横梁毛坯件
282	GB/T 10051.9—2010	起重吊钩 第 9 部分：吊钩横梁
283	GB/T 10051.10—2010	起重吊钩 第 10 部分：吊钩螺母
284	GB/T 10051.11—2010	起重吊钩 第 11 部分：吊钩螺母防松板
285	GB/T 10051.12—2010	起重吊钩 第 12 部分：吊钩闭锁装置
286	GB/T 10051.13—2010	起重吊钩 第 13 部分：叠片式吊钩技术条件
287	GB/T 10051.14—2010	起重吊钩 第 14 部分：叠片式吊钩使用检查
288	GB/T 10051.15—2010	起重吊钩 第 15 部分：叠片式单钩
289	GB/T 10170—2010	挖掘装载机 技术条件
290	GB/T 10183.1—2010	起重机 车轮及大车和小车轨道公差 第 1 部分：总则
291	GB/T 10183.4—2010	起重机 车轮及大车和小车轨道公差 第 4 部分：臂架起重机
292	GB/T 14780—2010	土方机械 排液、加液和液位螺塞
293	GB/T 14782—2010	平地机 技术条件
294	GB 15052—2010	起重机 安全标志和危险图形符号 总则
295	GB 16710—2010	土方机械 噪声限值
296	GB/T 16937—2010	土方机械 司机视野 试验方法和性能准则
297	GB/T 17300—2010	土方机械 通道装置
298	GB/T 17771—2010	土方机械 落物保护结构 试验室试验和性能要求
299	GB/T 17808—2010	道路施工与养护机械设备 沥青混合料搅拌设备

（续）

序号	标准号	标准名称
300	GB/T 17909.2—2010	起重机 起重机操作手册 第 2 部分：流动式起重机
301	GB/T 17921—2010	土方机械 座椅安全带及其固定器 性能要求和试验
302	GB/T 22437.2—2010	起重机 载荷与载荷组合的设计原则 第 2 部分：流动式起重机
303	GB/T 22437.4—2010	起重机 载荷与载荷组合的设计原则 第 4 部分：臂架起重机
304	GB/T 23720.3—2010	起重机 司机培训 第 3 部分：塔式起重机
305	GB/T 23723.3—2010	起重机 安全使用 第 3 部分：塔式起重机
306	GB/T 23723.4—2010	起重机 安全使用 第 4 部分：臂架起重机
307	GB/T 23724.3—2010	起重机 检查 第 3 部分：塔式起重机
308	GB/T 23725.3—2010	起重机 信息标牌 第 3 部分：塔式起重机
309	GB/T 24817.2—2010	起重机械 控制装置布置形式和特性 第 2 部分：流动式起重机
310	GB/T 24818.2—2010	起重机 通道及安全防护设施 第 2 部分：流动式起重机
311	GB/T 25028—2010	轮胎式装载机 制动系统用加力器 技术条件
312	GB 25194—2010	杂物电梯制造与安装安全规范
313	GB/T 25195.1—2010	起重机 图形符号 第 1 部分：总则
314	GB/T 25195.2—2010	起重机 图形符号 第 2 部分：流动式起重机
315	GB/T 25195.3—2010	起重机 图形符号 第 3 部分：塔式起重机
316	GB/T 25196.1—2010	起重机 状态监控 第 1 部分：总则
317	GB/T 25602—2010	土方机械 机器可用性 术语
318	GB/T 25603—2010	土方机械 水平定向钻机 术语
319	GB/T 25604—2010	土方机械 装载机 术语和商业规格
320	GB/T 25605—2010	土方机械 自卸车 术语和商业规格
321	GB/T 25606—2010	土方机械 产品识别代码系统
322	GB/T 25607—2010	土方机械 防护装置 定义和要求
323	GB/T 25608—2010	土方机械 非金属燃油箱的性能要求
324	GB/T 25609—2010	土方机械 步行操纵式机器的制动系统 性能要求和试验方法
325	GB/T 25610—2010	土方机械 自卸车车厢支承装置和司机室倾斜支承装置
326	GB/T 25611—2010	土方机械 机器液体系统作业的坡道极限值测定 静态法
327	GB/T 25612—2010	土方机械 声功率级的测定 定置试验条件
328	GB/T 25613—2010	土方机械 司机位置发射声压级的测定 定置试验条件
329	GB/T 25614—2010	土方机械 声功率级的测定 动态试验条件
330	GB/T 25615—2010	土方机械 司机位置发射声压级的测定 动态试验条件
331	GB/T 25616—2010	土方机械 辅助起动装置的电连接件
332	GB/T 25617—2010	土方机械 机器操作的可视显示装置
333	GB/T 25618.1—2010	土方机械 润滑油杯 第 1 部分：螺纹接头式
334	GB/T 25618.2—2010	土方机械 润滑油杯 第 2 部分：油枪注油嘴
335	GB/T 25619—2010	土方机械 滑移转向装载机附属装置的联接
336	GB/T 25620—2010	土方机械 操作和维修 可维修性指南
337	GB/T 25621—2010	土方机械 操作和维修 技工培训

（续）

序号	标准号	标准名称
338	GB/T 25622—2010	土方机械 司机手册 内容和格式
339	GB/T 25623—2010	土方机械 司机培训方法指南
340	GB/T 25624—2010	土方机械 司机座椅 尺寸和要求
341	GB/T 25625—2010	土方机械 自卸车 教练员座椅 / 环境空间
342	GB/T 25626—2010	冲击压路机
343	GB/T 25627—2010	工程机械 动力换挡变速器
344	GB/T 25628—2010	土方机械 斗齿
345	GB/T 25629—2010	液压挖掘机 中央回转接头
346	GB/T 25637.1—2010	建筑施工机械与设备 混凝土搅拌机 第 1 部分：术语与商业规格
347	GB/T 25638.1—2010	建筑施工机械与设备 混凝土泵 第 1 部分：术语与商业规格
348	GB/T 25639—2010	道路施工与养护机械设备 沥青混凝土路面摊铺作业机群智能化 术语
349	GB/T 25640—2010	道路施工与养护机械设备 沥青混凝土路面摊铺作业机群智能化 信息交换
350	GB/T 25641—2010	道路施工与养护机械设备 沥青混合料厂拌热再生设备
351	GB/T 25642—2010	道路施工与养护机械设备 沥青混合料转运机
352	GB/T 25643—2010	道路施工与养护机械设备 路面铣刨机
353	GB/T 25648—2010	道路施工与养护机械设备 稳定土拌和机
354	GB/T 25649—2010	道路施工与养护机械设备 稀浆封层机
355	GB/T 25650—2010	混凝土振动台
356	GB 25684.1—2010	土方机械 安全 第 1 部分：通用要求
357	GB 25684.2—2010	土方机械 安全 第 2 部分：推土机的要求
358	GB 25684.3—2010	土方机械 安全 第 3 部分：装载机的要求
359	GB 25684.4—2010	土方机械 安全 第 4 部分：挖掘装载机的要求
360	GB 25684.5—2010	土方机械 安全 第 5 部分：液压挖掘机的要求
361	GB 25684.6—2010	土方机械 安全 第 6 部分：自卸车的要求
362	GB 25684.7—2010	土方机械 安全 第 7 部分：铲运机的要求
363	GB 25684.8—2010	土方机械 安全 第 8 部分：平地机的要求
364	GB 25684.9—2010	土方机械 安全 第 9 部分：吊管机的要求
365	GB 25684.10—2010	土方机械 安全 第 10 部分：挖沟机的要求
366	GB 25684.11—2010	土方机械 安全 第 11 部分：土方回填压实机的要求
367	GB 25684.12—2010	土方机械 安全 第 12 部分：机械挖掘机的要求
368	GB 25684.13—2010	土方机械 安全 第 13 部分：压路机的要求
369	GB/T 25685.1—2010	土方机械 监视镜和后视镜的视野 第 1 部分：试验方法
370	GB/T 25685.2—2010	土方机械 监视镜和后视镜的视野 第 2 部分：性能准则
371	GB/T 25686—2010	土方机械 司机遥控的安全要求
372	GB/T 25687.1—2010	土方机械 同义术语的多语种列表 第 1 部分：综合
373	GB/T 25687.2—2010	土方机械 同义术语的多语种列表 第 2 部分：性能和尺寸
374	GB/T 25688.1—2010	土方机械 维修工具 第 1 部分：通用维修和调整工具
375	GB/T 25688.2—2010	土方机械 维修工具 第 2 部分：机械式拉拔器和推拔器

（续）

序号	标准号	标准名称
376	GB/T 25689—2010	土方机械 自卸车车厢 容量标定
377	GB/T 25690—2010	土方机械 升运式铲运机 容量标定
378	GB/T 25691—2010	土方机械 开斗式铲运机 容量标定
379	GB/T 25692—2010	土方机械 自卸车和自行式铲运机用限速器 性能试验
380	GB/T 25693—2010	土方机械 遥控拆除机
381	GB/T 25694—2010	土方机械 滑移转向装载机
382	GB/T 25695—2010	建筑施工机械与设备 旋挖钻机成孔施工通用规程
383	GB/T 25696—2010	道路施工与养护机械设备 沥青路面加热机 术语和商业规格
384	GB 25849—2010	移动式升降工作平台 设计计算、安全要求和测试方法
385	GB/T 25850—2010	起重机 指派人员的培训
386	GB/T 25851.1—2010	流动式起重机 起重机性能的试验测定 第1部分：倾翻载荷和幅度
387	GB/T 25852—2010	8级链条用锻造起重部件
388	GB/T 25853—2010	8级非焊接吊链
389	GB/T 25854—2010	一般起重用D形和弓形锻造卸扣
390	GB/T 25855—2010	索具用8级连接环
391	GB 25856—2010	仅载货电梯制造与安装安全规范
392	GB/T 25896.1—2010	设备用图形符号 起重机 第1部分：通用符号
393	GB/T 25896.2—2010	设备用图形符号 起重机 第2部分：流动式起重机符号
394	GB/T 25896.3—2010	设备用图形符号 起重机 第3部分：塔式起重机符号
395	GB/T 25977—2010	除雪车
396	GB/T 25981—2010	护栏清洗车
397	GB/T 26080—2010	塔机用冷弯矩形管
398	GB 26133—2010	非道路移动机械用小型点燃式发动机排气污染物排放限值与测量方法（中国第一、二阶段）
399	GB/Z 26139—2010	土方机械 驾乘式机器暴露于全身振动的评价指南 国际协会、组织和制造商所测定协调数据的应用
400	GB/T 5905—2011	起重机 试验规范和程序
401	GB/T 8420—2011	土方机械 司机的身材尺寸与司机的最小活动空间
402	GB/T 10060—2011	电梯安装验收规范
403	GB/T 10597—2011	卷扬式启闭机
404	GB/T 14406—2011	通用门式起重机
405	GB/T 14405—2011	通用桥式起重机
406	GB/T 14627—2011	液压式启闭机
407	GB/T 14687—2011	工业脚轮和车轮
408	GB/T 14695—2011	臂式斗轮堆取料机 型式和基本参数
409	GB/T 16178—2011	场（厂）内机动车辆安全检验技术要求
410	GB 16899—2011	自动扶梯和自动人行道的制造与安装安全规范
411	GB/T 20418—2011	土方机械 照明、信号和标志灯以及反射器
412	GB/T 26408—2011	混凝土搅拌运输车
413	GB/T 26409—2011	流动式混凝土泵

（续）

序号	标准号	标准名称
414	GB 26465—2011	消防电梯制造与安装安全规范
415	GB 26469—2011	架桥机安全规程
416	GB/T 26470—2011	架桥机通用技术条件
417	GB/T 26471—2011	塔式起重机　安装与拆卸规则
418	GB/T 26472—2011	流动式起重机　卷筒和滑轮尺寸
419	GB/T 26473—2011	起重机　随车起重机安全要求
420	GB/T 26474—2011	集装箱正面吊运起重机　技术条件
421	GB/T 26475—2011	桥式抓斗卸船机
422	GB/T 26476—2011	机械式停车设备　术语
423	GB/T 26477.1—2011	起重机　车轮和相关小车承轨结构的设计计算　第 1 部分：总则
424	GB 26504—2011	移动式道路施工机械　通用安全要求
425	GB 26505—2011	移动式道路施工机械　摊铺机安全要求
426	GB 26545—2011	建筑施工机械与设备　钻孔设备安全规范
427	GB/T26546—2011	工程机械减轻环境负担的技术指南
428	GB 26557—2011	吊笼有垂直导向的人货两用施工升降机
429	GB/T 26558—2011	桅杆起重机
430	GB/T 26559—2011	机械式停车设备　分类
431	GB/T 26560—2011	机动工业车辆 安全标志和危险图示　通则
432	GB/T 26561—2011	搬运 6m 及其以上长度货运集装箱的平衡重式叉车　附加稳定性试验
433	GB/T 26665—2011	制动器　术语
434	GB/T 26945—2011	集装箱空箱堆高机
435	GB/T 26946.1—2011	侧面式叉车　第 1 部分：稳定性试验
436	GB/T 26946.2—2011	侧面式叉车　第 2 部分：搬运 6m 及其以上长度货运集装箱叉车的附加稳定性试验
437	GB/T 26947—2011	手动托盘搬运车
438	GB/T 26948.1—2011	工业车辆驾驶员约束系统技术要求及试验方法　第 1 部分：腰部安全带
439	GB/T 26949.10—2011	工业车辆　稳定性验证　第 10 部分：在由动力装置侧移载荷条件下堆垛作业的附加稳定性试验
440	GB/T 26950.1—2011	防爆工业车辆　第 1 部分：蓄电池工业车辆
441	GB/T 27542—2011	蓄电池托盘搬运车
442	GB/T 27543—2011	手推升降平台搬运车
443	GB/T 27544—2011	工业车辆　电气要求
444	GB/T 27545—2011	水平循环类机械式停车设备
445	GB/T 27546—2011	起重机械　滑轮
446	GB/T 27547—2011	升降工作平台　导架爬升式工作平台
447	GB/T 27548—2011	移动式升降工作平台　安全规则、检查、维护和操作
448	GB/T 27549—2011	移动式升降工作平台　操作人员培训
449	GB/T 27613—2011	液压传动　液体污染　采用称重法测定颗粒污染度
450	GB/T 27693—2011	工业车辆安全　噪声辐射的测量方法
451	GB/T 27694—2011	工业车辆安全　振动的测量方法

（续）

序号	标准号	标准名称
452	GB 27695—2011	汽车举升机安全规程
453	GB/T 27696—2011	一般起重用 4 级锻造吊环螺栓
454	GB/T 27697—2011	立式油压千斤顶
455	GB/T 27903—2011	电梯层门耐火试验 完整性、隔热性和热通量测定法
456	GB/T 27996—2011	全地面起重机
457	GB/T 27997—2011	造船门式起重机
458	GB/T 27998—2011	平衡式起重机
459	GB 3883.2—2012	手持式电动工具的安全 第二部分：螺丝刀和冲击扳手的专用要求
460	GB 3883.4—2012	手持式电动工具的安全 第二部分：非盘式砂光机和抛光机的专用要求
461	GB 3883.6—2012	手持式电动工具的安全 第二部分：电钻和冲击电钻的专用要求
462	GB 3883.7—2012	手持式电动工具的安全 第二部分：锤类工具的专用要求
463	GB 3883.8—2012	手持式电动工具的安全 第二部分：电剪刀和电冲剪的专用要求
464	GB 3883.9—2012	手持式电动工具的安全 第二部分：攻丝机的专用要求
465	GB 3883.11—2012	手持式电动工具的安全 第二部分：往复锯（曲线锯、刀锯）的专用要求
466	GB 3883.12—2012	手持式电动工具的安全 第二部分：混凝土振动器的专用要求
467	GB 3883.19—2012	手持式电动工具的安全 第二部分：管道疏通机的专用要求
468	GB 3883.20—2012	手持式电动工具的安全 第二部分：捆扎机的专用要求
469	GB 3883.21—2012	手持式电动工具的安全 第二部分：带锯的专用要求
470	GB/T 12974—2012	交流电梯电动机通用技术条件
471	GB/T 15706—2012	机械安全 设计通则 风险评估与风险减小
472	GB/T 19876—2012	机械安全 与人体部位接近速度相关的安全防护装置的定位
473	GB/T 26949.1—2012	工业车辆 稳定性验证 第 1 部分：总则
474	GB/T 28264—2012	起重机械 安全监控管理系统
475	GB/T 28391—2012	建筑施工机械与设备 人力移动式液压动力站
476	GB/T 28392—2012	道路施工与养护机械设备 热风式沥青混合料再生修补机
477	GB/T 28393—2012	道路施工与养护机械设备 沥青碎石同步封层车
478	GB/T 28394—2012	道路施工与养护机械设备 沥青路面微波加热装置
479	GB 28395—2012	混凝土及灰浆输送、喷射、浇注机械 安全要求
480	GB/Z 28597—2012	地震情况下的电梯和自动扶梯要求 汇编报告
481	GB/Z 28598—2012	电梯用于紧急疏散的研究
482	GB 28621—2012	安装于现有建筑物中的新电梯制造与安装安全规范
483	GB 28755—2012	简易升降机安全规程
484	GB/T 28756—2012	缆索起重机
485	GB/T 28757—2012	除流动式、塔式和浮式起重机以外的起重机 稳定性基本要求
486	GB/T 28758—2012	起重机 检查人员的资格要求
487	GB/T 29009—2012	建筑施工机械与设备 移动式破碎机 术语和商业规格
488	GB/T 29010—2012	建筑施工机械与设备 履带式建设废弃物处理机械 术语和商业规格
489	GB/T 29011—2012	建筑施工机械与设备 液压式钢板桩压拔桩机 术语和商业规格

（续）

序号	标准号	标准名称
490	GB/T 29012—2012	道路施工与养护机械设备 道路灌缝机
491	GB/T 29013—2012	道路施工与养护机械设备 滑模式水泥混凝土摊铺机
492	GB/T 29086—2012	钢丝绳 安全 使用和维护
493	GB/T 783—2013	起重机械 基本型的最大起重量系列
494	GB/T 2893.1—2013	图形符号 安全色和安全标志 第 1 部分：安全标志和安全标记的设计原则
495	GB/T 2893.4—2013	图形符号 安全色和安全标志 第 4 部分：安全标志材料的色度属性和光度属性
496	GB/T 6247.1—2013	凿岩机械与便携式动力工具 术语 第 1 部分：凿岩机械、气动工具和气动机械
497	GB/T 6247.2—2013	凿岩机械与便携式动力工具 术语 第 2 部分：液压工具
498	GB/T 6247.3—2013	凿岩机械与便携式动力工具 术语 第 3 部分：零部件与机构
499	GB/T 6247.4—2013	凿岩机械与便携式动力工具 术语 第 4 部分：性能试验
500	GB/T 7920.12—2013	道路施工与养护机械设备 沥青混凝土摊铺机 术语和商业规格
501	GB 10827.5—2013	工业车辆 安全要求和验证 第 5 部分：步行式车辆
502	GB 14711—2013	中小型旋转电机通用安全要求
503	GB 14784—2013	带式输送机 安全规范
504	GB/T 24803.2—2013	电梯安全要求 第 2 部分：满足电梯基本安全要求的安全参数
505	GB/T 24803.3—2013	电梯安全要求 第 3 部分：电梯、电梯部件和电梯功能符合性评价的前提条件
506	GB/T 24803.4—2013	电梯安全要求 第 4 部分：评价要求
507	GB/T 25697—2013	道路施工与养护机械设备 沥青路面就地热再生复拌机
508	GB/T 29561—2013	港口固定式起重机
509	GB/T 29560—2013	门座起重机
510	GB/T 29562.1—2013	起重机械用电动机能效测试方法 第 1 部分：YZP 系列变频调速三相异步电动机
511	GB/T 29562.2—2013	起重机械用电动机能效测试方法 第 2 部分：YZR/YZ 系列三相异步电动机
512	GB/T 29562.3—2013	起重机械用电动机能效测试方法 第 3 部分：锥形转子三相异步电动机
513	GB/T 26949.2—2013	工业车辆 稳定性验证 第 2 部分：平衡重式叉车
514	GB/T 26949.3—2013	工业车辆 稳定性验证 第 3 部分：前移式和插腿式叉车
515	GB/T 30023—2013	起重机 可用性 术语
516	GB/T 30024—2013	起重机 金属结构能力验证
517	GB/T 30025—2013	起重机 起重机及其部件质量的测量
518	GB/T 30026—2013	起重用短环链 TH 级手动链式葫芦用高精度链
519	GB/T 30027—2013	起重用短环链 VH 级手动链式葫芦用高精度链
520	GB/T 30028—2013	电动葫芦能效测试方法
521	GB/T 30031—2013	工业车辆 电磁兼容性
522	GB/T 30032.2—2013	移动式升降工作平台 带有特殊部件的设计、计算、安全要求和试验方法 第 2 部分：装有非导电（绝缘）部件的移动式升降工作平台
523	GB/T 30193—2013	工程机械轮胎耐久性试验方法
524	GB/T 30197—2013	工程机械轮胎作业能力测试方法 转鼓法
525	GB/T 30221—2013	工业制动器能效测试方法
526	GB/T 30222—2013	起重机械用电力驱动起升机构能效测试方法

（续）

序号	标准号	标准名称
527	GB/T 30223—2013	起重机械用电力驱动运行机构能效测试方法
528	GB/T 30462—2013	再制造非道路用内燃机　通用技术条件
529	GB/T 2981—2014	工业车辆充气轮胎技术条件
530	GB/T 2982—2014	工业车辆充气轮胎规格、尺寸、气压与负荷
531	GB 5226.6—2014	机械电气安全　机械电气设备　第 6 部分：建设机械技术条件
532	GB 6067.5—2014	起重机械安全规程　第 5 部分：桥式和门式起重机
533	GB/T 6572—2014	土方机械　液压挖掘机　术语和商业规格
534	GB 10054.1—2014	货用施工升降机　第 1 部分：运载装置可进人的升降机
535	GB 10054.2—2014	货用施工升降机　第 2 部分：运载装置不可进人的倾斜式升降机
536	GB 10827.1—2014	工业车辆　安全要求和验证　第 1 部分：自行式工业车辆（除无人驾驶车辆、伸缩臂式叉车和载运车）
537	GB/T 13331—2014	土方机械　液压挖掘机　起重量
538	GB/T 14781—2014	土方机械　轮胎式机器　转向要求
539	GB/T 17922—2014	土方机械　滚翻保护结构　实验室试验和性能要求
540	GB/T 19929—2014	土方机械　履带式机器　制动系统的性能要求和试验方法
541	GB/T 19930.2—2014	土方机械　挖掘机保护结构的实验室试验和性能要求　第 2 部分：6t 以上挖掘机的滚翻保护结构（ROPS）
542	GB/T 19933.1—2014	土方机械　司机室环境　第 1 部分：术语和定义
543	GB/T 19933.2—2014	土方机械　司机室环境　第 2 部分：空气滤清器试验方法
544	GB/T 19933.3—2014	土方机械　司机室环境　第 3 部分：增压试验方法
545	GB/T 19933.4—2014	土方机械　司机室环境　第 4 部分：采暖、换气和空调（HVAC）的试验方法和性能
546	GB/T 19933.5—2014	土方机械　司机室环境　第 5 部分：风窗玻璃除霜系统的试验方法
547	GB/T 19933.6—2014	土方机械　司机室环境　第 6 部分：太阳光热效应的测定
548	GB/T 20001.10—2014	标准编写规则　第 10 部分：产品标准
549	GB/T 20002.3—2014	标准中特定内容的起草　第 3 部分：产品标准中涉及环境的内容
550	GB 20178—2014	土方机械　机器安全标签　通则
551	GB/T 20850—2014	机械安全　机械安全标准的理解和使用指南
552	GB 20891—2014	非道路移动机械用柴油机排气污染物排放限值及测量方法（中国第三、四阶段）
553	GB/T 21154—2014	土方机械　整机及其工作装置和部件的质量测量方法
554	GB/T 30559.1—2014	电梯、自动扶梯和自动人行道的能量性能　第 1 部分：能量测量与验证
555	GB/T 30560—2014	电梯操作装置、信号及附件
556	GB/T 30561—2014	起重机　刚性　桥式和门式起重机
557	GB/T 30574—2014	机械安全　安全防护的实施准则
558	GB/T 30575—2014	机械振动与冲击　人体暴露　生物动力学坐标系
559	GB 30584—2014	起重机臂架用无缝钢管
560	GB/T 30587—2014	钢丝绳吊索　环索
561	GB/T 30588—2014	钢丝绳绳端　合金熔铸套接
562	GB/T 30589—2014	钢丝绳绳端　套管压制索具
563	GB 30692—2014	提高在用自动扶梯和自动人行道安全性的规范
564	GB/T 30750—2014	道路施工与养护机械设备　路面处理机械　安全要求

（续）

序号	标准号	标准名称
565	GB/T 30751—2014	建筑施工机械与设备　移动式破碎机　安全要求
566	GB/T 30752—2014	道路施工与养护机械设备　沥青混合料搅拌设备　安全要求
567	GB/T 30753—2014	移动式道路施工机械　路面铣刨机安全要求
568	GB/T 30754—2014	移动式道路施工机械　稳定土拌和机和冷再生机安全要求
569	GB/T 30964—2014	土方机械　可再利用性和可回收利用性　术语和计算方法
570	GB/T 30965—2014	土方机械　履带式机器平均接地比压的确定
571	GB/T 30977—2014	电梯对重和平衡重用空心导轨
572	GB/T 31037.1—2014	工业起升车辆用燃料电池发电系统　第 1 部分：安全
573	GB/T 31037.2—2014	工业起升车辆用燃料电池发电系统　第 2 部分：技术条件
574	GB/T 31050—2014	冶金起重机能效测试方法
575	GB/T 31051.1—2014	起重机　工作和非工作状态下的锚定装置　第 1 部分：总则
576	GB/T 31052.1—2014	起重机械　检查与维护规程　第 1 部分：总则
577	GB 31094—2014	防爆电梯制造与安装安全规范
578	GB/T 31095—2014	地震情况下的电梯要求
579	GB/T 31200—2014	电梯、自动扶梯和自动人行道乘用图形标志及其使用导则
580	GB/T 31254—2014	机械安全　固定式直梯的安全设计规范
581	GB/T 31255—2014	机械安全　工业楼梯、工作平台和通道的安全设计规范
582	GB/T 2883—2015	工程机械轮辋规格系列
583	GB/T 12939—2015	工业车辆轮辋规格系列
584	GB/T 14521—2015	连续搬运机械　术语
585	GB/T 16755—2015	机械安全　安全标准的起草与表述规则
586	GB/T 16855.2—2015	机械安全　控制系统安全相关部件　第 2 部分：确认
587	GB/T 16856—2015	机械安全　风险评估　实施指南和方法举例
588	GB/T 16936—2015	土方机械　发动机净功率试验规范
589	GB/T 18148—2015	土方机械　压实机械压实性能试验方法
590	GB/T 20001.2—2015	标准编写规则　第 2 部分：符号标准
591	GB/T 20001.3—2015	标准编写规则　第 3 部分：分类标准
592	GB/T 20001.4—2015	标准编写规则　第 4 部分：试验方法标准
593	GB/T 20002.4—2015	标准中特定内容的起草　第 4 部分：标准中涉及安全的内容
594	GB/T 21155—2015	土方机械　行车声响报警装置和前方喇叭　试验方法和性能准则
595	GB/T 24809.2—2015	起重机　对机构的要求　第 2 部分：流动式起重机
596	GB/T 26950.2—2015	防爆工业车辆　第 2 部分：内燃工业车辆
597	GB/T 30032.1—2015	移动式升降工作平台　带有特殊部件的设计、计算、安全要求和试验方法　第 1 部分：装有伸缩式护栏系统的移动式升降工作平台
598	GB/T 31052.5—2015	起重机械　检查与维护规程　第 5 部分：桥式和门式起重机
599	GB/T 31052.11—2015	起重机械　检查与维护规程　第 11 部分：机械式停车设备
600	GB/T 31704—2015	装载机电子秤
601	GB/T 31821—2015	电梯主要部件报废技术条件

（续）

序号	标准号	标准名称
602	GB/Z 31822—2015	公共交通型自动扶梯和自动人行道的安全要求指导文件
603	GB/T 32069—2015	土方机械 轮胎式装载机附属装置的连接装置
604	GB/T 32070—2015	土方机械 危险监测系统及其可视辅助装置 性能要求和试验
605	GB/T 32076.1—2015	预载荷高强度栓接结构连接副 第 1 部分：通用要求
606	GB/T 32076.2—2015	预载荷高强度栓接结构连接副 第 2 部分：预载荷适应性
607	GB/T 32076.3—2015	预载荷高强度栓接结构连接副 第 3 部分：HR 型 大六角头螺栓和螺母连接副
608	GB/T 32076.4—2015	预载荷高强度栓接结构连接副 第 4 部分：HV 型 大六角头螺栓和螺母连接副
609	GB/T 32076.5—2015	预载荷高强度栓接结构连接副 第 5 部分：平垫圈
610	GB/T 32076.6—2015	预载荷高强度栓接结构连接副 第 6 部分：倒角平垫圈
611	GB/T 32076.7—2015	预载荷高强度栓接结构连接副 第 7 部分：M39 ～ M64 大六角头螺栓和螺母连接副
612	GB/T 32083—2015	机场除冰剂撒布机
613	GB/T 32271—2015	电梯能量回馈装置
614	GB/T 32272.1—2015	机动工业车辆 验证视野的试验方法 第 1 部分：起重量不大于 10t 的 坐驾式、站驾式车辆和伸缩臂式叉车
615	GB/T 32273—2015	建筑施工机械与设备 手扶随行式振动平板夯 术语和商业规格
616	GB/T 32274—2015	建筑施工机械与设备 手扶随行式振动冲击夯 术语和商业规格
617	GB/T 5184—2016	叉车 挂钩型货叉和货叉架 安装尺寸
618	GB/T 5972—2016	起重机 钢丝绳 保养、维护、检验和报废
619	GB/T 6974.4—2016	起重机 术语 第 4 部分：臂架起重机
620	GB/T 6974.6—2016	起重机 术语 第 6 部分：铁路起重机
621	GB/T 7920.4—2016	混凝土机械术语
622	GB/T 10171—2016	建筑施工机械与设备 混凝土搅拌站（楼）
623	GB/T 14560—2016	履带起重机
624	GB/T 20303.1—2016	起重机 司机室和控制站 第 1 部分：总则
625	GB/T 20303.3—2016	起重机 司机室和控制站 第 3 部分：塔式起重机
626	GB/T 20863.2—2016	起重机 分级 第 2 部分：流动式起重机
627	GB/T 23724.1—2016	起重机 检查 第 1 部分：总则
628	GB/T 24817.1—2016	起重机 控制装置布置形式和特性 第 1 部分：总则
629	GB/T 24817.3—2016	起重机 控制装置布置形式和特性 第 3 部分：塔式起重机
630	GB/T 26949.4—2016	工业车辆 稳定性验证 第 4 部分：托盘堆垛车、双层堆垛车和操作者位置起升高度不大于 1 200mm 的拣选车
631	GB/T 26949.7—2016	工业车辆 稳定性验证 第 7 部分：两向和多向运行叉车
632	GB/T 26949.8—2016	工业车辆 稳定性验证 第 8 部分：在门架前倾和载荷起升条件下堆垛作业的附加稳定性试验
633	GB/T 26949.11—2016	工业车辆 稳定性验证 第 11 部分：伸缩臂式叉车
634	GB/T 26949.14—2016	工业车辆 稳定性验证 第 14 部分：越野型伸缩臂式叉车
635	GB/T 26949.20—2016	工业车辆 稳定性验证 第 20 部分：在载荷偏置条件下作业的附加稳定性试验
636	GB/T 26949.21—2016	工业车辆 稳定性验证 第 21 部分：操作者位置起升高度大于 1 200mm 的拣选车
637	GB/T 31051.4—2016	起重机 工作和非工作状态下的锚定装置 第 4 部分：臂架起重机
638	GB/T 31052.2—2016	起重机械 检查与维护规程 第 2 部分：流动式起重机
639	GB/T 31052.3—2016	起重机械 检查与维护规程 第 3 部分：塔式起重机

（续）

序号	标准号	标准名称
640	GB/T 31052.6—2016	起重机械　检查与维护规程　第 6 部分：缆索起重机
641	GB/T 31052.7—2016	起重机械　检查与维护规程　第 7 部分：桅杆起重机
642	GB/T 31052.8—2016	起重机械　检查与维护规程　第 8 部分：铁路起重机
643	GB/T 31052.9—2016	起重机械　检查与维护规程　第 9 部分：升降机
644	GB/T 31052.10—2016	起重机械　检查与维护规程　第 10 部分：轻小型起重设备
645	GB/T 32542—2016	建筑施工机械与设备　混凝土泵送用布料杆计算原则和稳定性
646	GB/T 32543—2016	建筑施工机械与设备　混凝土输送管　连接型式和安全要求
647	GB/T 32544—2016	桥式与门式起重机金属结构声发射检测及结果评定方法
648	GB/T 32799—2016	液压破碎锤
649	GB/T 32800.3—2016	手持式非电类动力工具　安全要求　第 3 部分：钻和攻丝机
650	GB/T 32800.4—2016	手持式非电类动力工具　安全要求　第 4 部分：纯冲击式动力工具
651	GB/T 32801—2016	土方机械　再制造零部件　装配技术规范
652	GB/T 32802—2016	土方机械　再制造零部件　出厂验收技术规范
653	GB/T 32803—2016	土方机械　零部件再制造　分类技术规范
654	GB/T 32804—2016	土方机械　零部件再制造　拆解技术规范
655	GB/T 32805—2016	土方机械　零部件再制造　清洗技术规范
656	GB/T 32806—2016	土方机械　零部件再制造　通用技术规范
657	GB/T 32819—2016	土方机械　零部件可回收利用性分类及标识
658	GB/T 32820—2016	土方机械　防盗系统　分类和性能
659	GB/T 32827—2016	物流装备管理监控系统功能体系
660	GB/T 32828—2016	仓储物流自动化系统功能安全规范
661	GB/T 33080—2016	塔式起重机安全评估规程
662	GB/T 33081—2016	移动式升降工作平台　操作者控制符号和其他标记
663	GB/T 33082—2016	机械式停车设备　使用与操作安全要求

〔供稿人：中国工程机械工业协会标准化工作委员会李静〕

（本栏目编辑：张珂玲）

中国工程机械工业年鉴2017

大事记

记载2016年工程机械行业的重大事件

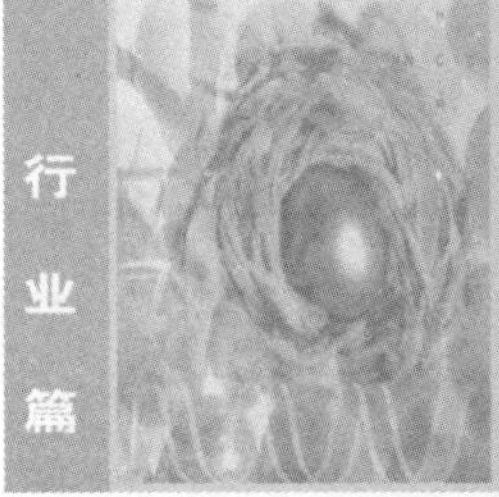

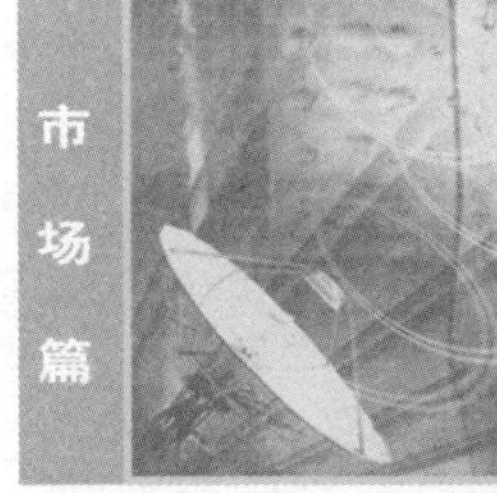

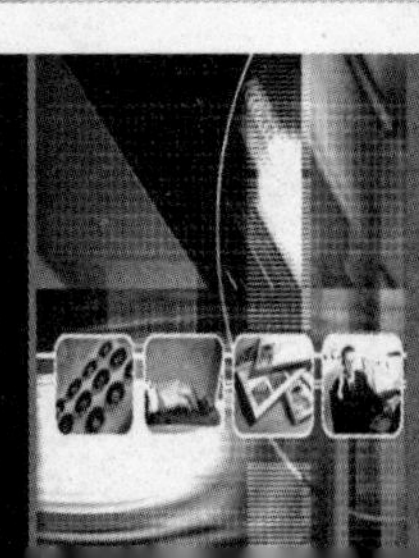

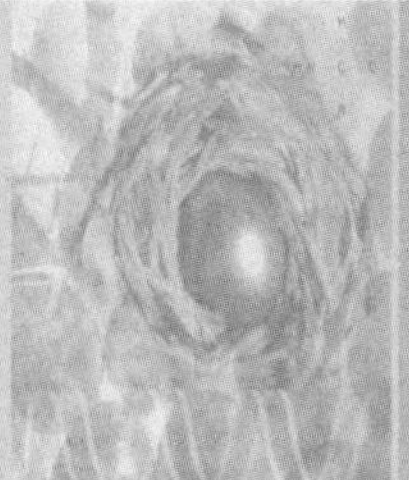

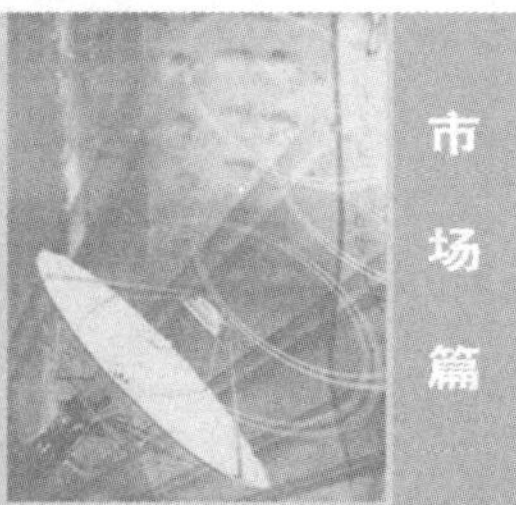

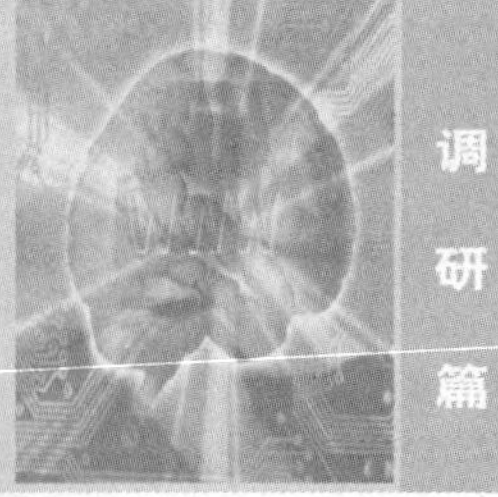

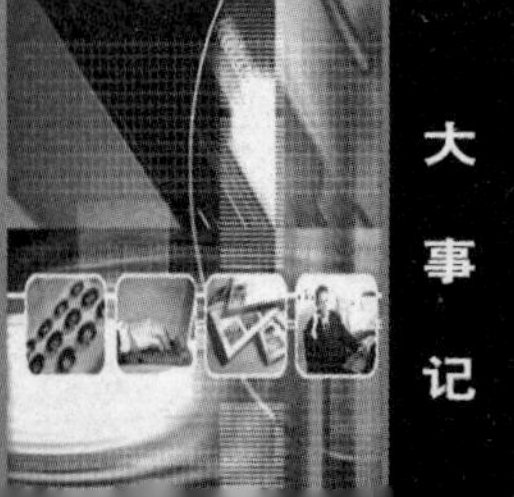

大事记

2016年中国工程机械行业大事记

2016 年中国工程机械行业大事记

1 月

8 日　徐工集团“面向大型工程施工的流动式成套吊装设备关键技术与应用”项目在 2015 年度国家科学技术奖励大会上被授予年度国家科技进步奖二等奖，这是徐工集团第四次获此殊荣。该设备的成功研制与市场应用，改善了大型吊装的施工工艺，推动了行业技术进步，使我国成套装备吊装技术达到世界领先水平。

14 日　中国工程机械工业协会（以下简称协会）组织在京的 4 家行业代理商召开“北京非道路机械低排放区研究”项目讨论会，就协会受北京市环境保护局委托开展的“北京非道路机械低排放区研究”项目中有关非道路机械排放情况摸底调查工作进行布置动员。该环保研究项目要求自 1 月启动至 10 月结束。为确保项目的顺利开展，协会组成了工作领导小组和工作组。协会会长祁俊任领导小组组长，副会长兼秘书长苏子孟任副组长。会议决定，以在京的 4 家行业代理商工作人员为主，组成 100 人左右的工作组，主要负责项目前期建立台，帐所需要的设备普查登记工作。工作人员由协会集中进行业务培训后，从 3 月起将分赴北京所属的 16 个区县，在每个区县设立 5 个登记点对区域内在用的挖掘机、装载机、挖掘装载机、叉车、推土机、平地机、压路机、摊铺机、铣刨机 9 类产品按型号、生产厂家、出厂日期、出厂编号、车架号、发动机型号等相关信息进行登记，并根据设备所达到的不同排放等级粘贴不同颜色的等级标识。对所收集到的设备信息将每日通过网络传送给协会和北京市环保局进行汇总。设备普查登记工作在 8 月底前完成。

15 日　国家环保部发布《关于实施国家第三阶段非道路移动机械用柴油机排气污染物排放标准的公告》。公告规定：自 2016 年 4 月 1 日起，所有制造、进口和销售的非道路移动机械不得装用不符合《非道路标准》第三阶段要求的柴油机。这意味着工程机械开始全面进入“国III”阶段。排放的升级不仅提升了用户体验、降低了用户综合使用成本，促进了产业链各环节的协同进步，还为全行业转型升级发展带来了新机遇。

15 日　全球最大的工程机械设备租赁商 —— 美国联合租赁公司与国内工程机械租赁商和贸易商 —— 天津市中盛百利工程机械有限公司战略合作新闻发布会在天津举行。中盛百利成为美国联合租赁公司在我国唯一授权的工程机械设备进口商与合作商。双方正式在贸易与经营管理两方面展开合作，共同探讨适合我国国情的租赁模式以及租赁公司的经营和管理经验。

15 日　我国工程机械 11 家主流制造商 —— 徐工集团、中联重科、三一集团、柳工集团、临工集团、山推工程机械股份有限公司、厦工机械股份有限公司、中国国机重工集团有限公司、雷沃重工股份有限公司、山河智能装备集团、内蒙古北方重型汽车股份有限公司在北京共同发布行动宣言，提出要彻底告别旧理念、旧模式，培育新业态，打造新发展模式和驱动级，以质量、效益为中心，推动我国工程机械产业转型升级，向中高端迈进。

18 日　三一重工在上海证券交易所宣布价值 45 亿元的可转换债券正式挂牌。此次公开发行可转换公司债券是三一重工继续实施“双进转型”战略的重要举措。

27 日　中联重科向美国第二大工程机械制造商特雷克斯提出以每股 30 美元现金、总额为 33 亿美元的价格收购其全部流通股的提议。这是国家发布《关于推进国际产能和装备制造合作的指导意见》以来，在相关重点行业中提出的首例大规模海外并购，是中联重科实施国际化战略的一项重大决定。

28 日　国内首家工程机械租赁 B2B 服务平台 —— 北京包租工网络科技有限公司与中国人民财产保险股份有限公司在北京举行战略合作签约仪式，开启互联网 + 中国工程机械租赁行业的一次创举。

月内　在被称为“国际工业设计的奥斯卡”的世界最具权威性的设计竞赛之一的“红点奖设计大奖”颁奖典礼上，徐工研究院工业设计中心凭借卓越的设计能力和公认的品牌实力从数千参赛设计作品中脱颖而出，其设计的“粉尘爆炸发动机”被授予 2015 年度红点概念设计奖。

2 月

3 日　三一集团 CRM 系统全面上线推广大会在长沙产业园召开。大会宣布 CRM 系统于 2016 年 2 月 4 日上午 8:00 在 95 家代理商正式切换上线。CRM 项目是三一集团全产业链业务变革的第一个战略性项目。通过 CRM 平台的搭建，三一集团的营销管理、服务管理、配件管理、信用管理、融资管理、债权债务管理等业务将会迈上新的台阶。与此同时，公司泵送、重机、重起 3 大事业部现有的 DMS、CSM 等系统正式停止使用。

17 日 工信部公布《机电产品再制造试点单位名单（第二批）》，临工集团、安徽博一流体传动股份有限公司、芜湖鼎恒材料技术有限公司、山河智能、北京南车时代、宁波广天赛克思液压有限公司、中铁工程装备、中铁隧道、蚌埠行星工程机械有限公司、安徽泰源工程机械有限责任公司、中国铁建重工、利星行机械（扬州）有限公司、南京钢加工程机械集团、青岛迈劲工程机械制造有限公司和厦门厦工 15 家行业企业入选名单。

月内 国内最小型旋挖钻机泰信 KR40 成功下线。该产品拥有外置独立动力头和机锁钻杆，带压绳器主卷扬，并可选配副卷扬，性能更优越。

月内 由中国工程机械工业协会主办、今日工程机械杂志社承办的年度“中国工程机械十大新闻”评审活动在京举行。该活动自 1996 年起至今已成功举办 21 届，成为业内人士梳理和总结过去一年产业和市场发展脉络的重要渠道，一定程度上反映了我国工程机械行业上年度内所发生的变化。活动成为中国工程机械行业较为重要的年度事件之一。

3 月

1 日 中国工程机械工业协会发布第 18 号标准公告，确定：臂架式混凝土泵车能效测试方法（编号：GXB/TY0042—2016）、拖式混凝土泵能效测试方法（编号：GXB/TY0043—2016）、双护盾岩石掘进机（编号：GXB/TY0044—2016）三项社团标准发布实施。

19 日 国产首台全电脑三臂凿岩台车在中国铁建重工下线。该设备比同类全进口的产品便宜近 30%，满足经济、适用和先进可靠的使用要求，是适合我国国情的数字化凿岩设备，达到国际领先水平，是隧道开掘“中国智造”的又一重大突破，对振兴民族产业、推动机械化施工和发展高端地下工程装备具有重要意义。

28 日 “中国工程机械工业协会第五届一次会员代表大会暨第十四届中国工程机械发展高层论坛”在泸州隆重召开，相关领导、协会及行业同仁 300 余人参加了本次换届大会。参会代表选举产生了第五届理事会及领导成员，祁俊同志获选担任协会第五届理事会会长，苏子孟同志当选常务副会长兼秘书长，28 家、101 家和 311 家行业单位的负责人分别当选第五届理事会副会长、常务理事和理事。第五届理事会将继续强化服务意识，创新服务手段，规范服务程序，扩大服务领域，提高服务质量，打造服务品牌，努力为政府、行业、会员单位和社会各界提供优质服务。

28 日 受工信部装备工业司委托，中国工程机械工业协会向全行业发布《工程机械行业“十三五”发展规划》。规划从实施“中国制造 2025”战略、坚持科技创新、努力强化基础、推动智能制造、坚持持续发展为出发点，从行业发展总体指标、总量目标、智能化信息化发展目标、提升出口及海外营业收入所占比重四个方面提出了行业“十三五”期间的具体发展目标。预测到 2020 年我国工程机械在国内外市场的销售额将达到 6 500 亿元。行业出口额及海外营业收入占比到“十三五”末将超过 30%，出口额力争实现稳步增长，到 2020 年行业出口额达到 240 亿～ 250 亿美元，占行业年总销售额的 20% 以上。

31 日 “2016 工程机械产品发展（北京）论坛暨中国工程机械年度产品 TOP50 颁奖典礼”在北京举行。该活动是在工程机械行业依旧面临着较为困难、复杂的发展环境下举办的。行业企业在困境中砥砺前行，深度挖掘市场和用户对产品和技术的最新需求，将产品功能向深度和广度延伸，在此基础上研发出了众多满足细分领域和特殊工况的新产品。从获奖产品来看，企业更加注重产品在设计、研发、制造、试验等每一环节的质量提升，匠心打磨，诸多关键核心技术取得突破性进展，可靠性、耐久性整体有了大幅度提升。

月内 在徐工集团成功下线的国内载重量大的 90t 级非公路宽体自卸车，标志着徐工集团非公路产品型谱的进一步完善，巩固了徐工集团在国内非公路自卸车行业中的优势地位，成为公司未来发展的一大助力。

月内 工信部正式下发了《工业和信息化部关于公布通过验收的机电产品再制造试点单位名单（第一批）的通告》，柳工集团成为第一批通过验收的机电产品再制造试点企业。试点期间，柳工再制造的五大类 129 个品种纳入工信部第一批再制造产品名录；承担一项国家科技支撑项目研究，参与合作一项国家科技支撑项目和多项区市级再制造项目研究，有效地推进了工程机械再制造技术的发展。

4 月

1 日 中国工程机械工业协会发布第 19 号标准公告，确定：沥青混合料厂拌热再生设备（编号：GXB/TY0045—2016）社团标准发布实施。

13 日 由中国中铁科工集团制造的双护盾硬岩掘进机（TBM）在武汉市江夏区顺利下线。该机是为印度喜马拉雅山皮帕克提水电工程中引水隧洞施工而量身定制的，将一次性完成 12.5km 引水隧洞掘进任务。开挖直径达 9.86m，总重量约 2 500t，总长度约 150m，驱动总功率高达 4 200kW，是目前国产制造的最大直径双护盾 TBM。

14 日 国际协会委员会（IAC）组织国际工程机械行业最具影响力的

六大协会机构在德国慕尼黑召开了工作组会议。中国工程机械工业协会常务副会长兼秘书长苏子孟参会并介绍了我国最新实施的道路和非道路工程机械排放标准，我国工程机械市场情况和二手设备管理事宜，并就标准、认证、全球工程机械信心指数、淘汰老旧二手设备，逐步缓解和减少对环境的污染等同与会代表进行了充分交流。与会代表围绕各自协会当前的主要工作内容、行业监管活动以及地区市场发展趋势等预定议题进行轮流发言和发表意见。会议还就国际协会委员会（IAC）信心指数的设置和调整方案、联合技术联络会议（JTLM）的更新以及欧洲建筑设备委员会（CECE）倡议的把会议议题以公开声明的形式对外发布的可行性等问题进行了讨论。

22日 以“创新驱动、绿色发展”为主题的“中国工业车辆行业首届电动、新能源、智能技术研讨会”在苏州召开。本次会议针对电动新能源、智能工业车辆领域的企业需求及未来最具挑战性的发展方向进行深入研讨。

29日 中联重科收购意大利LADURNER（纳都勒）公司交割仪式在意大利米兰举行。这意味着中联重科跨入全球环境高端产业链的序幕全面开启。

5月

5日 国产首台“大埋深、可变径”的大直径全断面硬岩隧道掘进机（敞开式TBM）在铁建重工成功下线。该机型开挖直径6.53m，具有“大埋深、可变径”的特点，能在离地面2 000m以下的深处作业，且可根据工程需要调整开挖直径。该机将用于施工难度国内外罕见的新疆某重大输水隧洞工程。

19日 “雷萨重机杯第二届‘我是高手’工程机械操作工技能挑战赛”在广州开幕。本次大赛是雷萨重机响应李克强总理提出的“大众创业，万众创新”号召，为工程机械操作手搭建的一个展示技能、获得荣誉、提升自身价值的平台，旨在推动行业学技练艺、爱岗敬业良好风尚的形成。

22日 “中国工程机械工业协会2016年统计信息工作会议”在湖北恩施市召开。会议提出2016年协会将继续加强统计数据管理的规范化、制度化，提高统计工作水平；继续开展工程机械产品识别码申报备案工作，进一步完善行业基础工作。

26日 “中国机械工业百强企业信息发布会”在东莞召开。会议发布了2015年度中国机械工业百强名单。工程机械行业的徐工集团、三一集团、中联重科等都出现在前十之中。除此之外，工程机械行业还有广西玉柴、雷沃重工、山东华兴、临工集团、北方重工、杭叉、安徽叉车、铁建重工、山东常林、山河智能等企业均榜上有名。

27日 “2016年度中国挖掘机械行业高层座谈会”在上海召开。挖掘机行业前15家主机制造企业的高层领导和5家关键零部件企业领导近40人出席了会议。会议达成四方面共识：第一，判断行业未来发展稳中趋缓，且谨慎乐观；第二，面对低迷的市场，树立信心，创新发展，做好长期规划；第三，积极面对代理商问题，稳定和完善销售渠道；第四，理性营销，不打价格战。

31日 临工集团济南重机有限公司与山特维克签署协议，共同组建合资企业。合资企业将于2016年下半年投入运营，计划用五年时间，发展成为我国领先的矿岩设备优秀供应商，为中端市场提供矿岩设备和露天钻机、井下铲运机、井下矿车四大系列地下采矿设备。

31日 比亚迪纯电动三支点叉车在2016年度国际叉车年度大奖（IFOY）中获得年度大奖（3.5t以上级、平衡重式），实现我国企业在国际大奖上的历史性突破。国际叉车年度大奖的目标是鉴定和认可全球年度最佳的物料运搬设备以及内部物流解决方案，并评估突出的内部物流技术、战略目标，以及激励行业创新。该奖项由全球最具权威性的经济、科学和技术媒体评审团评出，被业界称为全球叉车行业风向标。

月内 中联重科与美国第二大工程机械制造商特雷克斯的收购案宣告谈判终止。中联重科表示：双方对收购特雷克斯的价格无法达成一致，是谈判终止的唯一原因。当前，中国企业“走出去”正在变得更加理性成熟，改变了过去那种不问价格“土豪式”的并购方式。

6月

6日 中联重科与全球最大的石化公司之一、全球合成润滑油领域的行业领先者埃克森美孚的中国投资有限公司在长沙共同签署战略合作框架协议，正式结为战略合作伙伴。根据协议，埃克森美孚将为中联重科提供美孚全面润滑解决方案，为其工程机械的研发制造提供全球润滑产品和技术服务。同时，双方还将以终端用户的需求为导向，在润滑产品选型、技术交流、售后服务市场品牌合作以及联合品牌推广等方面进行全方位的紧密合作。

15日 全球高空作业平台顶级品牌——吉尼在常州举行了“庆祝吉尼品牌成立50周年暨特雷克斯常州二期工厂开业典礼”。特雷克斯全球董事长John Garrison表示：常州二期工厂的扩建开业证明了吉尼最初投资中国是成功举措。

18日 “三一重起价值服务全球行”启动仪式在长沙举行。随着服务车浩浩荡荡地整装鸣笛出发，依托全球各个代理商，历时100余天、投入近5 000万元，行程遍布全球200多个国家和地区，1 000余名服务工程师、600 余台服务车参与的客户服务活动拉开序幕。

20—21 日 行业规模最大、知名度最高的公益活动——山东临工集团 2016 年度“好司机”大型公益活动启动。山东临工集团宣布“好司机”活动在未来三年中将从用户关怀和公益活动等方面全面升级。从 2016 年起启动用户成长全方位支持计划，推出一系列培训课程和优惠政策帮助用户事业升级，同时把公益方向聚焦于环保领域，联合 WWF 发动“好司机”群体参与环保行动，践行绿色使命。结合好司机活动的成功举办经验，本年度的好司机活动还将在泰国和俄罗斯举办。

28 日 长沙工程机械二手设备交易展示中心正式运营暨利氏兄弟长沙首场国际拍卖会在长沙经开区举行。交易展示中心是我国首个集工程机械研发、整机设备、零部件、二手设备、维修及仓储物流于一体的全产业链交易服务平台。该中心规划控规面积 135.6 万 m^2（2 034 亩），由国际品牌 4S 店交易中心、国际零部件交易中心、国际工程机械二手设备交易展示中心、维修及仓储物流中心、工业科技博览中心等功能组团组成。由全球最大的工程机械拍卖公司——利氏兄弟举办的首场拍卖会有超过 1 000 位海内外客商莅临，上百台机械设备全部无底价全球竞拍，成交金额超过了 3 000 万元。

月内 由《中国工程机械》杂志社组织评选的全球工程制造商 50 强排行榜揭晓。徐工集团、三一重工、中联重科、柳工集团、龙工、山推、厦工机械、国机重工、山河智能、北方股份 10 家中国企业进入 50 强榜单。其中徐工集团位列第 8，成为唯一一家进入前 10 名的中国企业。

月内 由柳工亚太公司与经销商合作共建的柳工亚太（泰国）培训中心在泰国大城府正式成立。该培训中心可以覆盖泰国和亚太其他主要国家，有助于提升整个区域经销商服务能力，是柳工亚太公司持续推进柳工集团当地化的又一成功案例。

月内 徐工集团 ZL50GN 型高翻斗装载机首次成功出口到欧洲高端市场荷兰。这意味着徐工集团装载机的品质再次上升了一个层次，象征着中国制造又一次得到欧美高端客户的肯定。

7 月

4 日 “第 13 届韩中日亚洲起重机安全论坛”在韩国 COEX 首尔会议中心召开，本届主题为“起重机安全作业的作业计划书的制订及应用”，来自韩国、中国和日本起重机安全领域的专家齐聚一堂，共同探讨了起重机安全领域关注的话题。该论坛由韩国、中国、日本三国轮流主办。

6—7 日 “2016 年全国工程机械行业标准化工作会议”在天津召开。本届会议旨在深刻学习理解国务院《深化标准化工作改革方案》和质检总局、国标委《关于培育和发展团体标准的指导意见》，深入开展工程机械行业标准化工作，推动工程机械行业社会团体标准的宣贯落实和推广应用。

12 日 北京市在用非道路移动工程机械登记工作项目正式启动。该项目为了全面贯彻《中华人民共和国大气污染防治法》《北京市大气污染防治条例》，落实《北京市 2013—2017 年清洁空气行动计划》相关措施，改善北京市大气环境质量，实现北京“天更蓝，水更绿”的目标，中国工程机械工业协会积极响应市政府号召，通过对北京市非道路移动工程机械在用情况进行登记、统计、建立台账、张贴标识工作促进工程机械行业自律建设，加快营造绿色文明的生态环境。

15 日 由徐工集团和阿里云联手打造的，中国工程机械首朵“工业云”正式“腾空”上线。部署在阿里云之上的“徐工云平台”采用了云计算、大数据等第三代前沿信息技术，基于阿里云平台的开发技术规范，具有“平台化、可配置、多语言、高并发、高扩展性”的特点，可接纳全球用户的访问及在线互动。真正实现了基于“云技术”的全球开放共享，让世界成为徐工集团的实验室。

16 日 中联重科首个海外全系列产品维修中心在缅甸仰光成立。该中心将提供包含工程起重机、混凝土机械、建筑起重机、基础施工设备等产品销售、备件供应和维修服务，涵盖目前中联重科在缅甸的所有主力机型，将为缅甸客户提供更完善的服务，创造更优厚的价值。这是中联重科在全球布局新型渠道网络的重要一步，也是与合作伙伴共同健全营销、服务网络，取得长期发展的重要举措。

17 日 中国中铁装备集团为蒙华铁路白城隧道量身定做的全球首台马蹄形盾构机正式下线。该盾构机刀盘高 10.95m、宽 11.9m，呈倒“U”形，远观形似马蹄，因此得名。该机不仅断面可“变形”，更实现了工法、技术的“变形”。首次运用于铁路山岭软土隧道领域的马蹄形盾构工法，能够最大程度提高隧道空间利用率，较圆形截面减少 10% ～ 15% 的开挖面积，是全球首创的隧道新型开挖模式，设备的成功研制将形成具有我国自主知识产权的超大断面马蹄形盾构设计和施工技术，实现异形盾构装备的自主化和智能化，为我国高端设备进军国际市场提供强有力的工程示范。

20 日 国家发改委“一带一路”青年干部调研组一行在国家信息中心团委书记党委办公室副处长王莹、国家发展改革委产业司副处长邵稷的带领下，到中国工程机械搅拌领域有较大行业影响力的企业——南方路机开展实地调研考察。

26 日 “e 家机械 APP 上线新闻发布会”在北京隆重召开。针对工程机械行业存在的二手工程机械租赁信息不畅通、备件供应、维修不及时等行业服务难点，e 家机械运用大数据技术，设计并开发了集设备出租、求租、维修、配件、保险、操作证等功能于一体的综合型工程机械 O2O 平台，以更开放的态度、更透明的价格、更优质的服务模式，团结行业内优质的配件经销商和维修工程师，为出租方、承租方提供一站式服务。

28 日 “第三届中国高空作业平台租赁峰会”在上海落幕。本届峰会以“学习 · 变革 · 安全 · 效益”为主题，研讨如何促使我国高空作业平台租赁业平稳健康、理性发展。高空作业平台租赁业的健康发展需要行业产业链条每条环节的共同努力，拒绝价格战、对恶性竞争说“不”，共同保护好高空作业平台租赁市场。

28 日 斗山工程机械（苏州）有限公司辽宁直营店开业庆典隆重召开。这是斗山所属品牌山猫在国内的第一家直营店，它的开业标志着山猫在国内的发展迈上新的台阶。

28—29 日 “第二届全国建筑起重机械安全管理与后市场发展论坛”在江苏无锡召开。本次大会以“创新、创优、保安全、增效益”为主题，对于行业如何把握新机遇、应对新常态、加强安全管理练好内功、创新驱动后市场激活存量增益等话题进行了深入探讨。

月内 英国 KHL 集团主导发布了 2016 年全球工程机械制造商 50 强排行榜（Yellow Table 2016）。徐工集团排名第九，成为榜单上唯一一家跻身前十强的中国企业。本次榜单发布再次展现出徐工集团作为国际化企业强大的抵御风险的能力，也再次印证徐工集团“走出去”战略的正确性和价值性。

月内 国内首台超窄机身悬臂式隧道掘进机 XTR4/180 在徐工基础工程机械有限公司成功下线。该机是徐工基础工程机械有限公司结合国际先进技术研制的具有自主知识产权的新产品，主要针对小型隧道施工量身定制，也可用于地下管廊施工。该机的成功下线，完善了徐工集团在大、中、小各类断面隧道市场的布局，进一步巩固了徐工悬臂式隧道掘进机的行业领先地位。

月内 中国工程机械工业协会在完成对 223 家行业企业报送的年报统计汇总后公布：2015 年，工程机械行业在经过前几年市场销售下滑的基础上，遇到了更加严峻的挑战，在产品销售、企业效益、资金周转等方面遇到的困难超过往年。经协会统计汇总，在扣除不可比因素、重复报送数据和非工程机械产业营业收入之后，2015 年全行业实现营业收入 4 570 亿元，比 2014 年下降 11.7%。

8 月

1 日 根据国家质检总局、国家标准委印发的《关于培育和发展团体标准的指导意见》关于统一团体标准编号规则要求，中国工程机械工业协会将协会制定的团体标准编号改为由：社团标准代号 T、协会英文简称 CCMA、协会标准序号、标准年代号组成。

1 日 中国工程机械工业协会发布第 20 号标准公告，确定：垂直振动压路机（编号：T/CCMA 0045—2016）社团标准发布实施。

2 日 中国机械工业科学技术奖工程机械专业组在北京举行年度评审活动。来自工程机械行业协会、企业和专业院校的 14 位行业专家参加了项目的初审工作。评审会对 20 家行业企业独立或与相关高校、企业联合报送的 43 项新技术、新产品项目进行了评审。经初审，共推荐获奖项目 20 项，其中：一等奖项目 2 个，二等奖项目 6 个，三等奖项目 12 个。其中，由中联重科申报的“环保高效干式道路清扫装备关键技术及产业化”、徐工集团道路机械分公司“步履式液压挖掘机关键技术研究及产业化”获一等奖推荐。

3 日 我国首台 DSUC 型双护盾隧道掘进机（TBM）提前 20 天完成了青岛地铁 2 号线高雄站高（雄站）海（安路站）区段右线的贯通。该区段创造了最高月进尺 382m、最高日进尺 22.5m 等多项全国同类型隧道 TBM 施工最高纪录。这是在国内轨道交通建设中首次采用 DSUC 型双护盾 TBM 施工，标志着该机型施工技术获得成功。

3 日 由铁建重工研制的全球首台采用永磁电动机驱动的盾构机首次在武汉地铁 27 号线成功始发。该机具有节能环保高效、简化驱动结构、节省盾体内空间、电动机控制简单稳定、永磁同步电动机起动力矩高等特点。它的成功研发彰显了铁建重工在盾构机节能技术研究上所处的行业领先地位。

13 日 “第七届中国沥青搅拌设备行业高峰会议”在上海召开。此次峰会围绕沥青搅拌设备行业在除烟、除尘、除味、降噪等方面如何为客户提供更加环保的设备，以及为用户提供环保设备的验收标准进行深度探讨。

月内 由北京环卫集团、京环装备有限公司、比亚迪股份有限公司联合主办的“纯电动环卫车交接仪式暨全球首发全系列纯电动环卫车”活动在北京会议中心隆重举行。北京环卫集团联手比亚迪全球首发 26 款全系列纯电动环卫车，首次实现了全系列环卫车型新能源化。本次发布的 26 款全系列纯电动环卫车，集低噪声、零排放、高效率、强续航等优点于一身，实现动力电池与整车同寿命。除搭载核心的铁电池技术外，全系列纯电动环卫车还搭载多项全新的核心技术，代表了我国环卫装备制造的最高水平，填补了全球新能源专用车的空白。

25 日 由中联重科主办的“新型智能环保渣土车研讨暨新品发布会”在长沙隆重举行。会上，中联重科隆重推出了新一代“智能、环保”

渣土车。该车解决了渣土车排放超标、超限超载、超速行驶、抛洒滴漏等备受社会关注和群众诟病的问题。它的问世对进一步规范渣土运输行业、提升企业效益、治理城市环境有着重大意义。

28 日 由铁建重工主持完成的护盾式岩石隧道掘进机（TBM）关键技术研究及应用、永磁同步电动机驱动技术在全断面掘进机中的研究及应用、YQC6000-DG5350 拱架式预切槽机三项重大成果通过了湖南省科技成果评价。经评价，二项成果达国际领先水平，一项成果达国际先进水平。

29 日 全球最大吨位自制底盘 XR550D 旋挖钻机在徐工集团成功下线。该型旋挖钻机最大钻孔直径 3.5m，最大钻孔深度 132m，动力头最大输出转矩为 480kN·m。产品下线即实现销售。

29 日 中联重科与白俄罗斯老牌制造企 MAZ 集团在白俄罗斯首都明斯克签署战略合作协议，正式成立中联重科 -MAZ 合资公司。此次强强合作，是在国家“一带一路”战略引领下，企业积极启动国际产能和装备制造合作的最佳诠释，是中联重科作为首批中资企业正式入驻中白工业园后的又一重大阶段性成果，是既定商业模式在白俄罗斯积极、稳健实施的重要体现。

月内 三一港口机械有限公司首次交付一台新型可倾斜正面吊至马来西亚巴生西港物流有限公司。该产品适用于港口流动物料集装箱的运输，可替代人工实现直接卸载，其投入将有助于该港口运力的进一步提升。

月内 山东重工·潍柴动力林德液压德国阿莎芬堡新工厂正式投产。新工厂投产后，林德液压驱动件的产能从原来的 15 万台提升到 25 万台，同时林德液压的研发和应用能力也得到较大的提升，山东重工潍柴动力的业务结构调整和国际化进程也将实现全面提速。

月内 全球首款风电专用汽车起重机由三一重工研制成功。该机型具有独特的立柱加起重臂双伸缩臂结构，双转台结构，双拉板平衡装置，辐射式可折叠支腿结构。其最大起重量达 105t，起升高度达 95m，可实现全面覆盖 2MW 风机机舱吊装及部分覆盖 2.5MW 机舱吊装。在作业过程中，具有高效、安全、低成本的特点。

9 月

1 日 江苏恒立液压有限公司驻德国斯图加特销售办事处正式挂牌成立。这是江苏恒立液压有限公司并购哈威 InLine 公司后，与其共同成立的办事处，旨在推进公司在德国乃至在全欧洲的业务发展，对于公司建立全球销售网络具有重要的意义。

5 日 中国工程机械工业协会组织召开了“一带一路”沿线重点国家标准需求研讨交流会。国标委工业标准装备处负责人到会介绍该课题背景，并对“中国装备走出去工程机械领域标准需求研究”二期课题的开展进行布置动员。

9 日 山河智能与中铁工程装备集团有限公司、中铁五局集团有限公司三家企业强强联合，成立中铁山河装备股份有限公司新闻发布会举行。合资公司专注于地下工程装备制造与施工，拟合作生产地下工程高端装备，并为解决地下工程施工中的关键技术及成套装备，提供综合解决方案，使装备制造与施工市场融为一体，更加有利于产品线在深度和广度上的延伸，形成强大的市场联盟和品牌效应。

15—17 日 正值中秋佳节之际，闽南地区人民遭遇了强台风“莫兰蒂”的肆虐，这是 1949 年以来闽南地区最强的登陆台风。台风在厦门翔安登陆，一时间狂风肆虐，暴雨倾泻，厦门成为重灾区。消息一发出，厦工、晋工、中联重科、林德叉车等众多工程机械行业企业都纷纷调集设备、派出人员投入到救援与灾后重建工作中，彰显出工程机械行业企业一如既往强烈的社会责任感和崇高的奉献精神。

19 日 现代工程机械销售及服务伙伴加盟签约仪式在常州市隆重举行，其中有新经销商、销售特约店、售后特约店等 15 家新的合作伙伴与现代重工签约。现代重工将携手新的伙伴，在新的渠道上，继续深耕中国工程机械市场。

20 日 “第一届全国岩石隧道掘进机工程技术研讨会”在长春召开，研讨会对我国目前的岩石隧道掘进机工程技术进行了全面总结和深入探讨，对未来的行业发展前景进行了展望。通过本次大会，国内相关行业的专家学者进行了深层次的交流，为未来我国岩石隧道掘进机工程技术的持续创新和快速发展奠定了良好的基础。

21 日 《超限运输车辆行驶公路管理规定》正式施行，对工程机械企业带来较大影响。该项新规重点是针对超限超载车辆的治理，控制指标涉及车货总高度和车货总质量。新规改变了一辆拖车装运两台 50 型装载机和一车装运一台摊铺机加一台双钢轮压路机的传统运输方式，加大了大中型挖掘机、压路机、旋挖钻机、铣刨机等大型设备的运输成本，运费将成为调整不同区域产品结算价格的主要因素，为厂商样机管理增加了新课题，产品本地化优势会更加明显，设备租赁费中的转场费用占比大幅提高。

21—22 日 柳工在亚洲质量网组织（简称 ANQ）在俄罗斯符拉迪沃斯托克召开第十四届 ANQ 大会上荣获“亚洲质量卓越奖”，成为中国工程机械行业首家荣获该奖项的企业。该奖项是亚洲质量最高奖项。

28 日 经中国工程机械工业协会初审、第三方综合评价及协会信用评价委员会审定，评出陕西同力重工股份有限公司、北方重工集团有限公司、山东临工工程机械有限公司、山推工程机械股份有限公司、中国国机重工集团有限公司、中国龙工控股有限公司、安徽合力股份有限公司、内蒙古北方重型汽车股份有限公司、中铁工程装备集团有限公司、陕西建设机械股份有限公司、无锡市小天鹅建筑机械有限公司 11 家行业企业为信用 3A 级企业。这是自 2012 年 7 月 30 日中国工程机械工业协会取得合法信用评价资质后，在工程机械行业第四次开展企业信用等级评价工作。至此行业共有 33 家企业获评信用企业。

29 日　“国产首台高铁大直径泥水平衡盾构机”“国产首台铁路双线大直径泥水平衡盾构机”在铁建重工成功下线。这两台大直径盾构机的成功研制，标志着我国掘进装备已经达到世界领先水平，也是我国高端地下装备制造业创新发展的又一座“里程碑”。

29 日　在习近平主席与白俄罗斯总统卢卡申科的见证下，中联重科与白俄罗斯工业部在北京人民大会堂签署长期合作规划协议。签约仪式上，中联重科董事长詹纯新与白俄罗斯工业部长沃夫克签署了包括工程机械、农业机械、环卫机械在内的深度合作项目协议。该协议的签署，标志着以中联重科为代表的装备制造业正积极开展国际产能合作，紧随国家“一带一路”战略走出去。

月内　三一重工 4S 销售服务中心在坦桑尼亚正式开业。在三一重工的国际化版图中，非洲占据着举足轻重的地位。在未来的规划中，三一重工南非大区将秉承公司国际化的总体战略定位，以可靠的产品质量、无与伦比的服务、有竞争力的价格和有效强力的促销来提升市场占有率。

11 月

3 日　全球领先的工程机械及矿山机械制造企业之一 —— 小松集团在上海东郊宾馆举行“合作奉献　共创未来 —— 小松在中国事业发展 60 周年庆典”仪式。

10 日　中国工程机械工业协会在京组织召开《工程机械液压管路布局规范》团体标准启动会暨研讨会，针对广西柳工起草的标准初稿进行沟通交流，为提升标准质量水平提出改进意见。

14 日　垂直举升装载机由柳工集团研发成功。其创新点一是铰接车架上的垂直举升动臂，二是垂直举升装载机上的机械式自动放平反转铲斗连杆机构。这两项新技术均开创了行业内的先河。

15 日　工信部致函中国工程机械工业协会，感谢协会对工信部组织举办的“2016 中国（郑州）产业转移系列对接活动”给予的大力支持和积极配合。

16 日　中国工程机械工业协会发布第 21 号标准公告，确定：盾构机操作工（编号：T/CCMA 0047—2016）社团标准发布实施。

19—21 日　“2016 年中国塔机应用与管理发展研讨会”在杭州召开。会议就建筑起重机械安全管理与工程应用进行了重点交流。会议指出，当前建筑起重机械行业处于困难和机遇并存的时期，困难在于房屋建筑市场总体出现下滑态势，机遇在于国家公路、铁路、市政等基础设施建设工程、大型工程增多，这些对建筑起重机械提出了更高的要求，塔机的安全使用和管理要得到更多企业的重视。

21 日　以“新常态、新格局、新作为”为主题的 CMIIC2016 中国工程机械产业互联网大会暨品牌盛会在上海开幕。本届会议落地务实，针对性强，成功企业现身说法，经典案例实效分享，为企业应对在互联网快速发展的大环境下经营过程中的困境提供参考。

22—25 日　“第八届中国国际工程机械、建材机械、矿山机械、工程车辆及设备博览会（bauma China 2016）”在上海圆满召开，共有来自 41 个国家和地区的 2 953 家国内外企业亮相本次展会。尽管工程机械行业下行压力未解除，供给侧结构性改革还没有达到预期，一些问题和挑战仍在。但 bauma China 2016 以“不忘初心，筑就传奇”为口号，与行业人士共同坚守，展示了最新产品，同时展现了我国工程机械行业提振信心、凝聚力量的积极风貌，涌现了很多从国内市场需求出发的创新产品和技术。

24 日　德国中国研发创新联盟在柏林揭牌。德国中国研发创新联盟由三一欧洲有限公司、国家电网全球能源互联网欧洲研究院、中德轨道交通技术联合研发中心、生迪有限公司等十家研发机构共同发起成立。创新联盟的成立，将有效推动三一重工在跨国界、跨专业领域的国际研发与合作交流，进一步提升三一重工在欧洲的知名度和影响力，为其后续的国际化战略推进创造良好的条件。

26 日　我国首台使用国产主轴承的再制造盾构机在合肥下线，并通过中国质量认证中心验收。这标志着，中国中铁隧道集团在盾构机再制造领域突破了主轴承自主研制瓶颈，宣告了盾构设备关键核心部件的国产化研制成功，结束了我国不能生产此类高端轴承的历史。

12 月

7 日　国家知识产权局公布了第十八届中国专利奖获奖项目名单，工程机械行业有八项专利分获“中国专利优秀奖”和“外观设计优秀奖”。其中，由中国工程机械工业协会推荐参评的长沙中联重科环卫机械有限公司“垃圾分选系统和方法”（专利号 ZL201210512351.1）获得中国专利优秀奖。

20 日　在国家发改委的指导下，中国工程机械工业协会在北京组织召开“中国工程机械行业国际产能合作企业联盟”成立大会，宣告联盟正式成立。该联盟由中国工程机械工业协会联合 16 家工程机械企业共同发起，行业内相关单位自愿参加。联盟坚持“服务、协调、诚信、自律、合作、共赢”的原则，搭建工程机械国际产能合作全方位服务平台，建立各方协作机制，实现互利共赢，推进工程机械国际产能合作可持续发展。会议审议通过了《联盟章程》，选举产生了第一届理事会，同期召开了联盟第一届理事会第一次会议。中国工程机械工业协会会长祁俊当选为联盟第一届理事会理事长，11 家企业负责人当选为第一届理事会副理事长，中国工程机械工业协会常务副会长兼秘书长苏子孟当选为联盟秘书长。会议还发布了《联盟共同宣言》，表达了联盟成员落实国家发展战略、促进绿色发展和谐发展、维护良好市场秩序、打造中国工程机械国际品牌、坚持开放包容互利共赢等方面的共同愿望。

22 日 国家标准化管理委员会（以下简称“国标委”）在京组织召开“2016 年制造业重点领域标准体系建设研究项目验收”会议。由中国工程机械工业协会牵头组织课题组起草完成的《中国工程机械在“一带一路”沿线重点国家的标准需求研究报告》和《中国工程机械在“一带一路”沿线重点国家标准名录》两份验收文件通过了国标委的验收。

26 日 由三一集团主发起成立的湖南三湘银行在长沙湘江新区正式开业，成为中部首家、全国第八家民营银行。湖南三湘银行将致力于发展成为一家专业服务于“中国制造 2025”国家战略、服务于产业链金融、科技引领实现普惠金融的创新型民营银行。

27 日 杭叉集团股份有限公司成功登陆上海证券交易所主板。此次 IPO 计划募集资金约 10.36 亿元，主要用于“年产 5 万台电动工业车辆整机及车架”“年产 200 台集装箱叉车”“年产 800 台智能工业车辆研发制造”等项目。

27 日 由《公益时报》社发起，由中国扶贫基金会、中国妇女发展基金会、中国儿童少年基金会、中华少年儿童慈善救助基金会、腾讯公益慈善基金会等多家中国公益领域的领军机构共同主办的“2016 中国公益年会”在北京国家会议中心召开。工程机械行业领军企业——徐工集团凭借对公益事业的突出贡献、勇担大任的承责文化和 2016 年精准实施的 14 项全球公益项目，荣获中国公益年会颁发的“2016 年度中国公益企业”奖项。

31 日 中国工程机械工业协会会长祁俊代表协会向全行业发表新年贺词。向奋战在全国工程机械战线的各级领导和广大职工致以诚挚的问候并表达衷心的感谢！向对行业和协会给予大力支持和帮助的国家有关部门和社会各界朋友们表示真诚的感谢！向大家致以新年的祝福！

月内 国内首台 Tier 4 final 排放静压传动推土机 DH13KLGP 在山推成功下线。该款产品的成功研发，不仅完善了山推全液压的产品型谱，更对拓宽欧美推土机市场，提升山推品牌影响力具有重要的战略意义。

〔撰稿人：中国工程机械工业协会尹晓荔〕

（本栏目编辑：任智惠）

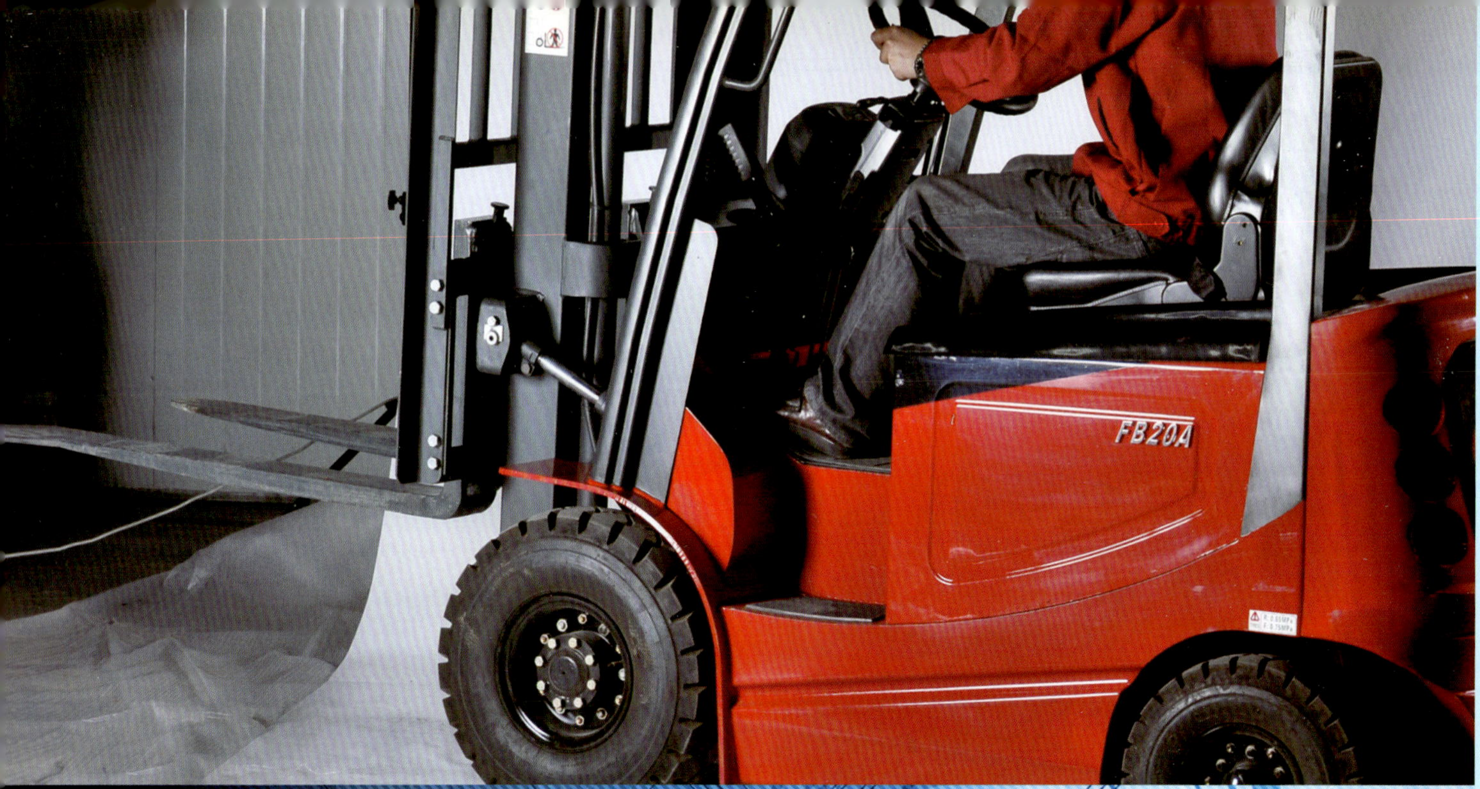

JX493G43

适用于1.5~3.5t叉车的匹配（满足国家第三阶段排放）

型式核准号：CN FC G3 0079 03 0001-00

技术参数

机型	JX493G43
柴油机型式	直列，水冷，四冲程
用途	叉车
全负荷最低燃油消耗率 [g/(kW·h)]	224
气缸数	4
最大功率 / 转速 [kW/(r/min)]	36.5/2500
燃烧型式	直喷式
最大转矩 / 转速 [N·m/(r/min)]	156/1800
缸径 × 活塞行程 (mm)	93×102
怠速 (r/min)	750
气缸工作容积 (L)	2.771
外形尺寸：长 × 宽 × 高 (mm)	737×611×681
空载最高转速 (r/min)	2750
质量 (kg)	224
压缩比	18.2:1
气缸工作顺序	1-3-4-2

JMC 江铃汽车股份有限公司

JIANGLING MOTORS CO., LTD.

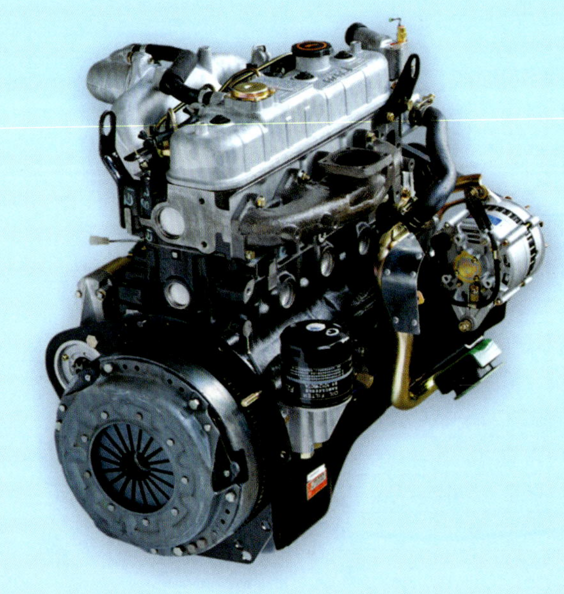